京口年鉴

（2022）

主　审

徐申锋　贾敬远

镇江市京口区史志办公室　编

江苏大学出版社
JIANGSU UNIVERSITY PRESS

镇　江

图书在版编目（CIP）数据

京口年鉴. 2022 / 镇江市京口区史志办公室编. --
镇江 : 江苏大学出版社, 2022.12
ISBN 978-7-5684-1916-1

Ⅰ. ①京… Ⅱ. ①镇… Ⅲ. ①区(城市)－镇江－
2022－年鉴 Ⅳ. ①Z525.34

中国版本图书馆CIP数据核字(2022)第254595号

京口年鉴（2022）
Jingkou Nianjian（2022）

编　　者/镇江市京口区史志办公室
责任编辑/任建波
出版发行/江苏大学出版社
地　　址/江苏省镇江市京口区学府路 301 号（邮编：212013）
电　　话/0511-84446464（传真）
网　　址/http://press.ujs.edu.cn
排　　印/安徽禾美文化产业发展有限公司
开　　本/889 mm×1 194 mm　1/16
印　　张/13　　插页 88 面
字　　数/827 千字
版　　次/2022 年 12 月第 1 版
印　　次/2022 年 12 月第 1 次印刷
书　　号/ISBN　978-7-5684-1916-1
定　　价/280.00 元

《京口年鉴（2022）》审稿人员名单

（按姓氏笔画排序）

丁　杨	丁方品	丁永忠	于咏梅	马宇茜	王　立	王　芳	王　勇
王　雪	王玉萍	王正辉	王荣兵	叶　晶	包文波	朱伟广	仲　伟
刘远遥	许文兰	许宏亮	孙沛晖	严　波	巫长龙	李　军	李海洪
吴伟良	张　竞	张玉金	张晨阳	陆光金	陆家新	陈东旭	陈国兴
金凡舒	周　震	周祥华	房林虹	赵晓文	胡　飞	钟程发	施　晶
姚　斌	耿　亮	夏　雷	夏正东	顾　胤	郭　健	陶宝强	黄　洁
黄贤宇	曹明军	龚明生	程　鹏	谢秀英	满子琴	谭雪峰	

编 辑 说 明

一、《京口年鉴》以马克思列宁主义、毛泽东思想、邓小平理论、“三个代表”重要思想、科学发展观、习近平新时代中国特色社会主义思想为指导，坚持辩证唯物主义和历史唯物主义的立场、观点和方法，翔实、连续记载京口区政治、经济、社会、文化、生态等方面的新进展、新成就、新经验，为认识京口、研究京口、发展京口提供全面实用、信息密集、准确权威的基本资料。

二、《京口年鉴(2022)》为第22卷，记述时限为2021年1月1日至2021年12月31日。本书基本沿用《京口年鉴（2021）》的基础框架结构，充分展示2021年全区在经济发展、生态文明建设、党建和社会事业发展方面取得的新成就、新发展及开创建设“强富美高”新京口的生动实践。相对于《京口年鉴(2021)》，本书作了如下改动：将“中共京口区纪律检查委员会、京口区监察委员会”从“中共京口区委员会”中划出，单列为一个类目；将“人民团体”和“群众团体”类目合并成“群众团体”类目；将“教育•科技”类目拆分成“教育”“科技”两个类目；将“京口区组织机构及领导人名录”“人物•荣誉”“统计资料”统一调整到“附录”中。

三、全书分类目、分目和条目三个层次，部分分目下设副分目，其标题前后加“·”表示。条目为记述体，其标题用黑体字加“【 】”表示。文中“▲”表示“同日”。全书所用稿件由京口区各部门（单位）专人撰写，经领导审阅后定稿。正文中数据根据统计资料核对，统计资料没有的，以撰稿单位提供的数据为准。

2021 年 6 月 1 日，市委书记马明龙到京口区部分小学、幼儿园开展“六一”慰问

2021 年 7 月 4 日，区委书记徐申锋看望京口路社区“七一”领奖归来的社区书记孟家园

2021 年 6 月 30 日，市委副书记巩海滨调研中林新民洲港

2021 年 12 月 1 日，常务副市长秦海涛到京口调研

2021 年 6 月 29 日，区委书记徐申锋带队到博物馆参观学习并重温入党誓词

2021 年 8 月 19 日，区委书记徐申锋中国医师节慰问医护人员

2021 年 2 月 2 日，区委书记徐申锋春节慰问退役军人

2021 年 2 月 4 日，区长贾敬远春节慰问社区一线工作人员

2021 年 2 月 18 日，区委书记徐申锋调研中储粮镇江粮油有限公司

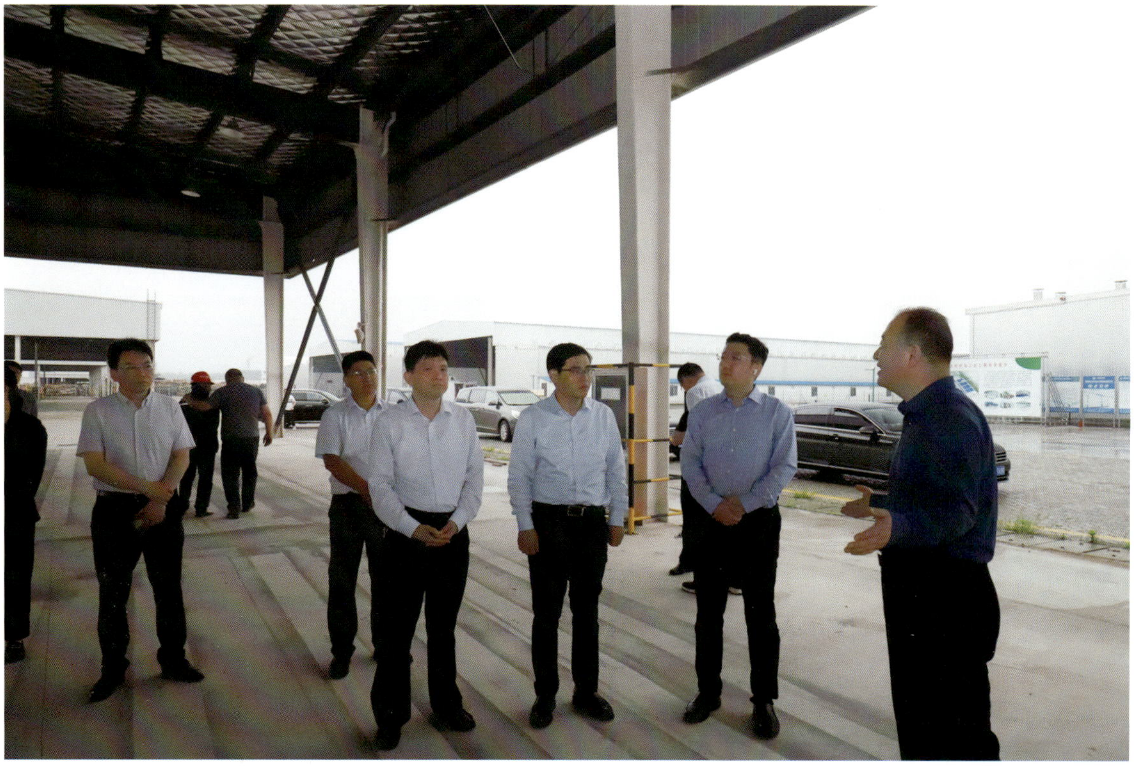

2021 年 5 月 16 日，区长贾敬远调研新民洲临港产业园

2021 年 2 月 19 日，京口区产业强区暨项目招引突破年动员大会

2021 年 4 月 28 日，京口区委“书记项目”推进会

2021 年 7 月 28 日，中共镇江市京口区第九次代表大会

2021 年 12 月 30 日，中国共产党镇江市京口区第九届委员会第二次全体会议

2021 年 2 月 8 日，中国共产党镇江市京口区第八届纪律检查委员会第六次全体会议

2021 年 7 月 21 日，京口区严肃换届纪律集体谈话

2021 年 7 月 1 日，京口区庆祝中国共产党成立 100 周年座谈会暨区“两优一先”表彰会议

2021 年 3 月 9 日，全区党史学习教育动员会议

2021 年 5 月 8 日，京口区深化全国文明城市创建动员部署大会

2021 年 2 月 20 日，全区政法工作会议

2021 年 3 月 26 日，市长徐曙海参加微软・云暨移动技术孵化计划——镇江数字经济创新中心启动运营仪式

2021 年 2 月 4 日，诺贝丽斯轻量化高端汽车铝板项目合作协议签约仪式

2021 年 8 月 18 日，庆祝中国医师节“京口区卫生服务中心互联网诊疗全覆盖”活动暨江苏大学附属医院互联网医院大市口、象山、四牌楼社区卫生服务中心接诊点揭牌仪式

2021 年 5 月 24 日，镇江市京口区文艺志愿者协会和全民艺术普及艺术团揭牌仪式

重要媒体报道

2021年，京口区思想文化宣传工作战线紧紧围绕“不忘初心、牢记使命”主题教育活动及区委、区政府重点工作，贯彻落实全区党建工作会议精神，推出一批新闻报道。全年《镇江日报》头版报道京口100篇。

镇江日报

中共中央印发《中国共产党党员权利保障条例》

拟通过认定433家，高企数量逆势向上，快速增长——

高企培育，我市有何“高招”？

新区以高水平开放推动高质量发展

十四五末，GDP力争突破1000亿元

持续加速奔跑 干出开局精彩

市中医院核心竞争力跻身全国百强榜

市青年工作联席会议第二次全体会议召开

◆《镇江日报》头版　中储粮镇江直属库物流仓储项目全面推进

镇江日报

打起新使命，开启新征程 向着“三高一争”加速奔跑

精准服务企业发展 提供有力司法保障

法院全力保障产业强市加速度

我市5人荣获“全国优秀农民工”称号

市政协召开八届五次会议大会秘书处工作组组长会议

让街巷保洁员多一份温暖

2021年句容市智能制造重点项目集中签约暨国民新能源车项目开工仪式举行

恒顺中国醋文化博物馆入选省首批非遗旅游体验基地

“工改系统”上线推动特快电力落地

2020年12月镇江市查处违反中央八项规定精神问题46起

◆《镇江日报》头版　让街巷保洁员多一份温暖

镇江日报
"今年酱油怎么打"金点子征集
中国共产党第十九届中央纪律检查委员会第五次全体会议公报
守望相助 协作攻坚
精准锁定密切接触者，从严把握居家隔离医学观察要求
我市加强境外来镇人员管理
丹阳外来员工积极响应就地过年
强化疫情防控

◆《镇江日报》头版 强化疫情防控

镇江日报
不造谣 不传谣
在"两争一前列"中跑出加速度
江苏省十三届人大四次会议开幕
勠力同心携手奋进新征程
首批20家餐饮企业推出年夜饭外卖
全力救治使患者早日康复 齐心协力打赢疫情防控硬仗
我市召开第三次新冠肺炎疫情防控工作新闻通气会
90后小伙归国后严守居家隔离规定获点赞
病例1病情较前明显好转 病例2病情平稳

◆《镇江日报》头版 90后小伙归国后严守居家隔离规定获点赞

镇江日报
丹徒项目建设凛冬中绽放新气象
市政府召开全市经济形势分析会
暖心"大礼包"让留镇过年更温暖
别样温馨！特殊时期的特殊生日

◆《镇江日报》头版 别样温馨！特殊时期的特殊生日

镇江日报
诺贝丽斯轻量化高端汽车铝板项目落户镇江
马明龙出席项目签约仪式并会见客商
加快脚步，跑向美好的春天
牢固树立正确政绩观 勇当改革发展排头兵
打光了！1万桶酱油"秒空"
全国首个方舱式5G共享机房在镇投运

◆《镇江日报》头版头条 诺贝丽斯轻量化高端汽车铝板项目落户镇江

镇江日报
ZHENJIANG DAILY
中共镇江市委机关报
高度·瞩近·融合
2021年2月10日
凝心聚力,继往开来,携手共谱合作新篇章
马明龙主持召开市委统战工作领导小组会议
共同唱好“大团结大联合”协奏曲
奋力跑出助力“三高一争”统战速度
致全市离退休老同志的慰问信
作风监督不松劲 节点正风再发力
强凌电子生产销售创佳绩
市领导深入基层一线走访慰问
李键开展春节走访慰问活动
送上党委政府的关心和祝福
茅山老鹅紧俏添年味儿
新突破
好天气
高水平

◆《镇江日报》头版　强凌电子生产销售创佳绩

镇江日报
ZHENJIANG DAILY
中共镇江市委机关报
高度·瞩近·融合
2021年2月11日
祝全市人民牛年大吉 新春快乐
中共中央国务院举行春节团拜会
习近平发表讲话　代表党中央、国务院,向全国各族人民,向香港特别行政区同胞、澳门特别行政区同胞、台湾同胞和海外侨胞拜年
新春贺词
比学赶超争先进位
四个时间点:拼抢项目建设“镇江速度”
徐曙海检查推进长江禁捕工作
坚决打赢“十年禁渔”攻坚战持久战
让长江母亲河休养生息、永葆生机
市疫情防控指挥部召开专题调度会
扛牢风险防范责任换取百姓安全幸福
2021年春节拥军慰问信
节日气氛浓
市领导参加2020年度民主生活会

◆《镇江日报》头版　四个时间点:拼抢项目建设“镇江速度”

镇江日报
ZHENJIANG DAILY
中共镇江市委机关报
高度·瞩近·融合
2021年2月21日
一品蘇黄
以优异成绩迎接建党一百周年
学党史悟思想办实事开新局
习近平在党史学习教育动员大会上强调
马明龙调研走访获得“金山奖”等有关企业
倾听企业声音了解发展诉求
推动产业强市取得更大成效
冲刺开门红
“硬内核”打造营商“软环境”
招大引强“新三部曲”唱响消费
市委组织部全市统战系统学习贯彻全市产业强市暨优化营商环境大会会议精神
党建引领推进移风易俗 乡风文明推动乡村振兴

◆《镇江日报》头版　冲刺开门红

镇江日报
ZHENJIANG DAILY
中共镇江市委机关报
高度·瞩近·融合
2021年2月24日
全国脱贫攻坚总结表彰大会25日上午在京隆重举行
习近平将向全国脱贫攻坚楷模荣誉称号获得者颁奖并发表重要讲话
中共中央办公厅国务院办公厅印发《意见》
加快推进乡村人才振兴
市消防救援支队召开党委扩大会议
马明龙对全市消防工作作出批示
为学生“掌上生活”提供更优共育方案
建设人才集聚福地　培育更多上市企业
徐曙海主持召开市政府常务会议
全市机关党建工作会议召开
马明龙作出批示
勇闯产业强市新路径　激发江中明珠新光彩
——访扬中市委书记张德军
市领导赴扬中调研“三农”工作
精湛技艺
游人如织
多地发力

◆《镇江日报》头版　为学生“掌上生活”提供更优共育方案

镇江日报

全国脱贫攻坚总结表彰大会在京隆重举行

习近平向全国脱贫攻坚楷模荣誉称号获得者等颁奖并发表重要讲话

“总书记让我把成绩写在大地上”

省安全生产专项整治第十一督导组督导镇江市工作动员部署会召开

徐曙海调研推进省市重大产业项目

全力以赴抓项目 真心诚意聚人才

李健赴京口区调研“有事好商量”协商议事工作

扛起主城新使命 打造产业新地标

◆《镇江日报》头版　李健赴京口区调研“有事好商量”协商议事工作

镇江日报

工程建设审批跑出“镇江加速度”

句容市硬核打造营商环境新样板

镇江制造业将打造新“四梁八柱”

“分战场”的8年脱贫攻坚路

科创策源，奋力跑出“产业强区”加速度

丹阳金宇生物“体量小能量大”

爱心义诊

◆《镇江日报》头版　爱心义诊

镇江日报

完整准确全面贯彻新发展理念 铸牢中华民族共同体意识

十三届全国人大四次会议在京开幕

习近平汪洋王沪宁赵乐际韩正王岐山等在主席台就座

李克强作政府工作报告　栗战书主持大会

从党的百年非凡历程中汲取奋进力量 激励全市上下向着“三高一争”加速奔跑

加快城乡融合发展 实现乡村全面振兴

高质量完成教育整顿任务 打造政法铁军展现新作为

“我们的干劲更大，信心更足了”

花艺技能扮靓生活

◆《镇江日报》头版　花艺技能扮靓生活

镇江日报

坚定不移走高质量发展之路 坚定不移增进民生福祉

全市产业招引工作开展“四大行动”

京口兑现产业政策“30”条奖励

近1800万元真金白银扶持到企业奖励到个人

新区贯彻“一号战略”强势开启招大引强年

栽花植树慰英灵

紧扣“一号战略”抓改革 领跑产业强市新征程

◆《镇江日报》头版　京口兑现产业政策“30”条奖励

镇江日报
十三届全国人大四次会议举行第二次全体会议
马明龙调研市城建集团时强调
党建引领 搞活机制 做强主业 推动国有企业健康可持续发展
我市举行"三八"国际妇女节111周年纪念活动
全国人大代表丰巍关注民生
建议解决基层卫生人才招聘难
句容经开区项目招引持续发力
招大引强，持续跑好产业强市第一棒
谏壁街道"云端云下"签约两手抓

◆《镇江日报》头版　谏壁街道"云端云下"签约两手抓

镇江日报
一品蘇黄
"开门接电"，客商点赞电力服务
丹阳：构建完整稳定江岸森林生态系统
市发改委聚力构建现代产业体系
市应急管理部门"四个服务"护企安全起跑
谏壁9个新任"两委"班子"交作业"

◆《镇江日报》头版　谏壁9个新任"两委"班子"交作业"

镇江日报
习近平总书记同朝鲜劳动党总书记金正恩互致口信
楼市异动，是"小阳春"还是"虚火旺"？
润州教育努力培养更全面的学生
同力日升在上交所主板鸣锣开市
我市深入推进水资源集约安全利用
在人才福地沉下心来研发创新药
"广玉兰"下、"清风亭"里学党史颂党恩

◆《镇江日报》头版　"广玉兰"下、"清风亭"里学党史颂党恩

镇江日报
马明龙主持召开市委常委会会议
引育新平台推动低碳产业发展 以实干实绩庆祝党的百年华诞
八大活动庆祝中国共产党成立100周年
坚定不移推动产业强市"一号战略"落地见效
加快疫苗接种 守护百姓健康
走出科技兴农以农富农之路

◆《镇江日报》头版　焦顶山社区开展"学党史　祭英烈"清明祭扫活动

镇江日报
马明龙在全市加强耕地保护督查违法违规用地整改工作推进会上强调
落实最严格耕地保护制度 从严从快从实推进整改工作
坚决破除"两种思维"
千方百计采取措施 方便百姓尽快接种疫苗
镇江首批26个项目参加集中开工
"一碗面条"后，消费马车加速奔跑！
京口教育着力提升基层党组织组织力

◆《镇江日报》头版　京口教育着力提升基层党组织组织力

镇江日报
新材料发力，点燃"四群八链"新引擎
扎根老区三十载 誓将水害变水利
我市实施提升制造服务型工业设计专项行动
句容学党史办实事群众得实惠
事业发展离不开这座包容的城市
象山街道：党建引领非公企业促发展

◆《镇江日报》头版　象山街道：党建引领非公企业促发展

镇江日报
新区真情实意真抓实干招才引智
高新区打造人才"镇兴"行动升级版
打造全国"数字经济标杆""企业孵化标杆""人才集聚标杆"
润州做好"两委"换届后半篇文章
基层党史学习教育接地气
让效应加快展现 人才新政集聚

◆《镇江日报》头版　打造全国"数字经济标杆""企业孵化标杆""人才集聚标杆"

镇江日报
习近平向台湾列车出轨事故遇难同胞表示哀悼
美丽宜居镇江建设全面推进
童心向党，争做时代新人
宝堰党员干部学党史接地气
扬中连续三年获评省推进高质量发展先进市
社区学校千余人 共同祭扫烈士墓
句容志愿服务活动受群众欢迎

◆《镇江日报》头版　社区学校千余人　共同祭扫烈士墓

镇江日报
聚焦"一号战略"持续发力 推动"很有前途"跑进现实
打好主动仗下好先手棋，句容——
"四个融入"推动党史学习教育走新更走心
不动产登记助力优化营商环境
生态节地葬接受度逐渐提升
全市职工疗休养工作全面启动
老少同行祭英烈

◆《镇江日报》头版 老少同行祭英烈

镇江日报
文心化境 守正创新
以文心化境 争城市荣光
副省长齐家滨来镇调研重点企业和科研平台
丹徒唱响"乡村振兴"田园牧歌
高质量考核，赋能镇江加速奔跑
韦岗街道让党史学习教育活起来
"马路医生"抓好党史学习教育
全市网络安全工作会议召开

◆《镇江日报》头版 "党心永恒"50年党龄党员过集体生日

镇江日报
党史学习教育省委宣讲团宣讲报告会在镇举行
省委组织部领导来镇调研人才工作
马明龙会见长江生态环保集团总经理王殿常一行
全市人大系统"民呼我应"主题实践活动动员大会召开
镇江市欧美同学会一届三次理事会召开
象山街道经济一季度实现开门红
因地制宜打响乡村振兴"句容品牌"

◆《镇江日报》头版 象山街道经济一季度实现开门红

镇江日报
坚持以人民为中心 全面落实打防管控措施 坚决遏制电信网络诈骗犯罪多发高发态势
增强人民群众获得感幸福感安全感 完整准确全面理解贯彻新发展理念
传承弘扬井冈山精神和延安精神 更好推进"三高一争"新实践
日丰集团新型应用材料华东研发生产基地项目签约
做好园区整合文章 夯实产业强市基础
市人大常委会走访高性能材料企业

◆《镇江日报》头版 "百年风华•镇出发"群众歌咏大会举行

镇江日报
2021年4月12日 星期一
中共中央办公厅印发《关于庆祝中国共产党成立100周年组织开展"永远跟党走"群众性主题宣传教育活动的通知》
扬州市政协考察团来镇考察交流
"一把手"引才 "叠加包"聚才 "组合拳"留才
"招才纳智"为润州加速跑再添动能
项目建设融合红色旅游、党史教育、乡村振兴
茅山新四军水坝整治提升实现"水利+"
市区人才购房补贴实施细则发布
京口区2021年"关爱朝阳行动"启动
"成为共产党员是我一生的追求!"
87岁老人递交入党申请书
一面墙,让耳朵爱上阅读
有声阅读馆让党史学习更"声"动

◆《镇江日报》头版　京口区2021年"关爱朝阳行动"启动

镇江日报
2021年4月14日 星期三
习近平对职业教育工作作出重要指示强调
加快构建现代职业教育体系 培养更多高素质技术技能人才能工巧匠大国工匠
汲取奋进力量 甩开膀子奔跑
全市党史学习教育高标准深入推进
做好本土结合文章 提升党史学习实效
喜迎百年华诞
茅山风景区以产业振兴推动乡村振兴
市委统战部理论学习中心组举行学习(扩大)会
向着人民满意的教育事业奋力奔跑

◆《镇江日报》头版　喜迎百年华诞

镇江日报
2021年4月16日 星期五
《求是》杂志发表习近平总书记重要文章
在庆祝中国共产党成立95周年大会上的讲话
省委常委、省委宣传部部长张爱军在镇调研宣传思想文化工作和党史学习教育开展情况
省人大常委会领导来镇调研
马明龙陪同调研
市委召开食品安全委员会全体(扩大)会议
省人大常委会就修订《江苏省中小企业促进条例》来镇调研
徐曙海主持召开市政府党组会
以上率下,以身作则 确保党史学习教育走深走实
新民洲"飞速"跑起来
木业全产业链正在形成
天王镇山岗上种出美丽和富裕

◆《镇江日报》头版　新民洲飞速"跑起来"　木业全产业链正在形成

镇江日报
2021年4月18日 星期日
镇江公安聚焦主责主业彰显担当本色
产改赋能,让更多产业工人由"工"变"匠"
"360"计划解扬中工人求技之"渴"
省人社一体化信息平台即将上线
下蜀镇百姓名嘴进村话党史
高资将在高质量发展主战场展现更大担当
用"招牌菜"讲好"镇江故事"
京口区全面启动疫苗接种工作

◆《镇江日报》头版　京口区全面启动疫苗接种工作

镇江日报
2021年4月21日
习近平在博鳌亚洲论坛2021年年会开幕式上发表主旨演讲
马明龙会见北汽集团党委书记、董事长姜德义一行
紧扣"知情意行"，推进青少年党史学习教育——
京口：让红色基因融入血脉代代相传
省政协研究室来镇开展主题党日活动
多元共治，会龙村做优做活基层治理
2020年度江苏省好新闻评选镇江日报3件作品获一等奖
更高站位落实《条例》精神，跑出统战工作加速度

◆《镇江日报》头版头条　京口：让红色基因融入血脉代代相传

镇江日报
2021年4月23日
习近平出席领导人气候峰会并发表重要讲话
共同构建人与自然生命共同体
努力建设全省教育现代化重要窗口 加压再奋进确保全面实现"双过半"
马明龙主持召开市委常委会会议
"百年铸就辉煌 百网见'镇'荣光"网络主题宣传活动暨2021镇江网络嘉年华启动
我市启动金融为农办实事"金穗行动"
以金融创新助力乡村振兴
我市党史学习"联"出精彩
牺牲在黎明前的镇江市长——王龙
象山花园四区安置房项目预计7月封顶

◆《镇江日报》头版　象山花园四区安置房项目预计7月封顶

镇江日报
2021年4月27日
市委市政府召开深化全国文明城市创建动员部署大会
持续深化更广领域更高质效文明创建
马明龙出席并讲话 徐曙海作工作部署
马明龙开展节前安全生产检查时强调 狠抓责任落实和隐患排查 确保人民群众平安祥和过节
我市组织收听收看国务院、省政府廉政工作电视电话会议
市政协召开党组理论学习中心组学习扩大会
"红色课堂"处处有 "红色风景"时时见
全市党史学习教育座谈会召开

◆《镇江日报》头版　"红色课堂"处处有　"红色风景"时时见

镇江日报
2021年5月6日
聚焦"一号战略"持续发力 推动"很有前途"跑进现实
镇江促就业工作负重"跑"出"开门红"
产业强基础 班子带好头 党建鼓斗志
白兔"莓"好产业铺展乡村振兴之路
让抗疫精神激励我们加速奔跑
谏壁街道全力确保实现"双过半"
由陈毅引上革命道路的保安司令——樊玉琳

◆《镇江日报》头版　谏壁街道全力确保实现"双过半"

镇江日报
习近平同国际奥委会主席巴赫通电话
马明龙在年轻干部集训班上作开班动员讲话时强调
不负青春韶华 坚定跑在前列
马明龙会见来镇调研的全国胶转公司董事长徐明一行
"不论直言或含蓄，政府都要用心倾听，用力帮助企业纾困解难!"
党史学习教育百花齐放 服务企业群众全力以赴
宋亚欣：甘为孺子牛的"老革命"
华阳街道"开门红"擂响全年奋进鼓

◆《镇江日报》头版 京口区：党史学习教育百花齐放 服务企业群众全力以赴

镇江日报
聚焦"一号战略"持续发力 推动"很有前途"跑进现实
马明龙调研推进政法队伍教育整顿工作时强调
动真碰硬推进查纠整改 用心用情提升群众获得感
把名字刻在异乡的英烈——戴祥
全市防汛防旱工作会议召开
坚持系统施治标本兼治 实现全域水清河畅
镇江市2021年防汛抢险军地联合演练举行
扬中一季度进出口增幅全市第一

◆《镇江日报》头版 红军号出发 开启新征程

镇江日报
葱姜料酒
马明龙主持召开市委网络安全和信息化委员会第三次会议
站位再提升工作再发力合力再加强 更好推动全市网信事业高质量发展
九项活动庆祝中国共产党成立100周年
我市党史教材征订发放覆盖率超100%
全国政协常委、省政协副主席麻建国来镇开展党史学习教育专题讲座
我市加快推进直接融资工作
"鱼跃"成功举办2021新品发布会
市领导赴句容调研"三农"重点工作

◆《镇江日报》头版 社区少数民族老党员讲党史

镇江日报
中共中央办公厅印发《通知》
点燃引擎，制造业项目跑出争先势
和平路街道启航"为民办事"新征程
"有了党的关怀，非遗文化传承才越来越被重视"
"镇合意"服务先锋队在行动
我市5家社会组织喜获5A等级

◆《镇江日报》头版 京口非遗传承人集体创作献礼建党百年

镇江日报
马明龙致全市广大科技工作者的一封信
2021年南京都市圈创新合作大会暨高校院所走进镇江产学研对接活动举行
共建共享、共融共赢打造区域协同创新共同体
国务院国资委副主任翁杰明来镇调研手能科技(镇江)有限公司
在融合协作中加快建设创新镇江
运用法治思维提升治理效能 通过考核促进项目建设
向"新"而行 共融共赢
党史宣讲"微党课"背后故事多
党建领航，科技赋能产业强市
传唱红色歌曲 共庆建党百年

◆《镇江日报》头版 传唱红色歌曲 共庆建党百年

镇江日报
和悦正红 燃爆镇江
展示真实立体全面的中国 加强和改进国际传播工作
习近平在中共中央政治局第三十次集体学习时强调
马明龙徐曙海"六一"儿童节分别看望慰问学校师生时强调
让广大少年儿童健康快乐成长 做共产主义事业的合格接班人
传承红色基因 当好红色传人
马明龙会见华电江苏能源公司董事长戴军一行
央视等高端媒体广泛聚焦"镇江行"
市人大常委会举办党史学习教育专题党课
市委农村工作领导小组(扩大)会暨乡村产业发展现场观摩推进会召开

◆《镇江日报》头版 马明龙、徐曙海“六一”儿童节分别看望慰问学校师生

镇江日报
习近平向上海合作组织民间友好论坛致贺信
让绿水青山造福人民泽被子孙
市委理论学习中心组举行学习会
感悟真理伟力 砥砺初心使命 在现代化新征程上跑出美好前途
马明龙主持并讲话 葛平到会指导
从握手到联手，疫情阻不断佳话续写 一场因为"大爱"的"江海合作"
创去年我市环境质量"十三五"最好水平
我市组织收听收看国务院、省政府电视电话会议
徐曙海在镇江分会场收听收看
全市征兵宣传高校巡演活动启动
"三大行动"助推乡村振兴

◆《镇江日报》头版 电梯安全食品安全宣传进社区

镇江日报
习近平向第二届中国－中东欧国家博览会致贺信
60个项目点燃一处处"兴旺火把"——
重大项目助力农业产业加速奔跑
陕西省人大常委会党组书记、副主任刘小燕来镇考察
马明龙会见丹麦驻上海总领事林朗一行
徐曙海调研检查防汛工作
严防死守 确保安全度汛
插秧忙
党史"富矿"，红色故事润童心

◆《镇江日报》头版 插秧忙

镇江日报
中共中央 国务院
关于支持浙江高质量发展建设共同富裕示范区的意见
马明龙在全市党史学习教育巡回指导工作座谈会上强调
紧跟形势 再接再厉 主动作为
推动党史学习教育走在全省前列
我市开展公安武警应急处突联合实战演练活动
以新思想定向领航 全力维护安全稳定大局
马明龙现场观摩并讲话
巡察"后半篇文章"以扎实整改写好
"澳苏大学生阳光成长"
2021年文化交流营来镇开展交流活动
马明龙会见梁励等嘉宾一行
社区老党员喜领"光荣在党50年"纪念章
我市启动民族团结进步宣传月活动
210间"梦想小屋"全面竣工
市全民阅读活动领导小组(扩大)会议召开

◆《镇江日报》头版 社区老党员喜领"光荣在党50年"纪念章

镇江日报
恒顺香醋 纯酿造
全国排名第七 全省位列第二
镇江新区集约用地全国领先
把握问题导向、目标导向、效果导向
京口在"办实事"中检验学习教育成果
端午旅游新看点 西津渡里赏非遗
端午节里的红色味道
麦收收官,农田成水稻栽插主场

◆《镇江日报》头版 京口在"办实事"中检验学习教育成果

镇江日报
习近平就古特雷斯连任联合国秘书长致贺电
铭记奋斗历程担当历史使命
从党的奋斗历史中汲取前进力量
习近平带领党员领导同志重温入党誓词
李克强栗战书汪洋王沪宁赵乐际韩正王岐山参加活动
宣讲者赵亚夫,在奔忙中收获"心满意足"
我市组织收听收看全国、全省安全生产电视电话会议
我市组织收听收看省政协党员委员专题党课
聚焦利民惠民 做到功在平时
市领导赴扬中调研推进"有事好商量"协商议事工作

◆《镇江日报》头版 燃气器具安全检查

镇江日报
聚焦"一号战略"持续发力
推动"很有前途"跑进现实
46条措施尽显为民情怀
句容政法系统着力解决百姓"急难愁盼"事
五峰山过江通道南北公路接线工程通过交工验收
党旗·镇红·筑京彩
风华恰百年 南山党旗红
韦岗街道持续用战斗精神振奋人心
市领导调研丹阳农业农村重点工作
银行业保险业开展党史知识竞赛

◆《镇江日报》头版 健康路街道以专场活动庆祝建党百年

镇江日报

2021年6月26日

热烈庆祝中国共产党成立100周年

永远跟党走 共筑中国梦

马明龙在党史学习教育专题党课上强调

从百年党史中汲取加速奔跑的信心和力量

坚决扛起"争当表率、争做示范、走在前列"的镇江使命

徐曙海讲授专题党课

从党的百年历史中汲取智慧

在统筹发展安全中开拓新局

马明龙在全市国资国企改革推进会上强调

全力推动国有企业发展展现新气象

勇担当 勇作为 勇奋进

庆祝中国共产党成立100周年党外人士座谈会召开

镇江高专大学生党史学习交流分享会

市人大常委会举办党史学习教育主题活动

市农业农村系统暨农业农村局庆祝建党百年主题活动举行

倍赛数字AI标注研发平台项目落户京口

◆《镇江日报》头版　倍赛数字AI标注研发平台项目落户京口

镇江日报

2021年7月4日

百年梦圆照此心

京口"奔跑支部"点燃产业强区新引擎

全面恢复接种第一剂新冠疫苗

村企联建助农增收

润州发布《十条规定》持续优化营商环境

让红色能量成为"最强流量"

我市举办高新技术企业家沙龙

96岁老党员徐汉儒的爱党情怀

◆《镇江日报》头版头条　京口"奔跑支部"点燃产业强区新引擎

镇江日报

2021年7月5日

百花常开　好运自来

"学亚夫、做亚夫"在镇蔚然成风

花儿为什么这样红

学习"七一"讲话精神 激发加速奔跑动力

地产夏黑葡萄丰收

重温红色记忆，传承"一切为民族"血脉

束和平：给就乡村振兴"东皇画卷"

◆《镇江日报》头版　地产夏黑葡萄丰收

镇江日报

2021年7月7日

和院正红 燃爆镇江

习近平出席中国共产党与世界政党领导人峰会并发表主旨讲话

学习贯彻习近平总书记"七一"重要讲话精神

以加速奔跑的拼搏姿态开创美好未来

马明龙主持学习会并作总结讲话

方美芳：架起党联系群众的"连心桥"

全市接种新冠疫苗超290万剂次

我市出台12条措施支持多渠道灵活就业

缺工企业来"点单"，多方协作缓解"用工难"

◆《镇江日报》头版　中储粮油脂镇江基地包装油加工大幅增长

镇江日报
2021年7月11日
教育往心里走 事情往实里干
镇江公安打造“升级版”一流队伍
新坝以“金牌服务”为发展鸣锣开道
赓续伟大建党精神，在希望的田野上跑出新姿态
我市“绿书包”工作机制建立环境问题整改
老少共“画”中国梦
解难题用心显成效 做小事用情更暖心
我市今起出梅入伏

◆《镇江日报》头版　老少共“画”中国梦

镇江日报
2021年7月13日
新时代加强和改进思想政治工作
中共中央国务院印发《意见》
省安全生产第二十巡查组巡查镇江市工作动员会召开
市政府召开全体（扩大）会议要求
以必胜决心攻坚克难 完成全年高质量发展目标任务
新区：系统升级最“宜”营商环境
市政协八届五十一次主席会议视察推进我市“雪亮”工程建设
杨凌：全心全意做好健康“守门人”
社保养老金，未来怎么变？
最美应急人，如何来炼成？
商业太空游，究竟啥滋味？

◆《镇江日报》头版　杨凌：全心全意做好健康“守门人”

镇江日报
2021年7月16日
《求是》杂志发表习近平总书记重要文章
在庆祝中国共产党成立100周年大会上的讲话
习近平将出席亚太经合组织领导人非正式会议
守初心担使命 防风险守底线 深入激发加速奔跑的活力动力
马明龙主持召开市委常委会会议
科学坚定坚决树牢安全发展理念 有效提升本质安全水平
“能解决实际困难，更能增强发展信心！”
东京奥运会中国代表团我市两名运动员入选
项目招引跑出量质齐升新速度
社科“五新五百”红色活动赋能镇江发展
用心用情用力解决好“急难愁盼”问题

◆《镇江日报》头版　用心用情用力解决好“急难愁盼”问题

镇江日报
2021年7月17日
习近平出席亚太经合组织领导人非正式会议并发表讲话
同世界各国人民深化友谊加强交流
2021联想之星创业联盟理事年会暨镇江行活动举行
镇江、玄武携手争当长三角文旅融合发展先行者
“请党放心，强国有我！”
档案话百年 永远跟党走
张奎峰：奔跑在希望的田野上
我市政府采购项目合同实现网上签约

◆《镇江日报》头版　档案话百年永远跟党走

镇江日报

2021年7月18日

转"危"为"安"，让群众走上"放心桥"

京口百名纪检监察干部沉到社区（村）为民解忧

第五届国际低碳（镇江）大会将于今年10月举办

用新发展理念引领园区整合提升

句容"茅山长青"红色茶旅线路入选

市文化馆"夏日里的第一场音乐会"

◆《镇江日报》头版头条　京口百名纪检监察干部沉到社区（村）为民解忧

镇江日报

2021年7月20日

省安全生产第二十巡查组下沉扬中开展安全生产巡查

马明龙会见中国航天科工总经理刘石泉一行

我市总数已达21个省级特色田园乡村

咬定目标必保必成 埋头苦干务实支撑

市政协召开党组理论学习中心组学习扩大会

我市明确开发园区整合优化提升路线图

"爱心暑托班"京口示范点开班

◆《镇江日报》头版　"爱心暑托班"京口示范点开班

镇江日报

2021年7月30日

抓早抓准全面严起来紧起来实起来 坚决守住来之不易的疫情防控成果

全省疫情防控工作视频调度会议召开

江工生物20吨虾青素发酵设备出厂交付

68个新增长点壮大工业强支撑

弘扬铁军精神，传承红色基因

"硬核反诈"守住居民钱袋子

◆《镇江日报》头版　江工生物20吨虾青素发酵设备出厂交付

镇江日报

2021年7月31日

中共中央召开党外人士座谈会

中共中央政治局召开会议 分析研究当前经济形势和经济工作

加强服务全力帮助企业解决难题 统筹推进疫情防控和经济社会发展

"网格微信群"，打通服务群众的"最后一公里"

丁庄葡萄破题销售"路在何方"

2021年6月镇江市查处违反中央八项规定精神问题23起

◆《镇江日报》头版　筑牢疫情防控安全线

镇江日报

坚决打赢疫情防控阻击战

马明龙检查疫情防控工作时强调

从严从紧织密扎牢防控安全网 保障人民生命安全和身体健康

微网格 凝聚"大力量" 京口799名"红马甲"奋战抗疫一线

李健调研基层疫情防控工作

市领导调研指导疫情防控和志愿服务工作

部分地区开展核酸检测实战演练

"智汇"江洲 托举"荣光"

句容入选全国农业科技现代化先行县共建名单

◆《镇江日报》头版头条 京口799名"红马甲"奋战抗疫一线

镇江日报

扬中"双向互动"冲刺双拥"九连冠"

助战越光稻丰收 江大捐赠新"铁牛"

坚决打赢疫情防控阻击战

江苏大学附属医院驰援扬州医疗一队出发

京口住建加速推进民生工程

市区所有建筑工地实行封闭管理

◆《镇江日报》头版 京口住建加速推进民生工程

镇江日报

茅山风景区迈向高质量新征程

官塘桥街道"微实事"撬动"大民生"

我市开展网格全员核酸检测实战演练

坚决打赢疫情防控阻击战

在家门口就可以办营业执照

聚才筑梦，谱写"京彩"华章

组织部长谈人才

◆《镇江日报》头版 返乡大学生助力疫情防控

镇江日报

坚决筑牢疫情防控的钢铁防线

严防死守筑牢防线 服务群众释放温度

筑牢疫情防控的公安"防火墙"

12—17岁人群新冠病毒疫苗接种近14万人

我市加快农村普惠金融服务点建设

镇报集团推出微型情景剧《七仙女下凡回镇江》上线啦

京口做深做实政治生态评估工作

◆《镇江日报》头版 京口做深做实政治生态评估工作

镇江日报

ZHENJIANG DAILY

2021年8月15日

丹阳学史力行，聚焦群众"急难愁盼"

农业保险，农民们的"定心丸"

创业贷款助力创业梦想

今年已发放富民创业担保贷款28亿元

"有事好商量"

大众书局·镇江苏宁广场店亮相

"'杨'好建议"

青年人才线上联谊活动开展

我市全力推进地表水环境质量改善工作

1-7月国考断面优Ⅲ比例为100%

镇江"第一路"和平路实施出新改造

扬中经开区迈出村企联建"兴"步伐

◆《镇江日报》头版　大众书局·镇江苏宁广场店亮相

镇江日报

ZHENJIANG DAILY

2021年8月16日

坚决筑牢疫情防控的铜墙铁壁

《求是》杂志发表习近平总书记重要文章

总结党的历史经验　加强党的政治建设

依托学科优势　发挥"四大作用"

京口区科技镇长团：着力助推区域高质量发展

执法行动开展"护薪惠民"专项

为了江河交汇处的"身家性命"

从多党合作的历史中汲取奋进力量

镇江高新区：志愿之光照亮"战疫"阻击线

坚决打赢疫情防控阻击战

宝华龙潭两地"五同联防"放样板

◆《镇江日报》头版　京口区科技镇长团：着力助推区域高质量发展

镇江日报

ZHENJIANG DAILY

2021年8月19日

坚决筑牢疫情防控的铜墙铁壁

坚决打赢疫情防控阻击战

马明龙检查疫情防控工作并走访看望医卫工作者

向全市医卫工作者表示崇高敬意　凝聚起"爱卫同行"的强大力量

十四运会火炬传递渭南站镇江人跑首棒

徐曙海走访医疗机构检查疫情防控

"感谢你们，坚守在镇江健康防线最前沿的白衣天使！"

疫情防控还不能有丝毫松懈

中国医师节前慰问抗疫一线医护人员

渭南苏陕协作发力乡村振兴开新局

"句容葡萄"助农大型公益直播活动启动

镇江入选2023年"东亚文化之都"候选城市

◆《镇江日报》头版　中国医师节前慰问抗疫一线医护人员

镇江日报

ZHENJIANG DAILY

2021年8月20日

马明龙在市委专题民主协商会上强调

把握时势发挥优势巩固态势　为迈好新征程汇聚更强正能量

坚决打赢疫情防控阻击战

情系瘦西湖　明月待君还

全市中小学9月1日正常开学返校

徐曙海主持召开市政府常务会议

加快生态治理现代化建设　深入开展富民强村帮促行动

"两在两同"建新功　"润州先锋"再出发

近5吨生活物资抵达"孤岛"新民洲

人人都是参与者　个个都是战斗员

◆《镇江日报》头版　压力测试防"疫"未然

镇江日报

预防前移 重心下沉

扬中：精准服务，当好健康“守门人”

从“消费账单”看镇江消费变与不变

坚决打赢疫情防控阻击战

丹徒江心洲：用“温情”守护江岛防疫屏障

共筑防疫壁垒

健康路街道核酸检测演练

我市全面完成绿化造林任务

“头疼事”变成了“暖心事”

严守底线，筑牢安全基石

◆《镇江日报》头版 健康路街道核酸检测演练

镇江日报

上半年装备制造业发力奔跑销售全面飘红

装备制造攀高，诠释产业硬核担当

边城镇招商实现增资增效不增地

坚决打赢疫情防控阻击战

人社部门精准服务助力疫情防控

医疗保障部门全力筑牢疫情防控保障线

扬中供电：为“江中明珠”提供澎湃绿色动能

筑牢免疫屏障

高新区强化监督检查 为疫情防控保驾护航

◆《镇江日报》头版 筑牢免疫屏障

镇江日报

马明龙检查学校开学及疫情防控工作时强调

慎终如始做好疫情防控 努力办好人民满意教育

“特色套餐”专解群众“关键小事”

省政协召开省市县政协委员学习习近平总书记“七一”重要讲话精神交流会

市人大常委会召开第五十七次主任会议

市人大常委会组织召开优化营商环境动员部署会

中山路小学新校区9月投入使用

综文中心党员先锋队守好“南大门”

◆《镇江日报》头版 中山路小学新校区9月投入使用

镇江日报

习近平在中央民族工作会议上强调

以铸牢中华民族共同体意识为主线 推动新时代党的民族工作高质量发展

边城镇落户优质项目亮点纷呈

第二十届省运会筹委会召开新闻发布会

镇江“文化卫士”同心防疫勇担当

敬仁行章，办更好的学校

大学生志愿者助力小区疫情防控

◆《镇江日报》头版 敬仁行章，办更好的学校

镇江日报

1-7月高性能材料产业链发展势头强劲

产业链发力，高性能材料铸造强增长极

润州助力高质量发展"加速跑"

坚决打赢疫情防控阻击战

镇江志愿者助销无花果400余斤

企业战疫情 保生产 扬中全力护航

水库后扶项目提升村民幸福指数

童心战"疫"板报迎开学

我市举行新冠肺炎疫情处置实战演练

◆《镇江日报》头版　童心战"疫"板报迎开学

镇江日报

努力成为可堪大用能担重任的栋梁之才 信念坚定对党忠诚实事求是担当作为

努力书写无愧于时代的青春华章

今年新区项目招引突破500亿元

我市召开第六场"我为群众办实事"新闻发布会

京口区纪委监委：多措并举打造过硬铁军

◆《镇江日报》头版　京口区纪委监委：多措并举打造过硬铁军

镇江日报

共享服务贸易发展机遇 共促世界经济复苏和增长

全市档案局长馆长会议召开

"六个一体化"，打造转型城市创新样本

把握党史学习教育实践逻辑 在学史力行上见真章求实效

守护学生舌尖上的安全

市领导现场调度推进重大产业项目

◆《镇江日报》头版　守护学生舌尖上的安全

镇江日报

坚决遏制"两高"加快绿色转型 练好内功提升修养适应新形势

捧着一颗心来，用爱育人

"老师，辛苦了！"

"师道传承"夯实京口教育优质发展之路

◆《镇江日报》头版　"师道传承"夯实京口教育优质发展之路

镇江日报
2021年9月13日
旗帜鲜明讲政治 真抓真改真落实
新区扎实推进基层党组织政治建设专项行动
京口区纪委监委打造党史学习教育“四式课堂”
句容温度，坚定了他们创业信心
亚夫生物打造农产品产业链
刚柔并济，“安全体检”收获赞声一片
消费帮扶“及时雨”，解渴！

◆《镇江日报》头版 京口区纪委监委打造党史学习教育“四式课堂”

镇江日报
2021年9月14日
分解改革任务79项 力争年底前完成94.9%
国企改革三年行动素普按下“快进键”
昨起，全市中小学全面开展课后服务
市政府决定延续执行失业保险稳岗返还保障扩围政策
丹阳：“红色引擎”进发产业强市澎湃动能
李健赴京口区参加“百场宣讲·千场议事”活动

◆《镇江日报》头版 新材料提升产品质量

镇江日报
2021年9月16日
《求是》杂志发表习近平总书记重要文章
毫不动摇坚持和加强党的全面领导
习近平在陕西榆林考察时强调
解放思想改革创新再接再厉 谱写陕西高质量发展新篇章
第十四届全国运动会在陕西西安隆重开幕
农工党中央调研组来镇调研长江生态环境保护工作
省政协来我市调研“有事好商量”协商议事工作
扬中：争先高质量发展，领跑现代化征程
创业创新，吾心归处是吾乡

◆《镇江日报》头版 “双减”后场馆热闹了

镇江日报
2021年9月18日
习近平出席上海合作组织和集体安全条约组织成员国领导人阿富汗问题联合峰会
习近平复信国际友人亲属
习近平出席上海合作组织成员国元首理事会第二十一次会议并发表重要讲话
马明龙在全市重大产业项目观摩推进会上强调
紧抓产业强市“一号战略”提升项目质量 以优异成绩迎接市第八次党代会胜利召开
省安全生产第二十巡查组巡查镇江市工作反馈会召开
京口：创新突破加速奔跑

◆《镇江日报》头版 京口：创新突破加速奔跑

镇江日报

2021年9月20日

民生发展，金山湖畔唱响更幸福的歌

——迎接市第八次党代会系列述评之二

崇明街道社会治理精准施策创特色

我市积极筹备参加第四届进博会

做好"三道题" 服务地方经济

乘上微软"快车" 探路联动创新

大禹山创意新社区数字产业"扬帆出海"

庆祝"中国统计开放日"

统计力推"四个一"举措

◆《镇江日报》头版　大禹山创意新社区数字产业“扬帆出海”

镇江日报

2021年10月11日

中共中央 国务院印发《国家标准化发展纲要》

江苏佛学院建设项目奠基

以钉钉子精神推进"一号战略"

句容纪委监委护航营商环境"走新走心"

讲进群众心坎 议出发展共识

江苏最大水权交易备案项目完成签约

◆《镇江日报》头版　新民洲港卸木忙

镇江日报

2021年10月18日

"停车管家"为城市停驻美好

市委巡察机构多措并举推动基层治理更高质量

聚焦企业发展 聚力民生保障

京口力推"两在两同"建新功行动走深走实

秋收秋种大幕即将拉开

◆《镇江日报》头版　京口力推“两在两同”建新功行动走深走实

镇江日报

2021年10月22日

浙江省政协考察团来镇考察党建和协商议事等工作

市委召开会议传达全省领导干部会议精神

2021年镇江（深圳）招商推介会成功举办

17个项目集中签约总投资165.8亿元

京口区民兵应急连参加省军区比武考核全省总分第一

句容"省级科技企业加速器"实现零突破

◆《镇江日报》头版　京口区民兵应急连参加省军区比武考核全省总分第一

镇江日报

习近平会见联合国秘书长古特雷斯

习近平出席中华人民共和国恢复联合国合法席位50周年纪念会议并发表重要讲话

建设一流营商环境 打造创新创业福地

市政协召开八届二十五次常委会议

西藏达孜：小眼镜 大产业 优生活

文明从门口做起 和谐在邻里之间

"回报社会，是情怀更是责任！"

京口人大：让群众呼声变成掌声

◆《镇江日报》头版　京口人大：让群众呼声变成掌声

镇江日报

坚定创新自信紧抓创新机遇 加快实现高水平科技自立自强

赓续红色血脉为推动社会主义文化繁荣发展 建设社会主义文化强国作出新的更大的贡献

彰显优势全面加强和改进人大工作 高标准高质量完成好各项目标任务

推进生态环境质量持续改善 构建义务教育良好生态

小窗口折射开放型经济新热度

市政协举行"政协讲堂"第32讲

环卫工享暖心午餐

"尚武警营"催开平安之花

◆《镇江日报》头版　环卫工享暖心午餐

镇江日报

习近平同英国首相约翰逊通电话

以全面推进乡村振兴的生动实践 奋力谱写现代化镇江建设新篇章

镇江党内法规研究中心成立

镇江市海工装备产业（上海）招商会举行

我市进一步改革完善社会救助制度

全省首批医疗护理员培训基地落户一人医

幼儿品家乡味道

◆《镇江日报》头版　幼儿品家乡味道

镇江日报

坚定理想信念 补足精神之钙

让"最可爱的人"成为受尊崇的人

镇江，加快拥抱长三角一体化

荣获江苏友谊奖

市运会体育摄影作品展开展

前三季度商务工作总体平稳向好

100个"奔跑支部"跑出产业强区新成效

◆《镇江日报》头版　100个"奔跑支部"跑出产业强区新成效

镇江日报
“时与势在我们一边”
——以习近平同志为核心的党中央推动增进中国经济发展新优势述评
2021年11月2日 星期二
系统化推进数字经济高质量发展
推动科技创新改善生态环境质量
马明龙主持召开市委常委会会议
2021镇江·长三角台商投资推介会举行
12个台资项目集中签约 总投资额超30亿元
马明龙孙继兵陈锦龙出席并致辞
京口“1+N+1”课后服务稳步推进
“五水联动”描绘“美丽幸福河湖”新画卷
燃尽生命之光 信守科技助农
市政协召开党组理论学习中心组学习扩大会
2021年我市“最美家庭”名单揭晓
镇江市摄影界2019——2020年度创作汇报展

◆《镇江日报》头版 京口“1+N+1”课后服务稳步推进

镇江日报
勇担使命，扎实奋斗，向着现代化新镇江激情奔跑
2021年11月3日 星期三
省人大常委会来镇调研我市三级人大换届选举工作
马明龙陪同调研
“双招双引”再提速 高质量发展再提质
扬中凝心聚力奋战四季度
全省政协宣传思想工作座谈会暨委员读书活动经验交流会召开
农工党镇江市第十一次代表大会开幕
市领导赴丹徒区调研重点片区规划发展工作
新民洲水稻全面开镰收割
九三学社镇江市第九次代表大会闭幕
镇江日报社小记者活动获省三项大奖
公益行动构筑基层网络安全意识“防火墙”

◆《镇江日报》头版 新民洲水稻全面开镰收割

镇江日报
2021年11月4日 星期四
中共中央国务院隆重举行国家科学技术奖励大会
习近平出席大会并为最高奖获得者等颁奖
省政协视察我市健康筛查进社区工作
以更高站位更实举措更严标准坚决维护和谐稳定良好局面
融合推进“两在两同”与“我为群众办实事”
2020年度国家科学技术奖揭晓
江大丁建宁牵头项目获国家技术发明奖二等奖
省政协视察我市“有事好商量”协商议事工作
民进镇江市第八次代表大会开幕
追寻红色印迹 传承百年党史
管道医生“四诊法” 守护城市“生命线”

◆《镇江日报》头版 追寻红色印迹 传承百年党史

镇江日报
2021年11月6日 星期六
不断发展全过程人民民主 加强选举全过程监督
习近平会见第八届全国道德模范及提名奖获得者
马明龙检查疫情防控工作时强调
绷紧思想之弦 扛起政治责任
坚决打赢疫情防控这场硬仗
“新民洲上”再写农业神奇
特色稻种研发助力粮食安全
紧盯市场扩产能 加快项目达产达效
12345“镇一企来”微信小程序试运行
西冯村在转型路上加速奔跑
民盟镇江市第十四次代表大会开幕

◆《镇江日报》头版头条 “新民洲上”再写农业神奇：特色稻种研发助力粮食安全

镇江日报

习近平会见全国应急管理系统先进模范和消防忠诚卫士表彰大会代表

赓续红色血脉坚持守正创新 努力建成国际一流新型全媒体机构

丹阳："丹舒心"激活经济发展"强引擎"

京口住建四个"聚力"推进民生工程落地

我国具备尾气处理能力最大功率全回转拖轮在镇下水

"硬"科技汇聚"镇"能量

不离不弃照顾哥嫂，用行动演绎人间大爱！

◆《镇江日报》头版 京口住建四个"聚力"推进民生工程落地

镇江日报

习近平将同美国总统拜登举行视频会晤

警方为优化营商环境提供平安支撑

着眼平凡"小事"，解决群众"大事"

大市口街道为民服务再发力

防范风险，夯实安全根基

市政务办推进电子营业执照应用

"无感卡口"：过得快管得精

铭记党史守初心 砥砺奋进谱新篇

◆《镇江日报》头版 大市口街道为民服务再发力

镇江日报

坚持用马克思主义及其中国化创新理论武装全党

习近平向第六届中非民间论坛致贺信

深入学习党的十九届六中全会精神 奋力开拓现代化新镇江建设新局面

高质量创新发展 高级研修班在句容开班

从百年党史中汲取奋进力量 向着现代化新镇江激情奔跑

一以贯之保落实 常抓不懈扫黑恶

创建有力度、有温度、有精度的全国文明城市

◆《镇江日报》头版 公共环境核酸采样 筑牢防控安全屏障

镇江日报

习近平：关于《中共中央关于党的百年奋斗重大成就和历史经验的决议》的说明

中共中央关于党的百年奋斗重大成就和历史经验的决议

习近平同美国总统拜登举行视频会晤

马明龙徐曙海会见华为高级副总裁熊乐宁一行

让党旗飘扬在润州教育"双减"最前线

"留下来，和镇江一道燃放青春、成就梦想！"

蒋乔街道：采用"333"举措扎实推进选民登记工作

为建设更高水平文明城市扛起"主城区"担当

◆《镇江日报》头版 为建设更高水平文明城市扛起"主城区"担当

镇江日报
2021年11月18日
习近平同以色列总统赫尔佐格通电话
勇担使命、激情奔跑，争得现代化新镇江荣光
——党的十九届六中全会精神在市级机关干部中引发热烈反响
深入学习贯彻十九届六中全会精神
全力打造现代化一流主城文明形象

◆《镇江日报》头版　老旧小区焕然一新

镇江日报
2021年11月23日
习近平向第四届世界媒体峰会致贺信
习近平出席并主持中国－东盟建立对话关系30周年纪念峰会
正式宣布建立中国东盟全面战略伙伴关系
我市服务贸易产业提质增效
农贷助农，"贷"来乡村振兴新动力
举全警之力，集全警之智
京口区党史学习教育展陈中心暨青少年学习体验中心揭牌

◆《镇江日报》头版　京口区党史学习教育展陈中心暨青少年学习体验中心揭牌

镇江日报
2021年11月24日
坚决扛起新使命　奋力谱写新篇章
以高度的责任感和使命感发好声音作好贡献
新民洲：通港路建设顺利推进
为文明创建作出住建人应有的贡献

◆《镇江日报》头版　新民洲：通港路建设顺利推进

镇江日报
2021年11月28日
在新的赶考路上谱写"强富美高"新江苏现代化建设新篇章
江苏省第十四次党代会胜利闭幕
中共江苏省第十四届委员会举行第一次全体会议
"三大行动"彰显"实事办实"新作为
汇聚合力，句容谱写金融赋能乡村振兴新篇章
酒海街社区被评为2021年全国示范性老年友好型社区

◆《镇江日报》头版　酒海街社区被评为2021年全国示范性老年友好型社区

镇江日报
2021年11月29日
深入实施新时代人才强军战略
聚焦实现建军一百年奋斗目标
紧扣争先加速跑　奋力作为勇担当
赴写作之约，与"增华阁"同行
文旅惠民提质增效　文旅监管规范长效

◆《镇江日报》头版　京口深入推进"两在两同"建新功行动

镇江日报
2021年12月6日
群众安享全方位全周期健康服务
"孝廉京口"建设助推区域高质量发展
金融之笔，描绘美丽乡村建设新画卷

◆《镇江日报》头版头条　"孝廉京口"建设助推区域高质量发展

江苏北固产业投资有限公司

区委书记徐申峰视察老旧小区改造

四川省眉山市领导调研公司承建的生态文明建设项目

江苏北固产业投资有限公司（以下简称“北固公司”）是镇江市京口区区属国有独资公司，注册资金20亿元，下属子公司6个，公司总资产145亿元，企业信用评级为AA级。

2021年，北固公司围绕国有企业改革发展和全区经济发展高质量、城市生活高品质工作目标，扎实推进债务管控，规范开展项目建设，大力开展资源整合，成长为“自主经营、自负盈亏、自担风险”的现代化国有资产运营实体。北固公司积极做好防范化解公司金融风险，全年争取各类补助资金9062万；强化宗旨意识高质量推进民生实事，26.5万平方米老旧小区改造完美竣工，44万平方米的象山花园三期、王家新苑安置房基本建成，30万平方米的城东垃圾填埋场二期顺利完成规范化封场；聚焦区域产业发展，加快建立数字经济基金、建设数字经济载体；深入推进国企改革三年行动，全面提升了公司发展质效。

从党史中汲取力量　奋力推进国企改革

组织重点项目观摩　提升项目管理水平

银企携手，助力“双碳”行动

履行社会担当　助力疫情防控

王家新苑安置房主体封顶

镇江市京口区

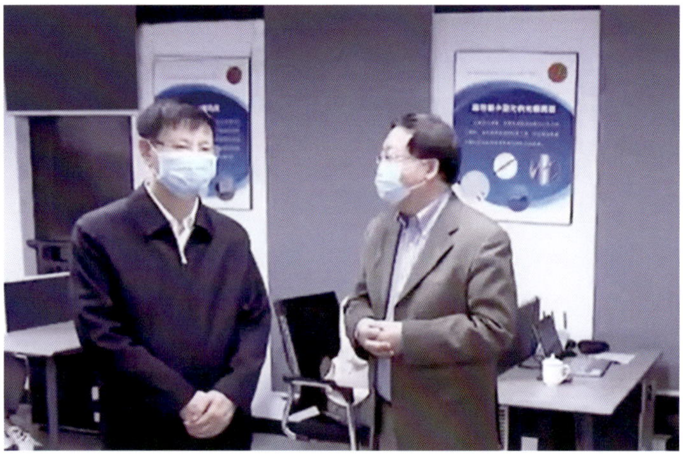

省长许昆林视察大禹山数字文创区

市委书记马明龙率队调研推进数字经济发展

2021年，象山街道在区委、区政府的正确领导下，全年完成重点产业项目17个，总投资35.06亿元，实现规上工业总产值63.44亿元；加快发展大禹山数字文创区，主要载体数字经济企业纳税2399万元；全面推动长江岸线综合整治工作，顺利完成金阳色材的关停，加强落实长江禁渔工作；严格落实河湖长制，全面提升河湖保护管理水平，区域内河湖水质全部稳定达标；加强大气污染防治，$PM_{2.5}$年均浓度比上年下降8.8%，空气优良天数比例达79.1%；全年拆除存量及新增违建90多处，约16500平方米；街道6个小区均通过垃圾分类工作省级验收，完成燃气报警装置安装270户；实施“‘321’跑出非公企业加速度”书记项目，建成道路货运企业“红色方向盘”党建联盟；“易安居”智慧社区平台投入使用，推动网格治理与物业服务深度融合；街道被国务院评为第七次全国人口普查先进集体，被省信访局评为“人民满意窗口”建设质量提升工程示范单位。

市长徐曙海视察微软镇江数字经济创新中心

召开庆祝中国共产党成立100周年暨“七一”表彰大会

组织党员群众参观中国共产党在江苏历史展

象山街道

市重点项目江苏吉通电力研发中心项目举行落成典礼

打造全市首个数字经济党群人才服务中心

桓王亭公园亮化提升工程完成竣工验收

合山公园健身广场落成

庆祝中国共产党成立100周年暨象山社区第四届邻里文化节文艺汇演

镇江市京口区

区委书记徐申锋现场推进天海重点产业项目

区长贾敬远走访谏壁电厂，检查疫情防控工作

2021年，谏壁街道以“发展”为要务，经济运行平稳有序；以“民生”为保障，城市生活品质提升；以“治理”为重点，创新驱动能力增强。

项目建设“稳步推进”。2021年有重点区级以上产业项目12个，完成年度投资12.779亿元，开工率100%，已竣工项目6个。市级重点天海项目完成“五证齐发”，跑出镇江“交地即发证”最快速度。项目招引“成效初显”。外出招商35场次，签约项目11个，其中1亿元以上项目6个，主要是42万吨浅圆仓、光伏新能源等项目。天海高端医疗设备及压力装备制造项目获评镇江市2021年度“十佳项目招引奖”。重点指标“完成较好”。一般公共预算税收收入、高技术产业投资、制造业投资等超额完成全年目标任务。

紧抓民生福祉。推出便民新举措，为辖区内3731名老年人免费发放“健康长寿卡”，建设嵌入式居家养老服务中心。提升生态环境。严控工地、道路、码头堆场等重点区域扬尘污染，完成秸秆禁烧任务。农村生活污水治理项目完成16269米，对月湖中心沟、老鼠山河上游等水环境治理工程进行长效管护，确保水质全部达标。

注重管理资源整合。坚持党建引领，搭建互助平台，链接企业、居民，助力产业发展和社区治理；积极协调营业执照办理、供水服务等业务入驻为民服务中心。创新排查化解机制。发动“老弗士+网格员”参与矛盾纠纷调解、信访隐患排查；科技赋能社区治理，接入公安监控和“蓝天卫士”监控，通过“空中网格员”掌握辖区内治安状况。

谏壁街道西街社区打造“有声图书墙”，让党史学习更“声”动

谏电二郫红色物业被评为党建引领物业管理服务工作省级示范点

谏壁街道

共谋党建发展 助力安全生产——党建联盟签约仪式成功举行

举行“重温百年辉煌 ‘谏’行初心使命”中国共产党成立100周年庆祝大会

天海项目“五证齐发”，跑出“镇江速度”

疫苗接种车进企业，生产、防疫两不误

雩北村入选全国村级议事协商创新实验试点单位

粮山社区居家养老服务中心建成

镇江市京口区

市委书记马明龙（左二）带队调研基层协商议事工作

市政协主席李健参加正东路街道酒海街社区协商议事活动

团省委权益部部长徐行率队到正东路街道京口路社区调研京口区《江苏省中长期青年发展规划（2019—2025年）》实施县级试点工作开展情况

举办“学党史，点亮新时代‘正东长征路’”启动仪式

正东路街道辖区总面积5.6平方千米，下辖7个社区，户籍人口34786人。2021年，京口路社区荣获全国先进基层党组织称号，酒海街社区被评为全国示范性老年友好型社区。

经济发展。2021年完成一般公共预算收入1.47亿元；完成社会消费品零售总额22.4亿元；完成固定资产投资6.6亿元；完成产业类投资2.32亿元；完成高技术产业类投资2.24亿元。全年排定8个重点产业项目圆满收官，新签约项目12个，其中重大项目1个，重点项目7个，数字经济呈现蓬勃发展态势。

城建城管。顺利完成丹徒县医院、大禹山北片区拆迁扫尾，靳家巷、庙巷片区老旧小区改造及京口路88号、京口路50号二期等15个小区的物业提升工作，实现南门菜场内部改造升级。合作开发智能化垃圾分类系统，率先完成老旧垃圾箱（房）改造提升工作。

社会治理。新建酒海街、宝塔山社区服务中心投入使用，完成人大代表联络工作站、政协“有事好商量”协商议事室市级示范点建设。组织重点行业领域安全生产专项检查169次，率先开展辖区全员核酸压力测试，采样33520人次。全年信访案件初访化解率达100%，关键时间节点未发生重大进京赴省上访事件。

党的建设。全年解决老百姓“急难愁盼”问题50余件。推动落实区委、街道党工委两级书记项目，以“一点一角三清单”为契机，打造焦顶山社区等“美丽社区”；以“奔跑支部”助力解决制约项目推进的现实难题；围绕“党建微家”，打造网格党群服务站，让城市居民生活更有“温度”。

正东路街道

市委常委、市纪委书记、市监委主任宋祥林（右一）调研社区廉洁文化阵地

省民政厅基层政权和社区治理处处长孙斌率队调研酒海街社区减负增效工作情况

京口路社区党委荣获全国先进基层党组织称号

街道党工委举行“正奔跑”项目服务党支部成立仪式

举行人大代表换届选举

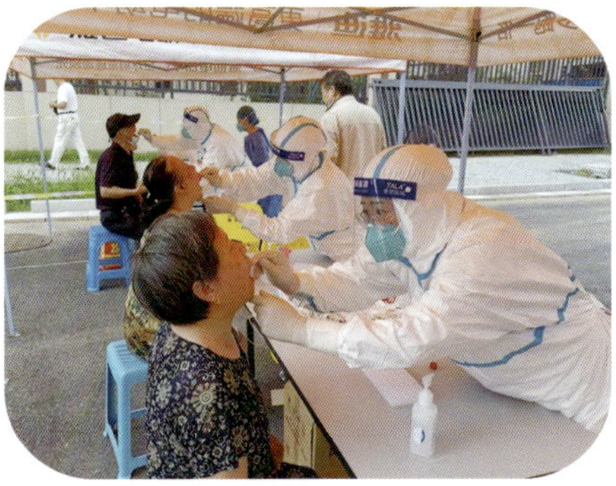

开展全员核酸检测压力测试

镇江市京口区

省委宣传部副部长、省政府新闻办主任杨力群慰问街道“全国时代楷模”赵亚夫

街道党员干部参观党史学习教育成果展

四牌楼街道东接象山街道，西与润州区宝塔路街道隔京杭古运河相望，北临金山湖岸线，南接大市口街道，总面积3.572平方千米。

经济发展稳中求进。2021年，一般公共预算税收收入、产业投资等关键指标超额完成全年目标任务；新引进高企2家、科技型中小企业9家，持续推进14个重点产业建设项目；系统梳理街道“一港二文三地四楼”资源基础，新招引产业项目10个，随着星未来文化科技产业园等一批项目落地，“滨江现代服务业集聚示范区”加速成型。

城市建管提质优化。完成会莲庵街、新河街等片区征收扫尾工作，集中对仓巷、怡馨路等重点路段开展专项治理行动，通过文明城市测评。重点实施老旧小区改造工程；开展公司大塘“城中村”治安专项攻坚整治行动，优化辖区居住环境。

社会治理平安稳定。打造“警网融合”社会治理特色品牌，全市首家城中村“警网联动工作站”在江东社区公司大塘投入使用。完善基层法治阵地建设，江滨新村第一社区获评“全省城乡基层援法议事范例”。全心做好退役军人服务，创成“全国示范型退役军人服务站”。

党建引领力不断增强。举办党史展、“十个百年系列活动”等做好庆祝中国共产党成立100周年宣传工作；开展“我为群众办实事”活动92场，班子成员领办解决难题11个。抓好党员冬训活动，荣获“全省基层党员冬训工作示范街道”称号。做好网格党建与网格服务融合工作，“‘网格微家’挺起社会治理大担当”书记项目被评为“全市优质书记项目”。

街道社区党员学习以“奋斗百年路　启航新征程”为主题的党史教育专题党课

街道开展电信反诈宣传活动

街道开展全员核酸演练

四牌楼街道

“北固红枫”主题宣讲暨红色诗歌朗诵会

北固山社区签约金融防诈骗知识普及及教育共建活动

香江花城社区举行“光荣在党50年”纪念章颁发暨“百年荣光，我与祖国共奋进”活动

江东社区受邀做客镇江新闻频道

全市首家城中村“警网联动工作站”

庆祝中国共产党成立100周年专场演出

镇江市京口区

市委常委、组织部部长张娟（中）调研中营小区“红色物业”

全市首批、全区首个“两新”党务工作者之家在苏宁成立

2021年，健康路街道坚决贯彻落实习近平新时代中国特色社会主义思想，在区委、区政府的坚强领导下，深入推进“四大提升行动”，有效应对百年变局、世纪疫情和各类风险挑战，各项工作取得明显成效。

一是围绕产业强区、创新驱动，实现经济发展“更高质量”。新签约落户项目11个，其中5000万元以上项目2个。嵌入式居民服务平台、康复眼科医院、星诺车安5G创新中心等一批优质服务业项目落户。D33众创基地创成2021年度镇江市级众创空间，尚友社区获评“江苏省数字商务试点社区”。

二是围绕城市更新、常态长效，实现辖区面貌“更加美丽”。大力实施5.5万平方米的火坛楼巷老旧小区改造，完成桃香源、田家门、桃花坞五区等老旧小区物业提升改造，中营小区红色物业获评“党建引领物业管理服务工作省级示范点”。街道获评2019—2021年度江苏省文明单位。

三是围绕人民中心、民呼我应，实现社会治理“更富效能”。开展线上“春风行动”招聘会，新增城镇就业人数1207人。建成全国标杆街道退役军人服务站并入选“江苏省双拥示范基地”。建设街道应急物资库，实现9个社区基层应急能力标准化建设全覆盖。

四是围绕政治引领、守正创新，实现城市党建“更具活力”。深入开展党史学习教育，打造“旗帜飘扬‘红’动健康”党史学习教育品牌，相关做法被人民网、央视网点赞。建成全市首批、全区首个苏宁商圈党务工作者之家，《打造“五色商圈”聚集红色动能》入选镇江市“两新”组织党务工作十佳案例。田家门社区民族同心广场创成省级“红石榴家园”。

相约广玉兰树下党史讲堂

街道退役军人服务站落成

健康路街道

2021年工作会议暨项目招引建设年动员大会

百名党员红色初心亭旁学党史、颂党恩、强党性

中营小区“党建引领物业管理服务工作省级示范点”

庆祝中国共产党成立100周年专场活动

京口区人民检察院

全国政法队伍教育整顿中央第六督导组组长乔传秀（中）率队到院开展督导工作

检察长黄洁在区第十届人代会第一次会议上作检察工作报告

2021年，京口区人民检察院受理各类刑事案件572件939人，依法批准逮捕99件154人，提起公诉346件554人，案-件比、认罪认罚适用率等均稳定达标、持续优化。

护航民企健康发展，对26件涉企“挂案”集中监督撤案，帮助22家企业卸下诉累，做法被写入省检察院2021年工作报告。常态推进扫黑除恶，在办理王某恶势力犯罪集团案中，依法追诉1人、追捕3人，移送“保护伞”线索7条。推进刑事检察做优，全年立案监督31件，纠正侦查活动违法5件，1件案件被评为全省羁押必要性审查典型案例。办理全省首例涉“暗网”网络犯罪案、全市唯一一例利用境外账户洗钱案，一起盗窃窨井盖案件被评为最高检典型案例。深化未检“航标灯”品牌内涵，入选全市政法创新课题优秀研究成果，青少年司法保护中心被评为省级法治文化建设示范点。推进公益诉讼检察工作，办理的系列长江非法采砂公益诉讼案件入选全省检察机关保护长江生态环境工作公告案例。

全院先后获得镇江市文明行业、镇江市社科普及基地等称号，19个集体和个人获市级以上表彰。

凝聚“检政企”三方合力　助力民企防控环境公益风险

专程到监督撤案的民营企业当面送达撤案通知书

持续打造“航标灯”未成年人司法保护阵地

到环境污染现场开展检察公益诉讼勘查

《京口年鉴（2022）》主要机构（单位）简称全称对照表

简　称	全　称
区　委	中国共产党镇江市京口区委员会
区人大常委会	镇江市京口区人民代表大会常务委员会
区政府	镇江市京口区人民政府
区政协	中国人民政治协商会议江苏省镇江市京口区委员会
纪　委	中国共产党镇江市京口区纪律检查委员会
监　委	镇江市京口区监察委员会
区委办	中国共产党镇江市京口区委员会办公室
组织部	中国共产党镇江市京口区委员会组织部
宣传部	中国共产党镇江市京口区委员会宣传部
统战部	中国共产党镇江市京口区委员会统一战线工作部
政法委	中国共产党镇江市京口区委员会政法委员会
台　办	中国共产党镇江市京口区委台湾工作办公室
编　办	中国共产党镇江市京口区委员会机构编制委员会办公室
机关工委	中国共产党镇江市京口区委区级机关工作委员会
党　校	中国共产党镇江市京口区委员会党校
史志办	镇江市京口区史志办公室
老干部局	中国共产党镇江市京口区委员会老干部局
信访局	镇江市京口区信访局
研究室	中国共产党镇江市京口区委研究室
区政府办	镇汇市京口区人民政府办公室
区经济发展局	镇江市京口区经济发展局
区教育局	镇江市京口区教育局
区科技局	镇汇市京口区科学技术局
区民政局	镇江市京口区民政局
区司法局	镇江市京口区司法局
区财政局	镇汇市京口区财政局
区人社局	镇江市京口区人力资源和社会保障局
京口生态环境局	镇江市京口生态环境局
区住建局	镇江市京口区住房和城乡建设局
区城管局	镇江市京口区城市管理局
区交通运输局	镇江市京口区交通运输局
区农业农村局	镇江市京口区农业农村局
区商务局	镇汇市京口区商务局

区文体旅局	镇江市京口区文化体育和旅游局
区卫健委	镇江市京口区卫生健康委员会
区市场监管局	镇江市京口区市场监督管理局
区审计局	镇江市京口区审计局
区应急管理局	镇江市京口区应急管理局
区统计局	镇江市京口区统计局
区退役军人事务局	镇江市京口区退役军人事务局
区人大委办	镇江市京口区人民代表大会常务委员会办公室
区政协委办	中国人民政治协商会议江苏省镇江市京口区委员会办公室
区法院	镇汇市京口区人民法院
区检察院	镇江市京口区人民检察院
区总工会	镇江市京口区总工会
团区委	中国共产主义青年团镇江市京口区委员会
区妇联	镇江市京口区妇女联合会
区文联	镇江市京口文学艺术界联合会
区科协	镇汇市京口区科学技术协会
区侨联	镇江市京口区归侨侨眷联合会
区残联	镇江市京口区残疾人联合会
区红十字会	镇江市京口区红十字会
区工商联	镇江市京口区工商业联合会
象山街道	镇江市京口区象山街道办事处
谏壁街道	镇江市京口区谏壁街道办事处
健康路街道	镇江市京口区健康路街道办事处
大市口街道	镇江市京口区大市口街道办事处
正东路街道	镇江市京口区正东路街道办事处
四牌楼街道	镇江市京口区四牌楼街道办事处
京口经济开发区管委会	江苏镇江京口经济开发区管理委员会
新民洲临港产业园管委会	镇江新民洲临港产业园管理委员会
大禹山创意新社区管委会	镇江市京口区大禹山创意新社区管理委员会
机关事务中心	镇江市京口区机关事务服务中心
新闻中心	镇江市京口区新闻中心
招商中心	镇江市京口区招商服务中心
北固公司	江苏北固产业投资有限公司
区企改中心	镇江市京口区企业改革管理服务中心
供销合作总社	镇江市京口区供销合作总社
公安京口分局	镇江市公安局京口分局
自然资源和规划京口分局	镇江市自然资源和规划局京口分局
京口区税务局	国家税务总局镇江市京口区税务局

目　录
CONTENTS

特　载

专　记

大 事 记

京口概览

专　文

中共京口区委员会

京口区人民代表大会

京口区人民政府

政协京口区委员会

中共京口区纪律检查委员会 京口区监察委员会

民主党派

群众团体

法　治

军 事

城乡建设与管理·环境保护

综合经济管理

商贸·交通

开放型经济

农业·水利

财政·税务

教 育

科　技

文化·体育·旅游

人力资源和社会保障

社会民生

街道·场圃·工业园

附　录

索　引

重要会议报告

践行光荣使命 跑出京口速度
以实干实绩奋力谱写现代化建设新答卷

——在中共京口区委九届二次全体（扩大）会议上的讲话

（2021 年 12 月 30 日）

区委书记 徐申锋

同志们：

这次全会的主要任务是：坚持以习近平新时代中国特色社会主义思想为指导，深入贯彻党的十九大和十九届历次全会、中央和省委经济工作会议、省市区党代会、市委八届二次全会精神，总结 2021 年工作、部署明年任务，动员京口区上下践行光荣使命，跑出京口速度，以实干实绩奋力谱写现代化建设新答卷。

现在，我代表区委常委会，向全会作工作报告。

一、砥砺奋进前行，“十四五”发展实现良好开局

2021 年以来，区委团结带领京口区广大干部群众，高举习近平新时代中国特色社会主义思想伟大旗帜，认真贯彻落实中央和省、市决策部署，统筹疫情防控和经济社会发展，深入实施“四大提升行动”(1)，创新实干、开拓奋进，迈出现代化建设的坚实步伐。2021 年预计实现地区生产总值 505 亿元，增长 10.5%；一般公共预算收入 22.35 亿元，增长 3%；固定资产投资 117 亿元，增长 6.4%；规上工业总产值 506 亿元，增长 40%；实际利用外资 5168 万美元，增长 67.3%；社会消费品零售总额 290 亿元，增长 22.1%；城镇居民人均可支配收入 59822 元，增长 9%。

2021 年，我们提高站位、科学谋划，目标方向更加清晰。坚持以习近平总书记对江苏和镇江工作的一系列重要指示精神为指引，始终牢记“国之大者”、坚定捍卫“两个确立”(2)、坚决践行“两个维护”(3)，始终在思想上政治上行动上同以习近平同志为核心的党中央保持高度一致。深刻把握“争当表率、争做示范、走在前列”的光荣使命，紧扣市委“三高一争”(4)奋斗指向，全力推动各方面各领域工作“跑起来”，长江大保护、碳达峰碳中和、乡村振兴、产业强市等一系列重大决策部署在京口落地落实。隆重举办庆祝中国共产党成立 100 周年系列活动，推动广大党员在领悟伟大建党精神和伟大历史经验中，赓续红色血脉、传承红色基因，不断汲取奋进现代化的智慧和力量。坚持“学党史、悟思想、办实事、开新局”，高标准开展党史学习教育，深入推进“我为群众办实事”活动，“一人一重点、领办解难题”“学亚夫、做亚夫——把成绩写在大地上”等特色实践取得积极成效。召开区第九次党代会，圆满完成区委换届选举工作，确立“坚持‘三高’引领，聚力‘三区’建设”(5)总体目标，进一步明晰京口发展的方向和路径。

2021 年，我们狠抓关键、加速转型，发展动能更加强劲。大力实施产业强区“一号战略”、项目招引“一号工程”，务实推行“链长制”。预计 116 个产业项目完成年度投资 55 亿元，其中 51 个项目实现竣工运营，总投资 15.6 亿元的天海特种装备制造项目开工建设，总投资 3.75 亿美元的诺贝丽斯汽车板项目加快推进。2021年累计签约产业项目88个，总投资84.2亿元，签约数量和投资体量均增长30%以上，重点产业项目与产业链契合度达到72%。制定出台数字经济发展规划和扶持政策，成功举办数字经济发展大会，微软（镇江）数字创新中心正式开园，华为（镇江）数字创新中心顺利落户，数字经济发展迈上新台阶。企业创新能力不断提升，科技型中小企业备案数持续位居镇江市前列，规上工业企业研发投入达10.2亿元，增长43.7%。人才招引成效进一步显现，以“金凤凰”计划为抓手，加大招才引智力度，1个院士团队落户京口区，2人入选省“双创”[6]计划，10人入选市“金山英才”计划，2021年引进大专学历以上人才3287人。

2021年，我们全力攻坚、提升品位，城市环境更加宜居。坚决贯彻碳达峰碳中和部署要求，全面完成能耗“双控”年度任务，累计削减重点企业能耗15.08万吨标准煤。$PM_{2.5}$年均浓度34.3微克/立方米，比上年下降8.8%，空气优良天数比例达到79.1%。严格落实河湖长制，以“工业、生活、农业、航运”四源齐治为抓手，强化入江入河排污口管理，巩固提升长江岸线修复成效，国考、省考断面水质稳定达标，全部达到或优于Ⅲ类水体，生态底色越发鲜亮。城市建设扎实推进，有序实施火坛楼巷等8个老旧小区改造26.5万平方米，稳步开展55个小区物业管理提升工作，基本完成王家新苑、象山花园三期安置房建设，新建改造上隍路等7条城市道路，完成拆迁扫尾96户，网巾桥、老北门、酒海街等3个片区获评“省级宜居示范居住区”。城市管理更加精细，整治违法用地7宗，拆除违法建设4.9万平方米，改造升级花山湾等3个菜市场，实施学府路市容综合环境整治试点工程，完成乡村公共空间“513”专项治理[7]年度任务，人居环境不断优化。紧扣常态长效导向，圆满完成新一轮文明城市创建复查迎检任务。

2021年，我们聚焦民生、解难纾困，惠民成效更加彰显。坚持就业优先，开展“援企惠民”就业帮扶，预计2021年实现城镇新增就业5900人。持续擦亮“创响京口”品牌，举办2021中国·镇江国际菁英创业大赛，支持成功自主创业2346人。紧盯群众和企业需求，先行试点“一件事”改革[8]，创新“一窗受理、分类、审批，一窗出件”模式，办理事项压缩率、企业开办耗时率分别下降54%和76.8%。严格落实教育“双减”政策[9]，完善教育硬件设施，建成4所“智慧化校园”，江科大附小校安工程全面竣工并投入使用，省级义务教育优质均衡和学前教育普及普惠率保持镇江市前列。加强疾控能力建设，开展优质服务基层行活动，实现社区卫生服务中心互联网诊疗全覆盖，建成1个二级生物安全实验室、镇江市首家基层医疗机构标准化代谢性疾病管理中心和360大健康管理中心。实施文体惠民工程，开展各类文化惠民活动1200余场，合山公园健身广场建成使用，“吴文化旅游节”等活动有力提升了京口知名度和影响力。全方位做好退役军人服务保障工作，8家退役军人服务中心（站）创成全国示范。

2021年，我们守护安全、维护稳定，治理水平更加高效。从严从紧抓好常态化疫情防控，有效防范疫情输入风险，保障人民群众生命健康安全。深入开展社会矛盾和安全隐患大排查大整治活动，妥善化解一批信访积案，信访总量和进京越级访分别下降17%、19%。强化“法治京口”建设，加快构建区、街道、社区（村）三级人民调解网络，社区（村）“援法议事”平台建设实现全覆盖，基层矛盾纠纷化解率达95%以上。巩固深化扫黑除恶成果，大力实施“蓝盾”“闪电”等专项行动，着力压降发案数，京口区公众安全感满意率达99.5%。以安全生产专项整治“三年大灶”[10]为统领，持续抓好重点行业、关键领域安全生产工作，隐患综合整改率达97.75%，省、市两级督导巡查交办问题全部整改销号。加强基层基础建设，推动社区工作者职业体系由“六有六化”[11]向“六优六化”[12]升级，社工站建设在镇江市率先实现全覆盖，群众对网格工作知晓率和服务满意率实现“双提升”。

2021年，我们从严治党、强化保障，党的建设更加有力。加强干部学习教育和群众性理论宣讲，成立京口区基层理论宣讲团，让党的声音更好地走入基层一线。认真落实意识形态“一岗双责”，举办“长三角主流媒体看京口”活动和网络安全事件应急实战演练，用好“学习强国”、京口发布等平台，守好意识形态“责任田”，守牢意识形态主阵地。扎实推进“两在两同”建新功行动[13]，实施“建强‘奔跑支部’”“党建引领美丽社区建设”等“书记项目”，选派30名干部服务重点项目和任务，“打造新时代红色物业的‘京口样本’”入选全国“基层党建和民生发展”优秀案例，京口路社区成为镇江市唯一“全国先进基层党组织”。深化党风廉政建设和反腐败斗争，立案76件，运用“四种形态”[14]处理110人次。在镇江市率先完成首轮政治生态监测评估，查摆整改问题48个。开展“孝廉京口”建设，打造纪检监察铁军，制定江苏省首个“铁军准则”“铁军誓词”，“百名纪检监察干部进社区（村）”活动取得明显成效。加强和改进统战工作，开展“五送五助”民营企业服务活动，各民主党派京口基层委员会实现平稳有序换届，区工商联获评全国“五好”县级工商联，阳光世纪花园社区创成省侨务工作示范单位。

2021年以来，区人大常委会紧扣中心大局，依法高效履职，积极开展“民呼我应”主题实践活动，顺利完成区镇两级人大代表换届选举，各项工作取得新成效。区政协建言资政、凝聚共识，全力推进“有事好商量”协商议事标准化建设，政协委员履职能力和水平有力提升，专门协商机构的独特优势更加彰显。人武、“双拥”、群团等各条战线发挥优势、争做贡献；驻区单位、金融机构全力支持地方建设；各地各部门守土尽责、扎实工作，汇聚起干事创业的强大力量。在此，我代表区委常委会，向京口区广大党员和干部群众，向所有关心支持京口发展的各级领导、各界人士，表示崇高的敬意和衷心的感谢！

在现代化建设的征途上，我们还面临不少困难和压力，比如：优质项目储备不足，产业发展缺乏有力支撑；环境、能源等约束日益趋紧，给转型升级、结构调整带来严峻挑战；城市常态化管理机制还需进一步优化，优质公共服务与人民群众日益增长的需求相比仍有一定差距；基层“三整合”改革[15]效能尚未充分发挥，治理水平有待提高；少数干部的能力素质与高质量发展的要求不相适应。对于这些问题，在今后的工作中我们必须高度重视、找准症结，精准施策、有效解决。

二、践行光荣使命，奋力跑出现代化建设加速度

2022年是党的二十大召开的喜庆之年，也是全面贯彻落实省市区党代会精神、推进现代化建设的关键之年。当前，在全球疫情冲击下，百年未有之大变局加速演进，中国经济发展面临着需求收缩、供给冲击、预期转弱三重压力，外部环境更趋复杂严峻和不确定。但同时要看到，机遇与挑战并存，机遇大于挑战，我们总体仍处在战略机遇期。随着新发展格局加快构建，区域重大战略深入实施，政策适当靠前发力、精准有效落地，将为我们稳中求进带来新的契机。省党代会确立“九个方面重点工作”[16]，市党代会提出打好“五大关键战”[17]等战略举措，既明确今后一段时期现代化建设的奋斗目标，也为推动高质量发展指明方向。京口区上下必须深刻把握中央对宏观形势的重大判断，认真贯彻省委、市委对各项工作的部署要求，全力抢抓机遇，从容应对挑战，主动服务和融入发展大局，切实肩负起时代赋予的重大责任。

2022年工作的指导思想是：高举习近平新时代中国特色社会主义思想伟大旗帜，全面贯彻党的十九大和十九届历次全会、中央和省委经济工作会议、省市区党代会、市委八届二次全会精神，坚持稳字当头、稳中求进，坚持以人民为中心的发展思想，坚持统筹发展与安全，完整准确全面贯彻新发展理念，加快服务构建新发展格局，紧扣“争当表率、争做示范、走在前列”光荣使命，围绕“经济发展高质量、城市生活高品质、区域治理高水平”奋斗目标，加快建设产业强区、宜居城区、首善之区，切实做好“六稳”[18]“六保”[19]工作，推动京口区上下践行光荣使命，跑出京口速度，奋力谱写现代化建设新答卷，以优异成绩迎接党的二十大胜利召开。

2022年工作的奋斗目标是：实现高质量发展争先进位，推动“三区”建设迈上新台阶。在产业强区方面，保持主要经济指标稳步增长，实现地区生产总值增长7%，一般公共预算收入增长6%，固定资产投资增长10%，实际利用外资5500万美元，签约落户亿元以上制造业项目、5000万元以上服务业项目45个以上。在宜居城区方面，实现公共服务不断优化、人居环境有效改善、城市管理更加精细，全面完成生态环保约束性指标，保持城镇居民人均可支配收入与经济增长同步，人民群众的满意度和获得感进一步提升。在首善之区方面，全面筑牢社会稳定“压舱石”，实现依法治区水平、应急处突能力、基层治理实效显著提升，确保不发生较大及以上安全生产事故、不发生重大群体性事件、不发生有影响的负面舆情。

围绕上述目标任务，做好明年各项工作，要着重把握好四个方面的工作要求。

*一要始终牢记“国之大者”。*京口区党员干部要时刻关注习近平总书记和党中央在关心什么、强调什么，深刻领会什么是党和国家最重要的利益、什么是最需要坚定维护的立场，坚持从大局看问题、从长远看问题、从战略上看问题，坚定捍卫“两个确立”，坚决做到“两个维护”，认真落实上级关于改革发展稳定的一系列方向性、全局性、战略性大事要事，确保各项决策部署要求在京口不折不扣落地见效。

二要自觉践行光荣使命。“争当表率、争做示范、走在前列”是习近平总书记赋予江苏的光荣使命。京口作为江苏的一员，必须把这一使命放在心中、扛在肩上，将之作为抓好各项事业的目标所在、方向所在。京口区上下要自觉对标光荣使命，牢固树立争先意识，聚焦最前沿最前列，坚持高标准高水平，争做排头兵，勇当领跑者，在镇江市现代化建设征程上作出更多“京口贡献”，在江苏省高质量发展比拼中争得更多“京口荣光”。

*三要强化实干实绩导向。*京口的党员干部从来不缺实干的基因，一直都有拼搏的气质。我们要始终把重实干、重实绩作为第一位的标准、最突出的导向，靠实干来蹚过“激流险滩”，用实绩来实现“闯关夺隘”，迎着困难上、保持定力干，确保各项工作落脚在实实在在的成果上、体现在可观可感的形象上、融入真真切切的群众感受中，真正让“全力干、一起拼”成为干事创业的主流心态，让“创一流、争先进”成为京口发展的生动图景。

*四要奋力跑出京口速度。*面对“不进则退，慢进亦退”的竞争态势，我们必须走出“舒适区”，警惕“慢下来”，跳出按部就班的“自然发展”，摆脱四平八稳的“惯性增长”。京口区上下要强化“坐不住”的紧迫感、“慢不得”的危机感、“等不起”的责任感，全面紧起来、迅速动起来、快步跑起来，以最高的效率抓好重点、以最快的速度攻克难点，推动各项工作快出形象、早见成效，创造出一个又一个用速度和效率说话的“京口实践”。

三、聚力“三区”建设，全力开创高质量发展新局面

建设产业强区、宜居城区、首善之区，是我们的使命所系、责任所在。京口区上下要对标“三高”目标、紧扣“三区”建设，奔着重点去突破，向着实绩去努力，朝着优势去攀登，积极探索京口现代化建设的实践路径。

*（一）聚焦项目建设，在提高产业能级上实现新突破。*持续推进产业强区“一号战略”、项目招引“一号工程”，深化落实“链长制”，练就实体经济“看家本领”，做强数字经济“关键增量”，强化科技人才“创新作用”，以产业发展的加速度提升京口发展的新高度。

1. 提升项目绩效。聚焦项目贡献度，着力提高项目签约率、竣工率、列统率，增强经济发展的后劲活力。项目建设要提速升温。深化落实区领导挂钩联系重点项目机制，强化领办帮办服务，针对重点项目实施“定点”“定向”“定人”对接，加强跟踪督办、调度会办，扎实推进100个重点产业类项目建设，全力以赴抓好诺贝丽斯汽车板、天海特种装备制造等重大项目，确保制造业投资增长18%以上。招商引资要提质增效。认真分析产业趋势，敏锐捕捉政策“信号”，完善“条块结合、上下联动”的招商格局，探索建立项目招引“正面指引”和“负面清单”，借助产业基金、行业协会和招商中介等市场化方式，招大引强、招新引优，不断提升招商专业化、精细化水平，确保2021年产业类项目招引数量和投资体量分别比上年增长20%以上，10亿元以上重大项目的招引取得新突破。产业转型要提档升级。鼓励重点企业顺应数字化转型大势，构建“云上”平台、实现生产重塑，以点带面推动更多企业转型提质，确保2021年新增专精特新“小巨人”企业5家以上。围绕用地、能耗、环评等要素，强化产业分析研判，探索建立倒逼机制，推动传统企业加快转型，真正把有限的资源空间留给优质产业。分类施策做强楼宇经济，推动楼宇由承接传统业态向培育新型业态转变，重点发展现代金融、信息服务、服务外包等生产性服务业，做大做强生活性服务业，引导楼宇走好错位竞争、特色发展之路。

2. 强化载体建设。以规划引领重点片区发展，推动生产、生活、生态有机融合，加快大禹山数字文创区建设、京口经济开发区整合优化和新民洲临港产业园发展步伐。大禹山数字文创区建设要着眼于全局视角谋划发展布局，精心编制发展规划，明确核心区域、产业布局、功能定位、建设时序等，制定近远期目标任务。探索市场化运作路径，科学合理确定开发建设模式，创新组织领导、问题协调等工作机制。放大微软、华为等头部企业集聚带动作用，吸引更多生态圈、产业链企业落户，实现数字互娱、软件信息、数据服务等产业集中化、特色化发展，确保京口区数字经济核心产业增加值占GDP比重提升至13%以上。京口经济开发区整合优化要立足于东部地区先进制造业发展的大格局，推动形态优化和功能完善，制定形成产业发展空间、基础设施配套、村庄布局优化等规划方案。一方面，注重统筹经开区、谏壁街道和金港产业园等关系，完善体制机制，提高运作效能，推动土地、环境、金融、人才等关键要素和政策资源集中；另一方面，强化集约高效发展，做好低效企业出清和闲置用地盘活，推进“腾笼换鸟”“开笼引凤”，拓展产业发展新空间。新民洲临港产业园要全力攻坚克难，破解基础设施建设难题，着力化解发展面临的现实矛盾，充分利用好优质岸线资源，加快1098亩木业先进制造区建设步伐，实现木业精深加工向产业链高端攀升。

3. 狠抓科技人才。实施“高新技术企业培育计划”，激发企业发展动力和转型活力，2021年新申报高新技术企业40家以上。突出企业创新主体地位，支持企业增加研发投入，实现全社会研发投入占GDP比重提高0.1个百分点。发挥科技镇长团桥梁纽带作用，深化与高校科研院所合作，提升科技成果导入率、转化率。以产才融合为导向，以“金凤凰”计划为抓手，努力构建市场化引人聚才新机制，创新“跨区域”招人、“定制化”育人、“好服务”留人的有效路径，力争引进国家级人才2人以上，领军人才15人以上，技术型、实用型人才3500人以上，助力新兴产业借“智”登高、传统产业以“智”做强。

4. 扩大改革开放。以服务效能、企业满意度“双提升”为目标，擦亮“‘镇’合意‘京’心办”服务品牌，简化市场准入、投资建设等领域的审批流程，拓展“一件事一次办”范围，推行“收审分离”改革，推动更多政务服务事项实现“一网通办”“一窗通办”“掌上可办”。落实“重点企业预报制度”，实现对经济运行的有效监测和企业诉求的快速响应，及时有效破解融资、供地、用工等难题。加强对小微企业的扶持，落实减税降费政策，用惠企“温度”换来发展“热度”。顺应“双循环”格局[20]、融入“一体化”发展[21]，积极引进外资新项目、培育外贸新业态，推动制造业外资利用效率和服务业外资招引规模实现同步提升，着力打造跨境电商基地，力争2021年进出口总额增长5.5%。

（二）聚焦群众关切，在提升城市品质上实现新突破。以提升居民感受度为落脚点，扛起主城区颜值担当，展现城市客厅宜居内涵，加快建设更有魅力、更有特点、更有温度的宜居城区。

1. 持续优化生态环境。坚持走生态优先、绿色发展之路，推进减污降碳协同增效，让良好生态成为高品质生活的鲜亮底色。突出外源治理、内源管控和长效管护并举，深入推进河湖长、断面长制，实施城镇污水处理提质增效达标区建设、农村生活污水治理、一夜河和玉带河水质提升及环境治理等工程，确保国、省考断面水质稳定达标，优Ⅲ类水体比例持续上升。更大力度推进长江大保护，坚决打好长江禁渔持久战，努力巩固“四清四无”[22]良好态势。深入开展大气污染联防联控，建立覆盖更广的立体化污染源监测机制，靶向治理工地扬尘、餐饮油烟和移动源污染，推动$PM_{2.5}$和臭氧浓度“双控双减”，确保空气优良天数比例持续提高。健全土壤污染防控体系，重点抓好农用地、建设用地环境污染防控，全力保障土壤环境安全。紧盯碳达峰碳中和目标，一手抓存量削减，深挖现有项目节能潜力，强化对重点用能企业的清单化、全程化管理，一手抓增量转型，引导企业着眼长远，加快能源替代、技术改造和循环利用进程，更好地打开绿色发展新空间。

2. 加快改善城乡面貌。科学统筹好规划、建设、管理等环节，全力打造现代化宜居城区。综合考虑产与城、近与远关系，加快形成多规融合的国土空间规划“一张图”，为区域发展打牢基础。实施镇澄路东京段、桃花坞路等道路改造，不断畅通城市交通“微循环”。全力服务推进镇江市东货场迁建项目，平稳推动象山花园三期、王家新苑居民回迁安置，严格落实危房解危工作责任，有序实施尚友新村、江滨新村一期等9个片区老旧小区改造，高标准抓好50个小区物业管理提升工作，使群众居住更舒适、更宽心。加快推进特色街区建设，开展背街小巷、道路街景提升改造，建成一批富有京口韵味的城市微景观。树立"创建文明典范城市"标杆意识，紧盯顽瘴痼疾、突出常态长效，大力推行公共卫生、市容市貌等领域规范化管理，培育一批"秩序畅、面貌优、环境好"的示范街、特色路，以点带面改善文明城市建设质态。以提升农村宜居水平为重点，深入实施乡村振兴战略，落实农村人居环境整治提升五年行动，为农民营造温馨家园。

3. 着力做好民生保障。牢固树立共同富裕理念，围绕"民生七有"[23]要求，加快推进民生实事工程，切实增强群众获得感、满意度。兜牢民生保障底线。分类抓好就业促进工作，落实就业政策和服务，加强对高校毕业生、就业困难人员等重点群体的就业帮扶，确保2021年城镇新增就业5800人以上。继续扩大社会救助政策覆盖面，聚焦困境儿童、困难群体，构建更加公平、更可持续的保障体系。将发展农村集体经济作为富民强村突破口，不断拓渠道、增后劲，着力提高农民收入水平。加强退役军人信息动态管理，确保各类优抚政策、安置任务全面落实到位。优化公共服务供给。落实落细义务教育"双减"工作，规范民办义务教育发展，全力推进江大附校建设，实施老解放路小学校安工程、教室照明改造二期等工程，让孩子享受更好教育条件。持续完善公共卫生管理服务体系，加快区疾控应急管理中心建设，有序开展京口职业病健康管理中心、四牌楼康复中心等基层医疗卫生机构提档升级。借力市级三甲医院和优质医师团队提供多元服务，"靠大联强"增强医疗资源供给能力。完善多样化养老服务供给，建立居家养老服务中心考评机制，加快信缘康养老基地等项目建设，构建多层次养老服务格局。繁荣文化体育事业。以"魅力京口"等活动品牌为引领，深入实施"文艺播种计划"，持续提升文化惠民实效。充分发挥历史文化资源优势，积极参与和推进中国休闲旅游城市创建，打造展现吴文化特色的文化地标，着力构建全域旅游格局。广泛开展"健康京口"群众性体育健身活动和赛事，倡导全民健身新风尚。

（三）聚焦效能提升，在创新社会治理上实现新突破。提高社会治理水平，维护社会和谐稳定，是重要的民生，也是基本的发展环境。要抓住关键、盯住重点，着力强基础、增韧性、添活力，在市域社会治理现代化试点建设中进一步彰显"京口特色"。

1. 强化基层社会治理。扎实推进社会治理现代化先进街道和社区（村）建设，全面提升基层治理效能。优化街道"三整合"改革成效，着力在机制构建、平台搭建、队伍组建等方面做好文章，推动便民服务更快捷、综合执法更高效、指挥调度更敏锐，确保各类事项"放得下、接得住、管得好"。规范社区事务审批和准入，加快编制落实责任清单和准入清单，帮助社区更好地聚焦群众、聚力服务。全面运用、深化拓展"大数据＋网格化＋铁脚板"治理机制，提高网格长履职效能，强化基层网格"毛细血管"作用，构筑"固本强基、协调联动"的工作格局。紧扣"六优六化"目标，强化培养、优化考核、细化管理，完善深化社工职业体系建设。探寻"社区＋社会组织＋社工＋社会资源＋社区自治组织"互融互通的"五社联动"新路径，以多方参与实现优势互补，有效凝聚基层治理合力。

2. 筑牢安全发展屏障。坚持把安全发展理念贯穿于各领域和全过程，防范化解重大风险，加快建设"平安京口"。巩固拓展政法队伍教育整顿成果，推动扫黑除恶斗争常态化，重点围绕信息网络、交通运输、自然资源、工程建设等领域，严厉打击防范各类违法犯罪行为。依托"天网工程"[24]"雪亮工程"[25]延伸巡查触角，构建立体化、全覆盖的综合防控体系。完善矛盾纠纷多元化解机制，努力把问题防范在源头、化解在基层、消除在萌芽。加快信访积案攻坚，有效防止问题矛盾积累上行。按照"可知可控、精准防控"要求，一以贯之抓好常态化疫情防控，加强能力建设和应急演练，守牢口岸、冷链等重要关口，织密织牢防疫网络。以安全发展示范城市创建为抓手，精准发力隐患排查、问题整改和责任落实等各环节，针对重点领域和关键区域"开小灶""上小课"，推动安全生产专项整治"三年大灶"圆满收官。统筹抓好粮食、药品食品、互联网、金融投资等各领域安全，确保群众安居乐业、社会安定有序。

3. 加强民主法治建设。全面贯彻习近平法治思想，加快"法治京口"建设，不断提高依法决策、依法行政能力，着力彰显法治保障作用。深入推进行政复议体制改革，落实人员管理、办案流程和办案场所"三个规范化"建设。广泛开展"八五"普法[26]，以法治文化引领广大群众自觉尊崇、信仰和遵守法律，使法治成为社会共识和基本原则。大力推进全过程人民民主，支持区人大及其常委会围绕区委中心工作依法行使职权，接续打响街道议政代表会等工作品牌；支持区政协充分发挥专门协商机构作用，打造"三好"委员工作室[27]等亮点。推进公正司法，保障法院、检察院依法独立行使职权，有效维护各类社会主体合法权益，推动社会治理法治化水平显著提高。

四、加强党的建设，充分激发干事创业精气神

砥砺新时代、奋进新征程，必须坚持和加强党的全面领导。京口区各级党组织和广大党员干部要充分发挥领航领跑的重要作用，争创"三高"引领新标杆，争当"三区"建设排头兵，为京口现代化建设提供坚强保证。

（一）争创新标杆、争当排头兵，我们要旗帜鲜明加强政治建设。坚持把对党绝对忠诚作为第一位的政治要求，增强"四个意识"[28]，坚定"四个自信"[29]，提高"政治三力"[30]，当好"两个确立""两个维护"的坚定捍卫者、忠实践行者。巩固深化党史学习教育成果，推动理想信念教育常态化制度化，引导京口区党员用理想之光照亮前进道路，用奋斗之志书写精彩人生，用信仰之力开创美好未来。严格落实意识形态工作责任制，自觉践行中国共产党人的精神谱系，充分发挥新时代文明实践中心阵地作用，加强舆情信息分析研判和处置力度，弘扬主旋律、激发正能量。

（二）争创新标杆、争当排头兵，我们要选贤任能打造过硬队伍。深入贯彻新时代好干部标准，坚持正确用人导向，牢牢抓住“想干事、能干事、干成事”三个关键点，强化思想淬炼、政治历练、实践锻炼、专业训练，不断提升党员干部推进现代化建设的专业素养和能力水平。面对前进道路上的艰辛与挑战，京口区党员干部要砥砺担当之志、磨砺担当之勇、提升担当之能，干在实处、走在前列，不上交矛盾、不推卸责任，善于突破常规和桎梏，敢于承担风险和责任，哪里最需要、哪里最艰险，党员干部就出现在哪里、战斗在哪里。区委将一如既往地支持、鼓励、保护担当者，深化运用“三项机制”(31)，充分调动干部的积极性、主动性、创造性，让具有人情味的组织关怀成为实干者的心灵依托，让各种身份、各年龄段、各个级别的干部，都能满怀干劲、心正气顺地干事创业。

（三）争创新标杆、争当排头兵，我们要强基固本筑牢战斗堡垒。实施基层党组织“铸魂塑形”工程，放大“奔跑支部”赋能效应，推动基层组织体系和治理体系深度融合。持续推进党支部标准化建设，深化党务、业务、服务“三务”贯通，抓实“书记项目”，健全“我为群众办实事”长效机制，做优做强群众“家门口”的先锋阵地，真正把联系服务群众的“最后一千米”打造成“最实一千米”。统筹好机关、国企、非公企业、社会组织等各领域党建，推动“两个覆盖”(32)持续向新兴地带进军、向基层末梢延伸、向网络空间拓展，积极打造数字经济党建高地。探索拓宽社区（村）书记奖励激励机制，出台激发党员荣誉感若干举措，用心用情让更多优秀人才主动选择基层、无私奉献基层、深深扎根基层。

（四）争创新标杆、争当排头兵，我们要坚定不移从严正风肃纪。全面开展“作风效能提升行动”，专项整治“群众最不满意的十件事”，向不作为、慢作为亮剑，向低效率、低效能开刀。始终保持严的主基调，紧盯“关键少数”和重点领域，发挥巡察“利剑”作用，用好监督执纪“四种形态”，常体检、多预防，把苗头问题解决在萌芽状态、消除在每一个角落。深化巡视巡察上下联动，推动纪律监督、巡察监督、审计监督、统计监督等统筹衔接。扎实推进“孝廉京口”建设，培育廉洁文化示范点，建设“全域廉洁文化示范区”。全力锻造纪检监察铁军，强化理论武装和业务技能培训，以更加奋发有为的姿态为京口高质量发展保驾护航。

（五）争创新标杆、争当排头兵，我们要齐心协力汇聚奋进合力。充分发挥党委总揽全局、协调各方的作用，调动一切可以调动的积极因素，团结一切可以团结的力量，形成上下同欲者胜的工作格局。进一步提高统战工作信息化水平，着力建优统战干部队伍和党外代表人士队伍，建强统战工作阵地，加强民营经济统战工作，广泛凝聚侨心侨力侨智，深入开展民族团结进步创建工作，维护宗教领域和谐稳定，寻求最大公约数，画好最大同心圆，巩固和发展最广泛的爱国统一战线。坚持党管武装，开展国防教育和“双拥”共建，巩固军政军民团结的生动局面。强化党建带群建，深化工会、共青团、妇联等群团组织改革，更好发挥桥梁纽带作用，汇聚起团结一致干事业、齐心协力谋发展的强大力量。

同志们，美好的前景总是令人希冀和期盼，奋斗的京口必定充满生机与活力。让我们高举习近平新时代中国特色社会主义思想伟大旗帜，以奋发有为的赶考姿态，时不我待的奔跑状态，与京口区人民一道，甩开膀子加速跑，鼓足干劲再出发，努力创造高质量发展的崭新业绩，为加快实现现代化新京口的美好前景而努力奋斗！

【注释】

（1）“四大提升行动”：项目绩效提升行动、城市品质提升行动、治理水平提升行动、组织力提升行动。

（2）“两个确立”：党的十九届六中全会公报指出，党确立习近平同志党中央的核心、全党的核心地位，确立习近平新时代中国特色社会主义思想的指导地位。

（3）“两个维护”：坚决维护习近平总书记党中央的核心、全党的核心地位，坚决维护党中央权威和集中统一领导。

（4）“三高一争”：推进高质量发展、创造高品质生活、实施高效能治理，在谱写“镇江很有前途”新篇章中争得城市荣光。

（5）“坚持‘三高’引领，聚力‘三区’建设”：坚持以经济发展高质量、城市生活高品质、区域治理高水平为引领，聚力产业强区、宜居城区、首善之区建设。

（6）“双创”：大众创业、万众创新。

（7）乡村公共空间“513”专项治理：五治理一优化三提升。具体包括：集体资产资源公共空间治理、道路两侧公共空间治理、水体两侧公共空间治理、集镇区及村庄公共空间治理、街道园区工业集中区公共空间治理；优化乡村土地资源配置；提升农村基层治理能力、提升公共资源综合效益、提升基层干群精神面貌。

（8）“一件事”改革：以企业、群众办好“一件事”为目标，整合事项、再造流程、共享信息，逐步形成“一窗受理、一次告知、一表申请、一套材料、一次提交、一次反馈、一次分办、一窗出件、一号服务、一键评价”的办理模式。

（9）教育“双减”政策：进一步减轻义务教育阶段学生作业负担和校外培训负担。

（10）“三年大灶”：在国务院对江苏省安全生产问题进行专项整治的基础上，江苏省按照全国统一部署，开展安全生产专项整治三年行动。

（11）“六有六化”：聚焦管理有指向，以系统化思维破解队伍突出问题；聚焦进入有渠道，以综合化方式拓宽队伍源头活水；聚焦提升有标准，以专业化培训提高队伍综合素质；聚焦发展有空间，以制度化创新打通队伍晋升通道；聚焦待遇有保障，以多样化手段激励队伍干事创业；聚焦评价有导向，以科学化考核激发队伍生机活力。

（12）“六优六化”：进一步优化工作标准，服务效能更加优质化；进一步优化待遇保障，薪酬激励更加人性化；进一步优化进入渠道，选配方式更加多样化；进一步优化岗位培训，能力素质更加专业化；进一步优化发展空间，作用发挥更加多元化；进一步优化考核机制，绩效评价更加精准化。

（13）“两在两同”建新功行动：“同人民想在一起、干在一起，风雨同舟、同甘共苦，在现代化新征程上建新功”行动。

（14）“四种形态”：经常开展批评和自我批评、约谈函询，让“红红脸、出出汗”成为常态；党纪轻处分、组织调整成为违纪处理的大多数；党纪重处分、重大职务调整的成为少数；严重违纪涉嫌违法立案审查的成为极少数。

（15）基层“三整合”改革：基层审批执法服务改革。

（16）“九个方面重点工作”：加快科技自立自强，更大力度建设自主可控的现代产业体系；全面实施乡村振兴战略，更富成效推进农业农村现代化；大力促进区域协调联动，更高质量推动长三角一体化发展；坚持生态优先绿色发展，更加有力推进美丽江苏建设；不断发展全过程人民民主，更高水平建设社会主义民主政治；深入推进文化强省建设，更好满足人民群众精神文化需求；切实保障和改善民生，更加扎实有效推进共同富裕；勇立时代潮头，更大气魄深化改革开放；全力防范化解风险隐患，更好统筹发展和安全。

（17）“五大关键战”：提升产业能级关键战、推动共同富裕关键战、建强战略载体关键战、紧抓“双碳”落地关键战、统筹发展和安全关键战。

（18）“六稳”：稳就业、稳金融、稳外贸、稳外资、稳投资、稳预期。

（19）“六保”：保居民就业、保基本民生、保市场主体、保粮食能源安全、保产业链供应链稳定、保基层运转。

（20）“双循环”格局：以国内大循环为主体、国内国际双循环相互促进的新发展格局。

（21）“一体化”发展：长三角一体化发展战略。

（22）“四清四无”：“四清”即清江、清湖、清船、清网；“四无”即无渔船、无渔民、无网具、无生产。

（23）“民生七有”：幼有所育、学有所教、劳有所得、病有所医、老有所养、住有所居、弱有所扶。

（24）“天网工程”：为满足城市治安防控和城市管理需要，利用图像采集、传输、控制、显示等设备和控制软件组成，对固定区域进行实时监控和信息记录的视频监控系统。

（25）“雪亮工程”：以县、乡、村三级综治中心为指挥平台，以综治信息化为支撑，以网格化管理为基础，以公共安全视频监控联网应用为重点的群众性治安防控工程。

（26）“八五”普法：开展法治宣传教育的第八个五年规划。

（27）“三好”委员工作室：党委政府好帮手、为民服务好阵地、委员担当好示范“三好”委员工作室特色品牌。

（28）“四个意识”：政治意识、大局意识、核心意识、看齐意识。

（29）“四个自信”：中国特色社会主义道路自信、理论自信、制度自信、文化自信。

（30）“政治三力”：政治判断力、政治领悟力、政治执行力。

（31）“三项机制”：鼓励激励、容错纠错、能上能下机制。

（32）“两个覆盖”：党的组织覆盖和工作覆盖。

政府工作报告

——2022年1月11日在镇江市京口区第十届人民代表大会第一次会议上

区长　贾敬远

各位代表：

现在，我代表京口区人民政府作工作报告，请予审议，并请各位政协委员和其他列席人员提出意见。

过去五年工作回顾

2017年区政府换届以来，京口区上下以习近平新时代中国特色社会主义思想为指导，认真贯彻落实党的十九大和十九届历次全会精神，在市委、市政府和区委的坚强领导下，在区人大、区政协的监督支持下，坚持稳中求进工作总基调，完整准确全面贯彻新发展理念，统筹疫情防控和经济社会发展，圆满完成“十三五”目标任务，顺利实现“十四五”稳健开局，较好地完成区九届人大历次会议确定的目标任务。

五年来，我们紧扣高质量发展主线，努力在变化变局中育新机开新局，综合实力跃上新台阶。预计2021年，地区生产总值迈上500亿元台阶，年均增长6.1%，人均超过14万元。一般公共预算收入年均增长4.4%。制造业投资、高技术投资占固定资产投资比重分别提升至23%、19.6%。社会消费品零售总额年均增长7.2%。累计进出口总额超76亿美元，实际利用外资3.2亿美元。净增市场主体3.4万家，净增规上企业127家，挂牌上市企业9家。连续两年获评镇江市综合考核一等次，先后获评全国“高质量发展百强区”“科技创新百强区”“投资潜力百强区”“营商环境百强区”。

五年来，我们坚持产业强区“一号战略”，狠抓项目招引“一号工程”，产业发展跃上新台阶。华为（镇江）数字创新中心签约落户，微软（镇江）数字经济创新中心、云时代中心等专业载体建成运营，集聚数字经济企业1300余家，数字经济核心产业增加值占GDP比重超9%，大禹山数字文创区列入镇江市重点发展片区，建设数字经济发展高地顺利实现破题开篇。2021年京口区规上工业总产值506亿元，增速达40%，创历史新高。高性能铝材料产业销售规模、粮油仓储加工基地营收持续超百亿。新民洲港全面开港，跃居“全国木材进口单体第一港”。龙头企业数字化、智能化改造力度持续加强，战略性新兴产业产值占规上工业总产值比重达41%，工业经济保持强劲增长态势。2021年京口区规上服务业企业利润总额达2016年的1.9倍，规上服务业营收超190亿元，年均增长8.8%，持续领跑镇江市。限上批发业销售额突破300亿元，年均增长28.1%，大市口商圈核心地位更加巩固。累计签约产业项目337个，其中10亿元以上项目6个、亿元以上项目121个，累计竣工投产项目174个，完成产业投资285亿元，列入省重大项目3个，总体呈现“重大项目引领、重点项目支撑、链群项目配套”的良好态势。

五年来，我们强化创新驱动引领，全面塑造发展新优势，创新动能跃上新台阶。高新技术企业达52家，较2016年年末增长67.7%，培育出鼎胜新材、蓝舶科技等一批“单项冠军”“专精特新”企业(1)。累计新增7家省级、17家市级企业研发机构，较2016年年末分别增长75%、30.8%，企业创新主体地位不断增强。深度挖掘科教资源优势，成立江苏大学镇江智能柔性机械电子产业技术研究院等新型研发机构3家。省、市科技项目立项56个。京口区万人发明专利拥有量达182.8件，居江苏省前列，创成国家知识产权强县工程示范区、省级科技创新试点区。高度重视人才引培，不断拓宽引才渠道，累计引进中科院院士1人、国家级人才7人、省级人才15人、市“金山英才”计划人才（团队）56个、区“金凤凰”计划人才（团队）33个，基础性人才总量达6.2万人。

五年来，我们聚焦高品质生活，精心推进美丽京口建设，城市品质跃上新台阶。累计投入261.6亿元，实施城建类重点项目124个。高质量完成136万平方米征收搬迁任务，高标准推进56万平方米安置房建设，高水平实施171万平方米老旧小区改造工程，高效率推动88个小区物业管理水平提升，群众居住环境明显改善。宗泽路、双井路等道路改造全面竣工，戴家湾路、绿竹巷等道路微循环不断优化，交通路网日趋完善。深入实施市容环境综合整治等“五大工程”(2)，增设停车泊位4500个，改造升级菜市场13座，“五个周边”(3)街景全面提档升级。城市长效管理综合考评连续五年保持镇江市前列。全面推进乡村振兴，农村集体产权制度改革全面完成，“513”公共空间治理(4)取得明显成效，累计疏浚农村河道22千米，完成谏壁中心片区管网等基础设施建设，建成一批品牌突出、特色鲜明的示范村，农村人居环境持续改善。

五年来，我们突出生态优先、绿色发展，坚决打好污染防治攻坚战，环境质量跃上新台阶。2021年$PM_{2.5}$年平均浓度35微克/立方米，较2016年年末下降28.6%，京口区空气质量优良天数比例达79.4%，较2016年年末提升11.8个百分点。城市黑臭水体全面消除，国考、省考断面水质稳定达标。全力推进长江大保护工作，11个长江干流岸线利用项目完成省级销号，“两违三乱”(5)整治任务全面完成，依法整治非法码头5个，清除“三无”船舶(6)270艘，关停沿江化工企业3家。完成长江（京口段）两岸造林绿化工程，新建孟家湾湖湿地公园等一批绿化空间，恢复生态湿地525亩。严把项目环境准入关，扎实推进节能减排降碳，谏壁电厂等企业基本完成超低排放改造，单位GDP能耗累计下降23.7%。

五年来，我们始终以人民为中心，坚持共建共治共享，民生福祉跃上新台阶。城镇居民人均可支配收入迈入5万元时代，年均增长7.2%。居民最低生活保障持续提标。“四类人员”[7]纳入居家养老上门服务范围，适老化改造实现“应改尽改”，建成36家居家养老服务中心。京口中学、八叉巷小学等新校址投入使用，11所智慧化校园建成投用，中山路小学等3万平方米校安改造工程圆满完成，省级义务教育优质均衡和学前教育普及普惠率保持镇江市前列。大市口社区卫生服务中心中南分部投入使用，创成2家省级社区医院。京口文化艺术中心、健康路体育公园等相继建成。创成8家全国示范型退役军人服务中心（站）。建成街道基层社工站6个、中心社区10个，社工职业体系建设经验全国知名、江苏省推广。

*五年来，我们坚持统筹发展和安全，不断筑牢安全基石，安全发展水平跃上新台阶。*常态化疫情防控防线进一步巩固，连续23个月无新增确诊病例。圆满完成安全生产“一年小灶”各项任务，扎实推进“三年大灶”整治行动，京口区未发生较大以上安全事故。社区（村）法律顾问配备实现全覆盖。成功化解省、市交办重点信访积案27件。深入推进“平安京口”建设，扫黑除恶专项斗争取得全面胜利，群众安全感满意率达98.6%。稳妥推进政府隐性债务化解，牢牢守住不发生区域性、系统性金融风险底线。

*五年来，我们持续加强自身建设，深入推进职能转变，政府行政效能跃上新台阶。*持续优化营商环境，深化“放管服”[8]改革，政务服务事项不见面率达100%。设立产业发展引导基金，出台产业政策“30条”，落实“稳岗惠企”各项措施，近三年累计减税降费31.4亿元。深入推进基层“三整合”改革[9]，赋权、认领行政权力事项99项。深化法治政府建设，完善区政府工作规则，出台文件合法性审查办法等，履行重大行政决策“五项程序”[10]，行政权力运行更加规范。扎实推进“七五”普法，荣获全国法治县（市、区）创建活动先进单位。自觉接受各方面监督，依法公开各类政务信息，累计办理人大代表议案、建议395件，政协委员提案597件，满意和基本满意率100%。依托“12345”政府服务热线、区长信箱等，及时处理群众反映的各类问题10.8万余件，按期回复率100%。圆满完成“七人普”任务，试点工作经验全国推广。坚决扛起全面从严治党主体责任，严格落实“一岗双责”，廉洁政府建设不断向纵深推进。

各位代表，刚刚过去的2021年，既是本届政府的收官之年，也是“十四五”开局之年。面对复杂多变的宏观形势和艰巨繁重的发展任务，我们始终咬定争先目标，创新实干、矢志奔跑，实现了收好官、开好局。经济发展更加稳健。预计2021年完成地区生产总值505亿元，增长10.5%；一般公共预算收入22.35亿元，增长3%；实际利用外资5168万美元，增长67.3%；社会消费品零售总额290亿元，增长22.1%；规上工业增加值108亿元，增长18%，位居镇江市前列。京口区经济运行呈现稳中加固、稳中提质、稳中向好的良好态势。产业升级全面提速。“链长制”工作有力推进，五条重点产业链发展方向更加明晰。2021年新签约项目88个，项目数量和投资体量均增长30%以上，重点项目与产业链契合度达72%。成功举办数字经济发展大会，微软、华为等头部企业相继落地，以龙头为牵引、人才为核心、创新为驱动、载体为支撑的数字产业生态加速形成。总投资3.75亿美元的诺贝丽斯汽车板冷轧铝卷制造项目签约落户，总投资15.6亿元的天海高端医疗设备及压力装备制造项目开工建设，高性能材料、汽车及零部件产业链协同发展态势逐步显现，先进制造业集群不断壮大。城市面貌持续改善。全面完成26.5万平方米老旧小区改造任务。55个小区物业管理提升工程稳步推进。完成上隍路、东吴路北段等7条城市道路建设改造工程。网巾桥等3个片区获评“省级宜居示范居住区”。编制污染源清单，7个突出环境问题成功销号，整治长江入河排污口92个，污染防治攻坚战成果进一步巩固。民生保障坚实有力。新增城镇就业人口5212人，支持成功自主创业2346人、大学生创业367人，扶持农民创业206人。持续完善教育硬件设施，江科大附小校安工程全面竣工并投入使用。开展各类文化惠民活动1200余场，合山公园健身广场建成使用。持续加强疾控体系建设，核酸检测、疫苗接种能力不断提升。京口区基层治理、安全发展、政府效能等各方面工作实现全面进步。2021年，税务、资规、人民武装等相关单位倾心服务经济社会发展，工会、共青团、妇联、工商联、残联、民族宗教、外事侨台、史志档案、“双拥”、关心下一代、慈善、红十字等各项工作均取得新成绩。

各位代表，2021年的收官，为本届政府工作画上了圆满句号。回眸过去五年，成绩殊为不易，成就鼓舞人心，这是市委、市政府和区委正确领导的结果，是京口区广大干部群众奋勇拼搏的结果。在此，我谨代表京口区人民政府，向京口区人民，向全体区人大代表、政协委员，向离退休老同志，向各民主党派、工商联、无党派人士、人民团体以及关心支持京口发展的各界人士，表示衷心的感谢和崇高的敬意！

在充分肯定成绩的同时，我们也清醒地看到，在现代化建设进程中还面临不少困难和挑战，主要表现在：产业根基还不够坚实，转型升级任务依然艰巨，创新发展动能还需增强，重大项目储备仍显不足；主城区功能品质、生态环境质量仍需进一步提高；公共服务水平、社会治理能力还需进一步提升；防范化解重大风险能力仍需进一步增强。对此，我们将高度重视，加快解决，决不辜负各位代表和京口区人民的期待与重托。

未来五年展望

今后五年，是建设现代化新京口开好局、起好步的关键时期。当前，在疫情冲击下，百年变局加速演进，外部环境更趋复杂严峻和不确定，经济发展面临需求收缩、供给冲击、预期转弱三重压力，但我国经济韧性强、长期向好的基本面不会变。对京口来说，既要正视困难，更要坚定信心。近年来，京口区在产业升级、动能转换和特色发展等方面迈上新台阶，在积极融入长江经济带、长三角一体化、宁镇扬一体化等区域发展战略上取得新成效，在服务构建新发展格局上迈出了新步伐，为我们迎击挑战、战胜困难奠定了坚实基础。2021 年召开的省第十四次党代会、市第八次党代会、区第九次党代会为京口未来五年发展指明方向。新一届政府必须把思想和行动统一到中央、省、市、区委决策部署上来，勇担使命、真抓实干，一步一个脚印把党代会部署的蓝图变为现实，以优异成绩向京口区人民交上一份满意的答卷。

未来五年政府工作的指导思想是：坚持以习近平新时代中国特色社会主义思想为指导，深入贯彻习近平总书记对江苏、镇江工作重要讲话指示精神，认真落实省、市、区党代会部署要求，始终牢记“国之大者”，把握新发展阶段，完整准确全面贯彻新发展理念，积极服务构建新发展格局，统筹发展和安全，坚决扛起“争当表率、争做示范、走在前列”重大使命，紧盯“经济发展高质量、城市生活高品质、区域治理高水平”奋斗目标，建设“产业强区、宜居城区、首善之区”，推动“强富美高”新京口现代化建设取得新进展。

——*在提升产业能级、增强经济实力上取得新进展。*经济保持稳定增长，做到“两个高于”[11]，地区生产总值增速保持在 6.5% 左右，人均 GDP 达 16 万元以上，固定资产投资年均增长 8% 以上。数字经济核心产业增加值稳步增长，传统产业转型升级步伐加快，重点产业链高度协同发展。人才、人口导入成效明显，创新能力持续增强。

——*在推动共同富裕、提升生活品质上取得新进展。*拓宽城乡居民增收渠道，保持“零就业家庭”动态清零，社会保险综合覆盖率 98% 以上，居民人均可支配收入与经济增长同步。高质量推进城市更新与功能品质提升，老旧小区综合整治完成率达 100%。突出“一老一小”，健全更加优质均衡的公共服务体系，民生“七有”[12]得到充分彰显。

——*在追求绿色低碳、打造宜居环境上取得新进展。*坚决遏制“两高”项目[13]盲目发展，单位 GDP 能耗下降 15% 以上，全面完成“碳达峰碳中和”各项任务。气水土综合治理成效进一步提升，各项环境质量指标保持稳定达标。打造水清岸绿景美的“滨江绿廊”，京口区林木覆盖率稳步提升，生态环境质量持续改善，生态安全屏障更加牢固。

——*在推进和谐稳定、建设文明京口上取得新进展。*社会主义核心价值观广为弘扬，人民精神文化生活更加丰富。挖掘保护传统历史文化遗产，不断提升文化内涵，充分彰显城市风骨。统筹发展和安全，全面提升本质安全水平，推动安全发展走在前列。建设更高水平的“平安京口”“法治京口”。

各位代表，站在新起点，奋进新征程，需要我们深刻把握发展规律，发扬斗争精神，既保持战略定力，又积极主动求变。我们相信，只要我们始终同京口区人民想在一起、干在一起，风雨同舟、同甘共苦，就一定能够如期实现奋进目标，让“强富美高”新京口更加可观可感，让现代化建设成果更多惠及人民群众。

2022 年工作安排

2022 年是党的二十大召开之年，也是新一届政府的开局之年。做好 2022 年工作，意义重大。京口区上下要深入贯彻中央、省委经济工作会议以及市委、区委全会精神，坚持稳字当头、稳中求进，坚持以人民为中心的发展思想，统筹发展和安全，扎实抓好“六稳”[14]“六保”[15]工作，加快推动高质量发展，奋力谱写京口现代化建设新答卷。

京口区经济社会发展的主要预期目标是：地区生产总值增长 6% 左右；一般公共预算收入增长 4.5%；固定资产投资增长 7%；制造业投资增长 10%；社会消费品零售总额增长 6.5%；全口径实到外资 4500 万美元；进出口总额增长 3.5%；城镇居民人均可支配收入与经济增长同步；单位 GDP 能耗下降率、主要污染物减排、单位 GDP 二氧化碳排放下降率、$PM_{2.5}$ 年平均浓度、空气质量优良天数比例、地表水达到或好于Ⅲ类水体比例完成市定目标；安全生产事故起数和死亡人数实现下降。为实现上述目标，重点抓好以下五个方面工作。

一、突出能级提升，锻造更加硬核的产业实力

坚持产业强区“一号战略”，以数字经济为引领，推动重点产业链协同发展，加快构建具有京口特色的现代产业体系。

拓展产业发展空间。统筹“一带三片多点”[16]发展布局，进一步明确产业功能区建设的战略方向和实现路径。以开发园区优化整合提升为抓手，着力推进产业集聚、要素集中、空间集约、功能集成，明确核心区、辐射区四至范围，推动园区“区政合一”，激发园区发展活力。优化土地资源配置，盘活闲置土地 60 亩以上，整治提升低效用地 450 亩以上，不断提高承载能力和利用效率。加快载体建设进度，确保大禹智谷科创园开工建设，先进制造业中小企业基地二期全面竣工。持续提升楼宇经济质效，2021 年盘活闲置楼宇 5 万平方米以上。

加快产业链群发展。深入实施“链长制”，围绕“五图六清单”[17]精准发力，力争重点产业链应税销售收入增长 15% 以上，不断提升产业链核心竞争力。加快诺贝丽斯年产 27.5 万吨汽车板冷轧铝卷制造等项目建设进度，确保芯航同方半导体设备零部件制造等项目上半年开工建设、天海高端医疗设备及压力装备制造一期等项目年内竣工投产，促进先进制造业产业链条协同并进。放大新民洲港口优势，加快中林木业先进制造区建设步伐，推动木业产业质量效益“双提升”。大力推动生产性服务业提质增效，加快推进港航综合体等项目落地。积极引导传统服务业转型，持续打造“京喜大市口”品牌，促进消费扩容，激活消费潜力。

打造数字经济高地。完成大禹山数字文创区规划编制，确保京口区数字经济核心产业增加值增长 10% 以上，做大数字经济“关键增量”。建成运营华为（镇江）数字创新中心，加速导入生态链企业。充分发挥多载体、多平台之间的协同效应，构建结构完备、多点发力的数字经济生态体系。主攻数字互娱、软件信息、数据服务等新一代信息技术细分领域，加快推进倍赛数字AI标注研发平台、在途科技数字化运营中心等在手项目，新招引关联项目20个以上。推动数字技术与实体经济深度融合，重点支持产业链企业核心业务系统“上云上平台”[18]，积极打造工业互联网标杆工厂，赋能传统产业改造提升。

狠抓项目绩效提升。优化项目建设招引的全流程评价和推进机制，不断提高项目落地效率，力争新签约项目列统率50%以上。积极开展基金招商、中介招商、协会招商、校友招商、云端招商等，确保产业类项目招引数量和投资体量比上年增长20%以上，实现10亿元以上重大项目招引再突破。加快推进区重点产业项目建设，确保新建项目三季度100%开工，2021年完成产业投资50亿元以上。

二、突出改革创新，激发更加强劲的发展活力

坚持向改革要动力、以创新添活力，持续优化资源要素配置，促进发展动能接续转换。

全力优化营商环境。深化“‘镇’合意‘京’心办”服务品牌，以软环境赢得硬口碑。优化民营经济发展环境，依法保护各类市场主体产权和合法权益。新建京口区政务服务大厅，打造“区、街道、社区”三级政务服务体系。持续深化行政审批制度改革，进一步优化“全链通”[19]审批服务，全面提升“互联网+监管”覆盖率，力争区级事项覆盖率达100%。充分发挥区产业政策“30条”、产业引导基金作用，引导更多资本投向实体经济。持续落实好减税降费各项政策，支持中小微企业、个体工商户减负纾困、恢复发展。

持续加大创新投入。深入推进全面创新改革，围绕产业链构建创新链，精准引导企业加强创新研发，力争新增“专精特新”企业5家以上，通过认定高新技术企业15家，力争创成1个省级、2个市级孵化载体。深化校地合作，实施产学研合作项目10个，让科教资源更多地服务京口企业、科研成果更多地实现就地转化。持续加强科技金融支撑，强化知识产权保护利用，激发全社会创新活力，确保R&D投入占GDP比重提高0.1个百分点。

着力推动人才集聚。突出产才融合，全力落实人才“镇兴”行动，确保2021年招引高层次领军人才（团队）15个以上，高技能劳动者占技能劳动者的比例达到33%，全面提升京口的“创新浓度”“人才密度”。进一步擦亮“创响京口”品牌，搭建人才招聘、双创活动等平台，鼓励更多青年大学生投身创业热潮。注重从就业创业、公共服务等层面，增强对年轻人的吸引力和承载力，提升人口导入实效。

三、突出品质提升，建设更加精美的宜居城区

坚持规划先导、建管并举，不断打造理念先进、功能完善、管理规范的精致家园。

持续加快城市更新。协助编制完成国土空间城市总体规划，持续优化城市空间，不断提升城市价值。加快17个城建类重点项目推进速度，有序实施城区更新改造，全力服务推进镇江东货场迁建项目，完成尚友新村、江滨新村一期等9个片区、37.5万平方米老旧小区改造工程，加快推进特色街区建设，持续加大危房解危力度，切实改善群众居住环境。

持续完善城市功能。加大城市配套设施建设力度，启动桃花坞路、卢家圩路等道路建设改造工程，新增停车泊位400个以上，着力提升群众出行便利度。持续推进既有建筑加装电梯工作。扎实开展城镇污水处理提质增效“333”行动[20]，完成6个达标区内源头小区的雨污分流排查整治，配合做好管网新建及检测工作。完善环卫基础设施建设，新建、改建公厕6座。加快推进农村生活污水治理，新建提升泵站15座、污水处理站3座。

持续深化城市管理。深入推行“精美京口”城市长效管理机制，持续开展“十乱”[21]环境整治，加大非机动车停放秩序、“散乱污”整治等工作力度。强化源头防控，保持对新增违建“零容忍”态度。持续开展物业管理提升行动，分类打造示范小区50个，不断提升老旧小区物业管理市场化比例。大力推进垃圾分类和减量化工作，创成省级垃圾分类达标小区50个。高效运用“智慧城管”综合管理平台，提高城市治理智能化水平。

四、突出绿色低碳，彰显更加鲜亮的生态底色

坚持生态优先、绿色为要的发展观，筑牢基底、厚植优势，高标准打造京口“绿色名片”。

深化环境问题治理。以更高标准打好蓝天、碧水、净土保卫战。全面落实“点位长制”，新建1个大气监测站点，加强重点企业VOCs排放监测管控，持续推进扬尘污染、餐饮油烟等专项治理，推动$PM_{2.5}$和臭氧浓度“双减双控”，持续提升空气质量优良天数比例。全面落实河湖长制，持续开展长江入河排污口分类整治，严格控制农业面源污染，实施雩山片区、一夜河、玉带河等水质提升工程，确保国考、省考断面水质持续稳定达标。有序推进土壤污染治理与修复，强化危险废物监管，提高农业废弃物资源化利用水平。

协同推进减污降碳。强化生态刚性约束，统筹规划区域排放结构与总量，实行最严格的环境准入和污染物排放标准。探索建立激励约束机制，支持企业减排提质，鼓励企业节能降耗，降低产品全生命周期碳足迹。加大清洁能源使用力度，加速推进谏壁电厂光伏新能源等项目落地，加快淘汰落后和过剩产能，腾出用能空间，不断调“绿”发展底色。

坚决守牢生态底线。落实“共抓大保护、不搞大开发”要求，坚决打好“十年禁渔”持久战。建立完善强制性与自愿性相结合的环境信息披露制度。加强环境隐患排查整治，综合运用“双随机一公开”和各类专项执法检查，保持打击环境违法行为的高压态势。严守耕地占补平衡、永久基本农田保护红线。推进“林长制”工作，实施新一轮国土绿化工程，建设千棵柳生态湿地公园。

五、突出民生改善，创造更加幸福的美好生活

坚持以“小切口”推动“大变化”，把发展红利兑现到民生实事上，不断增强群众获得感幸福感安全感。

健全保障体系。落实大学生“聚镇”计划，开展“就”在京口系列活动，组织招聘会30场以上，新增城镇就业5500人以上。稳步提升城乡居民养老金待遇。持续开展养老服务质量提升行动，建成信缘康米山颐养院，不断提高80周岁以上老年人上门服务率。加强困难群体关爱，实体化运行帮扶援助困难退役军人基金，支持企业和社会群体积极参与公益慈善事业。全面推进乡村振兴，大力开展富民强村帮促行动，发展壮大村集体经济。着力提升粮食生产和保供能力，坚决守住粮食安全底线。

调优服务供给。优化东部片区义务教育资源配置，加快推进江苏大学附属学校建设，启动老解放路小学校安工程，建设智慧化校园5所。持续深化集团化办学，高质量完成“双减”(22)工作试点任务。完善基层医疗卫生服务体系，深入推进“医联体”“医共体”建设，加快区域全民健康信息平台智慧化建设，升级改造社区卫生服务中心3家。实施“四大提质工程”(23)，编制完成全域旅游规划，积极参与和推进中国休闲旅游城市创建，完成健身路径信息化管护江苏省试点工作。

深化社会治理。推动“网格+”治理创新，完善矛盾纠纷多元化解机制，推广“苏解纷”平台运用，深化多网融通、一体联动。全面推进美好和谐社区建设，新建中心社区1家，高效运转基层社工站，新增持证社工120人。深化“平安京口”建设，持续推进“雪亮工程”(24)，常态化推进扫黑除恶，扎实开展打击治理电信网络诈骗犯罪等专项行动。严格落实信访工作责任制，化解重点信访积案10件以上。

织密安全防线。坚决守住疫情防控“外防输入”防线，健全人、物、环境多渠道监测体系，建设疾控应急指挥中心，完善平急转换、平战结合长效机制。扎实推进安全发展示范城市创建工作，全面压实安全生产“三个责任”(25)，坚决防范遏制重特大事故发生，确保安全生产形势持续稳定向好。强化应急救援演练，新建1个固定应急避难场所，完善应急救援体系。持续推进“放心餐桌工程”“双安双创”(26)等，守卫群众“舌尖上的安全”。全力压降政府性债务率，坚决守牢不出险的底线。

全面加强政府自身建设

各位代表，征程万里风正劲，重任千钧帆已扬。新一届政府将始终坚持知责于心、担责于身、履责于行，锚定新使命、奋进新征程、建功新时代。

始终捍卫“两个确立”，做对党忠诚的表率。坚定不移用习近平新时代中国特色社会主义思想定向领航，树牢“四个意识”、坚定“四个自信”、做到“两个维护”，坚决当好“两个确立”的坚定捍卫者、忠实践行者。坚持用百年党史培根铸魂，涵养永远感党恩的政治情怀、永远听党话的政治定力、永远跟党走的政治自觉，始终胸怀“两个大局”，牢记“国之大者”，确保中央大政方针、上级决策部署在京口得到最有力的贯彻落实。

始终牢记光荣使命，做激情奔跑的表率。切实肩负起“争当表率、争做示范、走在前列”的光荣使命，时刻牢记“镇江很有前途”的谆谆嘱托。强化“越是困难越向前”的攻坚意识，该做的事，不管矛盾再多，殚精竭虑也要干；该破的题，不管困难再大，开路架桥也要上。紧盯产业发展、生态环保、城市建管等重点领域和难点问题，守正创新、永不停滞，矢志不渝、激情奔跑，以实干实绩争得京口荣光。

始终站稳人民立场，做履职尽责的表率。切实把群众的“急难愁盼”作为政府的“头等大事”，坚决不做违背群众意愿的事、不做超越发展阶段的事、不做破坏城市风貌的事，全力以赴做好民生实事，真正把好事干好、实事办实。坚持问需于民、问计于民，时刻关心群众冷暖安危，进一步畅通“12345”政府服务热线、区长信箱等民意诉求渠道，及时回应群众关切，切实提高政府公信力。

始终主动接受监督，做依法行政的表率。依法接受人大、政协的监督，进一步提高人大代表议案、建议和政协委员提案办理质量。持续推进政务公开，自觉接受社会和舆论监督。树牢法治观念、提高法治素养、凝聚法治力量，深入推进严格执法、公正司法、全民守法。推进实施《法治京口建设规划》，完善政府重大行政决策机制，确保政府权力在“法治轨道”上行稳致远。

始终坚守廉洁底线，做克己奉公的表率。坚决扛牢全面从严治党主体责任，严格落实中央八项规定及其实施细则精神，持之以恒纠治“四风”，管好“微权力”，严防“微腐败”。坚持政府过“紧日子”，持续压降一般性支出。加强对重大工程、重点领域、关键岗位的监督管理，织密筑牢不敢腐、不能腐、不想腐的防控体系，坚决做到为政不移公仆之心、用权不谋一己之私。

各位代表，蓝图绘就，唯有奋斗；扬帆破浪，正当其时。让我们更加紧密地团结在以习近平同志为核心的党中央周围，高举习近平新时代中国特色社会主义思想伟大旗帜，在市委、市政府和区委的坚强领导下，昂扬争先斗志，持续激情奔跑，奋力谱写“强富美高”新京口现代化建设崭新篇章，以优异成绩迎接党的二十大胜利召开！

【注释】

（1）“专精特新”企业：具有“专业化、精细化、特色化、新颖化”特征的工业中小企业。

（2）“五大工程”：市容环境综合整治工程、违法建设集中整治工程、标准化菜市场达标工程、物业管理提升工程、市民文明素质提升工程。

（3）“五个周边”：老旧小区、集市菜场、城中村、学校、医院周边。

（4）“513”公共空间治理：五治理一优化三提升。集体资产资源公共空间治理，道路两侧公共空间治理，水体两侧公共空间治理，集镇区及村庄公共空间治理，乡镇工业集中区公共空间治理；优化乡村土地资源配置；提升农村基层治理能力，提升公共资源综合效益，提升基层干群精神面貌。

（5）“两违三乱”：河湖违法圈圩、违法建设；乱占、乱排、乱建。

（6）“三无”船舶：无船名船号、

无船籍港、无船舶证书。

（7）“四类人员”：80周岁以上人员、“人才惠老”、低保标准2倍以内困难老人和60周岁以上特殊困难老人。

（8）“放管服”：简政放权、放管结合、优化服务。

（9）基层“三整合”改革：推进基层整合审批、服务、执法力量，加快形成集中高效审批、强化监管服务、综合行政执法的基层治理结构。

（10）“五项程序”：公众参与、专家论证、风险评估、合法性审查、集体讨论决定。

（11）“两个高于”：主要经济指标增速高于江苏省平均、高于镇江市平均。

（12）民生“七有”：幼有所育、学有所教、劳有所得、病有所医、老有所养、住有所居、弱有所扶。

（13）“两高”项目：高耗能、高排放项目。

（14）“六稳”：稳就业、稳金融、稳外贸、稳外资、稳投资、稳预期。

（15）“六保”：保居民就业、保基本民生、保市场主体、保粮食能源安全、保产业链供应链稳定、保基层运转。

（16）“一带三片多点”：沿江生态保护带；西部主城片区、东部工业片区、北部临港片区；高性能材料产业园等多个产业发展支撑点。

（17）“五图六清单”：产业链条图、区域分布图、重大项目图、重点企业图、产品品牌图；重点企业、项目、产品、基地、长板、短板清单。

（18）“上云上平台”：企业以互联网为基础进行信息化基础设施、管理、业务等方面应用，并通过互联网与云计算手段连接社会化资源、共享服务及能力的过程。

（19）“全链通”：将涉及企业开办的营业执照申请、公章刻制、申领发票及预约银行开户事宜全部集中在一个平台办理。

（20）“333”行动：三消除三整治三提升。消除城市黑臭水体、污水直排口、污水管网空白区；整治工业企业排水、“小散乱”排水、阳台和单位庭院排水；提升城镇污水处理综合能力、新建污水管网质量管控水平、污水管网检测修复和养护水平。

（21）“十乱”：乱贴、乱画、乱泼、乱倒、乱拉、乱挂、乱搭、乱建、乱停、乱放。

（22）“双减”：有效减轻义务教育阶段学生过重作业负担和校外培训负担。

（23）“四大提质工程”：公共文化服务提质工程、优秀传统文化传承发展提质工程、文旅融合发展提质工程、“健康京口”品牌提质工程。

（24）“雪亮工程”：公共安全视频监控建设联网应用，以农村、社区为重点，对重要部位、复杂场所、农村薄弱地区进行视频监控建设，实现城乡治安防控建设一体化、立体化、信息化的社会治安防控体系工程。

（25）“三个责任”：党委政府领导责任、部门监管责任和企业主体责任。

（26）“双安双创”：食品安全示范城市创建和农产品质量安全县创建。

学悟促思想　实干谱新局
扎实推进党史学习教育走深走实
——京口区党史学习教育工作专记

党史学习教育开展以来，京口区深入学习贯彻习近平总书记在党史学习教育动员大会上的讲话精神、“七一”重要讲话精神，以及中共十九届六中全会精神，紧扣“学史明理、学史增信、学史崇德、学史力行”的总体要求，坚持规定动作与自选动作相结合，教育引导广大党员干部学党史、悟思想、办实事、开新局，把学习成效转化为推动京口区经济社会高质量发展的强大力量。

一、理论创新强基，下好党史学习教育“先手棋”

抓好关键少数，做好联学互动。区委常委会开展专题学习15场次，区委理论学习中心组举办专题集中学习会17场，京口区各级理论学习中心组组织学习会600余场。承办镇江市“文化荣光·书香传家”家庭阅读“四史”知识竞赛，开展“四史”教育电影课，把“四史”宣传教育同党史学习教育、“永远跟党走”群众性主题宣传教育活动有机结合，重点抓好面上普及和氛围营造，通过182场红色演出、117场红色展览、207场“文艺播种计划”志愿辅导、138个原创街巷文化短视频，持续推进“四百”群众性文化活动。

线上线下融合，注重学习实效。线上立足于小切口阐释大道理，在“京口发布”“京口先锋”开设“党史京彩学”专栏，定期推送党史知识、学习动态，不断拓宽党史学习教育覆盖面。线下举办“五个红色”活动（看红色基地、读红色家书、讲红色故事、诵红色诗词、唱红色歌曲）608场，受众66026人次。建成党史学习教育展陈中心，作为推动党史学习教育入脑入心的创新实践，取得良好效果。举办京口区党史学习教育线下图片巡回展及线上“我为群众办实事”成果图片展，全面展示京口区在党史学习教育方面的决策部署、常态化推进、创新做法等阶段性成果。

聚焦青少年群体，突出特色亮点。以“643”（六聚焦、四牵手、三保障）行动为抓手，开展“党史＋课堂”“党史＋体验”“党史＋宣传”特色活动，引导京口区青少年在学思践悟贯通中坚定听党话、跟党走，让百年党史和红色传统、红色记忆、红色基因根植于青少年心田。结合学生年龄特点和认知规律，打造青少年特色读本《10句名言·10个十年·见证党史100年》，用青少年易于理解的图文、朗朗上口的童谣、生动直观的影像和易于操作的实践活动呈现学习教育活动的成果。在镇江市“红领巾心向党”学党史队课比赛中，京口区3名辅导员获得2个一等奖、1个二等奖的佳绩，中山路小学《用“红色课堂、红色活动、红色文化”培育“红色少年”》在中央广播电视总台刊播。

二、氛围营造提质，下好党史学习教育“引导棋”

以举办理论研讨会为契机，推动学习研究阐释更加深入。举办学习宣传贯彻习近平新时代中国特色社会主义思想暨党史学习教育理论研讨会、学习贯彻习近平总书记“七一”重要讲话精神理论座谈会、党的思想理论建设工作座谈会等各类研讨活动208场。县处级党员领导干部带头发表理论文章23篇，各级党员领导干部、基层党组织书记带头讲党课，京口区各级领导干部形成优秀理论成果60余篇。举办党史学习教育理论研讨会及党的思想理论建设工作座谈会。

以“云课堂·微宣讲”为突破，推动学习教育知行合一。组建集中宣讲队伍88支，打造由2205人组成的“百姓名嘴”、思政课教师、大学生志愿者等其他各类特色化宣讲队伍69支。制作学习习近平总书记“七一”重要讲话精神暨“云课堂·微宣讲”活动视频在京口区播出，全方位、多声部、立体式阐释宣讲习近平总书记“七一”重要讲话精神。在各街道(园区)、区级机关开展党史学习教育、学习贯彻“七一”重要讲话精神、学习贯彻中共十九届六中全会精神等集中专题宣讲335场,开展各类其他实地主题宣讲378场,疫情防控期间开展“云课堂·微宣讲”活动235场,实现基层理论宣讲全覆盖。

以先进典型为引领,营造学习教育浓厚氛围。深入挖掘京口区党史学习教育中涌现出来的先进事迹和典型人物,及时报道京口“四史”宣传教育、“永远跟党走”群众性主题宣传教育的特色亮点,宣传推广京口党史学习教育的典型经验做法等,在市级以上主流媒体刊载稿件600篇,被中央广播电视总台、《人民日报》等中央主流媒体报道90余次。党史学习教育官网以《镇江京口区人大:打响“‘民呼我应’初心红、‘两在两同’见行动”工作品牌》为题,刊文推介京口区特色做法。

三、真抓实干固本,下好党史学习教育“实践棋”

问政于民,答好暖企之卷,让发展更有底气。融合推进“两在两同”建新功行动与“我为群众办实事”实践活动,县处级领导充分发挥带头示范作用,将办实事与区委、区政府重点工作有机融合,聚焦推动产业强区、推进乡村振兴等5个方面,主动领办难题26件;乡科级干部紧扣本职领域,按照“切口小、关注度高、贴近民生需求、群众可观可感”的原则主动领办难题310件。区委常委会集体研究办实事情况,区委主要领导带领区级班子全体领导,召开现场会,推进办实事项目建设,336件实事项目全部办结。合力助企跑出破解难题精准度。京口区300余名乡科级以上党员领导干部与203家企业结对联系,结合“温暖20”、统一活动日、“四不两直”调研等载体,定期深入结对企业。“奔跑支部”跑出产业强区加速度。在项目招引和建设一线成立100多个“奔跑支部”,助推产业项目早签约、早开工、早投产、早达效。14名区领导主动与企业结对,以支部书记身份带动700多名跑团成员深入项目一线办公。天海项目在3天时间内,实现“三证齐发”,创造镇江最快速度。红色帮办跑出营商环境满意度。打造“镇合意·京心办”服务品牌,全面推进企业开办“减时间、简流程、降成本”的改革力度。京口区企业开办耗时从2.2天压缩至0.7天,“一件事一次办”专窗使提交材料平均减少68%,办理时限平均压缩54%,办件高峰期排队时间由原来的30分钟压缩至3分钟,企业群众满意度进一步提高。

问需于民,答好惠民之卷,让群众更顺心气。推动各单位组建108支“学亚夫、做亚夫”先锋团队,各先锋团队分别认领1件为民服务项目,开展志愿服务600余场次。着力推进“七心”服务,实现服务事项和承诺内容同步上墙,用心用情为办事群众提供优质服务。启动“我为群众清洁楼道”竞赛活动,各领域志愿团队对京口区1857个老旧楼道开展“大清扫”,常态化保持干净整洁的面貌。面对疫情大考,3000余名“京口先锋”“逆行”向前、奔赴“疫”线,深入社区(村)开展“敲门行动”和核酸检测压力测试等工作。“红色物业”解民忧。深入实施“红色物业”建设,33个试点小区物业服务满意率提高21.6%,物业费收缴率达90%以上、最高上升32.2%,创成4个省级党建引领物业管理服务工作示范点。靶向服务暖民心。聚焦“为老为小”分类施策,提升群众获得感。全面推动“双减”工作,延时服务学生、教师参与率分别达68.9%和93.3%,有效解决家长的“三点半”难题。立足“部分老年群体无人管”之忧,着力破解难题。建设36家老年人日间照料中心,为京口区近5000名80周岁以上老年人购买上门服务。

问效于民,答好助居之卷,让党员更接地气。深入实施“三单三表三员”机制,形成“调研—领办—跟踪—评估—办结”闭环机制,让领办难题更加贴近群众需求,更加可观可感。建立线上工作群,及时通报信息,交流工作,每周对各参学单位领办难题办结进度进行通报,及时发送提醒函,进一步激发各单位比学赶超、争先进位的解题热情。完善区委常委直接联系党支部机制,让“联系点”成为“示范点”。及时调整区委常委直接联系党支部,新创成2个五星党支部。优化社区党群服务中心效用,38个城市社区完善“一角一点三清单”,提升群众获得感。设置“初心角”“红色便民点”,发布办事、志愿服务和功能室使用清单,明确服务内容、办事流程和开放时间。

四、统筹兼顾增效,下好党史学习教育“组合棋”

狠抓关键、加速转型,发展动能更加强劲。大力实施产业强区“一号战略”、项目招引“一号工程”,务实推行“链长制”。制定数字经济发展规划和扶持政策,举办数字经济发展大会,微软(镇江)数字创新中心开园,华为(镇江)数字创新中心落户,数字经济发展迈上新台阶。

全力攻坚、提升品位,城市环境更加宜居。坚决贯彻碳达峰碳中和部署要求,全面完成能耗“双控”年度任务。城市建设扎实推进,有序实施火坛楼巷等8个老旧小区改造26.5万平方米,稳步开展55个小区物业管理提升工作。

聚焦民生、解难纾困,惠民成效更加彰显。开展“援企惠民”就业帮扶,预计2021年实现城镇新增就业5900人。持续擦亮“创响京口”品牌,举办2021中国·镇江国际菁英创业大赛,支持成功自主创业2346人。加强疾控能力建设,开展优质服务基层行活动,实现社区卫生服务中心互联网诊疗全覆盖。

守护安全、维护稳定,治理水平更加高效。从严从紧抓好常态化疫情防控,有效防范疫情输入风险,保障人民群众生命健康安全。强化“法治京口”建设,加快构建区、街道、社区(村)三级人民调解网络,社区(村)“援法议事”平台建设实现全覆盖。

1月

5日

▲中国人民政治协商会议镇江市京口区第九届委员会第五次会议开幕。

6日

▲京口区召开九届人大五次会议第一次全体会议。

12日

▲市科技局局长蔡萍率队到大禹创意科技公司智汇科技中心，调研京口区科技载体运营情况。

▲京口区召开京口区领导干部警示教育大会。

25日

▲由军分区副司令员张惠峰带队的考核组到京口区考核指导党管武装工作。

2月

2日

▲区委书记徐申锋看望道德模范、退役军人、困难党员、抗疫先进，送去党和政府的关怀和春节慰问金。

4日

▲诺贝丽斯轻量化高端汽车铝板项目在镇江签约落户。市委书记马明龙出席项目签约仪式，并在签约前会见诺贝丽斯中国区董事总经理、爱励铝业（镇江）公司总经理刘清一行。

8日

▲区委书记徐申锋率区应急管理局、市场监管局、京口消防救援大队、公安京口分局等部门负责人及相关专家，到镇江强凌电子有限公司、锦绣皇宫大酒店、镇江八佰伴进行安全生产检查。

▲中共镇江市京口区第八届纪律检查委员会第六次全体会议召开。

12日

▲区长贾敬远走访慰问坚守在防疫一线的基层工作人员，送去新春的祝福。

19日

▲京口区召开产业强区暨项目招引突破年动员大会。

24日

▲当虹科技5G高新视频研发中心项目在京口区签约落户。

25日

▲市政协主席李健带队到京口区，调研“有事好商量”协商议事工作。

3月

5日

▲镇江市“3·5”学雷锋主题志愿服务日活动暨镇江市践行省志愿服务条例启动仪式在苏宁广场开展。

10日

▲京口区人民政府与国家能源集团江苏电力有限公司举行合作签约仪式。

16日

▲市慈善总会会长李国忠到京口调研慈善项目建设。

22日

▲京口区召开经济形势分析暨一季度“开门红”部署会。

23日

▲京口区委党的建设工作领导小组召开2021年第一次会议。

▲省委驻镇江指导组组长、省人大常委会环境资源城乡建设委员会副主任朱铁军带队到京口检查政法队伍教育整顿工作。

26日

▲“微软·云暨移动技术孵化计划——镇江数字经济创新中心”在京口区启动运营。

4月

1日

▲镇江市首辆新冠疫苗移动接种车投入使用。

▲京口区政法队伍教育整顿领导小组办公室召开京口区政法队伍教育整顿警示教育大会。

2日

▲京口区党史学习教育“清明祭英烈”活动在镇江市烈士陵园纪念碑广场举行。

8日

▲市委组织部举报核查中心主任杨韬率领的市政法队伍教育整顿复评工作第七小组，到京口区对教育整顿学习教育环节进行复评督查。

9日

▲镇江市“百年风华·镇出发”群众歌咏大会京口专场在大市口城市客厅举行。

12日

▲市委宣讲团成员、市委党校经济与管理教研室教授姚永康作宣讲报告。

13日

▲江南大学食品学院与新禾润

世家公司签约成立农产食品品质提升新技术联合研发中心。

20日

▲京口区召开政法队伍教育整顿工作第二次新闻发布会。

▲省统计局投资处副处长蒋涛到京口区调研建筑业企业统计工作。

22日

▲京口区2020年度高质量发展综合考核总结表彰大会召开。

23日

▲昆明市委组织部副部长、老干部局局长张玉宁，到京口区京口路社区参观考察，学习离退休干部党建引领作用发挥的经验。

▲由组长、市商务局二级调研员万峻松带队，市党史学习教育第七指导组一行5人到京口调研。

25日

▲京口区在江苏大学成功承办2021招才引智“镇江日”（江苏大学）专场活动。

28日

▲京口区召开2021年区委“书记项目”推进会。

▲京口区委常委会在茅山新四军纪念馆举行主题为“知史爱党　初心如磐”的现场学习活动。

5月

8日

▲京口区深化全国文明城市创建动员部署会召开。

11—12日

▲京口区委书记徐申锋到北京开展招商活动。

14日

▲京口区人大系统召开“民呼我应”主题实践活动动员大会。

17日

▲京口区新冠疫情防控指挥部召开工作会议。

18日

▲镇江市自然资源和规划局局长陈跃生率队到京口区专题调研国土空间规划工作。

▲镇江市副市长胡宗元到京口区大禹山创意新社区调研新一代信息技术产业链发展情况。

20日

▲市委常委、组织部部长张娟到京口区调研基层党建、人才招引等工作。

▲京口区举办区政府组成人员集中学法活动，特邀镇江市中级人民法院审判委员会委员、行政庭庭长肖雄为与会人员讲授依法行政相关法律知识。

25日

▲江苏省庆祝中国共产党成立100周年“百年百场”优秀群众文艺作品巡演京口专场拉开帷幕。

26日

▲市委常委、常务副市长郭建带队到京口开展安全生产专题宣讲。

▲上海墨山热力科技有限公司董事长邢中明访问京口，专程考察京口发展碳纳米生态采暖的政策和前景，就“碳纳米生态采暖热源技术及应用”项目在谏壁街道落户进行洽谈。

6月

1日

▲市委书记马明龙走访京口区部分幼儿园、小学，向少年儿童致以节日的问候和美好的祝愿。

2日

▲市委书记马明龙率队到京口区调研数字经济发展情况，并与产业链龙头企业座谈交流。

3日

▲京口区部署第九次党代会代表选举工作。

6日

▲由镇江市中医院主办，京口区卫健委、京口区委台办、镇江民生频道协办的“百年励初心　杏林展新彩”中医药党建联盟暨市中医院喜迎中国共产党成立100周年大型活动，在大市口广场举行。

7日

▲京口区乡村振兴局挂牌成立。

18日

▲区长贾敬远专题督办区政协九届五次会议重点提案工作。

20日

▲由京口区党史学习教育领导小组主办，京口区总工会、京口团区委、京口区妇联承办的“永远跟党走”知识大赛开赛。

23日

▲京口区老干部庆祝中国共产党成立100周年文艺汇演成功举办。

24日

▲京口区委书记徐申锋以“重温百年党史，昂首阔步前行”为题，为象山、大禹山党员干部上了一场生动翔实的专题党课。

▲总投资0.5亿元的倍赛数字AI标注研发平台项目签约，落户镇江智汇科技中心。

25日

▲“侨心向党　同心逐梦”庆祝中国共产党成立100周年文艺演出暨京口统一战线“同心向党　同绘京彩”侨界篇主题活动在京口区文化艺术中心举行。

26日

▲中国致公党镇江市京口区基层委员会换届大会召开。

28日

▲京口区举行以“永远跟党走”为主题的大型合唱比赛。

29日

▲京口区委理论学习中心组在镇江博物馆开展现场教学，参观“奔流——镇江近代历史陈列”“信仰的力量——陈望道纪念展”，并重温入党誓词。

7月

1日

▲京口区召开庆祝中国共产党成立100周年座谈会暨区“两优一先”表彰会议。

4日

▲京口区“学党史、促发展”之“双招双引”专题研修班开班。

5日

▲京口区区长贾敬远率区住建局、城管局、北固公司、正东路街道主要领导，现场察看庙巷老旧小区改造片区，推进“我为群众办实事”项目。

6日

▲京口区委理论学习中心组举行党史学习教育专题读书班封闭学习会，区委书记徐申锋主持并作开班动员。

7日

▲京口区委理论学习中心组党

史学习教育专题读书班结业，区委书记徐申锋主持学习会并作总结讲话。

▲镇江市文明办主任会议在京口召开，市委宣传部副部长、市文明办主任曹永忠出席会议并讲话。

16日

▲京口区召开既有建筑安全管理工作部署推进会议。

20日

▲经京口区与华为多次洽谈、现场考察和紧锣密鼓的落实，“华为（镇江）数字创新中心”项目在数字镇江发展大会上签约。

22日

▲京口区召开新冠疫情防控指挥部会议。

27日

▲中国共产党镇江市京口区第九次代表大会在京口区政府开幕。

8月

10日

▲区委书记徐申锋带队检查辖区部分集中隔离医学观察点和企业疫情防控工作，要求进一步从严从紧落实落细防控措施，以更高标准严防交叉感染，确保万无一失。

13日

▲区委理论学习中心组召开学习会，专题学习习近平总书记最新重要讲话精神。

14日

▲区委副书记徐玉军带队到新民洲临港产业园蹲点督查疫情防控工作。

17日

▲区文物局挂牌成立。

18日

▲庆祝中国医师节“京口区卫生服务中心互联网诊疗全覆盖”活动暨江苏大学附属医院互联网医院大市口、象山、四牌楼社区卫生服务中心接诊点揭牌仪式在京口区大市口社区卫生服务中心（中南分部）举行。

20日

▲京口区新型冠状病毒疫情防控指挥部召开会议，专题研究部署当前疫情防控工作。

25日

▲京口区“工会大食堂”亮相。

30日

▲京口区举办科技镇长团“京彩”之家揭牌仪式暨第十三、十四批省科技镇长团京口团轮换工作会议。

▲市委党史学习教育第七巡回指导组组长万峻松带队到京口调研。

▲中国共产党镇江市京口区第九次代表大会在全体党员代表的共同努力下，圆满完成。

9月

1日

▲区纪委监委召开京口区纪检监察铁军建设誓师大会。

▲市委常委、组织部部长张娟到京口调研人才工作。

2日

▲召开首场“我为群众办实事”新闻发布会，区领导出席新闻发布会。

3日

▲京口区召开“反电诈”工作推进会。

▲市红十字会党组书记、常务副会长苏枫到京口区调研红十字会工作。

6日

▲省委党史学习教育第三巡回指导组深入京口区查阅台账、实地走访，督导党史学习教育进展情况。

8日

▲区委书记徐申锋率区住建局、区农业农村局、京口生态环境局等部门负责人，对突出环境问题整改工作进行现场调度。

9日

▲区食品安全委员会、区市场监管局联合举行食品安全事故应急模拟演练。

▲区委书记徐申锋率队专题领办督办“关于解决小区物业管理服务质效不高的问题”提案暨推进“我为群众办实事”工作。

10日

▲区委书记徐申锋到辖区部分学校走访慰问，向广大教师和教育工作者送上节日的问候与祝福，感谢大家对教育事业的辛勤付出。

13日

▲市政协主席李健到京口区正东路协商议事中心，宣讲习近平总书记“七一”重要讲话精神，并参加正东路街道酒海街社区协商议事活动。

15日

▲区委理论学习中心组召开学习会，专题学习习近平总书记最新重要讲话精神和发表的重要文章。

▲区纪委监委举办首期“清风大讲堂”，邀请省纪委监委派驻省财政厅纪检监察组组长、省财政厅党组成员杨光，作题为《认真学习党的反腐倡廉建设史　做敢于善于斗争的优秀纪检战士》的专题讲座。

▲南京信息工程大学副校长戴跃伟一行到京口区考察调研。

18日

▲京口区召开“双拥”工作领导小组会议。

24日

▲国家统计局工业司副司长杨玉民一行到江苏鼎胜新能源材料股份有限公司开展调研工作。

29日

▲京口区召开党建考核调度推进会。

▲学习贯彻习近平总书记“七一”重要讲话精神专题宣讲市委宣讲团在京口区举行宣讲报告会，进一步推动党史学习教育走深走实。

10月

9日

▲京口区重点产业项目观摩暨“奋力冲刺跑　决胜四季度”誓师大会召开。

12日

▲京口区2021年国家网络安全宣传周启动暨“法治日”发布仪式在大禹山智汇科技中心举行。

13日

▲京口区政府与江苏大学共建镇江智能柔性机械电子产业技术研究院合作协议签约。

18—21日

▲区委副书记、区长贾敬远一行到深圳开展招商活动。

20日

▲镇江市企业家沙龙数字经济专场活动在京口举行。

21日

▲省委统战部侨务综合处处长麻建科带队到京口区四牌楼街道阳光世纪花园社区开展侨务“进三区”

调研。

22 日

▲镇江市委党史学习教育第七巡回指导组组长万峻松带队到京口调研党史学习教育开展情况。

26 日

▲市委常委、市纪委书记、市监委主任宋祥林带队到京口开展市区党风廉政建设调研。

▲省级食品安全示范城市命名评价汇报会召开。

28 日

▲市人大常委会党组副书记郭建率队，到京口区调研人大工作和大禹山数字文创区规划发展工作。

11 月

2 日

▲京口区召开安全生产暨今冬明春火灾防控部署会。

8 日

▲京口区基层理论宣讲团成立。

11 日

▲京口区召开经济运行分析暨综合考核工作推进会。

12 日

▲在途科技数字化运营中心项目签约，落户京口区大禹山数字文创区智汇科技中心。

17 日

▲市人大常委会党组副书记郭建到挂钩联系的京口经济开发区，推进富民强村帮促行动。

19 日

▲ 2022 微软“创新杯”全球学生科技大赛中国区域赛·镇江赛区决赛在京口区大禹山创意新社区顺利举办。

26 日

▲京口区区级机关首个“机关党员培训基地”在京口法院揭牌。

▲镇江市老旧小区社会治理现场观摩推进会在京口召开。

12 月

1 日

▲市委常委、常务副市长秦海涛率队到京口区，对主要经济指标完成情况、重大项目、能耗双控及有序用电方案实施情况等开展专题调研。

2—4 日

▲区委副书记、区长贾敬远一行到北京开展招商活动。

3 日

▲京口区召开“孝廉京口”建设动员部署会。区委常委、区纪委书记、区监委副主任、代理主任张旭彬出席会议并讲话。

8 日

▲区委宣传部组织召开党的思想理论建设工作座谈会暨中共十九届六中全会宣讲部署会。

9 日

▲区委书记徐申锋以区人大代表候选人身份与其他 2 位区人大代表候选人，到象山街道第三选区与选民见面，现场回答选民提问，与选民进行零距离交流。

13 日

▲市委宣讲团在京口区举行报告会。

▲市委党史学习教育第七巡回指导组组长万峻松带队，对京口区开展党史学习教育巡回指导。

16 日

▲中科院中科星宇天文科技研究院院长杜官磊、中科院智能技术应用研究院 3D 打印联合实验室主任彭志学等一行到京口考察产业人才工作，北京大学先进技术研究院副院长程承旗参加考察。

▲京口区工商联（商会）第七次会员代表大会召开。

17 日

▲京口区高质量发展综合考评推进会召开，对考核工作再加压、再落实。

18 日

▲京口区召开京口区领导干部务虚会。

29 日

▲由市委网信办、人民日报社《民生周刊》指导，京口区委宣传部、京口区委网信办、人民日报社《民生周刊》新媒体事业部主办的“网眼看镇江　聚焦加速跑”走进京口活动举行。

30 日

▲京口区“百个”街巷文化短视频征集活动颁奖典礼暨第四届“出彩京口人”京口区文艺团队优秀节目展演活动在京口文化艺术中心举行。

31 日

▲京口区召开京口区领导干部警示教育大会。

地情概况

【位置】 京口区是江苏省镇江市市辖区之一，位于江苏省西南部，长江与京杭大运河十字交汇处，东接镇江新区，南和丹徒区为邻，西与润州区隔古运河相望，北接扬州市邗江区。

【面积】 京口区总面积95.9813平方千米，其中四牌楼街道4.0983平方千米、大市口街道2.3176平方千米、健康路街道1.8921平方千米、正东路街道4.9270平方千米、象山街道22.5587平方千米、谏壁街道32.5124平方千米、新民洲20.6853平方千米、长江水域6.9899平方千米。

【地貌】 京口区地处宁镇山脉东段，属宁镇扬丘陵地区和长江冲积平原区，地势为中部高，东、西及沿江地带地势平坦，岗坡丘陵穿插其间。中部有焦山、北固山、象山、合山、汝山、京岘山、老山、鼎石山和焦顶山，由北自南排列；东部有雩山，东西向排列。区内除新民洲为主江中沙洲外，其他基本上形成以丘陵岗坡地为主的地形特征。沿江低地近代由长江泥沙淤积而成。

【资源】 京口区内多低山丘陵，并以黄棕土壤为主，岗地以黄土为主，平原以潜育型水稻为主。京口区种植面积1020公顷，其中粮田904公顷、常年菜田面积77公顷。设施农业面积73公顷，优质果品基地18公顷，养殖水面87公顷。

辖区内水资源比较丰富，长江、运河流经境内。现有长江岸线32千米（平政桥至中储粮），有国家二级长江堤防22.752千米。京口区水域面积2986.5公顷，其中长江水面1200公顷。除涝方面，有排涝站15座，装机4191千瓦，总流量62立方米/秒；灌溉方面，有灌溉站8座，总装机容量431千瓦，总流量4.3立方米/秒。

境内有长江鱼类13目25科90多种，其中刀鱼、鲥鱼、鳗鱼、鮰鱼、河豚是中国名贵品种；白鳍豚、中华鲟等更为中国珍贵稀有动物，被列为国家一级保护动物。人工饲养的水产品有青鱼、草鱼、鲢鱼、鲤鱼、鲫鱼等及虾、蟹、鳝、鳖等。

区内植物资源丰富，有各类树种80余科，500余种。自然植被以落叶阔叶树为主，其中有麻栎、枪树、黄连木、山槐、枫杨等。药用植物有700余种。引进树种有黑松、杉木、泡桐等。

区内矿产资源种类不全、经济价值不大。谏壁街道雩山有零星含铁石英砂岩出露，青龙山有白云石、石灰石，象山街道袁家村有石灰石。黏土主要分布在沿江一带。

（丁志国　谌旗）

【人口】 2021年年末，京口区户籍人口总户数129030户，312680人，其中男性155306人，女性157374人。2021年迁入13548人（省内迁入12505人，省外迁入1043人），迁出13952人（迁往省内12773人，迁往省外1179人）。2021年出生1233人（男628人，女605人），死亡1247人（男685人，女562人），流动人员为44087人（16岁以上43636人，16岁以下451人）。常住人口象山街道17285户，40535人；大市口街道23741户，59601人；四牌楼街道28321户，67957人；健康路街道32393户，81176人；正东路街道13848户，32760人；谏壁街道12953户，29602人；共青团农场489户，1046人。（黄蓉）

【建置沿革】 京口是镇江古称之一，最早见于《尔雅》“绝高为之京”。古人把高平之地称为京，北固山下的江称口，谓之京口。汉称京口里，东吴孙权筑铁瓮城，置京口镇，京口成为东吴政治中心。晋时置晋陵郡，郡治由丹徒镇移至京口，从此京口始为郡（州）、府治所在地。晋永嘉之乱，大批士族南渡，为此侨置兖、徐二州于京口。南朝宋置南徐州，隋置润州，宋升润州为镇江府，镇江名称一直沿用至今。民国18年（1929）春，江苏省会由南京迁镇江，治所也一直在京口。1949年，镇江解放后，市、县分设，市区及近郊归镇江市管辖，乡镇归丹徒县管辖。1983年，实行市管县体制，市区设立城区和郊区。同年12月将城区更名为京口区，郊区更名为润州区。1992年10月，镇江市行政区划调整，古运河以东大市口、四牌楼、健康路、正东路4个街道，象山、汝山、丹徒、谏壁4个乡镇和甘露茶叶试验场为京口区管辖范围。2001年3月，撤销汝山乡建制，原辖6个村（居）并入丹徒镇。2005年12月，区划再次调整，撤销丹徒镇建制，全境划归象山乡。2011年7月22日，京口区人民政府根据省政府《关于撤销镇江市京口区象山镇谏壁镇分别设立街道办事处的批复》和市政府《关于同意撤销京口区象山镇谏壁镇分别设立街道的批复》精神，撤销象山镇和谏壁镇，分别设立象山街道办事处和谏壁街道办事处。截至2021年年底，京口区辖大市口、四牌楼、健康路、正东路、象山和谏壁6个街道办事处以及江苏镇江京口经济开发区、新民洲临港产业园区。京口区有61个社区、5个行政村。（段广凤）

【民族】 京口区居民以汉族为主，少数民族有31个，人口约8000人。1000人以上少数民族有回族、蒙古族。其中回族人口5000余人，占少数民族总人口70%；蒙古族1000人，占少数民族总人口14%；其他少数民族有满族、壮族、朝鲜族、维吾尔族、苗族、土家族、布依族、侗族等。（雷鹏）

【方言】 京口话属于镇江语系，镇江话属北方方言的次江淮方言，位于北方方言与吴方言两大方言结合部。古代镇江话属吴语，由于东晋、十六国期间少数民族入侵，北方人口大量流入镇江、扬州一带，因而语言发生变化。镇江市虽属北方方言范畴，但构成复杂，其中既有吴语遗痕，又有旗腔（类似京腔）影响。与普通话相比，镇江话没有全浊声和舌尖后声母，鼻化原音介于前鼻音韵母之间，in、ing，en、eng，n、l不分。有入声调。词汇中保留丰富吴语词。（段广凤）

【交通】 京口区作为镇江主城区之一，区内交通十分便捷。截至2022年年底，京口区公路总里程83.847千米，其中：国道3.5千米，省道7千米，县道28.576千米（雩龙公路、谏辛公路、学府路、镇澄路、新民大道），乡道36.331千米，村道8.42千米，桥梁13座。辖区内建制村通公路率达100%。

城市道路：东西向主干道有中山东路、长江路、正东路、东吴路、学府路、京口路、桃花坞路、大西路（东段）、滨江旅游副线、江滨大道、禹山路、宗泽路等；南北向干道有解放路、电力路（北段）、梦溪路、古城路、石马湾路、小米山路、谷阳北路、谷阳路（北段）、经十二路（北段）、左湖路等。

主要公路：镇澄线、金润大道、金港大道、谏辛公路、雩龙公路、新民大道。

境内航道为京杭运河，全长5.3千米，为三级航道，最大通航能力为1000吨级。苏南运河（京口段），河面宽约90米，水深约4米，流域面积约50平方千米。

长江岸线方面。京口区自然岸线总长17.3千米，其中象山段6.1千米，谏壁段5.8千米，新民洲段5.4千米，已开发利用7.97千米。

京口区境内铁路总里程14.1千米，其中，已建成的连镇线8.1千米。镇瑞线长6千米，设上隍站，年货运吞吐量400万吨。（冯慧）

【风景名胜】 京口依山傍水，风景秀丽多姿，其真山真水具有独特山水风貌，以“天下第一江山”闻名于世。著名镇江三山有两山在京口区域内，焦山“山裹寺”，以雄秀见长；北固山“寺冠山”，以险峻称雄。焦山定慧寺为全国重点寺庙。区内“珍珠项链”——长江路上有春江潮广场、江滨公园。古运河风光带上有河滨公园、珍珠广场、宝塔山公园。市区还有大市口广场、梦溪广场、京口广场、东吴绿地广场、花山湾广场、古城公园、向家门绿地公园等旅游景区、景点及健身广场。

作为国家历史文化名城主城区，京口不仅有众多自然风光，还有着深厚历史底蕴。虎踞桥、焦山碑林、铁瓮城、甘露寺铁塔等为全国重点文物保护单位。焦山碑林中现存重要摩崖石刻80处，藏碑400余方，尤以“大字之祖”瘗鹤铭以及苏轼、米芾、黄庭坚、陆游等书法大家墨联碑刻和摩崖石刻为最，堪与西安碑林媲美。五柳堂、张云鹏故居、东晋花山湾古城墙遗址、焦山定慧寺、江苏省立镇江图书馆、宗泽墓和油库墩遗址7处为江苏省文物保护单位。2011年，“京江新二十四景”中位于京口区内的有11处，分别是北水柳浪、摩崖夕照、寒汀芦荻、海门江雪、晋城春望、灯火临流、春江夜月、北固远帆、甘露流芳、鼎石访梅、湾头壁立。（童心）

【水文】 京口辖区内水资源比较丰富，长江、运河流经境内。其中长江岸线32千米（南岸25.7千米，北岸6.3千米）；长江二级堤防22.752千米（北岸9.5千米，南岸13.252千米）；京口区水域面积2986.5公顷，其中长江水面1200公顷。排涝泵站15座，装机4191千瓦，总流量62立方米/秒；灌溉泵站8座，总流量4.3立方米/秒。（黄海霞）

【雨情】 2021年汛期6月降雨偏少，7月降雨明显偏多，镇江市汛期面平均降雨量822.6毫米，较多年平均（698.3毫米）偏多一成（+17.8%）。（黄海霞）

【水情】 大通站5月28日出现汛期最大流量61100立方米/秒、最高水位13.36米；5月10日出现汛期最小流量为31300立方米/秒、5月9日出现汛期最低水位9.07米。2021年梅雨期特点：入梅偏早，出梅正常，梅雨期偏长；雨量总体偏少，空间分布不均。6月13日入梅，较常年（6月18日）偏早5天；7月11日出梅，较常年（7月12日）偏晚1天。梅雨期29天，较常年（24天）偏长5天，较常年偏长。镇江市面平均梅雨量148.2毫米，较多年平均梅雨量（264.8毫米）偏少近四成半（-44.0%）；其中秦淮河水系106.3毫米、湖西水系136.2毫米、沿江水系180.4毫米。（黄海霞）

2021年国民经济和社会事业发展情况

【概况】 2021年地区生产总值、一般公共预算收入、社会消费品零售总额增幅分别较上年提高6.8个、1.6个、21.8个百分点；固定资产投资、实际利用外资总量、进出口总额分别较上年提高6亿元、168万美元、6.02亿元；城镇居民人均可支配收入较上年提高4939元，增幅提高5.3个百分点；空气质量优良天数比例高于上年同期1.5个百分点，地表水达到或好于Ⅲ类水比例省考、国考断面达100%。（吴代伟）

【重点项目】 116个产业项目完成投资55亿元，开工项目66个、竣工57个。2021年签约产业项目88个、总投资84.2亿元，签约数量和投资体量均增长30%以上，重点产业项目与产业契合度达到72%。其中总投资3.75亿美元的诺贝丽斯汽车板冷轧铝卷制造项目签约，且当年到位外资4500万美元。推进机制更加完善。进一步健全调度、督查、考评、通报等机制，先后制订《京口区重点产业项目推进工作机制》《关于实施重点产业链"链长制"的工作方案》等规范文件，"建强奔跑支部"做法有力推动项目绩效年活动迈向深入。（吴代伟）

【主要产业】 工业强势增长。京口区规上工业总产值完成512.2亿元、增长43%，工业应税销售收入580亿元、增长36%，排名镇江市前列。从行业和企业运行看，高性能材料产业链销售增长70%，超京口区规上工业应税销售收入30个百分点。65家规上工业企业产值增长面达60%。服务业加快恢复。京口区100家规上服务业企业营业收入完成194亿元、增长28.7%。其中：规上文化企业营收增幅位居镇江市第1名；交通运输、仓储和邮政业营收增长达26.9%。消费市场持续升温。限上批发业销售额增长近50%，房地产销售面积完成近60万平方米、增长17%；八佰伴实现商品零售额15.3亿元、增长12%，苏宁广场实现6.3亿元、增长27.9%（吴代伟）

【发展质效】 数字经济发展抢得先机。制定数字经济发展规划和扶持政策，成功举办数字经济发展大会，大禹山数字文创区列入镇江市产业集聚发展的重点片区之一，受到省委副书记、省长许昆林视察肯定。人才引进取得明显实效。以"金凤凰"计划为抓手，加大招才引智力度，落户院士团队1个，入选省"双创"计划2人、市"金山英才"计划10人，2021年引进大专学历以上人才3287人。能耗管控取得阶段性进展。坚决贯彻碳达峰碳中和能耗"双控"要求，科学统筹能耗管控和经济发展，专班调度，抓住"关键少数"，每日分析预警，削减重点企业能耗15.08万吨标准煤。（吴代伟）

【民生事业】 稳就业工作扎实推进。坚持就业优先，开展"援企惠民"就业帮扶，2021年新增城镇就业人口6901人。持续擦亮"创响京口"品牌，支持成功自主创业2346人，组织线上线下各类招聘活动47场，提供就业岗位9500余个。成功举办2021中国·镇江国际菁英创业大赛。普惠教育取得进展。建成4所"智慧化校园"，完成6所学校教室照明改造，江科大附小校安工程全面竣工并投入使用，中建大观幼儿园完成装修并开园招生，省级义务教育优质均衡和学前教育普及普惠率保持镇江市前列。惠民措施精准有力。坚持惠企帮企，出台春节期间"稳岗惠企十条"措施，兑现产业政策"30条"资金1700余万元，惠及企业152家。春节期间，为7276名留镇过年外地人员发放专项补贴、消费券218.6万元。（吴代伟）

精神文明建设

【概况】 2021年，京口区以培育和践行社会主义核心价值观为根本，聚焦培养时代新人、弘扬时代新风，着力推进新时代文明实践中心建设，着力实施公民道德建设工程，着力加强未成年人理想信念教育，着力深化群众性精神文明创建，加快构筑道德风尚建设高地，为推动高质量发展走在前列提供强大精神动力和丰润道德滋养。中央文明办对2021年度全国文明城市测评情况进行通报。镇江市总得分89.91分（含京口），在114个参测地级全国文明城市中，排全国第26名、江苏省第7名；2021年省文明城市测评成绩、乡风文明测评指数、社会文明程度测评指数，镇江市在江苏省12个地级市中排名第6位（含京口），在省高质量发展考核中排名第5位（含京口），未成年人思想道德建设测评成绩镇江市位居江苏省第二（99.046分）。在2021年镇江市组织的四次文明城市双月测评中，京口区有两次排名第一，一次排名第二，一次排名第三。（张荣琳）

【精神文明创建（文明城市、文明村镇、文明单位、文明社区、文明校园）】 深化文明村镇、文明单位、文明社区、文明校园创建。突出履行社会责任，选树工作基础扎实、创建成效显著的文明行业、文明单位、文明社区、文明校园、文明村。组织开展2019—2021年省级文明系列申报评选工作，京口区有1个村、14个单位、7个社区、4个校园共26个单位获得江苏省文明委表彰；组织开展2018—2020年度市、区两级文明系列单位申报评选，京口区有7个行业、43个单位、13个校园、44个社区、3个村共110个单位获得镇江市委、市政府表彰；8个行业、67个单位、16个校园、48个社区、5个村共144个单位获得京口区文明委表彰。（张荣琳）

【公民道德建设（价值引领、先进典型、诚信建设、道德讲堂）】 积极开展典型选树。积极挖掘本地典型，参与第八届全国和江苏省道德模范推选活动，推荐评选"镇江好人""最美京口人""微美人物"。2021年，京口区2人获得"江苏好人"称号，2人获得"镇江好人"称号，4人获得市"微美人物"称号，20人被评选表彰为"最美京口人"。通过道德讲堂、善行义举榜等阵地，宣传平民英雄和身边好人事迹。组织各方慰问各类道德典型，礼遇各类好人。

有序推进"道德新风　文明进万家"示范楼道和标准型善行义举榜建设创建。在保障楼道整洁、基础设施健全的基础上，突出主题，彰显特色，新建60个文明示范楼道点位，突出主题，彰显特色；着力创建文明交通、孝老爱亲、家风家训、关爱未成年人等不同主题的示范楼道，充分呈现示范楼道的独特风采。建成12组标准型善行义举榜。发挥宣传舆论成风化人、敦风化俗的作用，把正确价值导向和文明要求体现到经济、社会、文化、生活等各领域。

发挥线上线下载体作用。依托京口发布，各街道、园区和社区微信公众号，广泛宣传精神文明建设和文明城市创建活动，要求每个街道、园区每周报送创建类稿件不少于1篇。定期组织开展“道德讲堂”活动，宣传“新时代镇江市文明倡导10条”，倡导社会主义核心价值观，宣传身边好人、诚信建设等，使精神文明建设和文明城市创建工作氛围日益浓厚。

扎实开展文明进万家活动。制作文明城市创建宣传环保布袋和倡议书25000余份，通过开展网格联动，组织网格长、志愿者在网格内通过入户、电话、发放宣传单页等方式向居民宣传文明城市创建工作。组织开展“文明进万家”广场宣传活动71场，进一步提高居民对文明城市创建的知晓率、支持率、参与率。在市里三次模拟入户问卷调查中，前两次知晓率、满意率为96%，第三次两率均提升为100%。

深入开展市民文明素养提升工程。开展形式多样的群众性文明实践活动，将各项工作要求细化到每月进行贯彻落实，引导市民从小处着手，从日常着眼，通过文明实践，养成文明习惯，提升文明素质。对群众身边的小区环境卫生、垃圾分类投放、车辆停放等不文明现象进行专项整治，通过将一些不文明行为“强制入轨”，促进市民文明习惯的养成。每月对61个社区（村）的台账进行检查评分并纳入年底考核。

深入开展“我为群众清洁楼道”竞赛活动。按照明确标准、全面清理的要求，对京口区内的老旧楼道开展“大清扫”，全面清理垃圾、杂物、“牛皮癣”等楼道顽疾，确保楼道内的不文明现象“减存量、遏增量”，常态化保持干净整洁的面貌。京口区1768个老旧楼道完成“集中清扫”，并组织6个检查组进行月度专项检查，对照测评体系进行评分，以此促进楼道环境常态化、长效化管理，切实做好清洁楼道这项工作，让群众从身边变化感受到文明城市创建工作的成效。

持续开展“文明交通 ‘京’彩同行”活动。积极动员京口区机关、学校、企事业单位和社会公益力量，不断拓宽宣传阵地，延伸宣传触角，引导广大交通参与者自觉遵守交通法规，文明安全出行。2021年在京口区范围内开展6次文明交通巡回宣讲活动，公益宣传活动50余场次，组织志愿者开展文明交通劝导服务20余次，6000余人次受到文明交通教育。同时，和京口交警大队通过邀请媒体参与宣讲活动、抖音直播酒驾整治现场、制作普法小视频等形式，扩大文明交通宣传劝导活动的覆盖面，提升活动的影响力。9月1日，京口区中小学校新学期开学，区文明办、区教育局与京口交警大队一起，共同组织开展“开学第一课——交通安全‘云课堂’”宣讲活动。打造24个文明交通宣传主题楼道，让文明交通宣传更加贴近群众日常生活。（张荣琳）

【未成年人思想道德建设（品德教育、美育活动、八礼四仪、心理健康）】 扎实推进未成年人思想道德建设。持续深化“扣好人生第一粒扣子”教育实践，“我们的节日”等主题活动，抓住清明、“七一”、国庆等重要时间节点，引导青少年进行经典阅读，培育优秀道德品格。4月组织开展2020年度京口区新时代好少年评选活动，有12名中小学生当选，并推荐江科大附小学生凌千一参评2021年度江苏省新时代好少年，5名学生参评市新时代好少年。选送19件作品参加市“童声里的中国”少儿歌谣创作大赛。组织开展“童心向党　筑梦未来”青少年党史学习教育网上签名寄语接力行活动。推荐市实验小学申报全国文明先进校园；联合关工委筹划105个“七彩的夏日”活动项目，让青少年在潜移默化中养成好品行、好习惯。（张荣琳）

【志愿服务（志愿团队风采、重点项目、品牌活动）】 志愿服务活动水平不断提升。以“大爱镇江——京口‘十百千万’”行动为抓手，积极组织开展各类丰富多彩的志愿服务活动。每月提前规划，及时向市里报送“大爱镇江”活动项目。2021年，认真贯彻落实疫情防控工作要求，积极招募志愿者2670余人，其中社会组织志愿者724人，第一时间奔赴各社区，加强小区安全宣传、排查，织密疫情安全网，推动“敲门行动”无死角，配合全员核酸检测压力测试，助力抗疫工作高效高质完成。2021年京口区姜佩芳被评为2021年度大爱镇江年度人物，江东大妈志愿团队获得提名奖。马恒萍被评为市级“最美志愿者”。（张荣琳）

【新时代文明实践】 推进新时代文明实践站点建设。推动京口区新时代文明实践中心、所、站全覆盖建设，做到阵地建设与活动开展双管齐下。区新时代文明实践中心建设完成，各街道、社区建成8个新时代文明实践所、59个新时代文明实践站，实现新时代文明实践站点全覆盖。在文明城市创建、防台防汛、抗击疫情、党史教育等工作中，文明实践站点发挥扎根基层、贴近群众的优势，推动相关工作持续走深走实。（张荣琳）

以多元赋能促进物业管理服务水平新提升

中共京口区委书记　徐申锋

2021 年 12 月 10 日

市委提出“三高一争”奋斗指向和“创新创业福地、山水花园名城”城市定位，打造整洁、有序的“宜居城区”，提升群众居住的获得感、幸福感，是其中的应有之义。2020 年起，京口区启动实施“物业管理提升工程”三年计划，创新制定“1+6”系统性文件。在顺利完成 33 个小区试点工作的基础上，2021 年京口区又将 55 个、254.48 万平方米的各类小区纳入物业管理服务提升范围，统筹推进改造出新、基础设施优化和自治组织建设等。经过两年探索实践，京口区小区物业的党组织与群众自治组织组建率、市场化物业覆盖率、物业费收缴率和综合满意率均有效提升。

一、实施物业管理服务提升的形势与需求

从京口区实际看，京口区既是镇江的主城区，也是老城区。京口区共有各类住宅小区 267 个，面积约 1613 万平方米，其中“房龄”超 20 年的老旧小区 168 个，面积逾 450 万平方米；保障房小区 15 个，面积约 190 万平方米。受历史遗留原因与现实运营问题的叠加影响，大量小区因物业缺失，面临着设施老化、管理弱化、服务淡化等情况。“物业管理提升工程”启动前，京口区 56 个社区平均每年接收物业投诉达 5000 余件，成为矛盾较为集中的领域。

从百姓诉求看，据不完全统计，群众在市政府“12345”热线上，反映违章搭建、侵占绿化、设施破损、环境污染等物业管理服务方面问题占比基本维持在 50% 左右，是基层投诉最集中、最频繁，也是涉及面最广的一大领域。由此可见，物业问题处置的快慢和好坏，不仅直接影响群众对党委政府的认可度、满意度，也是职能部门联系群众、服务群众的有效体现和重要抓手。

从社会治理看，多年来，京口区着力发挥物业管理服务在京口区基层治理体系中的积极作用，累计组织发动近 7 万人次，参与全国人口普查、文明城市创建等任务。特别是在数轮疫情防控过程中，各类物业平台围绕信息摸排、人员管控、服务保障等扮演重要“角色”，先后协调动员 1.2 万多人次参与其中。面对当前更加复杂多样的社会治理新形势，需要进一步发挥物业管理服务的有效作用，以每个“小细胞”的活力激发提升社会治理“大整体”的运转效能，为经济社会发展增添助力。

二、实施物业管理服务提升的理念与思路

突出党建引领。京口区委将“红色物业”确立为“书记项目”，深入推行“党支部建在网格上”“党小组建在楼栋里”“物业服务纳入网格治理范畴”等举措，将党建有机融入各类物业管理服务项目，发挥党员和党组织在物业管理服务中的“红色典型”作用，强化党建对小区运转中各项难题的甄别力、破解力。同时，通过建立党组织，对物业企业进行红色改造提升，纳入城市党建格局，全面加强社区党组织对物业企业的有效领导和监管，让“红色物业”成为社区管理、基层治理的工作“臂膀”，打通服务群众的“最后一米”，朝阳门、中营等 3 个小区先后获评“省级党建引领物业管理服务示范点”。

坚持市场导向。牢固树立物业管理服务“既是大民生，也是大产业”理念，根据小区实际，实施分类推进，更加突出市场化这一重要取向。注重发挥社会资本作用，找准资本盈利和服务民生之间的平衡点，先后吸纳了景然、泽驿等 40 余家专业化企业投资参与物业体系中，促进更多小区变接受“输血”为自主“造血”，实现良性运转。对 30 余家不适

合完全推向市场的小区，由党委政府主动履职、加强“兜底”，确保有治安防范、有清扫保洁、有绿化养护、有物业维修、有停车管理的“五有”基本服务不折不扣落实到位。

发挥群众作用。把群众是否满意作为“第一标尺”。一方面，将群众的“急难愁盼”作为实施物业管理服务的着眼点，带着基层的声音、站在百姓的视角来思考问题、改进工作，接受群众的评判和打分，使工作更接地气、更顺民意。另一方面，支持群众开展自治，在保障政府治理和群众自治良性互动的基础上，稳妥有序地指导推进自治组织建设，依托群众力量，不断提升物业管理服务的透明度和实效性。目前，京口区老旧小区中自治组织建成率和组建率已超过70%。

强化部门监管。以打造“公平竞争、优胜劣汰”市场环境为目标，党委政府自觉当好“把关人”“裁判员”，针对各类物业企业，建立形成市场准入和退出机制、“黑白名单”机制等。对信誉良好、群众认可的物业企业，加大帮扶力度；对长期以来服务质量低下、群众投诉频繁的近10家物业企业，及时向社会进行通报，并在信用等级评定、项目招投标等环节予以限制。在此基础上，及时总结提炼京口区物业管理服务中的经验教训，举一反三、广而告之，促进京口区物业管理服务水平整体提升。

三、实施物业管理服务提升的方法与举措

突出分级分类。对新建住宅注重巩固提升、打造亮点，为群众提供优质物业体验，实现“从有到优”；对底子薄、管理差的老旧小区，结合整治工作，实施分级分类推进，实现“从无到有”。其中，对整治到位的，结合老旧小区的特点，发挥好已入驻物业管理公司和群众自治组织的实际效用，鼓励支持相关企业和机构建章立制、实体运作，确保在制度的框架内履职作为，并主动接受各方监督。对尚在整治的，由管理单位提前介入、充分筛选，提早引入优质物业管理平台“进入角色”、熟悉状况，从而提供更有效的管理和服务，确保“整治一片、接手一片、管好一片”。对暂未整治的，由属地街道引进托底式物业服务机构，统一提供基础性保障，让百姓享受应有服务。

突出依法依规。将法治理念贯穿于物业管理服务全过程。一方面，依法开展管理。党委政府充分发挥牵头抓总作用，调动公安、住建、城管、环保等部门执法力量，对群众反映强烈的违章搭建、乱堆乱放和破坏公共空间等问题，动真碰硬、依法依规开展各类专项整治，查处一批“负面典型”，形成一批“警示案例”，有效彰显法律的约束和规范作用。另一方面，依法化解矛盾。面对物业管理服务中的各类纠纷，综合运用民事调解、司法鉴定、法律诉讼等法治化方式来化解江山名洲、阳光城等小区的物业矛盾，坚决杜绝过度维权、恶意维权。

突出特色培育。通过特色培育，着力提高物业管理服务的实效性、精准性和普惠性。一是抓数字赋能。引导职能部门和物业公司双向发力，依托京口区数字产业基础，围绕“增强部门监管精度”“提高物业管理服务效率”“提升应急防控能力”等，以我家山水、天禧苑等小区为试点，积极探索数字赋能新路。二是抓达标争创。以“星级评定”为抓手，按照“群众代表+政府部门+专业机构”共同评议方式，对物业管理服务质量开展精准打分，确保不同小区、不同板块之间拉开档次，得到不同的资金和政策支持。三是抓开放共享。推动小区公共服务设施持续开放、实现共享，重点针对配套不足的近40家老旧小区，探索建立利益平衡机制、资源互通机制和设施整合机制，努力实现民生利益最大化。

点燃产业强区奔跑引擎　打造数字经济发展高地

中共京口区委副书记、区人民政府区长　贾敬远

2021年4月26日

京口区始终紧扣产业强区“一号战略”，牢牢把握“产业地标、创新地标、活力地标”定位，把发展数字经济作为驱动城市经济高质量发展的关键动力，全力打造“数字京口”。2020年，京口区数字经济产业增加值达203亿元，占GDP比重45%，数字经济领域相关企业1300余家。

聚焦“规划+政策”，构建数字经济发展新体系

近年来，京口区将数字经济摆在更加突出的位置，以“数字领跑·创新地标”为主题召开数字经济发展大会，重磅发布产业规划和专项政策，全力构建“发展规划+扶持政策+产业基金+营商环境”“四位一体”发展体系。

突出规划引领。紧扣上位规划，制定出台京口区数字经济产业规划，聚焦“基础、产业、生态”三个维度，主攻数字产业化、产业数字化、数字价值化、数字化治理四大方向，围绕数字产业培育、数字赋能转型、数字创新生态、数字开放合作、数字安全治理五项重点任务，实施数字互娱产业领航、数字文化产业远航等八大行动，纲举目张发展数字经济。

突出目标导向。坚持立足实际、错位发展，瞄准一流标杆，全面提升数字经济发展质量和水平。重点在产业链条打造、赋能平台建设、创新水平提升、保障能力提高上精耕细作、靶向突破，力争到2025年，京口区数字经济产业增加值达400亿元，占GDP比重达65%，建成江苏有影响、长三角有特色的数字经济产业新高地。

突出政策引导。以区产业政策“30”条为统领，出台数字经济专项政策，设立专项基金，持续完善“1+N”的政策体系。重点围绕数字经济发展规划战略部署，聚焦产业转型、基础研究、技术开发、人才引进等各个环节，在“招、落、培、强”

四个方面精准施策，着力激活企业创新动能和发展潜能。

聚焦“园区＋平台”，构筑数字经济发展新格局

近年来，京口区持续推进专业化园区、专业化平台建设，助力数字产业集群集聚发展，全面升级数字经济智慧版图。

统筹谋划“三区”布局。按照沿江带状分布的区域特点，构建空间相对聚集、功能深度耦合的“三区”布局。以中部产业园区作为主要承载地和核心地带，突出数字互娱、数据服务等优势产业，全力打造“数字产业先导区”。依托西部中心城区楼宇资源和服务业基础优势，丰富数字生活应用场景，全力打造“数字生态融合区”。依托东部先进制造业基地和北部“飞地”新民洲临港产业园，拓展数字技术与新材料、高端装备制造、木业精深加工等特色产业的融合应用，全力打造“数字智造升级区”。

全面建强专业园区。突出产业规模拓展、产业结构优化、产业层次提升，着力建设品牌特色明显的数字园区。现已形成镇江数字经济创新中心、云时代数字创新中心等一批功能定位优、管理模式新、发展潜力大的专业化数字经济园区，正积极打造大禹智谷科技产业园等新兴载体，京口区产业载体承载面积超30万平方米。

重点培育赋能平台。着力引进工业互联网研究院、智能制造产业研究院等新型研发机构和高能级创新平台，鼓励鼎胜新材等支柱企业共建企业级“云平台”，全力打造镇江市智能化改造、数字化转型的模范样板。以创新型数字企业为轴心，以数字生活服务为纽带，着力建设一批面向商贸、教育、医疗、居民服务等领域的数字创新平台，赋能传统服务业转型升级。

聚焦“龙头＋特色”，积蓄数字经济发展新动能

近年来，京口区紧紧围绕产业强区“一号战略”、项目招引“一号工程”，着力引龙头、强特色，以优质项目撑起数字经济发展的“四梁八柱”，构建“高大上＋链群配”的产业生态。

精准招引龙头企业。立足长三角“大三角”和宁镇扬“小三角”，高点定位、因地制宜，建立完善产业链研判、风险分析、科学决策、跟踪服务机制，重点招引能够带动产业集群发展的龙头企业和重大项目。去年以来，相继引进微软·云暨移动技术孵化计划、深度搜索AI标注等一批优质项目，正积极推进华为镇江数字创新中心项目落户，力争再引进数字领域龙头企业5家以上。

培育壮大特色产业。加深与微软的战略合作，赋能易乐、多游、天影影业等企业发展，集聚数字互娱企业及机构100家以上，吸引动漫游戏创新人才1000名以上，培育“京口游戏谷”品牌。依托云时代数字创新中心，打造集拍摄、制作、运营为一体的短视频内容生产基地。依托智汇科技中心、互联网创新创业中心等平台载体，加快集聚物联网、大数据、云计算等领域软件开发企业，积极培育AI数据采集与标注等基础数据服务产业集群，打造江苏省基础数据服务应用标杆。

全力拓展融合应用。大力推进数字与传统文化的跨界融合，以网络直播、短视频、影视节目为承载媒体，培育“数字＋视听内容”“数字＋文化商业”等新模式，催生符合产业升级和消费升级方向的新兴业态。积极发展智慧文旅，建设数字图书馆、数字文化馆、数字文化商圈，打造具有镇江传统文化特色的数字文化产业地标。

聚焦“要素＋服务”，夯实数字经济发展新支撑

近年来，京口区高度关注企业需求，从金融扶持、人才引培、服务保障多方面入手，全力厚植数字经济发展沃土。

强化资金扶持。年初，对照区产业政策“30”条，兑现资金1700万元，惠及企业152家。2021年，在产业发展引导基金基础上，设立总规模10亿元的数字经济专项基金，围绕数字经济创新应用、数字产业化发展、数字化基础设施建设和产业数字化转型持续加大金融扶持力度，为“数字翅膀”增添“金融羽翼”。

聚力人才引培。结合“人才镇兴”计划，升级改版区“金凤凰”计划，强化“4+2”资助扶持，在重视高层次人才引进的同时，更加关注数字经济基础性人才引培，对引进人才企业和人才个人给予社保、生活、租房等补贴。积极推进产教融合，鼓励数字经济企业与本地高校合作设立实训基地，搭建订单式人才培养通道。

提升服务效能。深入推进“城市大脑”“智慧京口”建设，着力打通数据治理通道，实现数据互联互通，通过数字化手段提升治理现代化水平。结合“镇合意”服务品牌，持续创新服务模式，拓展服务渠道，开放服务资源，深化“一网通办、一网统管、一网共享”，线下“一窗受理、分类审批、一窗出件”，实现线上集成式套餐服务，以优质一流的服务“软环境”铸就京口数字经济发展的“加速度”。

京口现代化建设进程中应重视农村集体经济发展

中共京口区委副书记　徐玉军

2021年12月18日

习近平总书记强调，“促进共同富裕，最艰巨最繁重的任务仍然在农村”；“全体人民共同富裕是一个总体概念，是对全社会而言的，不要分成城市一块、农村一块，或者东部、中部、西部地区各一块，各提各的指标，要从全局上来看”。对京口而言，经过持续共同努力，京口区已全面建成高水平小康社会。但必须清醒认识到，京口乡村面貌长期变化不大，村集体经济薄弱，农民富裕程度不高。因此，京口共同富裕的重点难点在农业农村，这块短板能不能补上，关系到京口现代化建设的成色，也关系到共同富裕的成效，应引起重视。

一、京口村集体经济发展的现状

从调研情况来看，京口区农村集体经济发展呈现出民不富、村不强的格局。左湖村、上埠村在富民强村帮促行动中被列为市领导挂钩联系的经济薄弱村。其他 3 个行政村总体情况也不容乐观，从统计数字上来看，2020 年村均集体经营性收入虽然达到 125.17 万元，但“抽丝剥茧”后的数字却很难看，这无论是与主城区的发展水平，还是与我们的心理预期相比，都有一定差距。

民不富、村不强现象的背后，是农村集体经济“造血”功能的缺失，主要原因有：一是村集体经济发展模式单一。村集体经济收入主要依靠征地拆迁和少部分集体资产出租，稳定性收入不多，经济基础较为薄弱。资产资源利用率不高，部分村集体土地、房屋等资源存在闲置或管理不善等问题，缺少整体规划，未有效利用。二是区域优势发挥不足。京口区 5 个行政村都位于城郊结合部，未能充分发挥好服务城市功能，也未能将区位优势转换成产业发展优势，比如发展休闲农业、生产性服务业、生活性服务业等。三是历史遗留问题化解不力。受区划调整、征地拆迁、村办企业改制等历史因素影响，部分村在租金催收、资产回收等方面压力较大，虽然做一些尝试和努力，但总体来说办法不多、效果不佳。四是富民强村抓发展的能力不强。村干部尤其是几个村书记任职多年，人头和情况熟，管理治理能力较强，但在开拓创新发展村集体经济上思路不宽、闯劲不足，能力欠缺。

二、发展壮大村集体经济的思路目标

农村集体经济是社会主义公有制经济在农村的主要实现形式，是农村实现共同富裕的物质基础。我们要牢牢把握农业农村现代化这个总目标，在坚持土地集体所有、尊重农民意愿、遵循市场逻辑的基础上，放大自身“区位优势、交通优势、骨干企业优势、土地资源优势、历史文化优势和干部队伍优势”等六大优势，通过发展壮大新型农村集体经济，到 2025 年，实现村均 200 万元集体经营性收入的“干货”目标，确保在共同富裕的道路上，京口的农业农村不掉队、不拖后腿。

三、推动村集体经济发展的工作路径

工作中，我们要强化“五个突出”：

1. 突出“领”的功能，提升村级党组织致富能力。办好农村的事情，关键在党，关键在加强基层党组织建设。一方面，书记要领航。老百姓经常讲，村看村，户看户，群众看干部，干部看书记。我们要认真落实“书记领航”制度，围绕乡村振兴领域重点难点问题，建立由区领导挂帅，街道、园区领导包村，“第一书记”驻点，村干部参与的攻坚小分队，既层层传导压力，级级压实责任，又通过以上率下，把各方资源和力量集聚起来，握指成拳、精准发力，形成“书记抓书记、一直抓到底”的工作格局。另一方面，组织要领路。比如，开展“集体经济发展标杆单位”创建活动，树立发展标杆，不断探索标杆引领、示范带动的村集体经济发展路径，推动集体经济不断壮大。比如，推动村集体经济发展与组织振兴深度融合、互促共进，找准致富路径，探索完善基层党组织与合作社利益联结机制，不断提升党组织发展村集体经济、领导基层治理的能力水平。

2. 突出“帮”的精准，破解村集体经济收入不平衡难题。众人拾柴火焰高。要充分发挥制度优势，凝聚各方智慧和力量，加快构建经济薄弱村发展长效机制，确保乡村振兴“一人不少、一村不落”。一是综合施策帮。围绕富民强村，要优化各类扶持政策，精准发力，在财政、土地、金融、税费、人才等方面优先保障。比如：国土部门要加强农村集体经营性建设用地入市探索；财政每年要安排专项资金支持村集体经济发展，保障每个村运转经费不少于省定标准；等等。二是部门挂钩帮。乡村振兴涉及部门多，农村工作领导小组各成员单位要结合党史学习教育和“两在两同”建新功行动，明确挂钩结对帮扶村，真正沉下去、深下去，为“三农”发展多办实事，劲往一处使，拧成一股绳，共同助力富民强村。三是联村结对帮。比如经开区可以探索建立党建共同体，打破村与村之间的界限，建立村域协同发展的“朋友圈”，由“单打独斗”向“抱团发展”转变，形成辐射效应，拓宽发展空间、降低经营风险，带动经济薄弱村共同发展。比如，左湖村特色农业丰富，精品草莓、葡萄、精品茶、经济林木等资源较多，目前规模小而散，如果整合得当，形成规模，打造都市休闲观光农业聚集区，前景也会十分广阔。

3. 突出“活”的方法，拓宽村集体经济发展渠道。一是盘活农村资源。通过实施乡村公共空间专项治理行动，一些村长期闲置的低效土地被释放出来。要重点对旧村部、废弃厂房等村集体闲置资源加以盘活利用，让“沉睡”的农村资源依法依规活起来。比如，雩北村设想利用上虞组、下虞组搬迁后荒废多年的土地资源，建成大型停车场供中储粮货车停放，预计每年可增加集体收入 20 万元。二是用活农村资产。借助省农村产权交易信息服务平台，探索建立产权交易，以产权交易带动促进农村集体资产保值增值，让村集体经济“火”起来。谏壁街道要加强中储粮地块、木材市场片区等产业项目推进，通过土地征收，增加村集体经济收入。三是搞活农村金融。主动借力“金穗行动”，深挖农村金融需求，通过建立“党建联盟”等方式，与银行签订联建协议，将银行的丰富资源和街道实践平台相结合，寻求金融机构为村集体经济组织优先提供服务，注入“源源活水”。

4. 突出“引”的质效，增强村集体经济增长后劲。一是引来产业项目。项目是“牛鼻子”，只有项目好才有产业好。这次市里提出发展村集体经济的六条路径，都涉及支持乡村产业项目。比如，在发展“项目经济”方面，谏壁街道要加快推进农产品精深加工项目，在建设中央工厂的基础上，推动土地成片流转，打造农产品规模种植基地；推进天海种植养殖项目等，整治闲置土地，建设生态育苗大棚和“百果园”，发展高质农业；积极对接现代化生态农业示范区等项目，以东京村、雩北村、雩山村上千亩农田为基础，集中连片、规模建设，推动土地利用，推进生态农业建设，发展高效农业。二是引入社会资本。坚持农内挖潜、农外拓展“两手抓”，深入推进村企联建，积极引导工商资本下乡，促进村企双方资源互补，宜农则农、宜工则工、宜商则商、宜游则游，推动乡村产业链全链条开发，不断增强农村集体经济“造血”功能。以中储粮、中林集团、恒伟供应链、新禾润世家等龙头企业为依托，积极招引产业链上下游产业，延链补链强链，提升价值链，提高核心竞争力。三是引进乡村人才。人才振兴是全面推进乡村振兴的关键和基础。中办、国办已经联合印发了《关于加快推进乡村人才振兴的意见》，提出要促进各类人才投身乡村建设，我们要加快研究出台乡村版人才“京”兴计划，健全完善乡村引才育才用才留才长效机制，让更多乡土人才助推村集体经济高质量发展。比如，可以探索支持规划师、建筑师、设计师等专业人才驻村参与支持农村集体经济发展。

5. 突出“实”的责任，保障村集体经济良性发展。千招万招，不抓落实就是虚招；千条万条，不抓落实就是白条。一是“书记抓书记、一直抓到底”。《农村工作条例》明确了各级党委的主体责任，要突出街道党工委书记“前线指战员”作用，提升村书记“头雁领航”作用，营造齐抓共管的良好局面。二是“聚成一盘棋、拧成一股绳”。发展村集体经济、推动乡村振兴不是哪一个街道、哪一个村的事，是京口区上下的共同责任，更是区委农村工作领导小组成员单位的分内事，29 家成员单位要通力办好“三农”实事，齐心协力打赢这场“大兵团作战”。三是“挑夫看肩膀、干部看担当”。干部一身汗，农民就点赞。如果我们做到对京口区 3 个省级农业龙头企业、3 个市级农业龙头企业，有什么困难就解决什么困难，5 个行政村、53 个自然村庄有什么问题就消除什么问题，1 万多农民有什么需求就回应什么需求，我们就不愁工作干不好，就不愁群众不满意。

上下同欲者胜，风雨同舟者兴，让我们在区委、区政府的坚强领导下，奋力奔跑在希望的田野上，共同干出乡村振兴的美好前途！

中共十九届六中全会精神学习体会

中共京口区委常委、区人民政府副区长　杨国平

2021 年 12 月 17 日

中共十九届六中全会是在重要历史关头召开的一次具有重大历史意义的会议。会议审议通过的《中共中央关于党的百年奋斗重大成就和历史经验的决议》，深刻揭示“过去我们为什么能够成功、未来我们怎样才能继续成功”。下面，结合近期学习，交流几个方面内容。

一个最新判断： 历次全会都会提到面临的形势、取得的成绩，但这次全会表述不同。比如，十九届三中全会表述为“面对复杂多变的国际形势、艰巨繁重的国内改革发展稳定任务”；四中全会表述为“面对国内外风险挑战明显增多的复杂局面”；五中全会表述为“面对错综复杂的国际形势、艰巨繁重的国内改革发展稳定任务特别是新冠肺炎疫情严重冲击”。而在六中全会公报中，中央对形势的最新判断是：一年来，世界百年未有之大变局和新冠肺炎疫情全球大流行交织影响，外部环境更趋复杂严峻，国内新冠肺炎疫情防控和经济社会发展各项任务极为繁重艰巨。我觉得重点是：更趋复杂严峻、极为繁重艰巨。这对我们客观认清国内外形势，把握工作节奏和重点，做好明年工作具有重大指导意义。

一个历史决议： 全会最重要的成果，是审议通过了《中共中央关于党的百年奋斗重大成就和历史经验的决议》，确立习近平同志党中央的核心、全党的核心地位，确立习近平新时代中国特色社会主义思想的指导地位，反映人民共同心愿，对新时代党和国家事业发展、对推进中华民族伟大复兴历史进程具有决定性意义。围绕《决议》交流三点思考：

一是为何此时作出《决议》。百年党史中，此前有两个关于历史问题的决议：第一个是 1945 年 4 月六届七中全会通过的《关于若干历史问题的决议》；第二个是 1981 年 6 月十一届六中全会通过的《关于建国以来党的若干历史问题的决议》。现在，距离第一个历史决议制定已经过去 76 年，距离第二个历史决议制定也已过去 40 年。40 年来，党和国家事业向前大发展，党的理论和实践也向前大发展。站在新的历史起点上，回顾过去、展望未来，对党的百年奋斗历程特别是改革开放 40 多年的奋斗历程进行全面系统的总结，既有客观需要，也具备主观条件。一是在建党百年历史条件下开启全面建设社会主义现代化国家新征程、在新时代坚持和发展中国特色社会主义的需要；二是增强“四个意识”，坚定“四个自信”，做到“两个维护”，确保全党步调一致向前进的需要；三是推进党的自我革命、提高全党斗争本领和应对风险挑战能力、永葆党的生机活力、团结带领全国各族人民为实现中华民族伟大复兴的中国梦而继续奋斗的需要。

二是《决议》有何特点。第一个特点：与前两个历史决议主要总结党的历史教训、分清历史是非不同，这次《决议》把着力点放在总结党的百年奋斗重大成就和历史经验上。第二个特点：《决议》集中全党智慧，突出中国特色社会主义新时代这个重

点，特别是着重阐释了党的十八大以来党和国家事业取得的历史性成就、发生的历史性变革，用“十个明确”对习近平新时代中国特色社会主义思想的核心内容作进一步概括。

三是如何认识和把握百年奋斗历史经验。这些经验在《决议》中总结为“十个坚持”（坚持党的领导、坚持人民至上、坚持理论创新、坚持独立自主、坚持中国道路、坚持胸怀天下、坚持开拓创新、坚持敢于斗争、坚持统一战线、坚持自我革命）。有两个特点：一是立足于把握历史大势、揭示历史规律。《决议》深刻总结我们党一百年来团结带领人民从胜利走向胜利的伟大历程；深刻总结我们党一百年来从小到大、从弱到强的成长历程；深刻总结我们党一百年来加强自身建设、推进自我革命的伟大实践。过去我们党为什么能够成功，未来怎样才能继续成功，《决议》给出了最科学、最准确的答案，这是认识这个问题的一把“金钥匙”。二是立足于统一全党思想、奋力开创未来。当今世界正经历百年未有之大变局，中华民族伟大复兴正处在关键时期，我们党在对历史的深入思考中认清历史方位、把握历史规律，教育引导全党牢牢记住中国共产党是什么、要干什么这个根本问题，教育引导全党深刻认识红色政权来之不易、新中国来之不易、中国特色社会主义来之不易，教育引导全党深刻认识全面从严治党的重要性和必要性，确保我们党始终成为中国特色社会主义事业的坚强领导核心。

新的征程上，“赶考”远未结束，我们需要深刻汲取党百年奋斗的历史经验，不断提高应对各种风险挑战的能力，埋头苦干、勇毅前行，在新时代征程上展现新气象新作为，为实现现代化新京口的美好前景作出更大努力。

最后，围绕如何贯彻落实十九届六中全会和省第十四次党代会精神，简要讲两点意见，主要是“收好官”和“开好局”两篇文章。

收好官。要拿出冲刺的劲头，落实落实再落实，决战决胜。指标方面：要冲刺目标任务，加强对重点指标和企业的运行监测，依法统计、应统尽统，做到颗粒归仓。项目建设方面：抢抓岁末最后冲刺阶段，鼓足干劲，全力以赴提高开工率、列统率、投资率；全力完成十项民生实事。企业服务方面：要继续落实减税降费政策，全力做好营商环境考核各项准备工作，力争实现“争四保五”目标。财税方面：查缺补漏，确保各项财政收入应收尽收；加强资金调度，做好年底资金安排；认真做好2022年预算编制工作，加强预算执行管理；做好化债工作，完成削峰计划。安全生产方面：要始终紧绷安全生产这根弦，深化安全隐患排查整治和闭环管理工作，将各项工作落细落小落地落实，全力抓好重点领域、关键问题和薄弱环节安全治理，齐心协力抓好各环节各领域的工作，确保京口区安全生产形势稳定。涉外疫情防控方面：深刻认识当前疫情防控的严峻形势，继续把各项常态化防控举措落实落细，做到既不松懈，也不恐慌，切实维护好涉外疫情防控成果。

开好局。2022年工作任务繁重，要提前谋划、提早布局。经济发展方面：要牢牢把握考核这个指挥棒，补足短板弱项，确保实现2022年一季度“开门红”；要深入推进产业强区“一号战略”，科学谋划2022年京口区重点产业项目、政府投资项目、民生实事项目，全面加强项目全生命周期管理，确保项目早落地、进度快、效益好；要加快推进园区整合，加大闲置资源盘活，推动优质项目资源向园区集聚。营商环境方面：要全面贯彻落实“镇合意”服务品牌工作部署要求，全面提升营商环境评价综合排名；要全面推进“放管服”改革三年行动，积极打造京口政务服务新品牌。企业服务方面：要多管齐下帮助企业降低用工成本、运营成本，帮助市场主体更加活起来。安全发展方面：时刻保持头脑清醒，深入推进安全生产三年行动专项整治，加大问题隐患整改力度，谋划落实创建安全发展示范城市。

“三个坚持”推动民营企业党史学习教育走深走实

中共京口区委常委、宣传部部长 孙国林

2021年9月30日

党的十八大以来，习近平总书记在多个场合肯定和称赞民营企业在中国经济社会发展中做出的重要贡献，民营经济已经成为推动中国发展不可或缺的力量。民营企业如何更好地推动党的建设，使其成为企业发展的方向盘、发动机、加速器？扎实推进党史学习教育入脑入心，在思想上“补钙”，在政治上“加油”，在行动上“加压”，这是民营企业时下的解答之一。

从京口区整个面上来讲，京口区民营企业党组织开展党史学习教育做到谋划早、部署快、覆盖广，一些活动开展得有声有色。我也从中得到更深的体会，主要有三点：一是优秀的民营企业，比如本土的鼎胜新材、锐海宏森、金海星等都很重视党建工作，都在认真开展党史学习教育，这是优秀民营企业的一个特质，也是我们民营企业必须要有的一个政治自觉。二是民营企业开展党史学习教育要做好融合这篇文章。对我们民营企业来说，到底要怎么学党史？关键是要做到“融合”，要把学习党的历史与学习党对促进民营经济发展的历史相结合，要把学习党的发展经验与思考企业的创业奋斗相结合，要把学习党的精神与建设企业文化相结合，从而在学习党的历史中汲取企业发展的力量。三是民营企业开展党史学习教育的成效应该体现在促进企业健康发展上，做实就是生产力，做深就是竞争力，做细就是凝聚力。对我们企业管理者来说，党史学习教育有助于提高大家的政治判断力、政治领悟力、政治执行力，确保企业发展的正确航向；对于企业员工来说，通过开展“我为群众办实事”实践活动，能更好地凝聚员工，履行社会责任，促进企业和谐发展。

民营企业作为非公有制企业的重要力量，作为改革开放的重要受益者、实践者、推动者，不但要为国家的经济建设出力，也要主动将企业的党建工作提到前所未有的高度，特别是当前，要将党史学习教育融入企业发展之中，切实学党史、悟思想、办实事、开新局。

坚持感党恩、听党话、跟党走。民营企业搞党建不是一种形式的、功利的想法，要真正拥护党的理念，做到心中有党。民营企业的发展成就是在党的领导和改革开放政策指引下取得的，自觉拥护党的领导、党的理念，做到心中有党，不仅是深入推进党的建设新的伟大工程的必然要求，也是民营企业未来实现可持续发展的现实选择。对民营企业家来说，贯彻落实习近平新时代中国特色社会主义思想，切实增强“四个意识”，坚定“四个自信”，一个重要的落脚点就是重视和支持企业党建工作。党建虽然不是经济工作，但能引领方向、提供保障、凝心聚力、提高效益，为企业发展壮大提供坚强保障，在企业健康发展中的作用不可替代。抓党建促发展，这是党建的根本原则，也是根本要求。新时代加强民营企业党建既有利于民营企业党组织贯彻落实党的路线方针政策，引导和监督企业遵守国家的法律法规，从政商两端发力正确处理“亲”与“清”关系，构建新型政商关系；也有利于民营企业充分发挥党组织对企业职工的教育引导、团结凝聚、鼓励促进、关心扶助的功能作用，以更加主动灵活的方式破解职工难题、维护职工合法利益、激发创新发展活力。此外，企业党建工作要做得好，首要前提是企业家的认识要到位，不把搞党建作为一种形式的、功利的想法，要从更高层面、更深层次充分认识党建工作的重要性，从思想认识上和具体行动上重视支持企业党建工作。党员企业家要亲力亲为抓党建，带头参与组织活动，发挥模范带头作用，切实把党的政治优势、组织优势转化为企业的发展优势。

坚持心怀“国之大者”。民营经济是我国经济制度的内在要素，是国民经济增长的重要组成部分。国家支持民营经济发展的方针政策没有变，现在没有改变，将来也不会改变！没有国家的和谐稳定就没有企业的繁荣发展，民营企业在其高质量发展、取得良好经济效益的同时，更加要坚定秉持家国情，把企业前途和国家发展紧密联系起来，着力承担起更大的使命与责任。既不能一味逃避责任，畏于奉献，也不应驰于空想、鹜于虚声，应充分结合企业实情、实况，量力而行，尽力而为，积极广泛地参与各类社会援助、社会帮扶，运用党史学习教育的成果丰富实践、推动发展。要从党的百年伟大奋斗历程中汲取继续前进的智慧和力量，通过学习党的苦难辉煌历史，结合总结企业自身的成功经验与失败教训，从危机中育先机，于变局中开新局；要树立大历史观，心怀“国之大者”，切实增强工作的系统性、预见性、创造性，紧紧围绕立足新发展阶段、贯彻新发展理念、构建新发展格局来谋划和推进企业发展。

坚持为企业发展充分“塑魂”和“赋能”。民营企业党组织要把握正确导向、创新方式方法、坚持统筹兼顾，通过党史和“四史”学习教育，引导企业党员和群众明确学习目标、厘清学习路径、找准学习抓手，使党史学习教育取得应有实效。要坚持统筹推进，把党史学习教育同巩固深化“不忘初心、牢记使命”主题教育成果结合起来，与企业发展结合起来，坚持高标准严要求，有力有序、有条不紊推进各项工作，引导广大党员在深入学习中不断激发干事创业的精气神。要围绕关键环节，开展好集中学习、研讨和参观学习活动，认真召开专题民主生活会和组织生活会，大力开展“我为群众办实事”实践活动，积极参与“两在两同”建新功行动，切实为社会解决困难事，帮群众解决烦心事。要坚持因地制宜，把党史学习教育同推动企业当前工作紧密结合起来，立足实际、学用结合、守正创新，努力把学习成效转化为工作动力和工作实绩，确保高标准、高质量完成各项任务。要力戒形式主义，坚持问题导向、效果导向，围绕坚持底线思维，增强忧患意识，着力防范化解重大风险等，注重从党的历史中深刻理解百年大党兴党强党的密码，找寻防范和化解重大风险的智慧和方法，汲取并传承好这个历史经验，不断推进企业提质增效稳增长。

回望百年征程，砥砺奋进前行

中共京口区委常委、政法委书记　郑兆巍

2021 年 7 月 2 日

述往思来，向史而新。百年党史中蕴藏无数的智慧、力量和精神。中国共产党在国家民族内忧外患中诞生，在长征中跋涉转折，在十四年抗战中浴血成长，在社会主义革命、建设、改革中壮大成熟。百年历程，百年辉煌。“认真回顾走过的路，不能忘记来时的路，继续走好前行的路。”作为一名党员干部，深入学习百年党史，就是要汲取奋进力量，践行初心使命，为开启现代化建设新征程努力奋斗。

一、站位决定方位，筑牢政治忠诚底色

党员干部只有站得高，才能望

得远；只有站得直，才能行得正；只有站得稳，才能顶得住。提高政治站位，即提高“政治判断力、政治领悟力、政治执行力”，不仅是对党员干部的基本要求，更是衡量一名党员干部是否合格的标准。如何提高政治站位？关键是在实践中锤炼。习近平总书记常讲“知行合一”，提高“政治三力”的关键点就在于“学思·力行”，“学思”就是要把学习和思考结合起来，“力行”就是要把理论和实践结合起来，“学思·力行”就是知行合一。提高“政治三力”，关键在于剔除个人的私欲，激发出全心全意为人民服务的良知。对党员干部来讲，政治素质过硬是前提，要做到始终对党绝对忠诚、纯洁、可靠。一要提高政治判断力，做到绝对忠诚。党员干部要学会从政治角度上看待问题，牢牢站稳政治立场，坚决把准政治方向，持续增强政治定力，时刻锤炼政治品格，始终铭记党员身份，牢记入党誓言，坚决扛起政治责任，做政治上的明白人。二要提高政治领悟力，做到绝对纯洁。党员干部要学深悟透做实习近平新时代中国特色社会主义思想，不断增强“四个意识”、坚定“四个自信”、做到“两个维护”，严格执行中央八项规定和各项廉洁自律规定，做一名党和人民信得过、靠得住、能放心的共产党员。三要提高政治执行力，做到绝对可靠。党员干部要在思想上政治上行动上同以习近平同志为核心的党中央保持高度一致，更好地把工作的政治性与业务性结合起来，坚决响应党中央的号召，确保中央和省市区委决策部署落地生根。

二、格局决定结局，践行以人民为中心的理念

江山就是人民，人民就是江山。短短一句话，字字千钧重，浅显易懂地表明马克思主义政党的人民立场，反映中国共产党“全心全意为人民服务”的初心使命。党员干部要把以人民为中心作为根本立场，党员就是服务，服务是对干部的基本要求。

如何提升服务群众能力？有三个“关键词”，一是“真正尊重”。党员干部要改变管与被管的对立思维，摒弃官本位思想，思想上尊重群众；要从情感深处与广大人民群众打成一片，真正把自己与广大人民群众放在同等位置上，做到情感上真诚，赢得广大人民群众的尊重和信赖。二是“主动担责”。要不断增强群众法治意识，广泛加强法治宣传教育，进一步畅通群众“急难愁盼”申诉渠道，切实维护人民群众的合法权益；增强群众反诈意识，大力宣传电信网络诈骗的严重性和危害性，不断提高群众的风险防范意识；增强群众自治意识，大力宣传“枫桥经验”，教育引导群众树立“治理创新、回归自治”的意识；广泛发动人民群众，实现广大人民群众自我管理、自我服务、自我教育、自我监督、自我完善。三是“用心服务”。要始终坚持以人民群众满意不满意、答应不答应、高兴不高兴为评判标准。时代是出卷人，我们是答卷人，人民是阅卷人。新媒体时代，负面舆情容易爆发泛滥，会导致群众思想上形成一些疙瘩难以解开。要加大政策宣传力度，让各项政策真正走进老百姓的心坎，用心用情帮群众解开心头疙瘩，化解心中疑惑；持续开门搞整顿，紧盯政法系统存在的顽瘴痼疾问题建章立制，做到常治长效，切实增强人民群众的获得感、幸福感、安全感。

三、作风决定作为，扛起自我革新的使命

勇于自我革命，全面从严管党治警，是中国共产党最鲜明的品格，也是中国共产党最大的优势。从我们党由弱小到强大，靠的就是严明的纪律和规矩，否则，中国共产党早就在大革命时期白色恐怖中消亡。新时代政法队伍要把坚持党的绝对领导作为首要原则，把绝对忠诚、纯洁、可靠作为政治标准，严明政治纪律和政治规矩，持续推进作风整治。“没有规矩不成方圆”，要坚持做到“有令必行，有禁必止”，使各项规章制度成为全面从严管党治警带电的“高压线”。2021年以来，按照党中央的部署，政法系统发扬自我革命精神，扎实开展政法队伍教育整顿，以坚决的态度、务实的作风、有力的措施，坚决清除害群之马、整治顽瘴痼疾，打了一场刀刃向内正风肃纪的攻坚战，取得阶段性的成效。回望百年征程，践行伟大建党精神。一百年来，我们党一次又一次勇敢地拿起手术刀革除自己的病症，一次又一次依靠全党同志解决自身问题，充分证明中国共产党不愧为伟大、光荣、正确的马克思主义政党；充分说明中国共产党为什么能，中国特色社会主义为什么好，归根到底是马克思主义行！

回顾历史是为了更准地把握规律，更好地谋划发展。新征程使命重大，需要新思想引领新时代。作为新时代的政法干部，要以习近平新时代中国特色社会主义思想为行动指南，初心不改、矢志不渝，立足新发展阶段，构建新发展格局，贯彻新发展理念，深入落实习近平法治思想，坚决担负起平安建设、法治建设的重任，推进政法工作高质量发展取得更辉煌的成绩！

凝侨心 汇侨智 聚侨力 做实侨务建新功

中共京口区委常委、统战部部长、区政协党组副书记 陈 静

2021年10月26日

改革开放后，侨务资源成为地方发展的优势资源，极大地增强区域社会经济的发展潜力。“海外关系”是争取资源的“独特机遇”，是开拓经济的“独有优势”，侨务资源的调研及开发利用是国际竞争和经

济发展的必然要求。海外侨胞和归侨侨眷是现代化建设的支持参与者和热心支持者，做好京口侨情调研既是开发和利用海外资源信息的必要步骤，也是做实侨务工作建新功的时代要求。

一、侨情现状及变化特点

京口区共有归侨、侨眷1600多人，其中老归侨18人，有困难的3户。

（一）老归侨总体呈现以下特点

1.分布相对集中。京口区老归侨共有18人，89%为东南亚国家归侨，其中7人为印尼归侨，4人为马来西亚归侨。主要居住在正东路街道、健康路街道、大市口街道和四牌楼街道，居住地相对集中。

2.归国时间较早。20世纪50年代，刚刚成立不久的新中国百废待兴。为了推动生产力的发展，国家实施第一个五年计划、三大改造、人民公社化运动等一系列建设举措。72%的老归侨选择在这一时期回到祖国，投身于祖国的建设。

3.从事职业多样。老归侨技术上有水平、经济上有实力、学术上有造诣，有相当一部分曾在各自的领域担任要职。他们中有的曾在电厂、船厂、汽车厂担任技工，有的曾在政协、侨联任职，有的曾在江苏大学、江苏科技大学担任教职人员。

（二）新侨变化特点

进入21世纪以来，随着中国经济实力的增强及国际影响力的提升，经济全球化和科学技术的发展，以及海外华侨华人社会的发展，侨情出现许多新情况、新变化。

1.海外华侨华人年轻化趋势日益明显。随着改革开放的不断深入，出国留学、经商、务工的人员特别是新一代华侨华人及其眷属的数量剧增。新一代华侨华人以海外留学生为主，出国前大多是高等院校的青年学生，海外求学深造后大部分留在国外发展，成为当地的高新技术人才。随着时间的推移，老华侨华人逐渐减少，新华侨华人已成为侨胞的主体，整体呈现年轻化趋势。

2.华侨华人创新创业实力进一步增强。一方面，掌握经济、科技实力的新华侨华人和华裔新生代逐步成为华侨、华人社会的主体，逐步从传统的餐饮业、服装和皮革加工业，向食品加工与批发、进出口贸易、超级市场等行业开拓，也逐渐向电子信息技术、能源等高科技领域进军；另一方面，归侨侨眷和留学人员眷属在国内的政治社会地位不断提高，建设家乡与参政议政积极性和影响力逐渐提升。因此，做好华侨华人思想政治引领工作，全面发挥侨务优势，服务经济社会发展时不我待。

3.海外高层次人才回国发展意愿强烈。国家经济实力的快速发展、城市化水平的有效提升、产业发展平台的有力拓展、人才扶持政策的大力完善，为海外高层次人才回国创新创业营造良好的环境，也为他们提供更多发展机遇和展示平台，海外侨胞、港澳同胞积极回乡投资兴业，投入市场经济的意愿明显增强。

4.海外留学人员数量不断增多。据教育部网站消息，2019年度中国出国留学人员总数为70.35万人，较上一年度增加4.14万人，增长6.25%；各类留学回国人员总数为58.03万人，较上一年度增加6.09万人，增长11.73%。1978至2019年度，各类出国留学人员累计达656.06万人，其中165.62万人正在国外进行相关阶段的学习或研究；490.44万人已完成学业，423.17万人在完成学业后选择回国发展，占已完成学业群体的86.28%。海外留学生留学目的地范围也在不断扩大，由最初集中在美国、加拿大、英国、日本等国迅速扩展到全球100多个国家和地区，目的地国家逐步从先进发达国家向中等发达国家甚至发展中国家延伸。要以“支持留学、鼓励回国、来去自由、发挥作用”新时代留学工作方针为指引，积极应对新冠疫情影响，不断创新服务模式，提高服务水平和质量，支持留学人员回国服务，鼓励他们成为大众创业、万众创新的生力军。

二、经验做法和存在问题

社区是城市的细胞，是开展为侨服务工作的基本单元，社区侨务工作是新时期侨务工作在基层的延伸和拓展，是凝侨心、汇侨智、聚侨力的重要载体。以四牌楼街道阳光世纪花园社区为例，对社区侨务工作开展情况进行深入调研。阳光世纪花园社区现有华侨56人（其中归侨15人）、侨眷151人、留学生258人（其中归国留学生83人，国外留学生175名），主要分布在美国、欧洲、日本、澳大利亚等多个国家和地区，是全国社区侨务工作示范单位、全国侨务系统“五五普法”侨法宣传角和江苏省侨务系统“五五普法”示范单位，在侨务工作方面积累实践经验，取得了显著成效。

为侨服务基础进一步夯实。组织有力，成立侨务工作领导小组，社区网格长兼侨务联络员，建立网格微信群，构建横向到边、纵向到底的社区侨务工作格局。针对侨务工作，社区制定工作制度、规划和方案。基础扎实，建立工作台账，注重收集侨情基础资料，建立完善侨胞、侨眷、留学生等名册，及时掌握侨情。保障到位，建立同心议事厅、侨务工作室、侨情联络站、侨属联谊会和侨艺坊、同德堂和归巢等阵地，改造社区梧桐苑老办公楼，建立京江印社阳光分社和日间照料中心，定期组织侨界人士开展学习、培训和联谊活动。

为侨服务机制进一步完善。建立三项机制，坚持学习制度，每月集中学习一次，学习有关侨务政策、法律法规、业务知识、卫生常识等，使工作队伍懂侨务政策法规、了解侨情、熟悉业务。坚持来访接待工作制度，热情接待来访的华侨港澳同胞和侨眷侨属，听侨声、询侨情，对他们提出的要求和问题，做到件件有登记、事事有答复。坚持上门探访制度，定期到侨眷家中走访慰问，了解侨眷困难，倾听侨眷心声。

为侨服务方式进一步创新。社区精准对接侨界人士需求，创新“七色服务”清单，提升为侨服务活力。建立红色连心“侨”，加强与侨界人士的交流和沟通，通过粽情端午联欢会、与党同庆生、欢乐金秋邻里节、歌唱伟大祖国·舞出幸福生活等活动，以歌会友、共叙友情、同赞党恩。搭建侨法宣传

“侨”，创新“三官一律进社区”侨法宣传方式，以专题讲座、侨法咨询等形式，开展侨务法规政策宣传，营造知侨法、凝侨心、护侨益、聚侨力和谐氛围。架好健康关爱“侨”，“侨爱工程——送温暖医疗队”定期开展送健康、送义诊等服务，为老归侨建立健康档案，免费赠送《镇江市老归侨看病就医服务证》，开通就医绿色通道。搭建便民服务“侨”，心系侨声，记好网格“侨情日记”，广泛收集侨属的建议和意见，先后解决了海绵城市社区项目工程，苑区外围绿化、路灯、保洁移交市政管理，修缮苑区破损道路，观江路北延工程，社区道路规范命名等为侨服务重大事项，小区环境焕然一新。

为侨服务成效进一步彰显。积极开展各类为侨服务活动，鼓励侨界人士为社区建设和社区发展建言献策，在社区上下形成共建、共治、共享的良好氛围。同时积极引导新侨和留学生归属意识，积极参与国家社会发展，先后涌现出侨属展万祥捐资600多万元建设古城公园，归国留学生、共产党员任赜宇回国报效祖国，侨眷侨属助力疫情防控等一批典型事例。

实践中，我们不断放大阳光世纪花园社区侨务工作成果，以点带面取得侨务工作新成效。但面临新时代侨务工作新情况、新特点、新变化，工作中还存在一些问题和不足：对京口区侨情新底数掌握不够清晰；为侨服务不够精准全面；服务中心大局成效不够明显；等等。

三、解决措施及对策建议

（一）当好调查员，及时掌握侨情动态

海外侨胞工作变动、居住地变更等原因，导致原有侨情信息不能真实地反映侨情变化情况。一方面开展侨情动态大摸排。深入细致开展侨情调查统计工作，摸清京口归侨侨眷、海外侨胞的分布、从业情况等基本信息，加强对新侨、侨商、侨企等信息的收集、更新和管理，增强侨情信息资源的准确性、时效性和实用性，做到底数清、情况明，建立侨情动态数据库和海外侨商资料库，及时全面掌握京口区侨情基本情况。另一方面建立完善沟通联系机制。建立定期联系机制，紧密跟踪，了解海外侨胞和留学生的学习、工作情况，及时掌握他们的创业就业打算，及时了解眷属、留学生及其亲属的相关信息。通过涉侨会议、接待侨商、调查走访、外出招商等活动，广交朋友，为京口的经济社会发展储备海外人才。

（二）当好服务员，打通服务“最后一米”

为更加精准全面地开展为侨服务，定期组织开展“侨界座谈会”、侨情分析会等活动，倾听侨界呼声，了解侨界困难，始终做到“侨有所呼、我有所应”，建立“五个服务”机制，不断拓宽为侨服务领域，提升为侨服务质效，增强侨界人士幸福感和归属感。做好“侨·法律”服务，不断完善京口区涉侨法律维权服务机制，加大侨法宣传力度，切实维护侨益。做好“侨·健康”服务，成立“为侨服务工作组”，建立服务机制，形成服务清单，定期“出诊会诊”，为老归侨建立健康档案、开通就医绿色通道，同时吸引更多的新侨到京口创新创业。做好“侨·爱心”服务，定期走访慰问困难归侨侨眷，开展“送温暖、献爱心”“暖侨关爱送医进社区义诊”等志愿服务活动，营造“爱侨”“护侨”良好社会氛围。做好“侨·文化”服务，在侨界人士中弘扬传统文化、红色文化和历史文化，以社会主义核心价值观为指引，以中华民族传统文化为教育底色，在华人华侨中薪传民族文化、促进中外文化交流，增强华侨华人对中华文化的自信心和自豪感。做好“侨·政策”服务，一方面为新侨提供政策辅导、职业规划、创业孵化等全面服务，建立“留学报国人才库”，培育更多外交生力军，增强京口开放型经济发展动力；另一方面充分发挥“新联会”、“留学人员亲属协会”、异地企业商会、台商同胞投资企业协会等平台作用，实现高校、人才、企业三方互动，吸引更多的海外留学生回乡创业发展，同时，让更多在镇高校外国留学生留镇发展。调研归国留学人员创业企业，问需于侨，开辟“侨务直通车”，及时发布惠企政策，提供全方位的政策咨询和指导服务。

（三）当好宣传员，充分汇侨智聚侨力

创新宣传凝侨心，加大对新侨回乡投资兴业、回报家乡建设典型人物和先进事迹的宣传，提高知名度，扩大影响力，利用其在国内外的亲缘、业缘等人脉关系，鼓励更多的华侨华人和海外留学生回到京口发展。要准确把握新侨需求，通过形式多样的活动载体，搭建更加切实有效的服务平台，使新侨能够凝聚在组织周围，形成推动京口加速奔跑的侨界合力。同心议事汇侨智，通过“同心议事堂”等同心阵地，引导侨界人士主动发侨声、献侨智，发挥他们在地缘、血缘、亲缘和文脉上的优势，积极参与社区治理，听取他们对社区建设和社会民生等方面意见，鼓励侨界人士为经济社会发展建诤言、谋良策，助推京口发展。发挥优势聚侨力，注重加强与海外华侨华人的沟通联系，厚植家国情怀，激发他们热爱家乡、建设家乡的热情，引领侨界人士进一步发挥优势，主动宣传京口、推介京口，为促进侨商回家、人才回归、资金回流做出更大贡献，成为京口海外“招商员”。着力打造内外互动、线上线下联动的为侨服务网上阵地，通过“云会话”“云牵头”等线上活动，让海外华侨华人感受到家乡的温暖，主动讲好京口故事、传递京口声音，成为京口海外“代言人”。

习近平总书记关于侨务工作的重要论述是新时期做好侨务工作的基本遵循，始终把握侨务工作16字方针，和侨界人士想在一起、干在一起，更好凝聚侨心、汇聚侨智、发挥侨力，推进为侨服务工作扎实开展、走深走实。

关于开展“纪检监察铁军建设”的实践与思考

中共京口区委常委、区纪委书记、区监委代理主任　张旭彬

2021 年 11 月 30 日

党的十八大以来，习近平总书记多次就纪检监察干部队伍建设提出明确而具体的要求。在中央纪委五次全会上，习近平总书记强调，纪检监察机关要“努力建设一支政治素质高、忠诚干净担当、专业化能力强、敢于善于斗争的纪检监察铁军”，总结并升华以往纪检监察干部队伍建设的规律，指明努力方向。2021 年以来，京口区纪委监委深入开展“纪检监察铁军建设”，以自我革命的精神、刀刃向内的勇气、动真碰硬的作风和迎接更大挑战的使命担当，着力锻造一支具有“铁一般信仰、铁一般信念、铁一般纪律、铁一般担当”的纪检监察铁军。

一、重要意义

深入开展“纪检监察铁军建设”，主要基于四方面考虑。

*一是形势与任务的发展需要。*党的十九届六中全会通过的《决议》突出新时代奋斗历程，勇于自我革命、全面从严治党是贯穿其中的鲜明特征。党的十八大以来，全面从严治党取得举世公认的历史性成就，从“打铁还需自身硬”到“打铁必须自身硬”，代表着习近平总书记和党中央全面从严治党的态度不变、决心不减、尺度不松。踏上新的赶考之路，我们仍然面临可以预料和难以预料的各种风险挑战。深入开展“纪检监察铁军建设”，能够推动纪检监察机关更好承担起党风廉政建设和反腐败斗争的重大政治任务，将党建设得更加坚强有力，推动中国特色社会主义事业行稳致远。

*二是权利与义务的对等要求。*随着纪检监察体制改革持续深入推进，《中华人民共和国监察法》《中华人民共和国监察官法》等法律法规在赋予纪检监察机关履行监督调查处置职责的权力和手段的同时，也要求纪检监察干部承担同等甚至更大的责任。深入开展“纪检监察铁军建设”，能够不断提高纪检监察干部监督办案水平，真正用好党和人民赋予的权力，不辜负党和人民的期望。

*三是自律与他律的辩证关系。*习近平总书记强调，“纪检监察机关要接受最严格的约束和监督”。纪检监察干部是“治吏之吏”，手握“治权之权”，受到各方面的审视和监督，必须在自我约束上严之又严、在权力行使上慎之又慎。深入开展“纪检监察铁军建设”，能够让纪检监察干部将更严的纪律、更高的水平当作自我追求，自觉砥砺忠诚干净担当的政治本色。

*四是成长与成才的价值追求。*有为才有位。随着经济社会发展，干部追求更加多元，年轻干部对实现自身价值、自我成长尤其关注。深入开展“纪检监察铁军建设”，能够让纪检监察干部扬优势、补短板、干成事，进一步赢得组织信任、群众肯定，拥有更宽广的发展舞台。

二、主要做法

2021 年 9 月 1 日，京口区纪委监委召开“纪检监察铁军建设誓师大会”，向京口区纪检监察干部发出“重整行装再出发”的动员令，开启“纪检监察铁军建设”新的赶考之路。

*一是旗帜鲜明讲政治。*从政治定位、政治担当、政治立场、政治定力、政治要求五个方面制定《京口区纪检监察“铁军准则”》，举行铁军宣誓仪式，要求纪检监察干部牢记“五个始终”，做到“五个坚决”。将贯彻落实“铁军准则”作为讲政治的重要检验标准，制发《“铁军准则”实践手册》，遵循注重实绩、客观公正、简便易行的原则，开展每季度干部自我评价、每半年分管领导评鉴和每年度组织考核评定。

*二是上下同欲齐心干。*坚持“纪检监察铁军建设”从纪委监委领导班子做起，从纪委委员做起。区纪委书记直接挂帅，班子成员分工负责；机关各室培育典型、跟进督查、合力推进；办公室广泛宣传，营造氛围，形成声势，产生影响；街道（园区）、企事业单位纪检组织结合实际制定实施意见，将工作推进到基层一线；退出领导岗位的干部发挥经验优势，协助做好年轻干部思想政治教育工作。

*三是真抓实干见成效。*以“百名纪检监察干部进社区（村）”为抓手，开展“我为群众送温暖”“我为群众讲廉政”“我为群众解难题”三项工作，京口区纪检监察干部下沉 61 个社区（村），走访慰问重点家庭 1000 余户，收集社情民意 220 多件，开展专题纪法宣讲 28 场，领办解决难题 36 件，不断提高实践能力。举办“清风大讲堂”3 期，建设“书香机关”和机关廉政文化阵地，不断丰富干部精神文化生活。大力推进实战练兵，组织参加省市区各类培训 356 人次，选派 13 名干部参与省市纪委监委专案和巡视巡察、32 名干部参与京口区审查调查和区委巡察，干部监督办案水平得到进一步提升。

三、下一步打算

为推动“纪检监察铁军建设”形成实效、建成品牌，将继续做好以下五个方面工作。

*一是铸就铁军意志。*在京口区纪检监察系统开展“政治判断力、政治领悟力、政治执行力”提升行动，开展“政治三力”大讨论，举办学习分享会、主题征文、演讲比赛等活动，定期举行“铁军宣誓”仪式，在京口区纪检监察系统“造成一个又有集中又有民主，又有纪律又有自由，又有统一意志又有个人心情舒畅、生动活泼的那样一种政治局面”。

*二是锻造铁军本领。*举办“铁军讲习所”，组织“铁军训练营”，每年举办 1~2 期集中业务培训、技能比武、驻军训练，每月举办 1 期“清风大讲堂”，邀请国内专家学者专题授课。建设“书香机关”，进一步营造浓厚的读书氛围，鼓励干部时刻学习、终身学习、不被事务主义束缚。

实施“铁案工程”，建立“一案一评查”“一案一反馈”“一案一整改”的一体推进案件质量提升工作机制，推动案件查办、案件审理提质增效。

三是提升铁军形象。开展全系统纪检监察干部形象大讨论，展现纪检监察干部谦和、严谨、正直、阳光的新时代风采，提升纪检监察干部在全社会的美誉度。持续推进“纪委监委开放日”活动，邀请京口区党员干部走进纪委监委大门、了解纪委监委职责、支持纪委监委工作。聘请“百名党风政风监督员”，做好纪委监委名副其实的宣传员、信息员、监督员。

四是强化铁军宗旨。坚持“纪检监察为人民”的工作理念，将“百名纪检监察干部进社区（村）”这一活动贯穿新一届纪委工作全过程，“一年一主题、一年一特色”，健全为民服务解难题的长效机制。大力推进“孝廉京口”建设，开展“举孝廉”活动，推选“孝顺之人、廉洁之士”，组织文艺汇演，举行表彰大会，扩大舆论宣传，引发群众共鸣和广泛参与，讲好全面从严治党“京口故事”。

五是推广铁军经验。每年底召开铁军建设总结表彰大会，制作铁军建设纪实短片，总结阶段性成果。评选一批监督先锋、办案先锋、巡察先锋和铁军标兵等先进典型，营造见贤思齐、比学赶超的良好氛围。及时总结先进经验并在镇江市、京口区推广，打造队伍建设样板，引导干部队伍健康发展。

四、实践启示

回顾开展“纪检监察铁军建设”的实践探索，得到三点启示：

一是“铁军建设”的首要要求是对党忠诚。党的领导是我们事业的核心力量。纪检监察机关作为党内“纪律部队”，是专司党内监督和国家监察的“刀把子”，首要的就是坚持对党忠诚，坚决担负起“两个维护”的重大政治责任。我们召开“誓师大会”，印发“铁军准则”，举行“铁军宣誓”仪式，进一步坚定纪检监察干部的理想信念。实践证明，纪检监察干部只有坚持对党忠诚，才能做到表里如一、知行合一，才能成为党和人民信任的钢铁战士。

二是“铁军建设”的价值取向是实现人民利益。打江山、守江山，守的是人民的心。我们通过开展“百名纪检监察干部进社区（村）”活动，解民忧、纾民困、暖民心，进一步赢得群众信任。实践证明，只有坚持人民立场、人民至上，顺应群众期盼、回应社会关切，才能让群众获得感成色更足、幸福感更可持续、安全感更有保障，真正赢得民心。

三是“铁军建设”的成效体现在干部队伍全面过硬。我们通过系列培训，对干部标准要更高，限制要更紧，监管要更严，培育一批骨干力量。实践证明，只有自身正、自身净、自身硬，才能担当重任、不辱使命，必须以严要求诠释关心，用严约束诠释厚爱，千锤百炼打造党和人民的忠诚卫士、钢铁战士。

“小物管”牵动“大民生”

中共京口区委常委、组织部部长 周永祥

2021 年 10 月 18 日

京口区深入推进“红色物业”，实现基层党建、物业管理服务和社会治理的“同频共振”，解决一批群众急难愁盼的突出问题，织就治理体系顺美、环境整洁优美、服务优质馨美、安全稳定和美、居民生活甜美的“红色五线谱”，唱响党建让小区生活更美好的时代强音。

一、主要做法

聚力党建引领精诚团结，彰显组织形象美。紧紧扭住“三个着力”，把强化党的领导贯穿“红色物业”实践的全过程。“两个覆盖”有形有效。京口区 26 个有党员的物业服务企业 100% 建立党组织，选派 37 名党建指导员，成立“4+N”为主体的功能型党支部 25 家。选人用人有章有法。落实“双向进入、交叉任职”机制。34 名物业服务企业、业委会（物管会）成员与社区“两委”实现交叉任职；新成立业委会（物管会）成员中党员占比 80%，另有 108 名社区（小区）党员任物业服务督导员。融合管理有声有色。设计《京口区“红色物业”“3 类 18 条”标准》，制定《京口区居民小区党组织 10 条职责》，引导老旧小区、保障性小区、市场化小区等 3 类小区和社区、物业服务企业、居民自治 3 类组织做好“红色物业”助力精美京口建设中的 18 道“必答题”。

聚力小区环境精雕细刻，彰显居住环境美。注重从居民身边点滴小处入手，渐进优化小区居民的人居环境。建立小区环境问题反馈机制。推广网格走访“五星”服务模式，开展安全巡逻 3258 次；设置服务评价箱、民情箱 123 个，收集物业管理服务中存在的问题，及时反馈给物业服务企业，共同研究解决。探索将物业服务企业党员队伍比例、党建工作情况，作为企业信用评级、行业评比、物业项目招投标的重要依据。增强小区环境建设合力。建立区委书记、区长任双召集人，20 个部门单位共同参与的物业管理联系会议，召集近 20 次会议，统筹协调和研究部署京口区物业管理提升工作，形成党建引领物业管理服务水平提升的强劲合力；开展社区党组织领导下的居民自治，凝练孟家园“3366”工作法、卜美琴矛盾分级化解法等工作品牌；完善“街社吹哨、部门报到”制度，督促区级机关部门各司其职、各展所长，下力整治小区治理中的难点问题。

聚力治理服务精益求精，彰显群众生活美。树牢“红色物业”便民、利民、惠民工作导向，努力把治理服务工作做细做精。一方面，不断激发治理活力。把物业服务纳入网格治理范畴，共建成61个社区(村)党群服务中心、442个楼栋党小组、391个党员中心户和39个网格党群服务站，为网格党支部、物业党支部、楼栋党小组和小区居民党员开展活动提供场所。打造36家居家养老服务中心，建成125个“口袋公园”，增设体育健身设施72套，加强111.6万平方米的小区绿化管护，小区环境不断提升。另一方面，不断深化小区自治管理。推进完善小区居民自治机制，成立“红色物业”联盟、梦溪街坊议事会等44个居民自治组织，在老旧小区推广“四式”服务，老旧小区自治组织覆盖率达100%。

二、实践成效

一是组织覆盖面更宽广。物业管理服务行业党委、业委会(物管会)党组织、物业服务企业党组织、“4+N”为主体的功能型党支部，不断壮大，充分吸收各方力量，扩大“红色物业”的“同心圆”、“朋友圈”。“社区党委(总支)—网格党支部—楼栋党小组—党员中心户”的四级组织体系健全完善，“党委抓牢支部、支部严管党员、党员带动群众”机制成效显著；在社区党组织领导下，在政治引领、统筹协调、民主自治、民生服务等方面发挥积极作用，切实把党的意图转化为基层治理的实际举措和党员群众的自觉行动，我家山水小区“三 jia”、朝阳门小区“朝夕相伴一家亲，阳光物业暖人心”、谏电二郇小区“‘电’亮民心”等小区物管品牌知名度进一步打响。

二是网格化治理更精细。强化党建引领，将党支部和党小组建在网格，把物业服务纳入网格治理范畴，京口区295个综合网格实现党支部全覆盖。建成集党建活动、民主议事、便民服务、矛盾调处和文化娱乐等多位一体的网格党群服务站39个，为网格党支部、楼栋党小组和小区居民党员开展活动提供场所。居家养老服务中心、“口袋公园”、“红色物业”便民服务站(点)等为小区居民提供便民优质服务。用好网格化管理例会制度和党群议事制度等，调解邻里纠纷581起，及时收集群众反映的问题，协助解决路灯不亮、排水不畅、落水管脱落等居民操心事、烦心事、揪心事1870余件。

三是制度化保障更有效。制定分级管理机制、物业管理矛盾投诉调解机制、投入保障机制、考核奖惩机制、“条块联动、齐抓共管”机制、分类管理机制、物业企业管理机制、业主大会和业委会监督机制、“四位一体”物业管理工作联动机制、综合执法机制、物业服务收费保障机制、物业企业政策扶持机制、示范带动机制、物业职业化队伍建设机制、坚持党建引领加强组织领导机制等15条京口“红色物业”机制“矩阵”。创新物业管理考核机制，发挥考核“指挥棒”作用，印发《京口区“京彩”物业提升工程政策性激励办法(试行)》等，科学实行三级差异化考核制，对老旧小区物业确定4方面13条考核标准，对新建商品房住宅小区物业确定4方面14条考核标准，对保障性住宅小区物业确定4方面14条考核标准，突出正向激励，从源头调动物业企业积极性。

四是反馈社会成效更明显。在新冠疫情防控阻击战中，社区党组织、物业服务企业、居民自治组织同心同向、共战“疫”线，“三驾马车”协同运转，参与疫情防控阻击战共计11468人次，坚决守住社区防疫阵地。作为国家第七次人口普查领导小组办公室选中的全国唯一综合试点单位，将“红色物业”与“七人普”试点工作有机融合，形成“党建引领‘七人普’，‘三个一线’当先锋”的工作经验，国务院“七人普”办公室专门向区委、区政府发来感谢信，认为京口区圆满完成综合试点工作各项任务，形成可复制推广的“京口经验”，为第七次全国人口普查做出积极的贡献。

三、经验启示

一是只有坚持党建引领，才能有效整合资源力量。一方面，社区、业委会、物业公司“三方联动”之所以能够发挥“1+1+1>3”的效果，其优势就是党建引领，通过街道“大工委”、社区“大党委”等组织形式，把多方力量凝聚在一起，明晰各方责任，搭建沟通平台，强化监管落实，实现同向发力、共同促进。实践证明，社区、业委会、物业公司只有在党的领导下才能合成一股力、拧成一股绳。另一方面，社区广大党员之所以能够发挥先锋模范作用并带动广大居民形成联动效应，也离不开党建引领作用的发挥，社区党组织通过广泛开展志愿活动和联谊活动等多种形式，像磁铁一样把党员和业主吸引在党组织周围，不断促进社区、业委会、物业公司党建工作的深度融合、资源共享。

二是只有牢记党的宗旨，才能有效提升组织力。人民群众对美好生活的向往是我们始终不渝的追求，只有坚持以人民为中心的发展思想，推进城市基层党建创新发展，完善城市治理体系、增强城市治理能力、提高人民群众生活质量，让人民群众在城市生活得更方便、更舒心、更美好，人民群众才能更加自觉地热爱党、跟党走。推进“红色物业”解决居民诉求是关键，通过做实事赢得居民认可，引导业主正确认识、支持、参与物业服务。

三是只有强化制度建设，才能有效保持持续性。制度建设是打造红色物业的关键支撑，充分发挥街道社区党组织的区域统筹能力和领导核心作用，科学完善小区管理、协商议事、居民自治等机制体制，才能实现老旧小区物业定向提升、回迁保障性小区物业规范提升、市场化小区物业精准提升、新建小区智慧提升。党组织参与物业管理，具有组织、人才、群众基础等众多优势，通过不断提高服务效能，加强现代化企业制度建设，强化绩效考核，切实激发员工动力和企业活力，才能推动红色物业持续高效发展。

坚持党的领导　奋力开创人大工作新局面

京口区人大常委会主任　施正中

2021年9月5日

7月1日，在庆祝中国共产党成立100周年大会上，习近平总书记发表重要讲话，回顾我们党百年奋斗的光辉历程，展望中华民族伟大复兴的光明前景，系统阐述以史为鉴、开创未来必须牢牢把握的“九个必须”的根本要求，为新时代党和国家各项事业发展明确前进方向。总书记的讲话是中国共产党百年奋斗历程的宏阔总结，是迈向全面建成社会主义现代化强国新征程、实现中华民族伟大复兴的庄严动员。

百年风雨激荡，中国共产党承载着实现中华民族伟大复兴的梦想，团结带领中国人民一路向前，以“为有牺牲多壮志，敢教日月换新天”的大无畏气概，书写中华民族几千年历史上最恢宏的史诗，诠释了什么是“历史的选择”、什么是“人民的选择”，让我们感受到“党心聚民心、万众一条心”的伟大力量。

习近平总书记强调，“我们要用历史映照现实、远观未来，从中国共产党的百年奋斗中看清楚我们过去为什么能够成功、弄明白未来我们怎样才能继续成功，从而在新的征程上更加坚定、更加自觉地牢记初心使命、开创美好未来。”当今世界已进入一个动荡变革期，面对百年未有之大变局，我们必须立足新发展阶段，将党史学习教育与奋力开启京口现代化建设新征程深度融合，不断推进京口高质量发展进程，全方位推动京口各项事业迈向前进。

党政军民学，东西南北中，党是领导一切的。习近平总书记指出，“中国共产党领导是我国宪法最显著的特征，也是我国宪法得到全面贯彻实施的根本保证。”坚持党的领导、人民当家作主和依法治国三者的有机统一，党的领导是核心、是前提，是坚持好人民代表大会制度、做好人大工作的根本保证。区人大及其常委会将坚持在区委领导下，不断开创人大工作新局面，为京口发展贡献人大力量。

一是始终坚持党对人大工作的领导。中国共产党的领导是中国特色社会主义最本质的特征。党的领导地位，是在长期革命、建设和改革实践中形成的，是历史的选择、人民的选择。坚持党的领导，既是坚持人大政治方向的核心，也是做好新形势下人大工作的根本保证。我们将不断增强“四个意识”，坚定“四个自信”，做到“两个维护”，始终与党中央保持高度一致，强化在党的领导下开展人大工作的思想自觉和行动自觉。

二是坚决贯彻区委决策部署。在实际工作中，我们将把党的领导贯彻到人大履职行权的全过程、各方面。坚决贯彻执行好党中央和省市区委的决策部署和各项要求，紧扣区委中心工作和重点工作谋划人大各项工作，做到始终与区委同心同向同力，坚持重大事项、重要工作、重要活动向党委请示报告制度，把思想和行动统一到区委的决策部署上来，坚持在区委的领导下，依法行使重大事项决定权和人事任免权，积极主动参与服务中心工作。

三是不断加强人大机关自身建设。坚决贯彻落实习总书记提出的“两个机关”建设的要求，把党的领导贯穿到人大工作的全过程。常委会党组班子将坚持发挥把方向、管大局、保落实的领导作用，机关党组做好抓组织、抓协调、抓落实的桥梁纽带，机关党支部把提高凝聚力、战斗力和执行力作为工作重点，以党建为引领，组织人大干部和人大代表深入学习党的创新理论，系统学习涉及人大工作的法律法规，提升人大工作者的整体素质，带动人大各项工作的提质增效。2021年我们围绕学习平台、宣传平台、代表履职平台、专业代表小组工作平台、街道人大工委议事平台等，加快完善人大工作平台，进一步夯实人大工作基础，为新一届人大履职打好基础。

四是坚持强化人民意识。习近平总书记强调，“要永远与人民同呼吸、共命运、心连心”。人大来自于人民、植根于人民，我们将把实现好、维护好、发展好广大人民群众的根本利益作为工作重心，持续聚焦教育、医疗、就业、养老、生态环境、城市建管等人民群众普遍关心的热点难点问题，加大监督力度，促进民生问题的解决和落实。通过代表定期接待选民、集中接待选民等活动，走进基层，贴近选民，密切与选民的联系，听取群众意见、反映群众意愿、体现人民意志，使人大成为党联系群众的重要纽带。发挥职能作用，定期梳理归纳人民群众反映的、社会密切关注的问题，对涉及面广的重大民生问题通过视察调研、听取汇报等方式推动解决，做好民情民意的“集散地”。督办好民生十件实事，确保把好事办好、实事办实，以人大独有的方式推动政府及其工作部门进一步强化人民意识，满足人民需求，提升人民群众的幸福指数。

五是紧贴中心助推京口高质量发展。习近平总书记指出，“发展是解决中国一切问题的基础和关键”。在实现第二个百年奋斗目标新的赶考之路上，我们将从人大工作的定位和特点出发，找准自身优势与服务高质量发展的最佳结合点，扎实履行好法定职能，发挥盯劲韧劲，通过跟踪监督、持续监督、长期监督，抓铁有痕，踏石留印，推动各项措施落到实处。面对京口高质量发展的迫切需要，2021年我们把“打造营商环境”作为监督工作的一个重点，既通过督办重点建议的方式加以推进，又组织街道人大工委开展“优化营商环境”人大代表专题接待活动，通过代表、企业、区有关部门的座谈交流，了解企业所需所盼，解决企业发展瓶颈，取得一定效果。

六是强化代表工作。代表工作是人大及其常委会工作的基础。2021年是人大换届之年，我们将围绕“更好地发挥代表作用”，进一步加强和改进代表工作。着力优化代表队伍，在区委的领导下，把好代表“入口关”，注重从社会各领域选拔优秀先进人物进入代表群体，优化代表的知识结构、职业结构和年龄结构，提高法律、经济、文化、教育、医疗等各方面专业人才等代表的比例，为新一届人大及其常委会履职行权奠定基础。

努力在党史学习教育中作表率

京口区政协主席、党组书记　刘吉顺

2021年4月10日

按照区委的统一部署，区政协党组扎实推进党史学习教育各项工作。在庆祝中国共产党百年华诞的重大时刻，在“两个一百年”奋斗目标历史交汇的关键节点，作为新时代人民政协战线的党员干部，要在认真学习党的光辉历史和伟大功绩中增强历史使命感、责任感和自豪感，从百年党史中汲取智慧和力量，在学党史、悟思想、办实事、开新局中明责任、作表率，为推动京口政协事业发展、开启京口现代化建设新征程不懈奋斗。

学党史，提升党性修养，争当政治坚定的表率。旗帜鲜明讲政治、保证党的团结和集中统一是党的生命，也是我们党能成为百年大党、创造世纪伟业的关键所在。人民政协是政治组织，必须旗帜鲜明讲政治，始终坚持中国共产党的领导。学党史，就要进一步感悟思想伟力，提升党性修养，增强用党的创新理论武装全党的政治自觉。要突出党性锻炼，坚定理想信念，增强党性观念。党员干部要从党史中接受党性洗礼，要触及灵魂，对党由衷热爱；要对党的历史、初心使命有深刻认识；要勤于研读，不断提高对党性的理解与领悟；要深刻自省，时刻反思自己在党性上的失误与不足；要在实践的得与失中磨炼党性，努力提升自己的品质与情怀。

学党史，牢记初心使命，争当为民服务的表率。我们党来自于人民，党的根基和血脉在人民。学党史，就要进一步深化对党的性质宗旨的认识，始终保持马克思主义政党的鲜明本色。要筑牢初心使命。我们共产党人的初心使命，就是为中国人民谋幸福、为中华民族谋复兴。我们党的百年历史，就是一部践行党的初心使命的历史，就是一部党与人民心连心、同呼吸、共命运的历史。任何时候我们都要不忘初心、牢记使命，都不能忘人民这个根。要牢记为人民服务的宗旨。党员干部特别是领导干部手中的权力是人民赋予的，要真正做到权为民所用、情为民所系、利为民所谋。要始终践行人民政协为人民、以人民为中心的发展思想，顺应人民群众对美好生活的向往，在学有所教、劳有所得、病有所医、老有所养、住有所居等方面建言献策，不断增强群众获得感、幸福感、安全感。

学党史，强化务实精神，争当担当作为的表率。求真务实，是我们党的思想路线的核心内容，也是党的优良传统和共产党人应该具备的政治品格。学党史，就要进一步发扬理论联系实际之风，求真务实、真抓实干。一是务必实干务实。在波澜壮阔的百年征程中，我们党紧紧把握时代和历史发展大势的律动，发扬实干精神，实现中华民族从站起来、富起来到强起来的伟大飞跃，已然成长为领航中国行稳致远的巍巍巨轮。务实实干就是不浮在表面，不玩文字游戏。干部要先干一步，才能带动、带领职工干。二是务必勤政。勤政，就是要恪尽职守、勤于政事，认真负责地围绕京口区中心做事，要大力反对“四风”，特别是反对形式主义、官僚主义。三是务必要有韧劲。我们抓工作，特别是“有事好商量”协商议事工作等难事，要发扬共产党人“为有牺牲多壮志，敢教日月换新天”的奋斗精神，有一抓到底的恒心和韧劲，不能浅尝辄止，不能半途而废。

学党史，强化底线意识，争当清正廉洁的表率。中国共产党没有自己的特殊利益，清正廉洁是我们党的政治本色。学党史，就要保持清正廉洁，建设廉洁政治，实现干部清正、政府清廉、政治清明，保持一心为民、不谋私利的局面。一是知敬畏存戒惧守底线。知敬畏就是要求党员干部必须敬畏党纪国法，要敬畏手中职权，要敬畏人民群众。存戒惧就是党员干部面对纷繁复杂的现实生活，要始终保持高度警觉和清醒头脑，常怀戒惧之意。守底线就是要求党员干部要树立强烈的“底线”思维和“红线”意识。二是明大德守公德严私德。明大德就是要对党忠诚，在大是大非面前旗帜鲜明。守公德就是要强化宗旨意识，恪守立党为公、执政为民理念。严私德就是要严格约束自己的操守和行为，保持清正廉洁的品行操守。

做好医养结合工作，把老年健康落到实处

京口区人大常委会副主任　陈德福

2021年5月15日

医养结合是将“医”“护”“养”三合一，集生活照料和康复关怀为一体，为健康和患病老年人提供全面、综合性支持的一种服务模式。京口区自2015年国务院下发的《关于推进医疗卫生与养老服务相结合的指导意见》以来，积极探索医药卫生与养老服务资源共享，融合发展，初步形成养老机构、居家养老和医疗功能相结合的新型养老模式。

一、基本状况

*养老机构医疗服务逐步得到完善。*京口区现有总人口数为39.75万人，其中65岁及以上老年人占12.5%，京口区现有各类养老机构11家，2086张床位数，其中5家为医养结合的养老机构，居家养老日间照料中心31家。为做好医养结合工作，卫健委下属基层卫生机构与京口区养老机构对接，签订医疗服务协议，解决养老机构医疗资源配置不均衡、需求多元化的问题，有的基层医疗机构嵌入社区日间照料中心，建立起了可持续的医疗服务运行机制。卫健系统通过开展协议合作、对口支援、合作共建、服务外包等形式，逐步形成“医养融合、医养协作”多元化的服务模式。

*居家养老健康服务得到有效推进。*京口区社区卫生服务中心每年为辖区内65岁老年人提供免费健康体检，加大对重点人群老年病的筛查和监测，制定为居家老人提供的医疗护理服务清单和服务项目，依托江滨医疗集团的医疗技术优势，优化服务流程，不断健全和完善治疗、康复、护理服务链。通过“家医签约”，制定个性化服务包，提供居家养老服务，为低收入老人、高龄老人，以及患有重病、失能及部分失能、行动不便的65岁以上老年人提供家庭病床、居家护理、家庭访视、家庭医生上门诊疗等医疗服务，同时，积极扩大中医健康养老服务项目，为辖区内老年人提供理疗、针灸、推拿、老年康复等适宜技术，从而拓展医养结合工作外延。

*老年健康服务体系初步形成。*京口区围绕老年健康服务体系的六项任务工作要求，坚持以“国家基本公共卫生项目”为抓手，充分依托3+X”家庭医生健康责任团队和医疗服务网格，为辖区65岁以上老年人建立健康档案并动态管理，加强老年人健康指标监测和信息的管理，积极开展生活方式和健康状况评估、体格检查、健康教育、中医药养生保健指导，努力做到老年健康规范化管理，老年健康管理体系基本完成，辖区内57.8%的老年人纳入全程健康管理范围。

二、存在的不足

与社会发展和社会需求相比，现阶段医养结合工作还存在着较大的差距。一是医养结合的服务格局还没有完全形成，养老服务和医疗供给还存在脱节的现象；二是基层医疗机构为老年人提供医疗服务的能力还没有完全释放出来；三是为老年人服务的老年医学、康复、护理等专业技术人才还比较缺乏；四是与国家、省、市有关医养结合和老年健康服务的相关政策的落实力度还存在差距。

三、建议和意见

为深入推进医养结合这种服务模式更好地发展，必须进一步完善居家为基础、社区为依托、机构为补充、医养相结合的养老服务体系，充分满足老年人健康养老服务需求。

*一要高度重视医养结合工作开展向纵深发展。*党的十九大报告明确提出了“积极应对人口老龄化，构建养老、孝老、敬老政策体系和社会环境，推进医养结合，加快老龄事业和产业发展”的要求。近几年，国家、省、市也密集出台了《“健康中国2030”规划纲要》《关于深入推进医养结合发展的若干意见》《关于建立完善老年健康服务体系的指导意见》《关于深入推进医疗卫生与养老服务相结合的实施意见》《关于建立完善老年健康服务体系的实施意见》等相关文件，区政府要按照大卫生、大健康的理念来引领老年健康服务体系建设，将健康融入生命全过程，对影响老年健康的因素进行干预，为老年提供综合连续的全程服务。围绕医养结合中长期的工作规划和目标，结合区域“十四五”规划的制定和实施，努力建立医疗卫生和养老服务资源相衔接、相融合，建成“覆盖京口区域、规模相适应、功能较合理”的医养结合的服务网络。把医养结合的政策制度、标准规范、管理机制和基本公共卫生服务项目有机结合，逐步构建出符合老龄化社会实际需求的服务体系。

*二要切实关注医养结合工作中的重点和难点问题。*要发挥基层医疗机构在养老方面的作用，加大“家医签约”服务，逐步实现居家养老个性化，在完善目前家庭病床、居家护理、家庭访视和家庭医生上门诊疗等上门医疗服务的基础上，积极探索为居家失能老年人提供家庭病床、巡诊等上门医疗服务。同时，要加强健康教育、预防保健、疾病治疗、康复护理、安宁疗护等方面工作与养老融合，推动基层医疗服务向家庭、养老机构和日间照料中心延伸，充分发挥中医药在老年健康服务中的作用，进一步加大在护理院和基层卫生服务机构护理型床位的设置力度，努力做到“基本医疗＋老年健康＋慢病管理”的医疗服务模式，逐步满足养老的需求。

*三要逐步形成医养结合工作合力。*当前，老年人口规模持续扩大，养老问题更加突出，特别是空巢老人、失能老人的养老问题已经成为社会关注的热点、难点问题，老年人对健康服务的需求愈发迫切。为解决老年健康服务不健全、有效供给不足、发展不平衡不充分的问题，就需要全社会来关心和支持，政府更

要履行相关职责。一是在政策和投入上下功夫。依据国家相关政策法规，建立适合京口区医养融合的工作机制，制定相应扶持政策和管理制度，同时加大公共财政对医养融合的投入。二是政府部门之间、部门与街道社区之间要相互协作。与养老相关的部门要负起责任，特别是民政和卫健更是要依法依规建立起相互支持、相互协同的工作机制和协作路径。社区承担着日间照料的养老工作，部门要加强对社区的支持、指导。三是加强医养结合人员的培训力度，卫健部门要完善培训机制，加快老年医学、康复、护理、中医养生保健、营养、心理和社会工作等方面专业人才的培养，要将慢性病防治、康复、护理、中医专业内容纳入基层卫生岗位练兵课程，加强医护人员康复护理能力培养，加大对养老机构内设的医疗机构及其卫生专业技术人员的指导。四是进一步完善和深化基层公共卫生机构与养老机构的合作。建立可持续的、长期的运行机制和服务模式，真正做到哪里有养老机构哪里就有医疗机构，哪里有养老人群哪里就有基本医疗保障的格局，共同为京口区养老事业的高质量发展，履行好各自职责。

医养结合工作是积极应对人口老龄化的长久之计，也是惠及老年人的重大民生工程，政府及相关部门要关注和引导医养结合工作的有序开展，让医养结合做出特色服务、做出优质服务、做出特需服务，做到平时健康有人管、需要服务有人帮，使医养结合真正成为一项为老年健康提供的公共服务。

为京口人民一“站”到底

京口区人大常委会副主任　赵晓文

2021年1月6日

2020年12月以来，京口区人大常委会在区委的坚强领导下，充分发挥人民代表在践行全过程人民民主重大理念中的主体作用，运用系统化思维推进街道人大代表联络工作站成为代表履职尽责的“加油站”、社情民意的“信息台”、凝心聚力的“连心桥”，诠释为京口人民一“站”到底的人大情怀。

把准“站”的立足点：践行全过程人民民主重大理念

习近平总书记在2019年11月视察上海虹桥街道基层立法联系点，首提全过程人民民主的概念，在“七一”重要讲话中再次强调发展全过程人民民主，在中央人大工作会议上对这一重大理念进行了深刻阐释。如何让代表拥有一个践行全过程人民民主的新阵地？区人大常委会主任施正中认为：人大代表是国家权力机关的组成人员，一肩扛着党和国家的重托，一肩担着人民群众的所思所盼所愿，是全过程人民民主的重要一链、关键一环，如何开辟一个新渠道，让代表在闭会期间仍然能够常态化深入了解和反映群众诉求，并通过人大向党和政府提出意见建议，是我们必须研究和破解的重要课题。

2020年12月3日，镇江市人大常委会《关于加强镇江市人大代表联络工作站建设的指导意见》出台，为京口人大破题提供了一把“金钥匙”。截至目前，京口区在镇江市率先实现了六个街道人大代表联络工作站全覆盖，联络工作站是人大代表联系群众的好桥梁、履行职责的好载体、学习交流的好园地、“民呼我应”的好纽带、国家机关听取民意的好场所，其价值取向聚焦到一点就是：让小小联络工作站成为践行人民民主重大理念的好阵地。

画好“站”的标准线：“八个有”规定动作得过硬、一系列自选动作有特色

每个街道选择可达性强、位置适中、方便代表进站活动的场所，做到有活动阵地、有统一标识、有规章制度、有工作计划、有台账记录、有学习资料、有办公设施、有线上平台，代表信息、代表风采、工作制度、活动计划、接访安排、活动剪影、人民代表大会制度发展史、习近平总书记关于坚持和完善人民代表大会制度的重要思想、中央人大工作会议上总书记对发挥人大代表作用提出的“民有所呼、我有所应”要求成为每个联络站功能的“共性元素”。

“守正”的同时力求创新，又催生一系列“个性特质”。比如：象山站将代表微信二维码印制在代表风采榜上，让选民与代表可以“全天候”面对面联系；正东路站建成“微平台”系统，实现大屏展示功能和微平台远程接待，畅通沟通渠道；健康路站设计展示“联络站建设树”，形象、富有创意地诠释“树干、树枝、树叶、树花、树果、土壤养分、阳光雨露”，使联络站建设的指导思想、建设标准、目标任务、活动主体等一目了然。联络站建设这个新生事物也激发了代表“建好站点为人民”的政治热情，如：正东路街道人大代表主动为联络工作站捐赠会议桌、电脑音响等办公物资。

拓广“站”的功效面：“联络站+”助推区域治理高水平

充分发挥功效是联络站的生命线。构建“联络站+”工作模式的生动实践，使人民依法享有知情权、参与权、表达权、监督权，真实、生动、具体地体现到联络站工作的各环节全过程，有效助推人大制度优势转化为治理效能。

一方面，稳健创新探索，打造“一街道一特色”，涌现出谏壁街道“联络站+‘老弗士’”、象山街道“联络站+优化营商环境”、正东路街道“联络站+民呼我应”、健康路街道“联络站+老旧小区改造”、大市口街道“联络站+楼宇经济发展”、四牌楼街道“联络站 + 立法联系点”等一批具有新时代特征、京口特色的代表联络站，获得群众一致好评。

另一方面，各联络站都接连开展“联络站 + 专题接待选民”活动，在站里生动讲述人的故事、全过程人民民主故事、让人民代表大会制度这一“民主之树”枝繁叶茂、花果飘香。

在每月 20 日代表定期接待选民的基础上，各街道工委在联络站开展双月专题接待活动。在接待“选题”上，聚焦区委中心工作和群众急难愁盼的问题，如：打造营商环境、优化生态环境、改善居民生活环境、居家养老等。在创新“接待方式”目标定位上，实现由坐“等”选民反映问题向主动找选民收集和解决问题的转变。在“谁来答题”上，街道人大工委负责牵线搭桥，既有 4~5 名区人大代表组团接待，也有 6~8 名选民（企业）代表，并邀请涉及的区、街有关部门参与；参会部门现场答复选民代表提出的问题，对于职权范围内的承诺办理期限，对于涉及多部门的给出解决路径，对于超出职权的由与会代表整理形成闭会期间代表建议转相关部门办理。在“答卷质量”上，象山街道人大工委在“优化营商环境”专题接待活动中，接到辖区新创企业“华秀食品”反映，企业遇到了知名度不高、销售渠道不宽等问题，结合企业主打镇江锅盖面速食生产的特点，街道工委联合区经发局、区市监局等相关部门，积极帮助扩大宣传、推销产品，助力公司两款食品在 2021 年“镇江好礼”评比中榜上有名，有效地扩大企业的知名度和销售渠道。正东路街道的群众在“提升居家养老和医养结合水平，完善养老服务体系”专题接待活动中，对养老服务中心的伙食种类、口味、卫生和活动场所等提出意见，参与接待的各养老服务机构结合群众的要求，积极予以整改，在中心微信群和显示屏上公布每周菜谱，对饮食卫生问题现场给予解答并强化管理，进一步丰富活动内容和活动场所。同时，区相关部门和街道也向群众宣传相关政策，并承诺将积极创造条件提供场所，全力满足辖区群众需求。谏壁街道人大工委在“黑臭水体长效管理”专题接待活动中，了解到谏壁镇北河、粮山河等水体需要进行边坡整治、清除垃圾和水面漂浮物及修剪周边绿化。街道工委组织安排村（居）民小组长及志愿者对镇北河、粮山河等水体的水面和周边环境进行杂草清理、修剪管护，对河岸的绿化带完善绿化管护长效机制。

提质增效，推动提案工作高质量发展

京口区政协党组成员、副主席　朱裕根

2021 年 6 月 5 日

仔细阅读新时代提案工作丛书——《做好新时代人民政协提案工作》，着重就如何推动提案工作高质量发展，浅谈三点体会：

一、质量为先，在提高提案撰写质量上求突破

质量是提案工作的生命，关系提案工作的成效和价值。一是要牢固树立质量意识和精品意识。政协提案贵在精而不在多，提案人提出提案的目的是解决实际问题，不是滥竽充数。提案质量不高，既增加了办理成本，又影响了办理实效，与其数量多、质量差，不如集中精力提 1~2 件高质量提案，真正解决问题，发挥提案应有作用。二是提案选题要聚集重大问题。要围绕党委和政府的中心任务，人民群众急难愁盼的问题，爱国统一战线的其他重要问题，以及经济社会发展中的新情况、新问题。三是提案的提出要重视调查研究。提案如何才能做到反映情况要准确，分析问题要深入，提出建议要具体？关键是要深入基层、深入群众进行调查研究，唯有此，才能掌握真实情况，把问题说清说透，有针对性地提出意见建议。四是提案撰写要严谨规范。提案必须坚持一事一案，不要“一鱼多吃”，文字精练，开门见山；反映问题要言之有物、言之有理，以事例和数据说话；意见建议要充分考虑实施的条件，具有可操作性。一句话，提案要力求切口小、道理硬、靶向准、可操作。

二、实事求是，在提高提案办理质量上再深入

提案办理要坚持实事求是，做得到的要认真负责办理，做不到的要直截了当给予答复，提高提案工作实效和水平，在提高提案办复率的同时，更要注意提案的办结率。一是加强领导，层层落实责任。承办单位主要领导要亲自研究部署本部门本单位的提案办理工作，明确分工，落实责任，规定时限，并对每件提案办理答复情况进行审核把关，切实保障政协提案办理取得更好成效；要率先垂范，亲身参与重点提案的办理，采取提案办理专题协商座谈会、专题调研、实地考察等多种形式，引领提案办理工作更加扎实深入、务实高效。二是密切沟通，形成联动机制。主办单位应主动加强与会办单位的联系，会办单位积极向主办单位提交办理意见，推进跨部门提案的落实。要将“三协商”要求落到实处，使协商成为办理工作的必要环节，做到与委员面对面交流，点对点沟通，增强提案办理的针对性和实效性。三是规范程序，实现办理高质量。通过典型引导，帮助各承办单位规范提案办理程序，从接收、登记、分办到承办、答复、见面、落实，到最后总结、存档，形成一套操作流程，形成制度并予以坚持。要推动承办部门将提案办理与部门日常工作结合起来，将提案办理工作融入部门本职工作。要认真开展评优表彰,将办理工作纳入部门工作年终考核,通过考核评比,不断提升提案办理工作整体质量。

三、久久为功,在提高提案服务质量上再优化

提高提案服务质量的主要路径有:修订审查细则,严把立案审查关,加大提案转并撤力度,严格控制立案率,等等。一是开展各类业务培训。编写提案培训教材,强化届初新任委员提案基础知识和届中提升提案质量等方面的培训,提高委员提案撰写水平和履职能力。二是优化知情明政服务。搭建交流平台,通过印发提案参考选题、召开情况通报会、走访提案承办单位等形式,推动提办双方无缝对接,使提案选题更好地聚集人民群众普遍关心的热点难点问题。三是强化提案工作信息化建设。积极运用信息化手段做好服务工作,实现提案撰写、提交、审查、交办、答复、督办、反馈、查询、统计、公示等工作全过程网上运行,不断提升提案工作信息化水平。四是加大提案宣传工作力度。充分利用各类媒体渠道,积极宣传提案工作成果,特别是重点提案、优秀提案成果转化事例,充分发挥典型案例的示范效应。

重温党的历史　汲取奋进力量

京口区政协党组成员、副主席　盛　杰

2021 年 5 月 15 日

习近平总书记在中央政协工作会议暨庆祝中国人民政治协商会议成立 70 周年大会上的重要讲话中指出,人民政协是中国共产党把马克思列宁主义统一战线理论、政党理论、民主政治理论同中国实际相结合的伟大成果,是中国共产党领导各民主党派、无党派人士、人民团体和各族各界人士在政治制度上进行的伟大创造。从中共中央发布“五一”口号到协商建国,是中国共产党百年辉煌的精彩华章。回顾这段历史,对我们深刻理解习近平总书记重要讲话的核心要义具有重要帮助。

“五一”口号发布

1948 年 4 月 30 日,中共中央审时度势发布“五一”口号,号召“各民主党派、各人民团体、各社会贤达迅速召开政治协商会议,讨论并实现召集人民代表大会,成立民主联合政府”。“五一”口号反映了各民主党派和各界人士的心声,在海内外引发了迅速而热烈地响应。5 月 5 日,李济深等 12 人代表各自党派和无党派民主人士,联名发出给全国同胞和毛泽东的两个通电,正式公开响应“五一”口号。各民主党派及社会各界、海外侨胞也相继发声。在中共中央及其香港分局的引领下,在香港开展了一场轰轰烈烈的新政协运动,对召开新政协的若干问题进行了深入系统的讨论。随后一大批民主人士北上解放区,协商筹备新政协。

1949 年元旦,毛泽东为新华社写了一篇新年献词,发出“将革命进行到底”的伟大号召,并于 1 月 14 日发表《关于时局的声明》,提出 8 项和谈条件。毛泽东对时局的声明,立即得到社会各界的广泛拥护。1 月 22 日,到达解放区的各民主党派、各人民团体的代表人物及无党派民主人士李济深、沈钧儒、谭平山、郭沫若等 55 人联合发表声明,拥护毛泽东提出的 8 项条件,表明各民主党派和无党派民主人士自愿地接受中国共产党的领导。6 月 15 日,新政治协商会议筹备会在北平中南海勤政殿成立。承载着全国人民的重托,执行着全国人民代表大会的职权,肩负着建立新中国的光荣使命,中国人民政治协商会议第一届全体会议于 1949 年 9 月 21 日至 30 日在中南海怀仁堂召开。会议代行全国人民代表大会职权,为新中国诞生作了全面准备。会议通过了具有临时宪法性质的《中国人民政治协商会议共同纲领》和《中国人民政治协商会议组织法》《中华人民共和国中央人民政府组织法》,做出关于国都、国旗、国歌、纪年的决议,选举产生政协全国委员会和中央人民政府委员会。这也标志着人民政协制度正式确立。

几点启示

从“五一”口号到协商建国,记录了人民政协从筹备到成立的历程。人民政协初史蕴藏着丰富的红色基因,记载着新中国政治制度选择、设计、确立的过程。中国共产党建党百年之际,回望这段历史,我们得出这样四点启示:

第一,坚持中国共产党的领导,是人民政协成立的初心。在协商建国过程中,中国共产党始终起着把握方向、总揽全局、协调各方的领导核心作用。在人民解放战争取得重大胜利的形势下,中国共产党以高瞻远瞩的政治自觉,发布“五一”口号,组织民主人士北上,筹建新政协,彰显统一战线的巨大魅力。北上民主人士大多是“旗帜性人物”,他们接受邀请北上的实际行动,充分体现了中国共产党的领导是包括各民主党派、各团体、各阶层、各界人士在内的全体中国人民的共同选择。中国共产党通过人民政协这一政治制度安排,把民主力量融汇在了一起。

第二,中国人民政治协商会议第一届全体会议的召开,奠定了中国特色社会主义政治制度的第一块基石。具有临时宪法性质的《中国人民政治协商会议共同纲领》规定了新中国的国体和政体,宣布在普选的全国人民代表大会召开以前,由中国人民政治协商会议的全体会议执行全国人民代表大会的职权。在普选的全国人民代表大会召开以后，中国人民政治协商会议就有关国家建设事业的根本大计及其他重要措施，向全国人民代表大会或中央人民政府提出建议案。共同纲领的制定，意味着中国人民通过艰难曲折的探索，终于找到了一条符合自己国情的政治发展道路。

第三，中国共产党领导的多党合作和政治协商制度，是“从中国土壤中生长出来的新型政党制度”。中国共产党在解放战争转入战略决战的重要历史关头，顺应时代潮流，发出建立新政权的号召，为无数追求民族解放、国家和平、人民幸福的革命志士带来希望。一幕幕北上的故事，不仅仅是传奇，更含蕴着深刻的国家兴亡铁律：人心是最大的政治，得人心者得天下。可以说，协商建国的过程，是中国共产党和各民主党派、各族各界代表人士谋求大团结大联合，正确处理一致性和多样性关系，不断巩固共同思想政治基础，广泛凝聚共识的过程。

第四，从“五一”口号到协商建国所践行的民主精神、合作理念和协商实践，为社会主义协商民主制度的形成和发展奠定了重要基础。在协商建国过程中，具有不同阶级基础、不同利益诉求的各民主党派，通过讨论和协商，对共同纲领和具体政策形成共识，这无疑是民主精神的鲜活体现。各方所展现的互相尊重、平等协商、求同存异等合作理念，为社会主义协商民主的不断发展与完善提供了重要启迪。

新时代人民政协工作使命光荣，责任重大。我们要在重温党史中汲取奋进力量，下功夫做好基础政协工作，着力在加强党对政协工作全面领导上下功夫，在发挥专门协商机构作用上下功夫，在加强思想政治引领、广泛凝聚共识上下功夫，在强化政协委员责任担当上下功夫，持续推动政协事业与时俱进、创新发展。

深入贯彻新发展理念　加快构建新发展格局

京口区政协党组成员、副主席　王壮保

2021 年 5 月 24 日

开展党史教育，学习贯彻落实习近平总书记重要讲话精神，需要科学把握新发展阶段，深入贯彻新发展理念，加快构建新发展格局，着力推动高质量发展。

一、充分认识加快构建新发展格局的重大意义

构建新发展格局是经济现代化的必然选择。党中央根据中国发展阶段、环境、条件、任务、要求变化，特别是基于中国比较优势变化，审时度势作出的重大决策，是把握未来发展主动权的战略性布局和先手棋，对实现更高质量、更有效率、更加公平、更可持续、更为安全的发展有着重大而深远的意义。

构建新发展格局是适应新发展阶段的主动要求。从国际看，大国经济的特征都是内需为主导、内部可循环。党的十八大以来，我们坚持实施扩大内需战略，使发展更多依靠内需特别是消费需求拉动，对外贸易依存度从 2012 年的 47.3% 下降到 2020 年的 31.7%，延续持续下降的趋势，国内大循环活力日益强劲。伴随着我国决胜全面建成小康社会取得决定性成就，并向第二个百年奋斗目标进军，国内需求结构、产业结构、技术体系和经济增长动能等都在发生深刻变化。我们必须遵循大国发展规律，对国内经济循环同国际经济循环的关系主动作出调整，根据新形势新任务提出引领发展的新思路新格局。

构建新发展格局是深入贯彻新发展理念的重大举措。党的十八大以来，以习近平同志为核心的党中央对经济社会发展提出了许多重大理论和理念，其中新发展理念是最重要的、最主要的，社会各界对贯彻新发展理念已经形成高度共识，实践也在不断深化。我们必须树牢系统观念，不断提高发展质量效益，把贯彻新发展理念的实践不断引向深入。

构建新发展格局是应对各种挑战的制胜之道。当前，国际力量对比正在发生历史性变化，我们必须做好应对一系列新的风险挑战的准备，从统筹发展和安全的高度深刻把握和认识这一变化，更多立足国内谋划发展，畅通国内经济大循环，形成强大的国内经济循环体系和稳固的基本盘，不断增强经济体系的抗冲击能力。与此同时，坚持在开放发展中争取战略主动，通过扩大更高水平的对外开放，充分利用国际国内两个市场两种资源，以国际循环提升国内大循环效率和水平，改善我国生产要素质量和配置水平，塑造我国在国际竞争和发展中的新优势。

二、准确把握构建新发展格局面临的机遇和挑战

当前和今后一个时期，中国发展仍然处于重要战略机遇期，但机遇和挑战都有新的发展变化。加快构建新发展格局具有坚实基础和巨大优势，总体上机遇大于挑战，机遇更具有战略性、可塑性，挑战更具有复杂性、全局性，挑战前所未有，应对好了，机遇也就前所未有。

从国际看，世界百年未有之大变局加速演进，国际经济、科技、政治、安全等格局都在发生深刻调整。新冠肺炎疫情加快世界经济格局演变，全球产业链分工格局加速调整，经济全球化遭遇逆流，传统与非传统安全风险交织蔓延。从国内看，我国正处于转变发展方式、优化经济结构、转换增长动力的攻关阶段，结构性、体制性、周期性问题相互交织，国内经济恢复的基础尚不牢固，发展质量效益有待提高，粮食、能源等重点领域风险不容忽视，民生保障仍存短板。

三、坚持以新发展理念引领构建新发展格局

构建新发展格局是一个系统工程，必须把新发展理念完整、准

确、全面贯彻到构建新发展格局的全过程和各领域，找准加快构建新发展格局的着力点和突破口，切实将党中央和上级各项部署落到实处。“十四五”期间，京口区应坚持党的全面领导、坚持以人民为中心、坚持新发展理念、坚持深化改革开放、坚持系统观念，综合考虑国内外发展趋势和京口发展条件，全面对接镇江“三高一争”目标要求，围绕经济发展高质量、城市生活高品质、区域治理高水平，推动经济社会全面发展，建设“强富美高”新京口。

融合发展呈现更优格局。主动融入新发展格局，全面优化空间布局结构，推动区域一体化发展实现重大进展，对接落实重大发展战略取得实质性突破。逐步建立更大范围、更宽领域、更深层次开放合作机制，跨区域资源整合能力大幅提升，区域合作水平和成效明显提高。

经济发展迈向更高质量。在质量效益明显提升的基础上保持经济持续健康发展，实现经济增速高于江苏省镇江市平均水平。产业结构持续优化，创新能力显著增强，开放发展水平得到新提升，产业基础高级化、产业链现代化水平明显提高，重点产业链进入价值链中高端，现代化经济体系建设取得重大进展。

城市生活实现更高品质。生态环境质量持续向好，“美丽京口”建设取得明显成效。城乡居民收入水平有较大提升，社会就业更加充分。社会保障体系、公共卫生健康体系、公共文化服务体系、养老服务体系不断完善，公共服务优质均衡水平走在镇江市前列。社会主义核心价值观深入人心，人民精神文化生活日益丰富，文化软实力显著增强。

区域治理展现更高水平。重点领域和关键环节的改革深入推进，各方面制度更加成熟更加定型。平安法治建设取得新进展，防范化解重大风险体制机制不断健全，突发公共事件应急能力显著增强。社会治理创新走向深入，共建共治共享的基层社会治理格局加快形成。

关于完善镇江市城市更新中基础设施建设的几点思考

京口区政协副主席　宋小燕

2021 年 12 月 26 日

城市基础设施作为城市发展的载体及城市经济增长和社会进步的前提条件，其建设和发展状况直接影响着城市化进程的速度和质量，而城市化水平的不断提高，又会推动基础设施需求的不断增长。镇江市主城区范围内，有许多建于 20 世纪 80 年代末 90 年代初的无物业、开放式小区，硬件设施差，管线未入地，是典型的老旧小区，这些区域的基础设施距离“创新创业福地，山水花园名城”这一城市定位，仍有不小差距。故针对城市更新中基础设施建设和问题提出一些思考。

一、存在的主要问题

（一）老旧住区飞线治理迫在眉睫。老旧小区管线“蜘蛛网”问题由来已久，这些“蜘蛛网”中不乏老旧线路，到用电高峰期，很容易短路引发火灾事故。因此，加强老旧小区电缆、电线和电动车“飞线”规范管理迫在眉睫。经调研发现，普通电动车充电桩造价约在 1000 元 / 台，超级快充充电桩每台价格则要上万元，上述价格仅为材料费，加上人工费将会更多。

（二）排水供给基础设施捉襟见肘。虽然多年来各自来水公司通过供水管网改造、分区计量、管网压力控制、巡检维护、信息化建设等一系列手段高质量推进降损增效工作，但给排水基础设施建设仍显不够充分。截至 2021 年年底，虽已完成市政污水管网“四位一体”检测全覆盖，但在完成管网检测 892 千米中，共检测管网缺陷 5000 余处，目前仅完成修复 1200 处，这使得城镇污水并不能得到及时充分有效的处理。

（三）公共文体基础设施供不应求。公共文化体育设施是公共服务体系的基础，同时也是让群众更好地参与公共服务当中的交流平台，是大众工作和生活必不可少的重要元素，但就目前来看镇江市公共体育文化设施还是不充分、不均衡的。以两个数据为例：截至目前，镇江市人均接受文化场馆服务次数这一指标，作为主城区的京口区和润州区分别为 2.19 次和 3.41 次，完成比例为 49% 和 73.1%；镇江市人均体育场地面积 3.17 平方米，其中作为主城区的京口区和润州区分别为 1.88 平方米和 4.44 平方米，总体水平极不均衡。

二、思考和建议

省委、省政府印发《关于实施城市更新行动指导意见的通知》，详细提出了关于城市更新的“七大工程”，涵盖地上建筑和地下管网，强调提高生活宜居性和生产空间利用效率，体现新型城镇化过程中的品质提升需求。结合文件要求和实际考察调研，提出以下几点思考和建议。

（一）凝聚合力、标本兼治，持续整治老旧住区“飞线”问题。一是拓宽联动范围，凝聚更强大合力。为了从根本上整治“飞线”问题，一定要将联动范围拓宽，不能仅靠街道、社区“唱独角戏”，要由属地党委、政府牵头，积极协调各相关部门与单位，邀请相关负责人参与“飞线专项整治”，尤其是电信、移动、联通等运营商，供电、路政、公安等接线单位也要参与其中，统分结合、协调推进、配合到位。二是建立常态机制，提升居民幸福感。“飞线专项整治”是一项长期的、动态的工作，需要建立形成动态长效管理机制，杜绝“飞线”现象反弹，真正实现告别空中“蜘蛛网”，擦亮城市天际线。一方面要加强宣传教育，向每一户居民宣传“飞线整治”和安全用电的重要性，并统计其家中线缆具体情况，分门别类汇总成表。另一方面要加大惩治力度，对于违反规定的可以在小区公示栏进行通报批评，并由公安机关处以罚款。三是提前排定计划，标本兼治更彻底。建立老旧小区管线改造整治工作机制，明确责任主体单位，制定有效的规范标准。要更加注意科学性、合理性，应充分考虑未来发展需求，结合5G网络建设、智慧安防、加装电梯、应急防控、数字化提升等，做好相关管线位置及硬件预留，真正做到超前谋划、标本兼治。

（二）合理规划、加强管护，全力优化城镇给排水设施建设。一是要坚持城镇给排水基础设施的适宜性和长远性。城镇给排水基础设施建设的最终目的是正常供水，保障城镇居民的正常生活和生产用水，并满足城市排水需求。要坚持适宜和长远的原则，必须充分考虑城镇发展规模，建设能够在较长时间内都可以充分满足城镇给排水需求的基础设施。二是要做到城镇给排水基础设施的合理规划和布局。城镇给排水基础设施建设不应该是盲目的，要发挥其最大功能。根据城镇发展的实践来看，实行雨水污水分流管网设计是符合城镇长远发展需要的。因此，在建设前要分开规划雨水和污水管道，并按照设计图纸进行建设，城镇给水管网的建设则要尽量避免和其他管道发生交叉。三是要加强城镇给排水基础设施的养护和管理。要制定给排水基础设施的养护计划，并定期组织人员或者使用机械设备对城镇给排水管道进行清理，及时清淤去堵，避免给排水管道堵塞，将城镇给排水管道的保护和养护工作落到实处。

（三）因地制宜、提高保障，充分破解公共文体设施供需矛盾。一是正确认识公共文化服务设施建设体系。从规划布局上建立完善“市级—区级—居住区级”三级公共文化服务设施体系，明确城市文化服务设施功能定位，合理布局，完善市区级文化服务设施。进一步丰富城市文化内涵，完善城市功能，满足人民群众对精神文化日益提高的需求。二是合理细化基层公共文体设施规划。进一步深化“公共文化服务体系示范区”创建工作，以1千米为服务半径，细化街道（园区）综合文化服务基础设施建设规划，做到因地制宜、科学规划、优化布局、全面覆盖，形成“15分钟公共文化服务圈”。三是充分保障基层文体设施建设。对于公共文体设施的建设与管理理念应当为“三分建七分管”，不能只建设不管理，要加大对后续管理与运营的资金，提高公共文化设施的管理水平，要构建专人联系制度、考核评比制度和检查指导制度。

总而言之，城市基础设施建设，一头连着城市发展，一头牵着民生福祉，需要我们群策群力、共商共建，“改”出新面貌，“造”就新生活，真正实现市民家园更有颜值、市井生活更有品位、社区服务更加完善，让居住在这座城市的居民同步享受城市发展带来的红利，生活得更省心、舒心、安心。

摸清底子　开对方子　走对路子
一以贯之确保京口区水环境治理有效长效

京口区人民政府副区长　林黎明

2021年12月5日

2021年，在京口区委、区政府的坚强领导下，我们敢攻坚、能攻坚，有实招、有实效，农水、民政、退役军人等各项事业取得新进展。农水工作全面推进，稳步推进新民洲水利设施建设、区级防汛物资仓库等水利项目。新一轮河湖划界平稳过渡。“人防+技防”，构筑长江禁捕坚实防线。校地双河长成效初显，一夜河水系及玉带河小流域环境治理工程顺利实施。民政事业协调发展，圆满完成61个村居换届选举工作。出台《关于深化京口区社区工作者职业体系建设的意见》，社工薪资平均年收入预计增长26.7%。建成2家嵌入式综合型养老服务中心，街道社工站实现全覆盖。涉军形势稳中向好，5人获评市模范退役军人，12件涉军信访积案化解率100%。8家退役军人服务中心（站）创成全国示范，健康路街道退役军人服务站创成省“百家红色精品”。

2021年，习近平总书记多次强调的长江大保护等国家决策，充分彰显了党中央对生态文明建设的重视，省市各级党委政府深入贯彻落实习近平新时代生态文明思想，高度重视水环境治理工作。镇江市第八次党代会提出，要实施“美丽镇江·幸福河湖”行动。区第九次党代会上，徐申锋书记明确提出“要改善城乡环境面貌，彰显生态宜居形象。加强古运河等水体保护，彰显更加明亮的生态底色。”中央到地方对水生态都明确目标，可以看出水环境治理至关重要。在区委、区政府的关心下，一夜河、玉带河联动整治工作顺利推进，京口区水环境开启奔向有效长效治理的新征程。下面，根据会议要求，我围绕“京口区水环境治理”主题谈几点思考。

一、摸清底子，认清新形势才能有新思路

我们积极对上争取，累计争取市里资金680余万元，配套830余万元，完成东部圩区“两横四纵”水系、镇北河、老鼠山河等水体共计9个水质提升项目，取得初步成效。

但近期以来，一夜河、玉带河等水体反黑反臭，先后被省水利厅、省生态环境厅通报，引人深思：水环境治理到底难在哪儿？

（一）难就难在外源治理不健全。水环境治理，重点在源头，核心也在源头，要牢牢扭住“严控污水下河”这个牛鼻子。近年来，通过对上争取管网建设、海绵城市工程、农村户厕改造等，京口区基础设施建设水平明显提升，但随着地块开发、房地产项目建成交付，不少问题也浮出水面。比如，一夜河整治过程中，通过排口清查我们发现部分小区存在雨污混接、错接、漏接等现象，反映我们在管网建设上还存在短板。

（二）难就难在内源管控不充分。京口区水体大部分存在无来水（大多依赖雨水补充或中水补充），河流自身水动力不足，导致底泥沉降后引发二次污染。在前一轮的黑臭水体整治工作中，我们对京口区各类水体开展清淤疏浚，打下了较好的基础。但由于来水不多、自净能力不强等内源根本问题没有解决，导致水质反复。

（三）难就难在长效管护不到位。按照河长制工作的要求，京口区三级河长全覆盖的局面已经形成，水环境治理的合力也充分凝聚。但与“河长上岗　水质变样”的要求，仍存在不小的差距。就之前的走访督查来看，有的河道在漂浮物打捞、周边垃圾清运等方面，并没有严格做到常态化落实。治理是标，管理才是本。在如何压实基层河长制工作职责、履行河长义务等方面，仍需开动脑筋、多作探索，织牢织密构建好河湖常态管护一张网。

二、开对方子，激发新思路才能有新举措

镇江因水而生、因水而兴、因水而美。作为主城区的京口，更应该从讲政治的高度，扎实推进水环境治理，解决发展过程中的欠账坏账。总的来说，就是“坚持以治水为中心，规划先行、系统推进、分步实施”。

（一）规划先行。进一步明确规划的纲领作用，科学治水，谋全谋实治水工作的上下游，做细做精治水规划，以科学规划助力科学治水。一是要做好管网等基础设施规划。积极与市相关部门对接，针对辖区在建项目，逐一审定、严格落实雨污分流管理，避免错接、漏接，源头控制污水下河。二是做好水保规划刚性约束。全面落实水保要求，各类项目，尤其是涉河项目，必须严格按时编制水土保持规划。三是做好水系治理总体规划。对照幸福河湖建设具体要求，按照“水清、岸绿、河畅、景美”总体思路，结合京口实际全面布局，编制京口区全域水系治理3~5年行动规划。

（二）系统推进。水环境治理，需要京口区上下通力合作、齐抓共管，由“各自为政”变为“步调一致”。水环境治理、水质的达标主要涉及农业农村（水利）、住建、生态环境、城管、交通等部门及属地街道。区河长办要按照“一盘棋”的要求，进一步细化职责分工，合理确定规则流程，相关部门及街道也要按照职责主动跟进、主动作为，最终建立一套行之有效的水环境治理工作机制，真正形成运转高效、推进有力的工作体系。

（三）分步实施。按照“从易到难、从急到缓”的原则，学习上海苏州河“分年实施、逐年深化、各有侧重”的先进经验，做好京口区水系治理规划的年度分解。做好水系地理位置分析、水体情况研判、涵闸泵站梳理，分片区推动有条件的水系实施联动整治，一劳永逸解决水体微循环和活水问题。按年度计划，开展项目包装，积极与市相关部门对接，对上争取年度奖补资金，缓解财政压力。

三、走准路子，用好新举措才能有新成效

（一）管住源头，将污染堵在关口。治水是个系统工程，不能就水论水、就水治水，而是要把握好全局、抓好重点，源头着手，将污染堵在关口。一是实施源头截污。积极对上争取，结合项目建设需求，加快推进谏壁、新民洲、经开区等街道园区管网规划建设，实现生活污水和生产废水截流集中处理、达标排放。按需实施污水处理扩容提升工程，解决污水处理供需矛盾。二是开展雨污分流和混接改造。重点针对沿河市政、住宅、商铺等开展先期雨污管网排查，尤其是在建项目严格审图，确保按要求建设。按水系整治计划，配套开展雨污合流制管网改善和雨污分流改造。三是持续深化河湖“四乱”和“两违三乱”整治。积极对接上级下发图斑，强化定期巡查，严格落实整改要求，杜绝沿河岸坡农业面源污染，拆除沿河违章建筑，源头消减污染源。

（二）活水治水，将重拳打在痛点。聚焦“活水、治水”两大核心要务，把务实举措落到实处，集中精力，重拳打在痛点。一方面，聚焦活水。与市给排水等部门保持常态沟通，建立健全定期调水引水机制，做好枯水期河湖的水量监测，发挥闸站、泵站调水截水作用，用好中水、长江支流等活水，保证水体流动。充分发挥海绵城市设施净水储水作用，对上衔接启用、养护等工作，确保调得出、用得上。另一方面，聚焦治水。各属地街道园区严格落实属地责任，加强河湖巡查，按需落实漂浮物定期打捞、底泥清淤等工作。对枯水期河湖加强水质监测，通过区域增氧、投放食藻虫等工程措施，重构水生生态，提升自净能力。

（三）干群共管，将长效落在实处。一是持续深化河湖长制。进一步压实河长制工作职责，强化考核刚性约束。在京口区范围内大力开展河湖环境河长巡查、部门自查、属地互查、层层督查、公众调查等“五查”行动，边查边改、以查促改。二是探索群众参与机制。充分调动人大代表、政协委员、新闻媒体等舆论监督手段，畅通群众监督渠道，探索水美京口公众号增设“河湖情况随手拍”功能，拓宽居民水环境监督的参与渠道。三是科学设置区级河长制考核。推动河长制考核与绩效考核更紧挂钩，采用群众评议、社会评价、水质评测等多层面结合，检验河湖治理成效。

同志们，让我们在区委、区政府的坚强领导下，强化外源治理、做好内源管控、实施长效管护，以更加认真负责的态度，攻坚克难、务实奋进，全面推进水环境治理工作，坚持“三高”引领，聚力“三区”建设，为“强富美高”新京口做出应有的贡献。

实在实干 干出实绩

京口区人民政府副区长 杨 彬

2021 年 12 月 18 日

2021 年的城建工作，总体特点是任务重、难事多，各类专项整治任务交织叠加。一年来，我们紧扣市委、市政府各项工作部署，紧抓区委、区政府年初确定事项，坚持“说了算、定了干、干必成”，全力完成 2021 年各项目标任务。以早谋划、快上手的速度，及早启动方案设计、工程招标，火坛楼巷等 8 个片区 26.5 万平方米的老旧小区改造年底即将完成，畅通东吴路（禹山路—滨水路）、上隍路等 7 条道路。以迎难而上、动真碰硬的力度，完成月发、瑞爱斯等内河码头环境整治销号，拆除违章建设 4.72 万平方米，整治违法用地 7 宗、56 亩，完成征拆拆迁扫尾 96 户。以担当作为、积极争取的态度，落实两个安置房安置资金 12.8 亿元，争取老旧小区改造资金 5200 万元，协调上隍路建设资金 2000 万元。

党的十九届六中全会全面总结“十个坚持”，强调发展要始终坚持“以人为本”；省党代会也提出要聚焦群众“急难愁盼”问题，坚持尽力而为、量力而行；镇江市“城市生活高品质”的工作定位和京口区“彰显生态宜居形象”的奋斗目标，给我们提出了新要求。刚刚结束的中央经济工作，明确要“适度超前开展基础设施投资”，释放财政和货币政策的利好信号，我深刻体会到做好明年城建工作，必须做到“四个坚决”：一是坚决不碰盲目上项目、搞“政绩工程”的“高压线”，集中一切力量做好民生实事；二是坚决守牢城市肌理、生态环境保护的红线，深刻吸取“广州砍树事件”的教训，听民意、聚民心，多做打基础、利长远的事；三是坚决筑牢城市安全底线，持续完善城市功能，保障城市运行；四是坚决守牢遏制新增隐性债务风险防线，加强风险评估，强化项目研判，充分论证资金来源，决不新上无把握项目。

面对新形势新任务新挑战，当前及今后一段时期，城建工作要重点抓好“两条线”，一是城市建设，围绕旧城改造推进城市更新，持续加强基础设施建设，不断提升城市品质；二是城乡建设，围绕乡村振兴推进城乡一体化，持续改善人居环境品质，推动城乡共同富裕。具体到明年工作，就是要“尽力而为”“量力而行”“顺势而动”，在实战实干中干出实绩。

一、尽力而为，全力全面落实交办任务

“尽力而为”就是高质高效、保质保量完成市委、市政府交办和区委、区政府确定的重点任务。简单来说，就是“保必办”，做好必答题。

城建项目，对序时进度都有刚性要求，推进落实涉及方方面面，既需要超前谋划，做到“早对接”“早落实”，更需要提高管理效率，真正让制度“管事管人”。明年，老旧小区改造任务超 37 万平方米，比 2021 年高出 41.6%。唯有提早对接，才能如期完成。住建部门要牵好头，主动对接市级部门，倒排工程序时，确保明年 3 月前完善施工、安检等前期手续；属地在摸清底数的同时，预排矛盾，提前集中处理一批违建；在外观改造等方面，要提前征集群众意见，尽早完善整体方案。“333”污水处理提质增效行动，资金难落实一直是项目启动的阻碍。就源头小区雨污分流改造来说，仅 2 年就需 1.5 亿元，靠区级财政难以为继，唯有对上争取。当前，我们正积极对接 1.05 亿元的政府一般债，力争早落实、早启动。上隍货场征收搬迁项目。根据市政府要求，该地块将作为新政策下集体土地征收搬迁的第一例，对资金测算、社会风险稳控等都提出了新挑战。要求我们更严更细地做好前期工作，在摸清征收底数的基础上，做好风险点预判，提前形成预案，尽早谋划安置房源，保障征收有序推进。危房解危关系到群众切身利益，我们要以此为契机将京口区情况查清查实。不等不靠，分类施策，科学选定解危方案，向上争取政策，引导群众认同“谁所有、谁负责”原则，转变“等拆等搬”思想。

二、量力而行，解决群众急难愁盼事项

“量力而行”就是不追求“宽马路、大高楼”，集中有限财力、精力，切实解决群众身边的痛点、难点问题。

城市建管要坚持建设和管理一体推进，重在建，更要突出管，切实管出长效成效。建设方面，重点关注基础设施和基本保障。明年，要扎实做好象山花园三期和王家新苑两个安置房的竣工验收相关工作；积极稳妥有序做好回迁安置，确保群众顺心舒心地搬进新房。同时，积极对上争取，撬动更多省、市级资金，改善交通基础设施，着力打通几条“断头路”“瓶颈路”、畅通一批“微循环”。管理方面，重点提升管理水平和管理实效。一是物业管理，当前，老旧小区业主物业费收缴率不到 40%，业委会成立难、履职难等问题突出。明年要持续落实长效管理机制，进一步完善物业、业主、社区等全员化参与的物业管理链。建立物业资金全过程公示机制和“红黑榜”警示库。鼓励老旧小区推行“清单式”服务，加强基层治理和物业治理的有机融合，提升物业服务精准度，引导居民树立“花钱买服务”理念，提升物业费收缴率，实现良性运行。二是城市管理，明年要配齐装备、优化机制，让“管理”上路，让治理常态。积极争取城管执法车辆采购指标，配齐配优巡查力量，加大人员巡查频次，真正做到常态长效。实施“巡查—交办—整改”闭环管理，切实把占道经营、流动摊贩、户外广告等管住管好。对违章搭建等要强化条块协同联动，形成“一次清＋回头看”的管控模式。

三、顺势而动，为城市更新探索破题

“顺势而动”就是紧跟形势、系统谋划，在推动城市建设和区域发展上找到路径，谋定而动，久久为功解决城市顽疾，提升城市品质。

中央经济工作会议明确指出，面对三重压力（需求收缩、供给冲击、预期转弱）叠加，明年积极的财政政策和稳健的货币政策基本不变，基础设施投资将适度超前，这必将进一步提振市场信心，为城市建设注入活力。然而，“大拆大建”“大造新城”的时代已经结束，省内城际铁路网、公路网也已基本完善。根据政策导向和专家预测，城市更新、内运建设极大可能成为发展“热点”。就京口区而言，不仅占据长江、运河航运“黄金十字交叉口”的天然优势，更具备历史名城、文化古城的丰厚底蕴。可以说，我们未来的城市发展将更具潜力和优势，必须要牢牢把握这个“窗口期”。

2022 年，我们要围绕“自平衡、市场化、整体性、高品质”的整体思路，牢牢扭住“城市更新”经营性项目的牛鼻子，稳妥有序为京口区城市更新探索破题。一是顺势而为，启动旧城改造。2021 年我们结合教育资源布局优化调整，拟新增江苏大学附属学校和第一中学附属初中，调整后官庄、飞驰冷藏车场地块为居住用地。目前，市教育局、市资规局已初步认可。我们正积极谋划，通过土地整合上市，启动蒋家湾、严贾村等城中村改造，撬动东南部片区的整体更新。二是超前规划，强化经营理念。结合规划布局、产业发展、资源配置等，利用一切可用资源，推动片区更新由“开发”向“经营”转变。比如，大运河文化带建设，省文投集团设立大运河文化旅游发展基金，重点支持文旅融合发展，目前市文旅集团也储备了一批重点项目，我们要突出区位优势，精准实施严贾村等沿河风光带改造，带动都天庙、新河街等街区的文化价值提升，引进高品质文旅项目，通过“留改拆”并举，解决内运问题，提升沿河环境品质，带动区域整体更新。三是深入对接，争取优质资源。抢抓一切机遇“窗口”，强化与市级部门平台联动，力争在政策支持、资金导入、项目引入方面争取更大助力。同时，积极引入市场，探索多元资本共同参与城市更新的模式，形成更多成熟有效的经验办法，在高专、丹徒医院等地块盘活中推广应用，逐步解决旧城改造难题。

从公安职能角度浅谈优化营商环境的对策与建议

京口区人民政府副区长、镇江市公安局京口分局局长　赵　鹏

2021 年 7 月 15 日

2021 年，从深化“放改服”改革、激发市场活力，到加强国际通行经贸规则对接、进一步扩大改革开放，再到推动高质量发展、打造竞争新优势，优化营商环境的顶层设计不断更迭升级，由此足以证明，营商环境就是生产力，优化营商环境就是解放生产力、提升竞争力。只有积极营造法治化、便利化、高效化的营商环境，才能以营商环境的新高地，引领“产业强市”的新动能，焕发高质量发展的新作为。

镇江市委、市政府“新春第一会”即推出“镇合意”营商环境品牌，释放打造一流营商环境的强烈信号，着力营造镇江市上下共同优化营商环境的格局。但我们应该清醒地认识到，对标先进地区，镇江市还存在一定程度的审批慢、环节多、服务弱等政务服务问题，不作为、乱作为、乱执法等不正之风问题，不相信市场、不接受开放等思想固化保守问题。上述顽瘴痼疾仍是我们优化营商环境的“肠梗阻”与“绊脚石”，只有以自我革新的态度狠下心去改革，让“硬措施”落地，才能涵养出营商环境的“清新空气”。下面，从发挥公安职能角度，浅谈优化营商环境的对策与建议。

一、以服务发展为己任，全面实施主动型警务。始终坚持把优化营商环境作为全局性、先导性和基础性工作来推动，将主动服务的理念置于工作开展的先导地位，通过整合警种资源，由被动协调变为主动服务，实现“一警专职、一警通联、一警受理、一警反馈”目标。一是广泛宣传公安惠企护企政策。深入了解企业的生产经营情况，充分发挥媒体宣传作用，开展多种形式宣传活动，主动介绍公安机关支持、保障企业发展的政策措施和管理要求，不断提升企业对公安执法管理的知晓率、支持力。二是切实解决企业运营涉警难题。提前介入服务企业对象的生产经营筹备阶段，对企业在筹备生产经营过程中发现的困难和问题，一般性的及时协调就地解决；需多部门配合解决的，及时联系相关单位协同迅速解决，并保持常态联络保证高效运行。三是动态跟踪定制涉企服务。在开展警企挂钩联系活动的基础上，积极探索设立专职警企联络官，畅通与企业固定联系人的对接渠道。依照企业需求“订单”，开辟政策咨询解疑等信息互动平台，提升服务效能。推动完善多元化矛盾纠纷排查机制，切实维护企业合法权益，严防发生涉稳事端。

二、以精准施策为路径，全面提供优质化服务。着力破除审批服务、业务通道、网上办理等重点环节的“堵点”，不断提升服务效能。一是大力推进“综窗”建设。严格落实国务院、省、市政府关于全面推行行政审批“一窗受理”规定，推动交警、出入境、户籍等窗口资源整合，全面推行“一窗受理、集成服

务”工作模式，努力提升行政审批效率，切实满足企业和群众对政务服务工作的实际需求。同时。更好地规范行政审批行为，推行阳光审批，切实为民为企办实事。二是大力开辟“绿色通道”。把握“科学、合理、安全”三个准则，真正从服务实际需求着眼，以“绿色通道”彰显服务温度。特别是对有急难需求的企业和员工，由属地派出所提供“预约服务、上门服务”绿色通道，及时办理户籍等业务；对上班族群体，通过开通延时服务、使用24小时自助一体机等，最大限度地方便群众。三是大力创新服务模式。合并优化公安微警务网上办理事项，充分融合“预受理”“预约办”“错峰办”等服务，形成线上办理为主、线下办理为辅的高效模式。注重发挥出入境部门业务优势，畅通海外紧急求助热线电话、“海外企业服务群”等微信群，加快海内外警侨联动服务中心建设，为境外投资企业和在外华人华侨提供证件办理、应急处置等服务事项。逐步推广机动车登记服务站建设，在4S店铺开建设交管服务网点，着力实现“让数据多跑腿、让群众少跑路”。

三、以规范执法为保障，全面护航高质量发展。深入贯彻落实《优化营商环境条例》，在法治框架内保障高质量发展。一是规范涉企执法行为，平等保护市场主体。强化包容审慎监管理念，准确把握宽严相济刑事政策和“少捕慎诉”司法政策，慎用强制性侦查措施，减少对企业正常生产经营活动的影响。合理使用行政裁量权，对企业在依法合规范围内多指导、先整改、少处罚，依法维护企业合法权益，支持保护企业创新创业。二是建立专项打击机制，严查涉企违法犯罪。坚持破案打击与追赃挽损并重，推行快侦快办机制，坚决严厉打击，全力追赃挽损，最大限度帮助受害企业减少财产损失、恢复生产经营。持续深化打击侵犯知识产权犯罪专项行动，健全完善品牌保护机制，探索建立市委领导下的知识产权保护联席会议制度，对知识产权快速审查、快速确权、快速维权。三是健全涉企案件评查，畅通投诉举报渠道。积极释放公安“大监督”动能，定期抽查涉企业、企业家权益保护案件，强化过程监管，对插手经济纠纷、滥用强制措施、违法冻结资金等执法问题，坚决予以纠正，倒逼规范执法。设立营商环境投诉举报通道，安排专员接听企业投诉电话，同时收集汇总110报警台、公安信访窗口等渠道的企业意见，及时受理核查不作为、乱作为、慢作为等执法服务问题，以内外合力促进标本兼治。

牢记百年党史 锤炼优秀品质
做党的光荣传统和优良作风的忠实传人

京口区人民政府副区长 闵 佳

2021年7月20日

在庆祝中国共产党成立100周年“七一勋章”颁授仪式上，习近平总书记亲自向29位“七一勋章”获得者颁授勋章，并分别发表重要讲话。总书记的讲话虽短，但“坚定”出现6次，“坚持”出现3次，“坚忍”出现2次，这三个词语既道出我们党取得辉煌成就的成功密码，也道出共产党员应该追求的优秀品质。

一、坚定不移，把牢思想行动的总开关

坚定，就是不动摇，对党员来说，就是理想信念不动摇。自中国共产党成立之日，就把共产主义作为自己的信仰，一百年来，无论是艰苦的革命战争年代，还是社会主义现代化建设时期，始终不变。理想信念就是共产党人精神上的“钙”，没有理想信念或者理想信念不坚定，就会得“软骨病”。回顾百年党史，理想信念不坚定者无一不被历史淘汰、被人民唾弃。进入新时代，我们比历史上任何时期都更接近实现中华民族伟大复兴的目标，每名党员都更应该坚定信念，坚定不移地做走在时代前列的奋进者、开拓者、奉献者。

*一是从理论中汲取营养。*坚定信念，首先要提升理论修养，就是要加强对中国特色社会主义理论体系的学习，深入学习中国特色社会主义理论体系的发展历程与历史启示，深刻认识其政治感召力、历史穿透力、理论说服力、实践指导力的来源，坚定理论自信，坚持用党的理论指导实践。

*二是从历史中汲取智慧。*历史是最好的老师，要深入学习中国近代史、新中国史、改革开放史、社会主义发展史，学习我们能够创造经济快速发展奇迹和社会长期稳定奇迹的内在逻辑，领悟“没有共产党，就没有新中国”的深刻内涵，坚定道路自信，用历史思维、历史眼光、历史情怀去发现问题、分析问题、解决问题。

*三是从榜样中汲取力量。*29位“七一勋章”获得者都是坚定理想信念的杰出代表，要从他们执着的信仰和追求中汲取精神动力，自觉做共产主义远大理想和中国特色社会主义共同理想的坚定信仰者、忠实实践者，在任何时候任何情况下理想信念不动摇、革命意志不涣散、奋斗精神不懈怠。

二、坚持不懈，牢记一切工作的出发点

坚持，就是一件事持续做下去，对中国共产党党员来说，就是坚持为人民服务。在焊工岗位奉献50多年的艾爱国、与荒沙碱滩不屈抗争40多年的石光银、扎根牧区近50年的廷·巴特尔、扎根贫困地区40余年的张桂梅……他们虽平凡，但都因坚持而伟大。回顾百年党史，正是因为坚持为人民服务，中国共产党才能带领中国人民不断战胜一个又一个艰难险阻，实现从站起来、富起来到强起来的历史性飞跃；也正是因为坚持为人民服务，党才能得到人民拥护，实现从小到大、从弱到强、散而复聚、弱而复强。展望未来，全面建成社会主义现代化强国，仍然需要中国共产党与中国人民风雨同舟、生死与共，始终保持血肉联系，需要每一名党员干部坚持宗旨意识，做到权为民所用、情为民所系、利为民所谋。

一是厚植为民情怀。“我将无我，不负人民”是人民情怀的最高表达。作为党员，要结合自身实际，认真审视、深刻反思在践行宗旨上的不足，深刻回答好“为了谁、依靠谁、我是谁”的问题，坚持党的优良传统，做党的忠实传人，把群众放在心坎上。

二是保持优良作风。宗旨决定作风，作风体现宗旨。我们要始终保持对党和人民的忠诚，严格遵守党的政治纪律和政治规矩，坚持大公无私、公私分明、先公后私、公而忘私，把坦荡做人、谨慎用权体现在服务经济发展、环境监管执法等工作的全过程，做到不负党和人民殷切期望。

三是付诸扎实行动。坚持宗旨，贵在于行。任何工作都要紧扣“人民对美好生活的向往”这一奋斗目标，特别是在群众感受最直接的食品安全、生态环境等工作上，要坚持深入基层听民声、知民意，最大限度鼓励群众参与，尽心竭力解决好群众的所思所盼，切实提升群众的满意度和获得感。

三、坚忍不拔，锚定伟大复兴的总目标

坚忍，就是遇到困难不退缩，对党员来说，就是遇到困难不仅能抗住压力、承受挫折，还要能勇挑重担、迎难而上。历史和现实已经证明，无论是枪林弹雨还是风刀霜剑，无论是摸着石头过河还是闯关夺隘，前进道路越是艰辛，越是中流浪急、半山坡陡，中国共产党人迸发出的精神力量就越强大。开启全面建设社会主义现代化国家新征程、向第二个百年奋斗目标进军，实现伟大复兴中国梦，磨难、挑战、压力、风险、危机不会少。就京口而言，也面临着诸多困难和挑战，具体到分管工作，如：大项目落地难、外资外贸增量不足、环境质量不稳定，等等。“古之立大事者，不惟有超世之才，亦必有坚忍不拔之志”，应对挑战、解决问题，需要我们锚定目标，始终保持一往无前的奋斗姿态和永不懈怠的精神状态，勇于创新、强化落实，努力创造无愧于党、无愧于人民、无愧于时代的业绩，争取更大光荣。

在项目招引上，要加大投入，提前布局，统筹信息、空间、产业、人才等资源。要依托客商、中介、校友、基金等招引信息资源，积极储备一批优质项目信息；要强化产业研究，厘清产业基础和发展方向；要提前做好空间布局，解决每个地块存在的问题；要发挥政策撬动作用，补齐人才与产业不匹配的短板。

在外资外贸上，要转变思路，创新作为，做大存量，寻找增量。既要抓牢诺贝丽斯、密尔克卫等在手在谈外资项目，也要拓宽国际并购、知识产权评估等利用外资新渠道。外贸方面，既要帮助外贸企业决授信、融资等问题，释放产能、扩大进口，鼓励企业异地数据回归，也要积极招引跨境电商等新外贸业态，形成新增长点。

在生态环境上，要创新思路，狠抓落实，源头防控、末端治理双管齐下。要始终践行“两山”理念，严把项目入口关，杜绝高污染项目，寻求经济发展和环境保护的最大公约数。要扎实推进水、土、气协同治理，解决突出环境环境问题，构建“大数据＋网格化”治理体系，探索“人防＋技防”的治理模式，努力提高精准治污水平，切实满足人民日益增长的优美生态环境需要。

打好“组合拳” 构建“强磁场” 奋力打造数字经济人才集聚新高地

京口区人民政府副区长 顾洪涛

2021年12月15日

2021年，京口区数字经济产业加速发展，成功举办京口区数字经济发展大会，出台《京口区数字经济产业规划》，微软镇江数字经济创新中心正式启动运营，华为（镇江）数字创新中心、倍赛数字AI标注研发平台等一批代表性、标志性项目成功签约，大禹智汇科技中心、云时代入驻率分别达65%、80%。数字经济已经成为京口区产业转型升级和经济高质量发展的新引擎，形成在江苏省有知名度、在镇江市有影响力的发展格局。当前，全国各地争相布局数字经济，省、市党代会报告都明确数字经济是未来五年的发展重点，可以说，数字经济产业正在从自然生长阶段向重点培育阶段过渡，必将带来新的数字经济浪潮。在此背景下，将“数字京口”金字招牌擦得更亮、举得更高尤为重要。

技术密集、资金密集、人才密集是数字经济的显著特征，其中，人才是数字经济发展的根本支撑，也是检验数字经济发展条件的重要指标。但是，人才招聘与留用问题已然成为京口区数字经济产业发展的绊脚石。对京口而言，有先进地区的经验借鉴，有主城区的先天禀赋，有微软、华为的品牌效应，我们要着力放大优势、弥补不足，谋划长远，突破数字经济企业用人瓶颈，抢抓窗口期、抢占制高点，在新一轮数字经济浪潮中行稳致远。

一、在工作机制上完善“四大系统”

解决用人问题是京口区数字经济产业长远发展的关键一招，必须有严密、高效的工作体系。

一是完善组织推进系统。发挥

数字经济产业链工作专班职能，构建区、街道（园区）、重点企业三级工作网络，形成上下贯通、横向协同、覆盖京口区的工作格局，重点企业做到“一企业一班子”，每月会商、每季调度，充分保障各项措施高效落实。

二是完善平台支撑系统。充分调动多方力量，主动邀请高校、市级相关部门、社会化人事代理机构参与，建立常态化对话交流机制，畅通对接渠道，一方发起、多方响应，形成政府、企业、学校、市场各司其职、互为补充的工作格局。

三是完善政策支持系统。结合京口区实际，出台数据经济企业引才、用才专项政策，集成人才“镇兴”行动、大学生“聚镇”计划、“金凤凰”计划、新录用员工岗前培训补贴等各类人才和用工政策，刚性兑付，确保企业、人才应享尽享，推动政策效应最大化。

四是完善考核奖惩系统。量化数字经济人才招引、人才流动、人才服务、企业评价等，形成数字经济人才个性指标，并纳入年度高质量考核体系，月度通报、季度督查、半年考核、年终评比，形成鲜明的工作导向。

二、在工作推进上做实“五篇文章”

解决数字经济企业用人问题是一项系统工程，必须聚群智、集群力，统筹推进。

一是做实产业强链的文章。事业因人才而兴，人才因事业而聚，要一着不让壮大产业规模，增加优质岗位供给，从源头上提升吸引力。一方面，抓大企业招引。有活水，方可引鱼。编制大禹山数字文创区相关规划和具体实施方案，明晰重点发展方向，瞄准细分领域中的领军企业，梳理形成目标企业库、项目库，利用基金、政策、产业链等要素，强化攻坚，招引一批名气大、带动性强、管理规范的大企业、好企业。另一方面，抓小企业做大。良禽择木而栖。常态化开展企业家沙龙、培训等，剖析企业发展难题，学习标杆企业管理、经营经验，激发企业家精神。引导企业建立健全员工激励、晋升机制，帮助企业凝练经营理念，打造特色企业文化，壮大企业规模，提升竞争力。

二是做实企业需求的文章。企业是用人主体，厘清企业需求是突破用人瓶颈的基础。采取板块牵头，人社、人才等部门参与的方式，集中精力下沉到企业调研摸排，厘清企业用人需求，编制需求清单，逐个岗位明确学历、专业、工作经验、薪酬水平、岗位职责等要素，形成清晰的岗位画像，编制人才需求目录，深入研究后，提供明确可行的解决方案。新项目在洽谈阶段时就要明确人的问题，力争实现项目运营和人员到岗的无缝衔接。

三是做实人岗匹配的文章。打造数字经济企业用人信息平台。集成人才政策、岗位信息等，并向全网开放，“一岗一画像”“一人一画像”，最大限度实现求职需求和用人需求精准匹配。同时，鼓励企业在平台发布技术含量低、劳动密集型、可外包的部分非核心业务，企业下单，个人点单，平台成交，既解决用人问题，也降低企业成本。

四是做实宣传推介的文章。制作数字经济引才专题宣传片，通过个人视角放大京口就业优势，精准投放至年轻人接受度高的媒体平台，吸引更多人关注京口。聘请已在京口就业人员担任“宣传大使”“引才顾问”，以奖代补，努力形成“引进一个带来一群”的蝴蝶效应。开展京口企业进校园、万名学生看京口活动，在各院校精心举办京口专场招聘会，提高招聘成功率。

五是做实暖心留人的文章。留住心，才能留住人，既要做好服务，也要给予关心。加强用人监管，规范用人行为，引导企业提升员工工作、生活环境质量，提高薪酬待遇。关注离职存量人才，分析原因，厘清诉求，帮助他们在京口再就业，减少流失。逐步完善载体周边生活配套，引进爆款、潮牌，满足生活、消费需求。党建带群团，常态化组织联谊、娱乐活动，优秀党员、团员和劳模等向数字经济基础人才倾斜，增强荣誉感、获得感，促进年轻人走出工位、融入京口。

三、在人才培育上建立“两学院一基地”

增加产业人才供给是从根本上解决问题的突破点，从京口区数字经济企业实践看，产教融合是最有效的渠道。

一是探索建立现代产业学院。产业学院是深化校企合作，打通“人才培养 + 人才输送”闭环的新模式。结合产业发展趋势和用人需求，本着“政府搭台，校企唱戏”的原则，撮合 1~2 家在镇高校和重点用人企业，优势互补、资源共享，共建数字经济产业学院。产业学院按照“全面合作、联合创新、协同育人”的思路，由学校和企业共同研发课程内容、培育教学力量、培养产业人才、开展科研攻关、推动成果转化，实现专业与产业精准对接。在教学上，以培养高技能人才为重点，兼顾攻关型人才，实行“双导师制度”，知识传授、技能培养、职业指导“三位一体”，德技双修，实现“招生即招工，入校即入厂”。

二是探索建立技能培训学院。京口区数字经济产业不仅需要会写代码、会设计人物等专业性人才，也需要平台运维、数据处理、呼叫客服等综合性基础人才。区里牵头，联合市人社、辖区院校、重点企业，开办数字经济人才培训学院，盈利性与公益性结合，技能培训和岗前培训结合，理论培训和实操培训结合，打造“政府 + 高校 + 企业”人才联合培养平台，扩大综合性基础人才供给。学院根据京口区数字经济产业特点，建立教师资源库、精品课程库，采取市场化、订单式培训，企业下单、学院接单，谁用人、谁出资，根据企业需求、岗位特点等定制个性化培训计划。充分利用技能培训补贴等资金，鼓励待业人员参加培训，解决部分失业人员再就业问题，扩大数字经济基础人才规模。

三是探索建立人才供给基地。异地人才流入是衡量产业发展、城市活力、服务水平的重要指标，也是保障我们人才供给的重要来源。要立足镇江、放眼全国，与更多外地院校，特别是中西部地区院校，建立长期稳定的校企、校地合作关系，建立跨区域人才供给基地。引导数字经济企业适当增加投入，为外地院校提供实习、实训基地，通过实习、实训“选苗”“育苗”，通过专项奖学金、助学金、技能大赛等形式“蹲苗”“壮苗”，锁定更多异地数字经济优秀人才。

中共京口区委员会

责任编校：钱柯檀

综　述

【概况】 京口区广大干部群众高举习近平新时代中国特色社会主义思想伟大旗帜，认真贯彻落实中央和省、市决策部署，统筹疫情防控和经济社会发展，深入实施“四大提升行动”，创新实干、开拓奋进，迈出现代化建设的坚实步伐。2021 年实现地区生产总值 505 亿元，增长 10.5%；一般公共预算收入 22.35 亿元，增长 3%；固定资产投资 117 亿元，增长 6.4%；规上工业总产值 506 亿元，增长 40%；实际利用外资 5168 万美元，增长 67.3%；社会消费品零售总额 290 亿元，增长 22.1%；城镇居民人均可支配收入 59822 元，增长 9%。

【经济发展】 实施产业强区“一号战略”、项目招引“一号工程”，务实推行“链长制”。116 个产业项目完成年度投资 55 亿元，其中 51 个项目实现竣工运营，总投资 15.6 亿元的天海特种装备制造项目开工建设，总投资 3.75 亿美元的诺贝丽斯汽车铝板项目加快推进。2021 年签约产业项目 88 个，总投资 84.2 亿元，签约数量和投资体量均增长 30% 以上，重点产业项目与产业链契合度达到 72%。制定数字经济发展规划和扶持政策，举办数字经济发展大会，微软（镇江）数字创新中心开园，华为（镇江）数字创新中心落户，数字经济发展迈上新台阶。企业创新能力不断提升，科技型中小企业备案数持续位居镇江市前列，规上工业企业研发投入达 10.2 亿元，增长 43.7%。人才招引成效进一步显现，以“金凤凰”计划为突破口，加大招才引智力度，1 个院士团队落户京口区，2 人入选省“双创”计划，10 人入选市“金山英才”计划，2021 年引进大专学历以上人才 3287 人。

【城市环境】 全面完成能耗“双控”年度任务，削减重点企业能耗 15.08 万吨标准煤。$PM_{2.5}$ 年均浓度 34.3 微克 / 立方米，比上年下降 8.8%，空气优良天数比例达到 79.1%。严格落实河湖长制，以“工业、生活、农业、航运”四源齐治为突破口，强化入江入河排污口管理，巩固提升长江岸线修复成效，国考、省考断面水质稳定达标，全部达到或优于Ⅲ类水体。城市建设扎实推进，有序实施火坛楼巷等 8 个老旧小区改造 26.5 万平方米，稳步开展 55 个小区物业管理提升工作，完成王家新苑、象山花园三期安置房建设，新建改造上隍路等 7 条城市道路，完成拆迁扫尾 96 户，网巾桥、老北门、酒海街等 3 个片区获评“省级宜居示范居住区”。城市管理更加精细，整治违法用地 7 宗，拆除违法建设 4.9 万平方米，改造升级花山湾等 3 个菜市场，实施学府路市容综合环境整治试点工程，完成乡村公共空间“513”专项治理年度任务，人居环境不断优化。紧扣常态长效导向，圆满完成新一轮文明城市创建复查迎检任务。

【民生事业】 坚持就业优先，开展“援企惠民”就业帮扶，2021 年实现城镇新增就业 5900 人。持续擦亮“创响京口”品牌，举办 2021 中国·镇江国际菁英创业大赛，支持成功自主创业 2346 人。紧盯群众和企业需求，先行试点“一件事”改革，创新“一窗受理、分类、审批，一窗出件”模式，办理事项压缩率、企业开办耗时率分别下降 54% 和 76.8%。严格落实教育“双减”政策，完善教育硬件设施，建成 4 所“智慧化校园”，江科大附小校安工程全面竣工并投入使用，省级义务教育优质均衡和学前教育普及普惠率保持镇江市前列。加强疾控能力建设，开展优质服务基层行活动，实现社区卫生服务中心互联网诊疗全覆盖，建成 1 个二级生物安全实验室、镇江市首家基层医疗机构标准化代谢性疾病管理中心和 360 大健康管理中心。实施文体惠民工程，开展各类文化惠民活动 1200 余场，合山公园健身广场建成使用，“吴文化旅游节”等活动有力扩大京口知名度和影响力。全方位做好退役军人服务保障工作，创成 8 家全国示范退役军人服务中心（站）。

【社会稳定】 深入开展社会矛盾和安全隐患大排查大整治活动，妥善化解一批信访积案，信访总量和进京越级访分别下降 17%、19%。强化“法治京口”建设，加快构建区、街道、社区（村）三级人民调解网络，社区（村）“援法议事”平台建设实现全覆盖，基层矛盾纠纷化解率达95%以上。巩固深化扫黑除恶成果，大力实施“蓝盾”“闪电”等专项行动，着力压降发案数，京口区公众安全感满意率达99.5%。以安全生产专项整治“三年大灶”为统领，持续抓好重点行业、关键领域安全生产工作，隐患综合整改率达97.75%，省、市两级督导巡查交办问题全部整改销号。加强基层基础建设，推动社区工作者职业体系由“六有六化”向“六优六化”升级，社工站建设在镇江市率先实现全覆盖，群众对网格工作知晓率和服务满意率实现“双提升”。

【党的建设】 加强干部学习教育和群众性理论宣讲，成立京口区基层理论宣讲团，让党的声音更好地走入基层一线。认真落实意识形态“一岗双责”，举办“长三角主流媒体看京口”活动和网络安全事件应急实战演练，用好“学习强国”、京口发布等平台，守好意识形态“责任田”，守牢意识形态主阵地。扎实推进“两在两同”建新功行动，实施“建强‘奔跑支部’”“党建引领美丽社区建设”等“书记项目”，选派30名干部服务重点项目和任务，“打造新时代红色物业的‘京口样本’”入选全国“基层党建和民生发展”优秀案例，京口路社区成为镇江市唯一“全国先进基层党组织”。深化党风廉政建设和反腐败斗争，立案76件，运用“四种形态”处理110人次。在镇江市率先完成首轮政治生态监测评估，查摆整改问题48个。开展“孝廉京口”建设，打造纪检监察铁军，制定江苏省首个“铁军准则”“铁军誓词”，“百名纪检监察干部进社区（村）”活动取得明显成效。加强和改进统战工作，开展“五送五助”民营企业服务活动，各民主党派京口基层委员会实现平稳有序换届，区工商联获评全国“五好”县级工商联，阳光世纪花园社区创成省侨务工作示范单位。

重要会议

【中共京口区第九次代表大会】 中国共产党镇江市京口区第九次代表大会于2021年7月27日召开。会议坚持以习近平新时代中国特色社会主义思想为指导，全面落实中共十九大和十九届二中、三中、四中、五中全会精神，深入学习贯彻习近平总书记“七一”重要讲话精神，认真总结过去五年各项工作，研究部署今后五年奋斗目标和主要任务，选举新一届区委、区纪委班子和出席市党代会代表，团结带领京口区广大党员和干部群众，扛起使命、接续奋斗，向着现代化新京口的美好前景加速奔跑。

【区委九届二次全会】 中国共产党镇江市京口区第九届委员会第二次全体会议于2021年12月30日召开。全会坚持以习近平新时代中国特色社会主义思想为指导，深入贯彻中共十九大和十九届历次全会、中央和省委经济工作会议、省市区党代会、市委八届二次全会精神，总结2021年工作、部署2022年任务，动员京口区上下践行光荣使命，跑出京口速度，以实干实绩奋力谱写现代化建设新答卷。

重要工作

【经济发展】 2021年，实现地区生产总值449.5亿元，年均增长4.2%；人均地区生产总值12.2万元，年均增长5.4%；一般公共预算收入21.7亿元，保持稳中有进的良好态势。诺贝丽斯高端汽车铝板、天海特种装备制造、大禹智谷科技产业园等一批超10亿元项目相继落户。京口经济开发区高性能铝材料产业突破百亿规模，新民洲港成为全国原木进口单体第一港，谏壁粮油产业连续五年销售超100亿元，大禹山创意新社区形成省内有影响的数字产业特色集群。楼宇经济蓬勃发展，苏宁广场展示“城市地标”形象，八佰伴成为税收超亿元楼宇，凤凰广场文化产业加速集聚，大市口商圈核心地位更加巩固。京口区先后获评全国“高质量发展百强区”“营商环境百强区”。

【生态环境】 坚决打赢污染防治攻坚战，联动推进气水土同治，空气质量、断面水质、土壤环境不断向好。严格落实河（湖）长制，黑臭水体全面消除。贯彻落实“共抓大保护、不搞大开发”要求，完成长江干流岸线项目清理、“十年禁渔”、两岸造林绿化等阶段性任务。推进“两个周边”、会莲庵街等93个、136万平方米征收搬迁项目，惠及群众1万余户。实施中营等30个老旧小区改造，拆除违法建设53.7万平方米。新建景阳山庄等安置房56万平方米，综合交付率超过90%。全力保障省市重大基础设施项目建设，连镇铁路京口段建成并全线通车，镇大公路上隍段完成维修改造。双井路北段、宗泽路拓宽等道路工程全面竣工。加强城市配套设施建设，新建改造11座菜市场、94.8千米城市管网、79座公厕，增设停车泊位4500个，生活垃圾无害化处理率达100%。深入实施乡村振兴战略，自然村全部通过农村人居环境整治市级验收。全国文明城市、国家卫生城市等一系列创建成果持续得到巩固。

【民生事业】 坚持将财政支出的70%以上用于改善民生。完善保障兜底，社保扩面征缴超额完成，“申请救助最多跑一次”做法入选省民政系统创新实践项目。完成新京口中学、中山路小学等学校建设改造8.5万平方米，推进实施集团化办学，特色教育、融合教育、规范教育等品牌产生广泛影响。完成大市口社区卫生服务中心中南分部等3家基层医疗健康网点的建设和升级工作，创成国家慢性病防控示范区。建成启用36个标准化社区居家养老服务中心，政府为老年人购买服务的模式有效拓宽供给渠道。年均开展文体惠民活动500余场，基层综合性文化服务中心建成率达100%，获评“全国群众体育工作先进单位”。加强退役军人服务保障工作，京口区创成8家全国示范退役军人服务中心（站）。

【社会稳定】 持之以恒打造“平安京口”，深入开展扫黑除恶专项斗争，有力遏制黑恶势力滋生蔓延。有效化解信访积案70余件，中央信访工作联席会议专刊推介京口区攻坚化解经验。扎实推进安全生产“一年小灶”专项整治，统筹抓好食品药品安全等工作，2021年，京口区未发生一起重特大安全事故。全力防范应对重大风险，政府债务、金融投资、网络安全等领域的隐患矛盾得到有效化解。强化“法治京口”建设，完成省、市“七五”普法终期评估验收，京口区法治环境更为优化。

【党的建设】 高标准开展“两学一做”学习教育、“不忘初心、牢记使命”主题教育和党史学习教育。大力夯实基层基础，先后创成“五星”党支部11个，京口路社区党委被授予“全国先进基层党组织”称号，涌现出孟家园、杨凌、卜美琴等一批基层优秀党员。实施推进“建强‘奔跑支部’”、“365”社区治理服务体系建设、“红色物业”等一批“书记项目”，社工职业体系建设获评“全国城市基层党建最佳案例”，“党建让城市生活更美好”鲜活做法得到省委充分肯定。开展领导干部“政治体检”，实施干部教育培训“135”工程和专业化能力提升计划，干部队伍的素质和结构不断优化。深化运用“四张清单”，推动“两个责任”一体履行；持续加强党风廉政建设，开展“百名纪检监察干部进社区（村）”活动，推进政治生态监测评估向基层延伸；纵深推进反腐败斗争，农村土地征收安置等一批群众反映强烈的突出问题得到有效治理。省委巡视反馈问题全部整改到位，巡察实现一届任期内全覆盖。

（蔡宸）

组织工作

【概况】 2021年，京口区委组织部在服务大局中提升政治站位、在聚焦主业中把准职责定位、在谋划创新中强化争先进位，为高质量发展提供组织保障，各项工作取得较好成效。

【城市基层党建进档升位】 庆祝中国共产党成立100周年，获评区级以上“两优一先”126人（个），京口路社区党委荣获全国先进基层党组织，镇江市唯一。扎实开展“两在两同”建新功行动，对10个领域党组织和党员开展“十争当”活动（机关党员争当履职尽责、融入大局的先锋；事业单位党员争当情系群众、民生保障的先锋；窗口单位党员争当敬业奉献、优质服务的先锋；医疗卫生单位党员争当守护健康、强医惠民的先锋；教育系统党员争当立德树人、培根铸魂的先锋；社区党员争当社区善治、为民服务的先锋；农村党员争当乡村振兴、美丽环境的先锋；国企党员争当勇于创新、兴企有为的先锋；“两新”组织党员争当同心同行、红领引航的先锋；离退休党员争当红色传承、银发生辉的先锋），326名乡科级以上党员领导干部建立社区、网格、企业联系点500余个。下拨市、区两级疫情防控专项党费50万元，3000余名市、区党员志愿者参与“敲门行动”。开展党建引领“美丽社区”建设，以“一领七美”为牵引，完善城市基层“抓管带”体系。持续扩大“红色物业”覆盖面，以“10+55”为重点，创成4个省级示范点，数量镇江市领先，《打造新时代红色物业的“京口样本”》获评全国“基层党建与民生发展”优秀案例。制订深化社区工作者职业体系建设“六优六化”文件（进一步优化工作标准，服务效能更加优质化；进一步优化待遇保障，薪酬激励更加人性化；进一步优化进入渠道，选配方式更加多样化；进一步优化岗位培训，能力素质更加专业化；进一步优化发展空间，作用发挥更加多元化；进一步优化考核机制，绩效评价更加精准化），实现“从有到优”的扩容提质。

（倪正阳）

【“三提升一示范”工程成效显著】 实施党支部质量提升工程，京口区命名五星党支部13个、四星党支部157个，三星以上占比91.5%。建立区委常委党支部联系点20个，软弱涣散党组织动态清零。实施党员意识提升工程。组织开展“先锋90后”评展活动，发展党员350名。实施党建责任提升工程。17个区委直属党（工）委书记针对基层党建工作中存在的突出问题和薄弱环节，紧扣“五个基本”（基本组织、基本制度、基本活动、基本队伍、基本保障），围绕突出政治功能、提升基层党组织组织力，深入推进一批高质量基层党建书记项目。实施党建标杆示范工程。全面提升38个城市社区党群阵地效用，实现“一角一点三清单”全覆盖（初心角，红色便民点，办事、志愿服务和功能室使用清单），建成6个街道社工站、16个“两新”党建样板、首批50个网格微家。

（徐圆圆　倪正阳）

【“两新”党建多点突破整线建强】 实施“两新”党建“六强六深化”行动（强引领，深化学习教育；强覆盖，深化“七大攻坚”；强示范，深化样板带动；强联系，深化晋星升位；强保障，深化系统增效；强融合，深化“奔跑”助力），新增两新组织党支部9个，打造镇江市首个数字经济党群人才服务中心，16个两新党建样板，苏宁商圈党委入选镇江市首批党务工作者之家，承办镇江市“两新”组织党务工作者培训班，在镇江市率先成立互联网行业党委、建成道路货运行业“红色方向盘”党建联盟，认证29名初中高级党务工作者。

（徐圆圆）

【高质量推进区领导班子换届工作】 紧扣市委“一稳三好”（换届选举工作平稳有序；换出领航担当好班子、风清气正好生态、争先奔跑好局面）目标，系统周密推进换届工作，完成区委领导班子换届选举任务，人大、政府、政协换届工作有序推进。全力营造风清气正的换届环境，落实“六个必谈”要求，坚持警示教育“三在先”，发放提醒卡1950张，签订承诺书1532份，观看警示教育片385人次。成立换届风气巡回督查组，对风气监督工作开展全方位督查，换届期间未发生一起违反换届风气信访反映。

（唐辛鑫）

【鲜明重实干重实绩的导向】 坚持“二十字”（信念坚定，为民服务，勤政务实，敢于担当，清正廉洁）好干部标准，牢牢抓住“想干事、能干事、干成事”三个关键点，大力推荐选拔政治过硬、实绩突出、清正廉洁、群众公认的干部。新推荐提拔到县处级副职领导岗位的干部，80% 具有街道（园区）党政正职经历，新一届区党政班子中有镇（街道、园区）党政正职经历的占 53.3%。在上一年度综合考核第一等次单位提拔乡科级干部 17 名，提拔担当实干“老黄牛”式干部 5 名。（唐辛鑫）

【动态调优干部队伍结构功能】 着眼优化班子结构、提升整体战斗力，2021 年调整任免干部 5 批次，涉及 136 人次。提拔乡科级干部 23 人，其中正科职干部 7 人，副科职干部 16 人。注重培养使用年轻干部、女干部、党外干部，2021 年提拔重用“90 后”干部 6 名。新招录公务员 26 名、事业人员 109 名，定岗特选 2022 届优秀大学毕业生 10 名。（唐辛鑫）

【有效提升干部队伍能力素质】 紧扣“产业强区”一号战略，举办“双招双引”专题研修班，49 名干部到苏州学习先进发展经验，提升治理能力和治理水平。开展“奔赴主战场、攻坚打硬仗”行动，选派 20 名干部服务重点产业项目，10 名干部到征收搬迁、污染防治、信访稳定等重点任务一线“墩苗”历练。举办优秀年轻干部集训班，46 名年轻干部通过理论学习、现场观摩、无领导小组讨论、论坛交流等方式全面提升“七种能力”（政治能力、调查研究能力、科学决策能力、改革攻坚能力、应急处突能力、群众工作能力、抓落实能力）。举办各类专题培训 13 场，参训干部 429 人次，选派 19 名干部参加上级调训，组织 830 余名干部参加网络培训。（唐辛鑫）

【加强干部日常监督管理】 结合区委巡察，对 11 家单位开展选人用人专项检查，发现违规问题 18 个。组织 30 家有用人权的单位开展“一报告两评议”工作。从严把控领导干部在社团和企业兼职，2021 年审批备案乡科级干部在社团兼职 25 人次。对 5 名区管干部开展经济责任审计。全面完成干部人事档案专项审核全覆盖工作，为正确使用干部提供基础保障。（唐辛鑫）

【推动“三项机制”落地落实】 评选“凝心聚力好班子”8 个、“担当善为好干部”20 名，向市委组织部报送“三项机制”典型案例 35 个，对 1 名干部实施容错纠错。持续加强对各类群体的关心关爱，积极回应干部诉求，3 名援藏援疆干部、33 名临退休和退出领导岗位干部晋升职级，为 10 名干部举办荣退仪式，走访慰问援派干部人才及家属、困难变故家庭等 16 人次。（唐辛鑫）

【以考核促担当的举措更严实】 科学制定“1+5”综合考核文件，成立“1+16”工作专班，坚持“半月督查、月度通报、季度监测、半年评估”，设置“红黄榜”，考核目标更精准、组织机构更高效、推进措施更有力。结合 2020 年省、市对区综合考核结果，评出“凝心聚力好班子”8 个、“担当善为好干部”20 名、“四大提升行动”先进单位 40 个和先进个人 80 名。（黄玥）

【稳慎完成公务员考录工作】 2021 年京口区考录公务员 24 名，为京口区高质量发展注入“源头活水”。在考录条件设置上进一步研究完善，围绕京口区发展需要和单位需求，倾向于设置基层一线职位。设置定向考录应届毕业生职位 5 个，设置定向考录服务基层项目人员职位 2 个，设置定向考录优秀村（社区）党组织书记（主任）职位 1 个，在疫情的影响下完成各项公务员招录流程，确保政策执行不走样。（程诗豪）

【规范化开展公务员平时考核】 各机关（单位）能够切实承担起考核工作的主体责任，加强组织领导，完善工作机制，认真组织开展公务员平时考核工作，结合实际制定具体的考核工作方案。各机关（单位）在统一设置考核指标的基础上，严格按照个人工作月计划、月小结、季考核备案的程序开展考核工作，以季度为考核周期，分季度对各个公务员工作表现情况进行评定等级，按照好、较好、一般和较差 4 个等次对公务员进行客观公正评定等级，通过规范平时考核程序，抓实抓细公务员的日常管理工作。（程诗豪）

【加强载体建设】 围绕微软数字创新中心、华为数字创新中心落户招才引智，打造数字经济、企业孵化、人才引培标杆。京口区与江苏大学共建镇江智能柔性机械电子产业技术研究院，为校地合作创新示范区提供有力支撑。人才企业中江研究院成功获评镇江市新型研发机构，泊菲莱、嘉创科技分别与江苏大学成立江苏大学——泊菲莱（镇江）光催化碳转化联合实验室、江苏大学——嘉创智慧城市实验室，校企协同推进技术革新。（杨明）

【优化人才生态】 优化《京口区重点人才企业服务清单》，推进机关部门每月为挂钩人才企业开展常态化服务，2021 年解决人才引进、项目报批、政策咨询、子女入学等 29 个问题。建设数字经济党群人才服务中心、“数字经济青年人才驿站”等服务站点 7 个，举办创业大赛、人才高峰论坛、青年人才交流交友等活动 36 场，开展引才纳智、政策宣传和技术赋能等服务，不断做优人才“生态圈”。（杨明）

宣传工作

【概况】 京口区宣传思想文化战线在区委、区政府的坚强领导下，坚持以新思想定向领航，以庆祝中国共产党成立 100 周年为主线，扎实抓好党史学习教育，强化理论武装和意识形态工作，做强主流新闻舆论，弘扬社会主义核心价值观，持续擦亮文明城市和“大爱镇江”的“金字招牌”，着力提升文化软实力和影响力，各项工作取得显著成效。（丁剑）

【理论武装】 在精髓要义上求“消化”，在学懂弄通上促“深化”，在结合实际上善“转化”，开展区委理论学习中心组集中研讨学习 17 次。成立京口区基层理论宣讲团，组织参加“永远跟党走·奋进新征程”微宣讲比赛，深入开展学习“七一”重要讲话精神“云课堂·微宣讲”活动，进一步提高理论宣讲覆盖面。完成京口区党（工）委（党组）理论学习中心组巡学旁听全覆盖。突出“六专题一实践”重点任务，综合运用“三三”工作法，落细落实“三张清单”，有效推进京口区党史学习教育面上指导工作。扎实推进“643”行动计划，青少年党史学习教育走在镇江市前列。（丁剑）

【**意识形态工作**】 学习贯彻《中国共产党宣传工作条例》《党委（党组）意识形态工作责任制实施办法》，提早部署、精准研判、严格管理，将意识形态工作与中心工作一同部署、一同落实、一同检查、一同考核，持续推进“六个纳入”。落实专项督查，对京口区17家党（工）委及接受区委巡察的单位开展意识形态专项督查。开展“扫黄打非”进基层工作，实现“扫黄打非”进基层“双标”建设全覆盖。进一步加强对网络舆情信息的监控、收集，开展网络舆情应对专题培训，推动涉情单位加大对网上敏感舆情的回应、应对、处置力度。（丁剑）

【**舆论引导**】 扎实做好庆祝中国共产党成立100周年新闻宣传，举办“长三角主流媒体看京口”大型采风活动、“网眼看镇江·聚焦加速跑”走进京口活动等，全方位、多角度展示京口的好形象、好声音、好故事。在中央党史学习教育官网、中央广播电视总台、人民网、新华网、光明网等国家级媒体发稿96篇，在《新华日报》、《现代快报》、中江网等省级媒体发稿138篇，在“学习强国”全国学习平台发稿11篇，“学习强国”江苏学习平台发稿282篇，国家及省级媒体发稿均远超往年。（丁剑）

【**价值引领**】 推进理想信念教育常态化制度化，深入贯彻落实《新时代爱国主义教育实施纲要》《新时代公民道德建设实施纲要》，落实“三年行动方案”。积极组织开展志愿活动，招募志愿者2670余人，第一时间奔赴各社区，加强小区安全宣传、排查，织密疫情安全网。建设更高水平文明城市，深化拓展市民文明素养提升工程，持续开展“文明交通‘京’彩同行”活动，深入开展“我为群众清洁楼道”竞赛活动，推动京口区新时代文明实践中心、所、站建设全覆盖。强化典型选树，京口区2人获得“江苏好人”称号，2人获得“镇江好人”称号，4人获得市“微美人物”称号，20人被评为“最美京口人”。（丁剑）

【**文化生产供给**】 深入实施“乡村（社区）文艺播种计划”及全民艺术普及“六进”系列活动，开展舞蹈、声乐、器乐、戏曲等文艺播种计划160期。举办京口首届吴文化旅游节，通过传统文化的“现代化表达”让吴文化焕发光彩。新建12处公共阅读栏，建成“京口24小时城市书房”，开展“书香传家”红色经典朗读大赛、“文化荣光·书香传家”家庭“四史”知识竞赛等主题阅读活动，阅读氛围不断浓厚，2021年全民阅读指数77.44，位列镇江市第一。新增规上文化企业9家，规上文化企业实现营收34.5亿元，增幅54%，位列镇江市第一。（丁剑）

统战工作

【**概况**】 京口区统一战线工作以习近平新时代中国特色社会主义思想为指导，深入贯彻落实习近平总书记关于加强和改进统一战线工作重要思想，认真落实各级统战工作会议精神，紧紧围绕服务中心、着眼发展大局，为京口高质量发展走在前列贡献智慧和力量。（王晓晴）

【**市委统战部调研京口“云上汇”镇江市网络人士实践创新基地**】 1月14日，市委统战部常务副部长徐建锋带队到京口调研“云上汇”镇江市网络人士实践创新基地，京口区委常委、组织部部长、统战部部长徐玉军陪同调研。（王晓晴）

【**民主党派评优评先会议**】 1月15日，召开京口区2020年度民主党派评优评先会议，京口区委常委、组织部部长、统战部部长徐玉军出席会议并讲话。各民主党派京口基层组织就2020年度各党派组织建设、社会服务、参政议政等工作交流发言。京口区委统战部按照年初下发的《民主党派京口基层委员会（支部）工作激励机制》进行评优评先，评选基础工作奖8个，特色工作创新奖1个，建言献策奖5个。（王晓晴）

【**党史学习教育动员会**】 3月19日下午，京口区委统战部召开党史学习教育动员会，认真学习贯彻习近平总书记在党史学习教育动员大会上的重要讲话和京口区党史学习教育动员大会精神，扎实开展好党史学习教育，切实把统战工作与党史学习教育紧密结合。（王晓晴）

【**党建工作会议**】 3月24日下午，京口区召开2021年京口区党建工作会议，区委书记徐申锋出席会议并讲话。区委常委、组织部部长、统战部部长徐玉军作了《笃行实干　奋勇争先　在深度服务中心大局中提质增效》的组织统战工作报告。区委统战部以此次会议为契机，充分开展《中国共产党统一战线工作条例》宣传工作，发放《条例》179册，确保《条例》宣传贯彻落实覆盖到社区最基层。各街道、园区签署《2021年民族宗教事务工作目标管理责任书》，进一步加强基层民族宗教工作，提高依法管理能力和水平，确保京口区民族宗教领域和谐稳定。（王晓晴）

【**开展“学百年党史　传红色精神”主题活动**】 4月9日，京口区委统战部“学百年党史　传红色精神”主题活动在镇江市烈士陵园举行。区委统战部常务副部长、区民宗局局长朱家巍出席活动，区委统战部全体党员参加活动。（王晓晴）

【**开展“追忆百年芳华　传承铁军精神”主题党日活动**】 4月16日，京口区委统战部围绕庆祝中国共产党成立100周年，在茅山新四军纪念碑广场开展“追忆百年芳华　传承铁军精神”主题党日活动，区委统战部党支部全体党员参加活动。
（王晓晴）

【召开京口区新的社会阶层人士联谊会一届三次理事会】 4月28日，京口区新的社会阶层人士联谊会一届三次理事会召开，京口区委统战部常务副部长、区民宗局局长朱家巍，区委统战部副部长、区工商联党组书记蒋伟文，区新联会会长马淳沂出席会议。 （王晓晴）

【开展“同心向党　同绘京彩”党史学习教育现场教学活动】 6月30日，京口区委统战部组织京口区统一战线广大成员开展“同心向党　同绘京彩”党史学习教育现场教学活动，京口区委常委、统战部部长陈静出席活动。区委统战部全体成员，各民主党派京口基层组织负责人，各街道统战委员、园区统战工作分管领导，部分党外干部参加活动。参观镇江市博物馆“奔流——镇江近代历史陈列主题展馆”和宝堰新四军四县抗敌总会纪念馆，重温入党誓词。民主党派和党外代表人士们用快闪的形式合唱《我和我的祖国》，表达对伟大祖国的热爱之情，坚定永远跟党走的决心。
（王晓晴）

【开展统战系统党史学习教育专题党课】 7月2日，区委常委、统战部部长陈静为京口区统战系统讲授“学史悟新助奔跑　固守圆心绘京彩”专题党课。 （王晓晴）

【召开党史学习教育专题组织生活会】 7月29日上午，区委统战部党支部召开党史学习教育专题组织生活会，交流党史学习收获与感悟，开展批评与自我批评。区委常委、统战部部长陈静以普通党员身份参加会议，向党支部汇报思想工作，带头检视自身差距和不足，部门全体党员参加会议。 （王晓晴）

【召开区委统战工作领导小组（扩大）会议】 9月1日上午，京口召开区委统战工作领导小组（扩大）会议。区委书记徐申锋出席会议并讲话。区委常委、统战部部长、区政协党组副书记陈静对上半年工作进行总结，并对下半年工作进行部署。
（王晓晴）

【开展“情系中国结　统战一家亲”主题日活动】 9月16日，“情系中国结　统战一家亲”主题日活动在镇江元致亨食品有限公司举行。镇江市委统战部常务副部长徐建锋，京口区委常委、统战部部长、区政协党组副书记陈静，副区长陈苏婷，区政协副主席、区工商联主席朱裕根，区政协副主席、民建镇江市委会副主委宋小燕出席活动。 （王晓晴）

【召开学习市第八次党代会精神专题会议】 10月11日，区统战系统召开学习市第八次党代会精神专题会议，区委常委、统战部部长陈静出席会议。 （王晓晴）

【市委统战部调研指导京口区象山街道统战阵地建设】 10月22日，市委统战部副部长张宜英带队到京口区象山街道调研统战阵地建设工作，并对阵地的规划部署提出宝贵意见。
（王晓晴）

【京口区留学人员亲属协会筹备会议召开】 10月26日，京口区留学人员亲属协会筹备会议召开，镇江市留学人员亲属协会会长朱建新，京口区委常委、统战部部长陈静出席会议，京口区侨联主席王晓方、副主席吴新华，京口区留学人员亲属协会领导班子成员拟推荐人选参加会议。 （王晓晴）

【开展行进式党课】 11月26日上午，京口区委统战部党支部组织全体党员参观贺甲战斗纪念馆，邀请贺甲村老书记为党员上一堂生动的行进式党课。 （王晓晴）

【京口网格统战工作试点取得初步成效】 京口区委统战部致力于把大团结大联合作用落精落细，在统战人士较为集中的正东路街道焦顶山社区和京口路社区开展网格统战工作试点，并取得初步成效。创新“同心议事堂、同心工作室、同心志愿团——三同心”网格统战工作模式，将统战工作嵌入社区网格，同步组建民主党派、新的社会阶层人士、非公有制经济人士等5个界别“同心志愿团”与社区网格“同心工作室”“同心议事堂”结对共建；同步组建网格架构，按照“1+*N*+*N*”的模式组建统战网格员队伍（1名专职网格长+*N*名兼职网格员+*N*名网格志愿者），把统战人士纳入网格、把服务工作融入网格，形成统战工作在网格内落实，统战人士作用在网格内发挥的良好态势。有网格志愿者300余人，开展疫情防控、扶贫济困、法律咨询等志愿服务活动50余场。优化“双向服务”。坚持在提供有效服务供给中凝聚人心。通过网格“精准定位”实现统战人士“全覆盖”，落实诉求“全响应”、服务“零距离”，实现统战人士遇到困难找得到组织，并能够就近、就便得到精准化、精细化服务。发挥统战人士人才密集、包容性大、广泛性强等优势，结合自身职业特点，开展医疗、教育、心理调适等各具特色的项目化服务，推动统战人士变为服务力量。培树“两个品牌”。焦顶山社区成立“山畔议事会”，发挥统战人士开展基层协商、反映社情民意、联系服务群众的积极作用，全程参与社区重大民生事项的监督议事。京口路社区成立“万花筒·同心圆”联络站，通过孵化、引进社会组织，充分发挥统战人士人才密集优势，通过“组团式”为居民提供法律、教育等方面专业服务。 （王晓晴）

台湾工作

【强化两岸经贸合作】 全方位融入长三角一体化和宁镇扬一体化，通过以商引商、专题招商、小分队招商等多种方式，主动“出门找信息”，接待中华两岸交流协会常务副会长刘仲宇、江苏盛众置业有限公司执行董事蓝基益、海峡两岸（黑龙江）青年就业创业基地负责人郑文钦、上海岸泊视觉艺术有限公司董事长林展辉等一批台商到京口考察，获取大数据、产品制造、台青基地等项目信息。 （徐丹）

【助推在地台企发展】 引导台企加

快转型步伐，支持元鼎饰材加大技改投入，总投资1000万美元的无拉绳窗帘改造升级项目在“2021镇江·长三角台商投资推介会”上成功签约，到位台资150万美元；鼓励永丰电光源实施“零地增长”，配合园区成功招引厦泰电子、中铭电子、奥凯电子3家企业入驻永丰闲置厂房，盘活厂房面积近1万平方米，为京口区高质量发展腾出新空间。（徐丹）

【深化两地交流互动】 承办2021镇江台湾中秋联谊活动，通过独唱、舞蹈、二胡独奏等多个节目，向台湾民众展现京口的文化、经贸等各领域风貌，扩大京口在岛内的影响力和知名度。（徐丹）

【坚持“七心”涉台服务】 建立完善“定期走访”“及时会办”机制，2021年深入台资企业走访调研12批次，协调解决各类诉求、求助15件次；落地落实惠台政策，鼓励台企积极为留镇过年外地员工申请专项补贴，最终9家台企172名留镇过节员工获10.32万元岗位补贴；鼓励台企参与公益活动，回馈社会，元鼎饰材免费为市八叉巷小学安装遮阳窗帘。（徐丹）

【固化党建引领成果】 把做好当前对台工作与开展党史学习教育、“两在两同”建新功行动紧密结合，对标“我为群众办实事”的目标要求，深入台企和结对社区开展调研座谈，2021年开展各类实践活动21场，覆盖台商、台企、社区约1100人，切实做到“台企有困难第一时间赶到，台胞有问题第一时间出现，台属有求助第一时间回应”，在对台工作中彰显“赤心”。（徐丹）

机构编制工作

【概况】 2021年，京口区委编办在区委、区政府的坚强领导和区委组织部归口管理指导下，以“争当表率、争当示范、走在前列”为使命担当，认真落实省市区委的决策部署，以改革创新精神推动机构编制工作高质量发展，为京口区“四大行动”和京口现代化建设新征程提供更加有力的机构编制保障。（孙健鑫）

【深化基层管理体制改革】 进一步推动基层扩权赋能，建立健全街道职责准入职责，理顺街道与区直部门的工作对接、沟通衔接关系，加强和创新基层社会治理模式，推动编制资源向街道倾斜。探索实行“区政合一”管理模式，推进开发园区管理体制机制改革，努力构建扁平精干、运行高效的开发区机构职能体系，提升开发区对京口区经济发展的引领及拉动能力。（孙健鑫）

【深化基层“三整合”改革】 聚焦基层治理中存在的痛点、堵点、难点问题，在现有“1+4”模式的基础上，以“三整合”示范街道创建为抓手，进一步完善职责准入、资源下沉、权力调整、全员培训、考核评估和信息共享等机制。全面提升基层治理效能，设立区域治理现代化指挥中心，努力构建系统集成、数据共享、资源互通、联动指挥、统一调度的治理现代化指挥体系。根据京口区网格化社会治理要求及服务人口数量变化，重新核定街道（园区）社区工作者和城管协管员等员额总量。（孙健鑫）

【全面建立街道权力清单制度】 制定《镇江市京口区街道行政权力事项清单》，认领街道法定权力事项49项，梳理赋权街道权力事项50项（不含公共服务事项），进一步规范县、乡政府职责权限，加快形成边界清晰、分工合理、权责一致、运转高效、依法保障的县乡人民政府职能体系，形成省、设区市、县（市、区）、乡镇（街道）四级横向到边、纵向到底的权力制约和协调机制，进一步推进依法行政，为推进基层治理体系和治理能力现代化提供体制机制保障。（孙健鑫）

【机构编制管理】 管住、管好、用活机构编制资源，将有限的机构编制资源投入地方经济发展和民生领域，增强服务经济社会发展大局的能力。坚持教育优先发展战略，利用有限的机构编制资源重点保障中小学教职工和公办幼儿园编制需要，核增公办幼儿园员额。补齐公共卫生体制短板，不断推进公共卫生应急管理体系建设资源优化和职能配置。强化渔政执法队伍建设，进一步完善禁捕退捕工作职责体系，整合区农业经济监察大队、区动物卫生监督所组建区农业综合行政执法大队并核增编制。优化行政复议资源配置，加快推进京口区行政复议体制改革，明确区司法局承担区人民政府行政复议职能，代表区人民政府依法办理行政复议事项，完善行政复议机构建设。（孙健鑫）

【编外用工管理】 严格落实《关于规范京口区机关事业单位编外用工管理的办法》，加强编外聘用人员实名制管理，将编制使用前置化管理理念向编外用工管理领域有效延伸，在确保各机关事业单位职能履行的基础上，有效控制编外用工整体规模。建立健全社区工作者员额管理实施办法，进一步加强社区工作者职业体系建设，促进社区治理和服务质效全面提升。开展编外用工专项调查，并对违规使用编外用工单位在京口区予以通报批评。（孙健鑫）

【机构编制核查】 根据《中央机构编制委员会关于开展第二次全国机构编制核查的通知》及省委编委、市委编委有关精神，按照“机构清、编制清、领导职数清、实有人员清”的要求，对京口区街道（园区）、部门（单位）的机构编制资源数量、结构、分布等实际配置情况进行第二次机构编制核查。同时，对各机关事业单位规范机构编制管理情况、执行“三定”规定情况等开展机构编制实名制信息核查，建立机构编制问题台账，扎实推进各类机构编制问题整改。贯彻中央编委《机构编制报告制度实施办法（试行）》，全面完成京口区2020年度机构编制重要事项报告工作。（孙健鑫）

老干部工作

【概况】 京口区委老干部局深入贯彻习近平总书记关于老干部工作重

要指示精神，落实中共十九届四中全会精神和省市区委决策部署，坚持党建统领，突出作用发挥，深入推进离退休干部党的建设、发挥作用、精准服务和自身建设，进一步推动老干部工作融入中心、服务大局，为京口高质量发展凝聚正能量、做出新贡献。（吴姝颖）

【加强新时代离退休干部党的建设】 突出政治引领，认真学习习近平新时代中国特色社会主义思想，贯彻落实镇江市《加强离退休干部党员政治建设十条意见》，不断提高政治判断力、政治领悟力、政治执行力。突出组织覆盖，按照“有利于活动、便于管理、应建尽建”原则，新建老干部党支部2家。深入推进“三缘一集聚”党建模式，推动离退休干部党建融入城市基层党建。突出支部作用，结合党史学习教育，扎实开展“回望百年路，助跑加速度”统一主题党日活动，广泛开展中国共产党成立100周年庆祝活动，精心组织光影画册“寄”党史、翰墨抒情“颂”党史、载歌载舞“赞”党史、实境课堂“悟”党史、银发讲堂“说”党史、为民办事“践”党史等“党史‘京’彩学”系列活动，激励广大老干部坚决听党话、永远跟党走。突出提质进位，通过召开座谈会、观摩会、推进会等方法，推动离退休干部党组织标准化、规范化建设。扎实推进“三项计划”，区法院第五党支部荣获“江苏省百佳离退休干部党支部”称号。（吴姝颖）

【激发离退休干部发挥作用活力】 引导老干部学亚夫做亚夫，开启新征程、银发再出发，为贯彻新发展理念、构建新发展格局做出积极贡献。推动区级机关组织引导老干部向社区聚力，推动街道（园区）及其社区（村）组织引导老干部就近发力，培植6个“银发生辉”志愿服务“队、站融合体”样板社区，形成老干部助力社区治理“1+1>2”的协同效应。做优特色团队，引导4个特色团、5个特色分队发挥主体作用，进一步提高站位、竞相作为、率先垂范。做大“银发系列”，在赵亚夫事迹馆现场为9个志愿服务分队进行集中授旗（第三批），不断壮大队伍。持续开展“寻找身边正能量先锋”活动，树立榜样力量，弘扬先锋精神。强化重点项目管理。组织实施区“银发生辉”志愿服务重点项目22个，年初进行项目立项；年中，进行过程管理；年底，进行项目评审，组织综合考评。评选2021年度区“银发生辉”志愿服务重点项目实践成果奖18个，其中：一等奖项目4个、二等奖项目5个、三等奖项目9个。（吴姝颖）

【做好离退休干部服务管理工作】 协调区卫健委组建28支家庭医生离休干部专属团队，服务辖区离休干部274人。举办离休干部签约家庭医生精准化服务工作座谈会，推动“三有一落实”工程向纵深推进。抓紧抓实疫情防控，用好区老干部活动中心阵地，推进“政治中心、文化中心、服务中心”建设，不断提升内涵、优化供给、增强吸引力。推进“大走访”常态化，组织开展“光荣在党50年”纪念章颁发、庆祝中国共产党成立100周年走访慰问等活动。举办京口区机关干部集中荣誉退休仪式，引导、推动京口区上下规范落实干部荣誉退休制度。优化信息服务，举办老干部工作信息化平台管理员培训班，引导和帮助广大老干部学习使用信息化终端，让他们感受到信息化带来的快捷和便利。（吴姝颖）

【锻造高素质的老干部工作队伍】 紧跟市局步伐，狠抓队伍建设，在开展“大走访”“大练兵”基础上，开展“大推进”主题实践活动，全力打造“五能”干部队伍。投身“两在两同”建新功行动，积极为老干部办实事、解难事。年内，局领导领办难题项目2个，为老干部办实事20余项。注重调查研究，加强信息宣传，驰而不息改进作风、优化效能，各项工作都迈上了新的台阶。（吴姝颖）

史志档案工作

【概况】 截至2021年年底，京口区档案馆馆藏纸质档案20639卷，103975件，另有照片档案9985张，2021年新接收进馆文书档案5404件，婚姻档案8964件，教育局人事档案172份，出生医学证明档案7628件。区干部人事档案管理中心馆藏1081份。区史志办编撰出版《京口年鉴（2021）》，完成《江苏年鉴（2021）》《镇江年鉴（2021）》京口部分。（钱柯橦）

【史志编研】 编撰《京口年鉴（2021）》，完成《江苏年鉴（2021）》《镇江年鉴（2021）》京口部分。做好《京口年鉴（2020）》和《镇江年鉴（2020）》发行宣传，编撰本年度《档案参考》12期，助推京口高质量发展。常态化开展史志成果“六进”活动，向鼎盛铝业、石马湾社区等企业、社区捐赠最新编研成果。（钱柯橦）

【档案资源建设】 档案馆2021年整理上架政协（2008—2015）、住建局（2012—2015）、商务局（2013—2015）、卫健（2010—2015）、正东路街道（2011—2015）、物价局（2012—2019）、生态环境局（2010—2015）文书档案5404件，2015年至2016年婚姻档案8964件，完成京口区25家单位909份档案的审核整理工作，陆续接收教育局172份人事档案，收集疫情档案112件，接收出生医学证明档案7628件并完成数字化工作。（钱柯橦）

【档案利用服务】 开展“档案话百年 永远跟党走”主题巡回展，分别在区政府、桃花坞社区和招商北固湾广场等场所展出。利用微信公众号开展档案日宣传报道。文件利用中心接待查询群众2430人次，查询档案1032件（卷）。干部人事档案管理中心提供档案利用服务196人次。（钱柯橦）

信访工作

【概况】 2021年，京口区信访系统深入贯彻落实习近平总书记关于加强和改进人民信访工作的重要思想，以服务保障中国共产党成立100周年庆祝活动为主线，统筹做好重复信访治理、重点矛盾攻坚、重大风险防范、重大活动保障等工作，京口区信访工作取得新成效，信访总量比上年下降17%，越级进京访比上年下降19%，圆满完成全国“两会”、中国共产党成立100周年、十九届六中全会、上海进博会等重大会议及活动期间信访保障等工作任务。（田蓝天）

【落实信访工作责任制】 京口区坚持把信访工作摆在突出位置、列入重要议事日程。区委、区政府定期研究部署信访工作。党政领导按照每月接访日程到区人民来访接待中心接待信访群众，会办信访事项，调研信访工作。对于上级交办的重点事项、排查出的12项群体性矛盾、48名重点信访人员，严格落实两级包案制度，逐一排定工作专班和稳控工作人员，确保宣传教育到位、帮扶救助到位、化解稳控到位。（田蓝天）

【扎实推进三大专项整治工作】 狠抓重复信访治理专项工作。63件重复信访国治件全部结案，提前完成省信访局下达的目标，办案进度走在前列。狠抓城乡建设领域信访问题推进化解。省交办城乡建设领域信访问题61件，化解47件，化解率77%，提前完成省信访局下达的年度任务，城乡建设领域问题引发的进京走访大幅度下降。（田蓝天）

【持续完善长效机制】 强化源头预防。依托基层社区和网格，发动网格员、平安志愿者、“五老人员”、“老弗士”等群众身边的矛盾纠纷“解铃人”，赢得百姓的好口碑。京口区信访系统办理初信初访127件，一次性化解率97.3%，无新案转老案。坚持多元化解。组织协调各方面矛盾化解力量，推动诉访、访调有机衔接，进一步托牢社会稳定的底板。（田蓝天）

【圆满完成信访保障任务】 京口区信访系统认真贯彻落实区委、区政府关于重要敏感时期安全维稳工作部署，中国共产党成立100周年、十九届六中全会期间，京口区各接访窗口延长接访时间，双休日放弃休息，实行24小时领导带班制度。（田蓝天）

机关工委工作

【概况】 区委区级机关工委紧扣“围绕中心、建设队伍、服务群众”核心任务，聚焦实施产业强区“一号战略”，争当“三个表率”、争创“模范机关”，扛起使命、加速奔跑，为实现“三高三区”目标提供坚强政治和组织保证。年内，获评省、市机关党建信息工作先进单位、区十佳优质“书记项目”。（李跃华）

【学好百年党史】 认真落实党史学习教育要求，6次邀请领导专家宣讲百年党史、中共十九届六中全会精神等，组织100余名党员干部到南京参观中国共产党在江苏历史展，创新开展学习习近平总书记“七一”重要讲话精神暨“云课堂·微宣讲”活动，邀请孟家园、金怡录制党课视频；积极参加区委党史学习教育实践活动组工作，指导推动区法院建成“一廊、两中心、三馆”（入选“省法治文化示范点”），区人社局打造综合服务大厅（获评“全国人社保障系统优质服务窗口”），区总工会兴办京口区首家“工会大食堂”；组织给区级机关96名老党员发放“光荣在党50年”纪念章、拍摄纪念照、制作相框照片；区级机关代表队在区“永远跟党走”庆祝中国共产党成立100周年党史知识竞赛、大合唱中分别荣获二、三等奖。（李跃华）

【组织换届选举工作】 按照习近平总书记提出的“三个一定要”的重要要求，认真贯彻执行民主集中制原则，充分发扬民主，体现选举人意志，坚持先进性和广泛性要求，采用差额选举办法，以无记名投票方式，顺利完成区级机关选区40名区第九次党代会代表，4名区第十届人大代表选举任务。（李跃华）

【实施“三会一课”书记项目】 申报、实施“353工作法”，推进“三会一课”走新更走心书记项目，开展“三类”培训，举办党支部书记、党务干部、积极分子三类培训班，培训150余名党建骨干；开展“五微”行动，组织党建名师“微党课”，“两优一先”对象“微宣讲”，党务干部“微论坛”，初心“悦”读“微分享”，志愿服务“微行动”等10余场专题活动，引领“三会一课”守正创新；开展“三互”活动，打造“互动式”课堂，变“独角戏”为“书记讲、大家谈”，通过“互学互查互评”交流会，强化过程和质量监督。组织评选区级机

2021年5月28日，“我为群众清洁楼道”竞赛活动启动仪式在梦溪广场举行
（崔世林 摄）

关十佳“‘三会一课’示范点”，新创成“五星”支部1个（区人社局机关党支部），“四星”以上先进党支部占比近60%，获评京口区十佳优质“书记项目”。（李跃华）

【深化党员志愿服务】 发挥“街社吹哨、部门报到”党员志愿服务长效机制作用，固化结对关系，推动将51个区级机关党组织与61个社区结成固定共建对子；组织招募1100余名机关干部参与疫情防控“敲门行动”、压力测试、封控演练及文明创建工作，出动人员10000余人次；开展“我为群众清洁楼道”竞赛活动、“市区联动聚合力，我为群众办实事”主题活动，被学习强国、镇江电视台、《镇江日报》等多家媒体报道；助力优化营商环境，推动创建“‘镇’合意‘京’心办”党建品牌，为企业、群众提供一站式服务1300余次；着眼产业强区“一号战略”，推动区级机关64名“奔跑支部”委员，在破解项目招引签约、建设等环节的难题中积极作为。（李跃华）

2021年6月18日，“市区联动聚合力，我为群众办实事”活动在北固湾广场举行

（崔世林 摄）

党校工作

【概况】 2021年，京口区委党校紧紧围绕区委、区政府的总体思路和工作部署，牢牢把握党校姓党、质量立校宗旨，扎扎实实地开展工作，取得良好成绩。（刘昌平）

【党建工作】 制定党支部年度工作计划，确立“党建引领高站位、教育培训高水平、全面建设高质量”目标。强化理论武装，深入学习习近平新时代中国特色社会主义思想。强化队伍建设，积极开展“争当三个表率、争创模范机关”创建活动，全体党员增强“四个意识”、坚定“四个自信”、做到“两个维护”的政治自觉性进一步牢固。强化执纪监督，制定《党校党风廉政风险防控责任清单》，开展“党规党纪学习教育月”活动，到廉政教育基地开展警示教育。强化制度保障，把贯彻民主集中制作为支部建设的根本原则，坚持“三重一大”事项集体决策、领导干部个人事项请示报告等制度，全面贯彻落实《中国共产党支部工作条例（试行）》《中国共产党党员教育管理工作条例》，抓好“三会一课”、意识形态管控等制度的刚性落实。（刘昌平）

【党史学习教育】 深入开展理论研讨。支部和班子成员开展集中学习研讨活动21次，中共中央四本指定教材全部学完，党员体会文章40余篇，上专题党课2人次，在《镇江日报》《组工信息》等媒体刊发文章5篇。协助宣传部组建“党史学习教育宣讲团”，深入广泛开展宣讲活动，承办“学习宣传贯彻习近平新时代中国特色社会主义思想暨党史学习教育理论研讨会”。参加江苏省党校系统深入学习中共十九届六中全会精神理论研讨活动。开展系列党史学习教育主题实践活动。到句容茅山新四军纪念馆、赵亚夫事迹馆参观学习，开展“学革命传统、学身边典型；悟百年党史、悟千秋伟业”主题党日活动，到镇江烈士陵园开展“学党史祭英烈 明初心强信念”主题党日活动，七一开展“风华百年、红心向党”主题党日活动，收看庆祝中国共产党成立100周年大会，学习习近平总书记“七一”重要讲话。整合党史学习教育资源。办好党史学习教育专题培训班，围绕党史学习教育，在年度干部培训计划中增加相关教学内容和课时。制作中央党校网络课程《中共党史专题讲座》（十二讲）教学光盘，发送至各基层党组织，作为党史学习教育教程教材。开通中共党史专题网络直播课程。4月19日至23日，先后推送“关于党的历史重要论述”“中国共产党在新民主主义革命时期的奋斗历程及启示”“中国共产党在社会主义革命和建设时期的奋斗历程及启示”“中国共产党在改革开放和社会主义现代化建设时期的奋斗历程及启示”“党的十八大以来的历史性成就和历史性变革”等5个专题。组织协调各单位各部门的党员300余人次进行收听收看。深入基层开展党史学习教育专题宣讲活动。协助区委宣传部组建党史学习教育宣讲团，深入京口区各地开展宣讲。以“五个红色活动”为载体，深入结对社区、企业、学校开展形式多样、丰富生动的党史宣讲活动。常务副校长于咏梅到谏壁电厂围绕“百年来党的奋斗征程与伟大成就”主题，进行党史教育专题宣讲，在京口区法院讲解《习近平谈治国理政》（第三卷）。副校长刘昌平在京口区法院“不忘初心担使命‘两在两同’建新功”学习会上宣讲十九届六中全会精神。深入开展“为民办实事”活动。制定“学亚夫、做亚夫”先锋团队服务活动计划，号召并组织党员确实践行“两在两同”要求，开展

“三走进（走进社区、走进企业、走进困难群众家庭）送温暖活动”。班子成员按照“一人一重点，领办解难题”要求，领办2件难题全部完结，积极组织“聚力京彩志愿服务团队”各项“为民办实事”实践活动，参与“培育新一代百场红色经典进校园”“我为群众清洁楼道”等9次为民服务活动。（刘昌平）

【干部培训】 与区委组织部共同举办社区（村）党组织书记培训班、“双招双引”专题研修班、区第十七期中青年干部培训班，与京口区法院共同举办“百年党史悟真理，司法为民树宗旨”党性教育培训班，与中储粮共同举办中储粮油脂镇江基地党委党史学习教育读书班，与京口区应急管理局共同举办京口区应急管理（安全生产）干部党史学习教育暨专业能力提升培训班，与京口区税务局共同举办京口区税务干部党史学习教育读书班和京口区税务局2021年干部综合能力提升培训班，与丹徒区税务局共同举办丹徒区税务局2021年干部综合能力提升培训班，与市教育局共同举办2021年宣传信息和法治工作培训班，与京口区政法委共同举办京口区网格学院揭牌仪式暨第一期网格员骨干培训班。进一步修订完善《镇江市京口区委党校党员干部教育培训指南》，打造20个现场教学点，更新党校客座教授师资库。努力创新教学培训方式，积极推行学员讨论、青年论坛等互动交流模式，突破时空限制，开展线上教学和直播授课，将教学培训与考核用人相结合。（刘昌平）

【科研工作】 年度申报立项的《关于人才“镇”兴行动政策实施的调查与思考》获市委书记马明龙批示，《高职校党建与思想政治教育一体化体系构建研究》获镇江市社科联“社科应用研究精品工程奖”三等奖，《讲政治必须提高“三种能力”》获镇江市委党校课题科研成果“三等奖”。（刘昌平）

【意识形态工作】 开展“党规党纪学习教育月”活动，强化政治纪律和政治规矩；结合重大节假日组织召开党员干部警示教育大会，强化组织、工作、生活、廉洁群众纪律；开展经常性的批评和自我批评，让“红红脸、出出汗”成为常态。在《镇江市组工信息》上发表《京口区委党校：注重发挥党史学习教育“主阵地”作用》；在《镇江日报》上发表《京口区委党校：助力夯实学习教育“主阵地”》。（刘昌平）

【服务基层】 做好结对社区帮困工作。与京口路社区困难家庭结对，展开慰问活动，2021年结对困难家庭2个，完成微心愿6次。开展结对企业帮扶活动。结对2个困难企业，针对结对企业遇到的困难，校领导多次带队到企业进行指导帮扶。帮助人才结对企业解决招工、子女入学等问题。为帮助企业做大做强，区委党校与区商务局对接，为企业发展提供商务政策支持及具体业务指导。开展多形式的志愿服务工作。积极开展“学亚夫、做亚夫”先锋团队服务活动，为社区居民清洁楼道、开展活动，为困难学子赠送书籍和助学金。发挥党员先锋模范作用，多次帮助结对社区助力疫情防控和文明城市创建、迎检，参与信息摸排和核酸检测演练工作。（刘昌平）

京口区人民代表大会

责任编校：顾林艳

综　述

【概况】 2021年，听取和审议计划、预算决算及审计工作报告和“一府两院”专项工作报告23个，开展16项专项检查视察，对3项工作进行满意度测评，开展述职评议，任免国家机关工作人员87人次，组织宪法宣誓11次。（钱小丽）

【自身建设】 区九届人大常委会党组以“学党史、悟思想、办实事、开新局”贯穿2021年，扎实开展“人大工作平台完善年”活动和“民呼我应”主题实践活动，乡科级以上干部高质量完成领办实事项目16个，“学党史+”、议政代表会、代表专题接待、“两在两同立新功”等工作在省级以上媒体宣传报道30余次，讲述京口人大故事、全过程人民民主故事，实现九届人大工作圆满收官。（钱小丽）

【换届选举】 把好政治关结构关素质关，组织116个选区抓好人大代表换届选举工作，历时近4个月，选出新一届区镇两级人大代表451名。（钱小丽）

重要会议

【区九届人大五次会议】 1月5—8日召开，出席会议代表223名，列席人员75名。京口区九届五次政协会议全体成员、部分离退休老干部列席有关会议。会议举行3次全体会议，6次主席团会议。会议听取和审议镇江市京口区人民政府工作报告；审查和批准镇江市京口区国民经济和社会发展第十四个五年规划纲要；审查和批准镇江市京口区2020年国民经济和社会发展计划执行情况及2021年国民经济和社会发展计划（草案）的报告（书面）；审查和批准镇江市京口区2020年财政预算执行情况和2021年财政预算（草案）的报告（书面）；审议票决镇江市京口区人民政府2021年民生实事项目；听取和审议镇江市京口区人大常委会工作报告；听取和审议镇江市京口区人民法院工作报告；听取和审议镇江市京口区人民检察院工作报告。会议选举赵晓文为区人大常委会副主任。会议对4个先进代表小组、戎霞等31名优秀人大代表、12件优秀代表建议、7家承办代表建议先进单位予以表彰。（钱小丽）

【区人大常委会会议】 2021年召开10次常委会会议。

第三十五次会议 1月11日召开。会议决定接受裔玉乾辞去镇江市第八届人民代表大会代表职务；补选宋祥林为镇江市第八届人民代表大会代表。通过免职和任职事项。

第三十六次会议 2月25日召开。会议通过区人大常委会2021年工作要点（草案）。

第三十七次会议 4月29日召开。会议听取和审议区政府关于2020年度环境状况和环境保护目标完成情况的报告，并实施满意度票决。经票决，满意和基本满意率为100%（满意15票，基本满意9票）；审阅区政府关于医养结合工作审议意见落实情况的书面报告；通过人事任免事项。

第三十八次会议 6月15日召开。决定接受汤杲辞去镇江市京口区监察委员会主任职务；任命张旭彬为镇江市京口区监察委员会副主任，决定为代理主任。通过其他免职和任职事项。

第三十九次会议 6月29日召开。会议对22名市人大代表进行述职评议并进行满意度测评；其中4名代表作口头述职，18名代表书面述职。听取和审议区政府关于2020年度财政决算情况和同级审计情况的报告，批准京口区2020年度区本级财政决算的决议。听取和审议区政府“关于进一步优化京口区营商环境”重要建议办理情况的报告并实施专题询问。决定任命陈莹莹为镇江市京口区人民政府副区长（挂职一年）。

第四十次会议 8月30日召开。听取和审议区政府关于2021年度上半年国民经济和社会发展计划及财政预算执行情况的报告（政情通报会）、“关于完善疾控体系建设，提高疾病综合防控能力”重要建议办理情况的报告。

第四十一次会议 9月18日召

开。听取和审议区政府关于京口“七五”普法实施情况暨“八五”普法启动工作的报告，并做出相应的决议；通过人事任免；通过《镇江市京口区人民代表大会常务委员会关于区镇两级人民代表大会换届选举有关问题的决定》，选举产生京口区区、镇两级选举委员会组成人员，施正中为镇江市京口区选举委员会主任；杜承华、何俊、刘巍为镇江市京口区选举委员会副主任；张晨阳、王大伟、陆光金、刘松、高翠兰、李军、吴伟良、张经阁、钱小兵、王芳、李燕敏为镇江市京口区选举委员会委员。

第四十二次会议　10月28日召开。听取和审议区政府关于区九届人大五次会议代表建议办理情况的报告，并对重要建议办理情况实施满意度票决；常委会委员17人参与投票；听取和审议区政府关于京口区资产管理工作情况的报告；通过人事任免事项。

第四十三次会议　12月9日召开。决定接受闵佳、马贞俊、赵强辞去京口区人民政府副区长职务；接受刘凯辞去京口区人民法院院长、审判委员会委员、审判员职务；接受陈东旭辞去京口区人民检察院检察长、检察委员会委员、检察员职务。决定任命褚小明为京口区人民政府副区长；陈苏婷为京口区人民政府副区长（挂职2年）；段锋为京口区人民政府副区长（挂职1年）；任命许宏亮为京口区人民法院审判委员会委员、审判员，决定为代理院长；任命黄洁为京口区人民检察院检察员、检察委员会委员，决定为代理检察长。通过其他人事任免事项。

第四十四次会议　12月31日，会议听取区政府关于政府项目年度投资计划执行情况的报告、关于2021年财政预算调整的报告，决定批准区政府2021年财政预算的调整方案；听取和审议区政府关于民生实事项目的报告，并实施满意度票决；决定同意健康路街道办事处办公驻地迁移；听取和审议区检察院关于服务保障民营经济健康发展工作情况的报告；听取区人大法制委员会关于规范性文件备案审查工作情况的报告；决定于2022年1月10日至1月14日召开镇江市京口区十届人大一次会议；审阅区政府关于2020年财政同级审计发现问题整改情况的书面报告。（钱小丽）

【区人大常委会主任会议】2021年召开13次区人大常委会主任会议。

第五十一次会议　1月28日召开。传达市人代会精神。讨论主任会议成员分工调整方案。

第五十二次会议　2月23日召开。传达省人代会精神。讨论区人大常委会2021年工作要点和主要工作安排。

第五十三次会议　3月30日召开。传达学习全国“两会”精神。听取区政府关于2021年京口区城建重点工程建设计划的汇报。

第五十四次会议　4月22日召开。听取区法院关于认罪认罚从宽制度实施情况的汇报。

第五十五次会议　5月28日召开。听取区政府“关于培育区内优势工业产业链，提升区域制造业竞争力”重要建议办理情况的汇报。

第五十六次会议　6月25日召开。听取区政府“关于持续推进物业管理提升工程，打造美丽小区建设‘京口样本’”“关于小区物业管理”“关于强化物业公司监管，不断提升城市品质”重要建议办理情况的汇报。

第五十七次会议　7月29日召开。听取区政府关于2021年度民生实事项目落实情况的汇报。

第五十八次会议　8月26日召开。听取京口区宗教工作情况的汇报。

第五十九次会议　9月28日召开。听取区政府关于行政执法“三项制度”实行情况的汇报；听取区政府关于2020年度突出环境问题后续整改落实情况的汇报。

第六十次会议　10月20日召开。听取区政府关于科普工作情况的汇报。

第六十一次会议　11月25日召开。听取区政府关于城建重点工程项目完成情况的汇报。

第六十二次会议　12月2日召开。通过辞去选举委员会职务的事项。

第六十三次会议　12月27日召开。研究区十届人大一次会议相关事宜。（钱小丽）

人大监督

【经济领域监督】积极办理《关于培育区内优势工业产业链，提升区域制造业竞争力》和《关于进一步优化京口区营商环境》代表建议，对京口区优势工业产业链发展和优化营商环境提出建议，督促政府相关部门认真落实，促进京口区经济高质量发展。

召开政情通报会，听取2021年上半年国民经济和社会发展计划及财政预算执行情况，听取和审议京口区公有资产管理情况，促进政府进一步规范公有资产管理。加强财政监督，做好人代会计划和预算初审工作；加强对决算及同级审计的监督，整改工作取得预期效果；推进预算联网监督工作逐步规范。跟踪区级融资平台运行，加强对政府性债务审查；督查政府项目年度投资计划执行完成情况。视察防汛抗旱工作和水利设施建设情况，检查安全生产。（钱小丽）

【民生问题监督】办理《关于完善疾控体系建设、提高疾病综合防控能力建设》重要建议案。听取审议环境保护、物业管理提升工作，不断提高人民群众的幸福感、获得感、安全感，持续跟踪督查城建重点工作完成情况。听取科普工作和宗教工作情况，跟踪监督医养结合工作办理情况，逐条推进，确保审议意见落到实处。（钱小丽）

【司法监督】启动“八五”普法工作，通过《关于在京口区开展第八个五年法治宣传教育的决议》。配合省、市人大开展《镇江市住宅物业管理条例》（征求意见第二稿）、《镇江市节约用水条例》（征求意见第二稿）立法调研。听取区政府关于行政执法“三项制度”实行情况的汇报、听取和审议区法院关于认罪认罚从宽制度实施情况、区检察院服务保障民营经济健康发展情况的报告，调研区法院贯彻实施《中华人民共和国民法典》工作情况，视察公安工作，推进全面依法治区。调研嵌入式养老服务工作，召开规范性文件备案审查工

作专题培训暨推进会，开展相关配套制度的清理、完善工作。（钱小丽）

人大代表工作

【街道人大工作】 加强代表履职平台建设，6个街道工作站"八有"规范全部到位，象山、正东路、健康路和大市口街道建成新的代表联络工作站并投入使用。四牌楼街道、谏壁街道在原有的基础上进行提升，各街道结合自身实际打造代表工作联络站特色工作。议事内容不断拓展，逐步把经济发展、项目建设、生态环境保护工作等纳入议事范畴，象山街道、谏壁街道分别票决产生年度民生实事项目。创新代表专题接待活动。在每月代表定期接待选民的基础上，围绕打造营商环境、优化生态环境、改善生活环境等主题，组织20余次双月专题接待活动。街道人大工委牵线搭桥，由4~5名辖区人大代表组团接待，邀请区、街道有关部门现场答复企业、选民提出的问题，取得较好成效。（钱小丽）

【代表和群众联系】 围绕"五结合五提升"，组织代表深入开展"民呼我应"主题实践活动、"两在两同"建新功行动，激发人大代表的履职热情和担当精神，推进解决一批人民群众最关心、最直接、最现实的问题。组织181名省、市、区三级人大代表在辖区19个选民接待点集中接待选民，听取人民群众对京口区经济社会发展和民主法治建设、热点难点问题、换届选举工作及各级人大工作的意见。（钱小丽）

【代表建议办理】 制定代表建议监督责任清单，各委办跟踪督办，组织建议办理情况督查，提高代表建议解决率。建议办理结果及时公开，邀请部分代表全程参与建议重点督办会，强化监督效果。首次实施区领导挂钩督办（领办）代表建议工作，21位区领导挂钩督办（领办）21件代表建议，示范带动代表建议办理的质效。区办建议全部办结，占办理总数的70.2%（比上一年提高8.8个百分点）。代表对建议答复的满意和基本满意率为100%。（钱小丽）

议案和重要建议

【概况】 区九届人大五次会议期间，大会秘书处收到区人大代表提出的议案、建议、批评和意见111件，其中10人以上联名提出的议案33件，建议、批评和意见78件。数量比2020年多7件；总体质量提高，除拟列入重要议案和建议的之外，还有徐彩华等10名代表联名提出的《关于加强沿江环境保护，推进美丽京口建设的议案》、谢根龙等10名代表联名提出的《关于"弘扬企业家精神，培养一流企业家，激发市场重要主体企业家活力"的议案》、王德标等10名代表联名提出的《关于进一步加快新民洲临港产业园发展，全力打造国家级木业精深加工示范区的议案》、徐晓声提出的《关于加强云时代中心创新载体运营管理的建议》、曹红霞提出的《关于进一步管控好政府性投资项目的建议》等都具有一定的代表性和较强的可操作性。

在111件议案、建议、批评和意见中，内容涉及工业、邮电和交通方面17件；农业、水利、土地6件；财税、金融和服务方面的4件；城建、环保和旅游方面51件；教育、科学、文化、卫生、体育和计划生育方面17件；法制、社保、侨务和民政15件；其他：廉政、作风建设1件。其中涉及区属职权范围94件，市属职权范围17件。

区办建议全部办结，66件建议得到解决或基本解决，占办理总数的70.2%，24件正在解决或列入计划逐步解决，占办理总数的25.5%，4件因条件限制或其他原因暂时难以解决，占办理总数的4.3%。代表对建议答复的满意和基本满意率为100%。17件市办建议由京口区市人大代表转为市人代会代表建议，已全部答复代表。（钱小丽）

【关于进一步优化京口区营商环境的议案】 2021年，在区九届人大五次会议期间，王大伟等10名代表就"关于进一步优化京口区营商环境"提出建议：加快改善营商环境的法治化建设；为实体经济发展提供宽松的政策环境；增强服务经济的意识和能力。（钱小丽）

【关于小区物业管理的议案】 岳国征等10名代表就"关于小区物业管理"提出建议：加强宣传引导，提升业主法律意识；加强对物业公司的管理，必要时相关行政部门协助支持；依法合规成立业主委员会。（钱小丽）

五级人大代表接待（崔世林 摄）

【关于接续推进物业管理提升工程、打造美丽小区建设“京口样本”的议案】 王志斌等10人代表联名就“物业管理提升、打造美丽小区建设”提出建议：总结提炼一套党建引领物业管理服务水平提升的成功经验；精心实施“十化一体”推进物业管理提升工程；打造好一个美丽小区建设的“京口样本”。（钱小丽）

【关于强化物业公司监管、不断提升城市品质的议案】 戎霞等10名代表就“强化物业公司监管、不断提升城市品质”提出建议：加大对物业企业的监管；健全收费机制；支持居民依法维权。（钱小丽）

【关于完善疾控体系建设、提高疾病综合防控能力的建议】 陈刚就“完善疾控体系建设、提高疾病综合防控能力”提出建议：完善疾控体系顶层设计；加强硬件设施设备建设；加强疾控人才队伍建设；加强多部门协作建设；加强区域信息化建设。（钱小丽）

京口区人民政府

责任编校：顾林艳

综　述

【概况】 2021年，京口区实现地区生产总值509.3亿元，增长10.8%；一般公共预算收入22.3亿元，增长3%；固定资产投资116.3亿元，增长6.4%；规上工业总产值512.2亿元，增长43.1%；制造业投资、限上零售业销售额两年平均增幅7.8%、23.5%。（刘雪）

【经济运行】 规上工业总产值512.2亿元，增速43.1%。战略性新兴产业产值占规上工业总产值比重达41%。116个产业项目完成年度投资55亿元，61个项目实现竣工运营，高性能铝材料、粮油仓储加工销售规模持续超100亿元。总投资3.75亿美元的诺贝丽斯汽车板冷轧铝卷制造项目签约落户，总投资15.6亿元的天海高端医疗设备及压力装备制造项目开工建设。2021年新签约项目88个，项目数量和投资体量均增长30%以上，重点项目与产业链契合度达72%。成功举办数字经济发展大会，微软、华为等头部企业相继落地。大禹山数字文创区列入镇江市重点发展片区，建设数字经济发展高地顺利实现破题开篇。2021年落实各项优惠政策减免和退税9.97亿元，助力各类市场主体发展壮大。认定高新技术企业13家、省工程研究中心1家，引进2名国家级人才，10人（团队）入选市“金山英才”计划。（刘雪）

【城市品质】 完成火坛楼巷等8个片区26.5万平方米的改造任务。拆除违章建设5.22万平方米。完成谏壁越河街5号等7处8116.1平方米的解危任务。55个小区物业管理提升工程稳步推进。上隍路、绿竹巷、东吴路（禹山路—滨水路）等6条道路完成改造。网巾桥等3个片区获评“省级宜居示范居住区”。新建（改建）垃圾房14座、垃圾分类亭265座，新增停车泊位605个。（刘雪）

【生态环境】 坚持水、气、土协同治理，牢牢守住环境质量“只能更好、不能变坏”的红线。编制水生态环境保护“十四五”规划、水平衡报告，整治长江入河排污口92个。农村生活污水治理工程开工建设。国考、省考断面稳定达标，地表水达到或好于III类水比例达100%。整改影响空气环境质量的问题475个，$PM_{2.5}$年平均浓度35微克/立方米，比上年下降7.9%；空气优良天数比例79.2%，比上年增加1.5个百分点。完成6家重点监管单位土壤污染风险隐患排查。区污防办荣获省“深入打好污染防治攻坚战宣传工作先进集体”称号。（刘雪）

【民生事业】 新增城镇就业人口5900人，支持成功自主创业2346人、大学生创业367人，扶持农民创业206人，提供就业岗位9500余个，成功举办2021中国·镇江国际菁英创业大赛。江科大附小校安工程、中建大观幼儿园建成使用，新增1所省级优质幼儿园，普惠性幼儿园覆盖率达87%。社区卫生服务中心互联网诊疗实现全覆盖，建成镇江市首家基层医疗机构标准化代谢性疾病管理中心。新建、提档升级健身路径61条，合山公园健身广场建成使用。建成2家嵌入式综合型养老服务中心，8家退役军人服务中心（站）创成全国示范服务中心。（刘雪）

【社会治理】 核酸检测、疫苗接种能力不断提升，京口区连续23个月无新增确诊病例。安全生产事故起数和死亡人数双下降，未发生重大及以上安全生产事故。创成“2021年度省食品安全示范区”。扫黑除恶专项斗争取得全面胜利，群众安全感满意率达98.8%。完成健康路街道、四牌楼街道等6个社工站建设，实现社工站全覆盖。（刘雪）

【自身建设】 持续优化营商环境，深化“放管服”改革，政务服务事项不见面率达100%，服务事项提交材料平均减少68%，办理时限平均压缩54%。依法公开各类政务信息，2021年办理人大代表议案、建议94件，政协委员提案116件，满意和基本满意率达100%。建成1个全国法治文化建设示范点、1个全国民主法治示范村。税务、资规等相关单位倾心服务经济社会发展，工会、共青团、妇联、残联、民族宗教、外事侨台、史志档案、“双拥”、关心下一代、慈善、红十字等各项工作均取得新成绩。（刘雪）

外事工作

【概况】 京口区外事办坚持围绕中心，认真执行有关外事方针政策，积极作为，推动各项工作顺利开展。（于晓辉）

【严把各项初审关口】 严控非经贸类外国人到华“快捷通道”初审，办理此类咨询1批次，2021年无外国人到华邀请申请，办理因公出国（境）申请3批次，为企业办理APEC商务旅行卡申请3批4人次。（于晓辉）

【落实涉外疫情防控】 严格做好涉外疫情防控工作，2021年涉外疫情防控1151人，其中涉外船员293人。（于晓辉）

【助力经济社会发展】 鼓励和表彰对京口区经济发展做出重要贡献的非本市人员，积极开展镇江市“荣誉市民”申报工作，组织各街道（园区）及相关部门梳理筛选相关人员，申报3人次，入选2人。（于晓辉）

机关事务服务工作

【概况】 2021年，区机关事务服务中心以党史教育为契机，以“六化”（法治化、规范化、标准化、精细化、信息化、绩效化）建设为手段，以节能低碳为突破，着力打造“红蓝绿三原色”（以红色党建为引领，以蓝色创新为动力，以绿色底碳为突破）工程，不断提升中心的管理水平、服务质量和保障能力，被命名为国家级第一批节约型机关，2018—2020年度镇江市文明单位、京口区文明单位，京口区先进基层党组织。（凌铭蔚）

【全面落实防疫要求】 严把“四道关口”（人员关、出行关、入口关、环境关）筑牢疫情防控安全防线。加强出入人员管控，对外来人员严格执行“三查两看一登记”。加强公务用车出行保障，每车配备防疫物资，做好出车前的清洁、消毒等工作。强化就餐管控，实行错时间隔就座用餐，每天500余人次就餐保障工作安全有序。增加公共区域消毒频次，强化会场会前、会后消杀。设置废弃口罩等特殊有害垃圾收集点7处，每天集中收储生活垃圾2次。（凌铭蔚）

岗位先锋争霸赛（张翼 摄）

【完善机制严抓管理】 全面梳理、科学分析区本级和镇、街道两级事业单位办公用房、技术业务用房管理和使用情况。动态更新办公用房档案和台账，健全办公用房信息数据库。完善“大数据+平台化”工作模式，强化公务用车运行分析研判，提升财政资金使用效率。深化公务用车巡察整改，加快党政机关公务用车更新步伐，司勤人员人力资源配置不断优化，市场化服务水平显著提升。（凌铭蔚）

【车辆运行降本增效】 从严把关公务用车出行、维修、保养、加油等各环节，2021年车辆运行经费总额比2020年下降1%。2021年安排出行约1800次、行驶里程超10万千米，市场化用车收入结余约6万元。（凌铭蔚）

【安全生产双管齐下】 推进风险防控和隐患排查治理“双管齐下”，加大日常安全督查巡查力度，2021年组织安全隐患排查11次，13处安全隐患全部整改到位。投入近3万元增设“一键报警”、门岗亭、监控等基础设施，切实维护区政府办公环境安全。（凌铭蔚）

【低碳节能创新突破】 有序推动京口区党政机关开展节约型机关创建行动，京口区35家单位全部成功创建节约型机关。寻求与专业公司合作，对政府大楼进行节能灯和外窗保温节能改造，免费修复各式节能灯具94盏，更换外窗34块。更换老旧水管，杜绝“跑冒滴漏”，比上年节约水费近1万元。（凌铭蔚）

【培养人才提升技能】 弘扬“工匠精神”，实施“机关事务人才培养计划”。“五一”劳动节前后，以“奋斗光荣劳动最美”为主题，对厨师、保安、驾驶员、服务员等4类工种近60名工作人员开展“岗位先锋争霸赛”系列活动，评选12名“岗位先锋”，引领形成“比学赶超、争先进位”的良好氛围，激发广大干部职工干事创业的活力和动力。（凌铭蔚）

政协京口区委员会

责任编校：顾林艳

综　述

【概况】 2021年，区政协以习近平新时代中国特色社会主义思想为指导，在中共京口区委的领导下，认真贯彻习近平总书记关于加强和改进人民政协工作的重要思想，牢牢把握新时代人民政协新方位新使命，认真履行政治协商、民主监督、参政议政职能，完成区政协九届五次会议确定的各项目标任务，全力助推京口高质量发展。（曹明军）

【组织机构】 2021年11月，区政协委员实施换届，产生区十届政协委员235名。区政协设"一办四委"，即办公室、提案委员会、学习和法制委员会、经济和科技委员会、社会管理和社会事业委员会。（曹明军）

【区政协工作】 2021年区政协举行常委会议4次，主席会议10次。区政协九届五次会议以来，政协委员、政协各参加单位和政协各委组提交提案166件，立案116件，向区委、区政府及有关部门报送建议和调研报告15篇。（曹明军）

重要会议

【政协京口区九届五次会议】 中国人民政治协商会议镇江市京口区第九届委员会第五次会议，于2021年1月5日至7日在京口区举行。

会议认真学习和讨论徐申锋代表中共京口区委所作的讲话，同意刘吉顺所作的区九届政协常务委员会工作报告和盛杰所作的区九届政协常务委员会提案工作报告。委员们列席区九届人大五次会议，赞同区长贾敬远所作的政府工作报告，赞同国民经济和社会发展"十四五"规划纲要及其他各项报告。会议补选王壮保为区九届政协副主席。

（曹明军）

【区政协九届常委会议】 2021年，京口区政协举行4次常委会议。

九届二十次常委会议，1月5—7日（区政协九届五次会议期间）举行。会议听取候选人提名情况说明，讨论选举办法（草案）、候选人建议名单和选举工作人员建议名单。听取各组讨论中共京口区委书记徐申锋讲话、政协常委会工作报告和提案工作报告的情况汇报；听取各组讨论政府工作报告、国民经济和社会发展"十四五"规划纲要的情况汇报；听取各组讨论《选举办法》（草案）和酝酿候选人、选举工作人员的情况汇报，确定《选举办法》（草案），确定正式候选人和选举工作人员建议名单；讨论大会决议（草案）、提案审查报告（草案）；审议通过区政协2021年工作要点。

九届二十一次常委会议，6月29日举行。区政协主席刘吉顺为全体常委作"永远跟党走"微讲座。会议听取京口区项目招引情况通报，协商通过增补委员和人事任免事项。

九届二十二次常委会议，9月30日举行。会议听取区政府关于区政协九届五次会议提案办理情况通报，协商推进京口区民生实事工作，听取区政协"助推数字产业融合发展"主题活动开展情况通报。

九届二十三次常委会议，12月29日举行。会议审议通过九届区政协常委会工作报告、提案工作报告、十届区政协委员员额、界别设置和委员名单、区政协十届一次会议日程和主要活动安排（草案）等事项。区政协主席刘吉顺主持会议，并就开好区政协十届一次会议，提出精心组织安排、保持良好会风、严守换届纪律、增强民主氛围、做细做实会务等明确要求。与会人员集中学习中共十九届六中全会精神。

（曹明军）

专题视察调研

【调研"有事好商量"协商议事工作】 2月25日上午，市政协主席李健带队到京口，调研京口区"有事好商量"协商议事工作。李健一行先后到健康路社区卫生服务中心、正东路街道、谏壁街道，实地考察"有事好商量"协商议事室的建设运行情况，了解基层协商议事工作成效。

李健对京口区政协工作尤其是基层协商议事工作给予充分肯定。李健指出，基层政协要发挥好政协委员的优势和作用，围绕党委政府中心工作和民生热点问题，组织开展协商活动；要搭建好协商议事室、委员工作室、社情民意联系点“三位一体”新平台，把反映社情民意作为政协履行职能的重要形式和手段，为党委、政府决策提供重要参考；要坚持党建引领，严把“选题关”“调研关”和“议事关”，通过协商议事工作的开展，统一思想，凝聚共识，推动问题解决，推动“协商共治”提质增效；要建立健全协商计划制订、协商成果转化等各项工作制度，不断提升基层协商议事工作的科学化、制度化和规范化水平。（曹明军）

区政协召开协商议事标准化建设观摩推进会暨“助推数字产业融合发展”主题活动部署会

（周姝　摄）

【推进“合山公园健身广场建设”议题】 4月19日，镇江市政协副主席朱开宝率队到京口区就“推进合山公园健身广场建设”召开专题协商议事会，京口区政协主席刘吉顺参加会议。朱开宝一行到合山公园现场，了解公园建设、运行现状，与群众现场沟通，倾听群众诉求。在京口区象山街道协商议事室召开专题协商议事会，镇江市体育局、镇江市土地储备中心、京口区文体旅局、京口区象山街道、市区两级政协委员、社区居民代表就协商推进合山公园健身广场建设、探索规划建设合山体育公园的可行性，进行互动协商。市政协副主席朱开宝指出，推进合山公园健身广场建设是一件部门想办、群众期盼、市民欢迎的民生实事，议事协商程序规范，形成共识，是践行习近平总书记“有事好商量，众人的事情由众人商量，找到全社会意愿和要求的最大公约数”这一重要指示的生动实践，也是正在开展的“党史学习教育‘一人一重点、领办解难题’活动”的具体行动，是一场高质量的协商议事会。（曹明军）

【开展B类提案办理情况专项督查】 8月27日，京口区政协选择区卫健委、区城管局2家事关民生的职能部门，就上年度23件政协委员B类提案办理情况开展专项视察督办。此项创新做法在镇江市尚属首次。督查组实地考察大市口社区卫生服务中心和健康路社区卫生服务中心“360”大健康管理中心，了解社区卫生服务中心建设运行情况，以及为辖区群众提供基本医疗和基本公共卫生服务的创新举措和实际成效。区政协副主席盛杰就B类提案的推进落实提出“三个坚持”的要求：坚持问题导向，着力解决问题。增强工作的主动性和针对性，攻坚克难，把解决问题作为提案办理的基本要求。坚持目标导向，增进民生福祉。增强工作的前瞻性和方向性，持之以恒，把为民服务作为提案办理的根本追求。坚持结果导向，接受群众评判。增强工作的务实性和有效性，注重实效，把群众满意作为提案办理的最高标准。（曹明军）

2021年京口区政协重点提案目录

表1

序号	提案人	案由
1	工贸组 谢秀英	关于加快打造科创街区，推动京口区数字经济快速发展的建议
2	耿兴萍等	关于提升住宅小区物业管理服务的建议
3	王玉萍	关于优化服务，营造良好营商环境的建议
4	钱汉阳等	关于推进京口区社区居家养老的建议
5	樊巧云 徐振平	关于关注中小学生生命健康、生命教育的建议
6	王　文	关于加快推进航空旅游业发展的建议

中共京口区纪律检查委员会
京口区监察委员会

责任编校：李　奕

【概况】 2021年，京口区各级纪检监察组织深入学习贯彻习近平新时代中国特色社会主义思想，以“铁军建设”为统领，以“孝廉京口”为目标，强化监督执纪问责，持续正风肃纪反腐，京口区党风廉政建设和反腐败工作取得新进展。2021年全面从严治党满意度达95.46分，位列镇江市第二。（罗甜）

【服务保障大局】 围绕习近平总书记重要指示批示精神，以及党中央和省市区委重大决策部署开展监督检查，跟进监督疫情防控和经济社会发展，推进政法队伍教育整顿监督执纪问责。开展公共停车收费管理专项监督，处置问题线索6件，查处4人，处分2人。压紧压实“两个责任”，组织编制《党风廉政风险防控清单》，实施问责4起4人、党组织1个。完成对8个街道（园区）和8个机关部门首轮政治生态监测评估。监督保障换届工作，严把选人用人、评先选优廉洁关，实施廉政意见回复2363人次。激励干部担当作为，对1名干部容错纠错，为3名干部澄清正名。深入推进廉洁文化建设，打造“孝廉京口”廉洁文化品牌，开展“廉洁文化创意展示活动”，吸引43.7万多人次参与，首轮建设7个廉洁文化示范点，以良好政治文化涵养风清气正政治生态。（罗甜）

【纠治“四风”问题】 贯彻落实中央八项规定及其实施细则精神，查处11起13人，通报曝光典型案例12人。紧盯群众反映强烈突出问题，按照“一领域一专项，一地区一方案”具体路径，形成京口区“1+8”联动整治格局，查处群众身边腐败和作风问题10起12人，通报曝光典型案例8人。开展“欺诈骗取医保基金”专项监督，给予政务处分2人。开展“村集体资产租赁”专项监督，推动回笼欠缴租金107万元。开展优化营商环境专项监督，研究制定《京口区纪委监委班子成员挂钩联系服务企业制度》，推动问题整改23条，助力产业强区“一号战略”。（罗甜）

【深化巡视巡察】 完成一届任期内巡察全覆盖，两轮巡察发现问题364个，提出意见建议50条，移交问题线索11件，巡察“回头看”比例达13.8%。启动新一届区委巡察工作，对区市场监督管理局、四牌楼街道等6家党组织开展首轮常规巡察。制定《关于深化巡视巡察上下联动的实施办法》，颁发《关于纪检监察监督与巡察监督统筹衔接实施细则（试行）》《关于建立区委巡察机构与区信访局工作协调机制的实施办法》，规范和推动巡察监督与纪检监察监督、信访监督有效贯通。（丁自筱）

【坚定反腐惩恶】 保持惩治腐败高压态势，接待群众来访93批156人次，受理信访举报61件次，运用“四

2021年12月3日，在区政府十楼大会议室召开“孝廉京口”建设动员部署会
（区纪委监委　供稿）

种形态”处理110人次，立案76件，其中乡科级干部12人，采取留置措施6人。推动查改一体，2021年下发纪检监察建议书7份，推动健全板块集体资产管理等方面制度机制，撰写以案促改经验材料被省纪委录用。常态化开展受处分人员回访教育工作，帮助6名干部卸下思想包袱，唤起干事热情。（陆燕）

【加强自身建设】 推进纪检监察铁军建设，召开誓师大会，制定《铁军准则》《铁军誓词》，举行“铁军宣誓”仪式，凝聚干部思想共识、干事合力。常态化开展全员培训，举办4期“清风大讲堂”，丰富干部精神文化生活。组织实战练兵，以案带训，提高干部监督办案水平。开展党史学习教育，组织“学史淬初心、担责铸铁军”等各项学习活动。持续推进“百名纪检监察干部进社区（村）”活动，走访慰问重点家庭1000余户，收集社情民意220多件，开展专题纪法宣讲28场，领办解决难题36件。（王俊爽）

民主党派

责任编校：李　奕

综　述

【基本情况】 京口区民主党派基层委员会（支部）涵盖民革、民盟、民建、民进、致公党、农工党、九三学社7个民主党派，有4个基层委员会、21个支部，现有成员432人。（陈红）

民革京口支部

【概况】 中国国民党革命委员会镇江市委员会京口支部（以下简称“民革京口支部”）做好“庆祝中国共产党建党100周年”工作部署，组织女党员参加民革镇江市委会组织的“庆祝建党100周年，弘扬经典文化、古诗词鉴赏活动”；在庆祝建党100周年系列活动中，发动党员参加所在单位组织观看的“庆祝中国共产党成立100周年大会”和“纪念辛亥革命110周年大会”；在镇江博物馆开展“不忘合作初心　继续携手前行”主题活动，参观“奔流——镇江近代历史陈列馆”；组织党员集中学习中共十九届六中全会精神、民革镇江市第十一次代表大会精神；参与“永远跟党走”庆祝中国共产党成立100周年文艺汇演，取得一等奖好成绩。立足群众反映强烈的热点、难点和镇江市乃至江苏省经济高质量发展的角度，科学选取调研课题，依托支部的市人大代表和区政协委员，深入调研，形成建议提案，完成省级以上调研报告和人大、政协提案建议20多篇，其中副主委周岳新参与完成省民革“大力推进数字产业化，产业数字化发展”专项课题，在市人民代表大会上提出的“关于加快推进镇江市住宅物业管理立法工作”“关于加强垃圾综合处置能力建设”议案被市人大作为重要建议，“优化营商环境　激发民营企业活力”的议案被纳入市人大重要议案；柏林撰写的“加强现代种业建设　促进农业可持续发展”调研报告，被选入民革江苏省委中山议政会议题；朱海霞撰写了“发挥农产品销售网上平台作用　解决农产品销售难问题”建议；孙剑撰写的“对新时代农业特区建设的建议”被民革市委会转化为市政协集体提案；钱汉阳先后提交的“加快落实‘一业一普法’联动普法责任制的建议”和“切实推进京口区社区居家养老的建议”被京口区政协纳入区长领办督办重点提案；支部党员孙剑、赵树英、庄薇等积极报送信息和宣传报道，分别被省、市统战部，省民革、市民革采用并宣传；在民革市委会推荐下柏林撰写的《京口民革开展“不忘合作初心　继续携手前行”主题活动》通讯报道，被民革中央机关报《团结报》微信公众号刊载。围绕“博爱公益”志愿服务品牌开展扶贫助困活动，通过多种形式实现服务社会坚定承诺。2021年，民革京口支部专项帮扶大港中学学生苗苗以优异成绩考入淮阴师范学院，同时支部再次选定新的帮扶对象，助学帮困成为支部优秀传统。与中山路小学开展结对共建活动，在新校区种下树苗，把支部关爱带到学生中去。2021年，民革京口支部被民革中央授予“助力脱贫攻坚工作先进集体”；周岳新被民革中央授予“助力脱贫攻坚工作先进个人”称号；柏林被省民革授予“2021年度反映社情民意信息工作先进个人”称号；邱柯柯被江苏省协调劳动关系三方委员会评为江苏省金牌劳动关系协调员；韩婷当选江苏省口腔医学会牙体牙髓病学专业委员会青年委员，其主持的“全瓷冠修复联合根管充填治疗隐裂性牙髓病的短期疗效研究”被纳入市级科研项目；董尚被镇江市委、市政府授予“镇江市抗击新冠肺炎疫情先进个人”称号；赵晓娣获得镇江市教育局嘉奖，在镇江市教育科学研究中心主办的镇江市属中考文化学科教师命题比赛中获得二等奖；陈阳被京口区委、区政府评为“城市品质提升行动先进个人”，获得京口区组织部嘉奖；周蔚被京口区教育局评为“京口区优秀班主任”；张燕被京口区教育局评为“安全管理工作先进个人”。（陈红）

民盟京口基层委员会

【概况】 中国民主同盟镇江市委员会京口委员会（以下简称“民盟京口基层委员会”）始终坚持民生导向、问题导向，创新思维、扎实苦干。持续夯实思想基础，定期组织全体盟员学习中共十九大和十九届中央历次全会精神，专题学习《习近平谈治国理政》等，常态化组织学习市委八届二次全会、区委九届二次全会精神，践行主题教育要求，巩固“不忘合作初心　继续携手前行”主题教育成果。推进组织建设，2021 年 11 月 2 日，民盟京口委员会召开第二次代表大会，大会选举产生民盟京口第二届委员会委员，并推举出民盟镇江市第十四次代表大会代表。响应盟市委“活力基层建设活动”号召，开展活动好、氛围好、履职好、形象好的“四好”基层组织创建活动，打造“活力基层、魅力支部”，基层测评合格率、优秀率均在镇江市前列。加快扩充京口区 2 个盟员之家的设备，加大基层阵地使用效率，为盟员交流履职筑牢一线阵地。动员盟员向《团结报》、民盟中央网、团结网、《江苏民盟》和《镇江日报》等媒体投稿，2021 年被采用文稿 30 余篇。林黎明等 2 名盟员获评民盟江苏省委庆祝“民盟成立 80 周年”先进个人；盟员蒋周健先后获评 2019—2020 年度《江苏省社会科学普及促进条例》实施工作成绩显著个人、市慈善“99 公益”先进个人；在民盟镇江市第十四次代表大会上，京口四支部被评为 2017—2021 年盟务工作先进集体，陆彩云等 6 名盟员获评 2017—2021 年盟务工作先进个人。着力聚焦履职尽责，紧扣“参政议政、民主监督、政治协商”三大职能，积极为人民群众反映诉求、着力解决实际问题。围绕《中国共产党农村工作条例》具体要求，全力聚焦乡村产业振兴重要主题，到京口区特殊教育中心、我家农庄等企事业单位开展调查研究，听取企业发展现状、存在问题，并积极帮助协调解决。两会期间，积极向大会提交《关于提高中小学生身体素质的建议》《关于抗疫暖企惠企政策灵活落实的建议》《关于加强社区街道扶持群众增收创业，高效高质深化城市品质“三前列”的建议》《关于开拓住宅小区物业管理新途径，加强社群联系互动的建议》等各类提案。积极响应盟省委号召，大力开展民盟助力打造政协“有事好商量品牌”，围绕老旧小区改造、物业服务水平提升、居民生活便利度提标等群众关注、民生关切的具体事务，累计参与区政协组织的居民集中议事 20 余场次。2021 年 10 月 25 日，区政协专门设立首个政协委员个人工作室——蒋周健委员工作室。聚焦特色品牌打造，大力开展各类社会服务活动，全面推动“民盟为民”宗旨不断深化。在京口区特殊教育中心打造社会服务新阵地，向特教中心捐赠 19 台空调、1 台多媒体显示屏和其他学习用品，总价值近 7 万元。持续开展困境帮扶行动，在酒海街社区连续三年开展爱心捐资助学活动，联合盟员企业走访慰问 10 户困难家庭，发放助学金、学习用品共计 10600 余元。开展“学习百年党史　关爱困境儿童”主题教育活动暨红色经典音乐会，带领困境儿童到句容茅山新四军纪念馆、南京溧水红色李巷教育基地参观学习，为孩子们呈献一场精彩的红色经典音乐会。深入落实文化普及，联合举办“同心向党·‘京’彩有我”2021 全民艺术普及青少年艺术（器乐）展演系列活动，积极践行文艺志愿者精神，弘扬中华优秀传统文化。（陈红）

民建京口基层委员会

【概况】 中国民主建国会镇江市委员会京口基层委员会（以下简称“民建京口基层委员会”）以思想建设为核心，以组织建设为基础，充分发挥党派特色和优势，深入调查研究，认真建言献策，积极参政议政，努力服务社会。积极参加中国共产党统一战线史及《中国共产党统一战线工作条例》网络知识竞赛、市政协“风雨同舟、筑梦同心”庆祝中国共产党成立 100 周年诗书画印联展活动；组织会员到浙江开展“学党史明理、增信、崇德、力行”学习调研活动；开展“重温光辉历史，发扬光荣传统，坚定合作初心，提升履职水平”等系列学中共党史专题教育活动。在“学百年党史、守合作初心”主题征文活动中，会员宦晓报送的诗歌作品《历经沧桑，铸就辉煌——庆祝中国共产党成立 100 周年》在民建中央网站刊登。围绕经济发展大局，选择重点调研课题，多层次、多角度广泛开展调研活动。2021 年，会员方寅撰写的社情民意信息《我国金融设备安全风险急需关注》经民建省委报送后被全国政协《每日社情》采用，被民建中央采用；会员郑琳撰写的调研文章《加强校企联合，推动乡村振兴》被市委统战部录用；会员马淳沂的《关于进一步加强渣土车管理的建议》被京口区政协评为 2019—2020 优秀提案；会员陈娟撰写的调研文章《京口区污染防治攻坚战面临的问题及建议》上报京口区委统战部。做好社会服务，携手社会各界人士发起“且以温情度寒冬”活动，为 7 所学校 200 名贫困家庭学生募集防寒物资；组织会员参加腾讯公益“99 公益日”活动，为“思源生育关怀行动”“抗战老兵关怀致敬”两个公益项目开展捐赠；筹集资金为结对扶贫的河北丰宁“爱心超市”铺货生活物资；新冠疫情以来，组织会员通过各种渠道捐赠，抗击疫情；基层委员会荣获民建江苏省委“参与抗击新冠肺炎疫情先进集体”称号。（陈红）

民进京口中教支部

【概况】 中国民主促进会镇江市委员会京口中教支部（以下简称“民进京口中教支部”）围绕京口中心工作，履行职能，积极进取、乐于奉献。加强政治学习，重视思想建设，通过组织活动集中学习和网络交流分散学习等形式学习中国共产党史、中共十九届六中全会精神和民进会章，不忘革命历程，把握时代脉搏，提高会员政治素质。支部会员发挥自身作用，积极参政、议政，戴松撰写《关于镇江市第十中学塑胶铺面重铺的提议》，朱秋东撰写《关于城区文明养狗的提议》，侯晓佳（朱秋东附议）撰写《老旧小区改造中应提前谋划既有住宅加装电梯的施工方案》。参与京口区政协调研活动 4 次，为京口发展进言献策。基于国家“双减”文件颁布，各级政府及教育主管部门针对贯彻落实“双减”政策颁发一系列配套措施而迎来各方关切之下的不同声音，支部骨干会员朱秋东、张兴龙、华国红、杨晓珉、施旭萍、唐惠琴、陈文娟等参加民进镇江市委会开展的"'双减'背景下如何提升教育质量且为教师'减负'、确保教师权益"课题研讨会，为政府在未来进一步落实"双减"政策提供有效意见和建议。支部会员在认真完成教学工作同时，积极开展教科研工作。2021年，在《中学生报教研周刊》发表《主题语境下的初中英语单元复习课实践探究》教育教学论文1篇，荣获省级优秀论文和优秀教学设计共7篇，主持在研市级课题4项，1项市级重点课题结题并获镇江市教科研成果二等奖。由朱秋东、牛利林、施旭萍、戴松4位民进会员为主要成员的团队承担镇江市"智教育云课堂"化学学科网络同步助学课程录播，2021年为镇江市学生提供网课20余节，深受学生和家长欢迎。2021年，支部会员开设区级公开课4节、区级教研培训讲座9次，多次在区级教研活动做教材分析和考试质量分析并获得好评。朱秋东、华国红和戴松为市、区质量调研命制试卷4份。朱秋东、华国红受邀为省、市、区教学设计评比、教学基本功竞赛、课堂教学、教师资格晋升等多项赛事和活动的评委。朱秋东、华国红2位学科研训员坚持深入中学一线听课调研，2021年每人听课达120节，撰写中学教学情况调研报告4份，通过课后反馈促进教师教学能力提升，为京口区教育局和学校提出教学管理建议。朱秋东、华国红和牛利林被评为镇江市第八批中青年骨干教师。积极参加民进镇江市委会组织的各项活动，完成市委会布置的各项工作任务。组织学习党史会史、习近平总书记"七一"讲话、中共十九届六中全会精神座谈会和参观新四军四县抗敌总会纪念馆等活动。积极参与"慈善一日捐"和"三八节女工捐款"等慈善活动，为弱势群体奉献自己绵薄力量。一线教学会员积极参加课后延时服务活动，利用课余时间辅导学生，收到很好的社会反响。 （陈红）

民进京口小教支部

【概况】 中国民主促进会镇江市委员会京口小教支部（以下简称"民进京口小教支部"）对标新时代参政党建设要求，突出基层组织建设，持续增强自身建设能力。围绕中国共产党成立100周年，开展党史学习、参加党外人士庆祝中国共产党成立100周年座谈会、《中国共产党统一战线工作条例》学习等活动。在市委会换届选举工作中，支部始终高举讲政治大旗，高质量完成代表推荐、大会选举等重要节点工作。开展"心理健康"及"新高考下的志愿填报"2场专题讲座。充分利用"民进悦读会"平台，推动"书香支部"建设，支部会员侯晓佳解读莫言新作《晚熟的人》和戴尔·卡耐基《人性的弱点》，韦丽分享《赢得朋友，影响他人》。在民进市委会组织开展的学习"七一"讲话体会征文活动中，侯晓佳、李力、魏芹、翟爱萍等多位会员提交征文，其中侯晓佳的文章被刊登在10月8日江苏政协微信公众号上。2021年，支部为民进市委会提供新闻宣传稿件7件并全部予以录用。2021年5月27日，支部荣获"民进全国社会服务暨脱贫攻坚工作先进集体"称号。春节前，支部前往镇江市中医院和京口区健康路社区卫生服务中心江滨新村社区卫生服务站，送去福字30幅、春联40余幅，将民进文化界会员新春祝福送给奋战在医疗及防疫一线的医护工作者，向他们表达诚挚祝福和衷心感谢。2021年5月17—21日，支部邀请金沙县沙土镇第二幼儿园8名教师参加由民进镇江市委承办、京口小教支部协办的江苏民进"彩虹行动"（镇江）培训班学习，通过密集学习和交流，教师们将最新教学思维融会贯通。联合民进镇江市直属二支部、文化支部开展"借力合力·家校共育"民进社会服务工作研讨活动，两地参会人员在支部"会员之家"——青禾书苑，就如何建设"会员之家"工作进行充分探讨交流。2021年，民进京口小教支部孙薇获得"镇江市骨干教师"称号，潘仪岚、汪婧获得"京口区学科带头人"称号，韦丽、谈笑获得"京口区骨干教师"称号。2021年，医卫界殷勤、汪杏珍继续奋斗在抗疫一线，镇江市红十字会刘劲松组织开展多次志愿活动受到好评。"双减"政策实施后，支部发挥教师会员多的优势，持续关注"双减"后政策期的问题与对策研究。 （陈红）

农工党京口基层委员会

【概况】 中国农工民主党镇江市委员会京口基层委员会（以下简称"农工党京口基层委员会"）针对疫情发展严峻形势，医卫界党员纷纷主动请战，坚守一线，以实际行动诠释"医者仁心"的高尚职业道德，践行农工党党员初心。党员、新区平昌社区卫生服务中心副主任护师徐云主动请缨，一直奋战在南京及扬州大规模核酸采样抗疫第一线；健康路社区服务中心陆溢主动要求参与核酸采样工作；主委王德标、副主委李大众两次临危受命，被区政府抽调至新冠疫情隔离点担任负责人和医疗救治组组长。2021年4月，李大众被市委、市政府评为"镇江市抗击新冠疫情先进个人"。组织全体党员重温中国农工民主党党史，前往黄花塘新四军军部纪念馆开展"重走红色道路，学习时代精神"主题活动，开展现场实践教学，重温革命历史，接受革命传统教育。"两会"期间党员提出人大建议、政协提案20余件，其中《关于加大对民营经济政策扶持力度的建议》被市人大常委会评为优秀建议，《关于大力开展项目绩效提升行动，进一步推动京口区经济高质量发展的议案》被区人大常委会作为一号议案交由区政府办理，取得较好社会效果。2021年10月9日，召开第二次党员大会，大会全面回顾五年来农工党京口基层委员会完成的工作和取得的成绩，并对未来五年基层委员会工作展开规划，选举第二届农工党京口基层委员会委员，以及新一届领导班子。发挥医务界人才荟萃的优势，积极开展医疗咨询义诊宣传等活动，组织需要晋升中、高级职称的医卫界党员，定期支援新民洲农场医院，全日制坐诊，解决新民洲农场医疗力量不足、农场职工看病难问题。11月，农工党京口基层委员会同心志愿团联手京口妇幼保健所，免费为京口区6个街道一线50多名环卫女工进行妇科体检，帮助她们掌握自身健康状况，提高健康水平。市主流媒体《京江晚报》对上述2次活动均予以报道。副主委戎霞积极参与公益活动，为贫困儿童送温暖，捐款达2.7万元，积极参加扶贫活动，为贵州省大方县统一战线捐助5万元，2021年戎霞被市妇联推荐为省三八红旗手。（陈红）

致公党京口基层委员会

【概况】 中国致公党镇江市委员会京口基层委员会（以下简称“致公党京口基层委员会”）全面开展中共党史学习教育活动，听取致公党省委麻建国主委关于“读中共党史 悟党派履职”专题辅导讲座，参与致公党市委组织的“中共党史知识竞赛”、“庆百年华章 同心共筑中国梦”征文活动、“同心向党 侨海圆梦”红歌赛。组织基层委党员到扬中渡江纪念馆接受红色熏陶，组织学习《中国共产党统一战线工作条例》，参加京口区召开的东片区“统一战线工作条例”分享交流会。2021年6月26日，基层委在致公党市委和区委统战部指导下，完成基层支部和基层委换届工作。加强对支部工作指导，规范党费收支管理，主动接受市委监督委员会和全体党员对基层委和支部工作的监督。加快“致公之家”选址和资料收集整理工作，建成1个“致公之家”。继续关心关爱老党员，春节走访慰问20多名退休和生病党员，做好2名离世党员善后工作。建立与培养对象谈心谈话制度，推荐新党员和骨干党员参加市委统战部举办的各类培训班。积极参政履职，发挥致公党“侨”“海”工作优势，广泛、密切联系群众，加强民情民意收集反馈。加强对参政议政工作的指导和引领，4月1日，京口四支部组织党员与丹徒一支部联谊，围绕“如何运用侨海力量服务产业强市一号战略”进行会商研讨，充分调动党员参政议政热情。2021年以来，基层委提交《关于持续推进基层公共文化服务效能提升的建议》等调研报告5篇，其中市委立项4篇。加强信息收集和整理，不断提升参政议政能力和水平，2021年共提交信息10余条、人大建议和政协提案28件，人大代表和政协委员建议和提案人均超过2件。党员殷坚提出的《关于加强属地科技贷款服务的建议》被省统战信息系统录用，宜建美调研提出的《关于统筹“三山一湖一渡”大景区，做大做强做优镇江市旅游产业的建议》被市委书记马明龙批示。持续开展“致公·同心”志愿服务活动，合理制订服务计划。充分运用党派资源，围绕镇江市“书法之城”建设，大力开展书法艺术普及活动，推动书法公益课走进中山路小学、红旗小学、敏成小学，服务学生15000余人次，让写好中国字成为一种风尚，让“书法之城”氛围更加浓厚。积极发挥法律、医疗优势，深入结对社区和归侨侨眷，组织开展各项服务活动。5月底，京口基层委员会联合DARK咖啡、乐是书画学堂、京口文艺中心联合开展“迎六一·共绘生命之彩”书画活动，300多名学生参与活动。多名党员投身到市委会组织的红歌赛、知识竞赛和党代会等工作服务中。2021年，11名党员、7名党务工作者和2个支部受到致公党市委表彰；张强华、邓梅香被致公党省委评为“抗击新冠疫情先进个人”；沈世鉴被致公党中央评为“脱贫攻坚先进个人”；基层委被推荐为“江苏省社会服务工作先进集体”；10余名党员立足本职岗位做出积极贡献，相继获得省、市、区表彰。（陈红）

九三学社京口支社

【概况】 九三学社镇江市委员会京口支社（以下简称“九三学社京口支社”）围绕九三学社镇江市委工作部署和京口区委中心工作，认真履职，全面加强自身建设，积极服务于经济建设、社会发展。认真开展主题教育活动，结合中国共产党成立100周年契机，开展“致敬新四军，重走抗战路”红色研修活动，组织社员到茅山新四军纪念馆、溧阳新四军江南指挥部等红色教育基地开展主题党课。借助社中央组织“五史”知识竞赛线上答题活动的机会，广泛发动社员积极参与答题，最终被九三学社中央授予优秀组织奖。充分发挥全社人才和科技优势，贯彻落实上级工作部署，围绕区委、区政府中心工作，紧扣社会关注热点、难点问题，通过支社履职、政协委员履职、岗位履职等多种形式，开展调研活动。9月，通过支社微信群向全体社员征集调研信息，邀请大家发挥参政党“智囊团”作用，围绕五个方面开展重点课题调研，向区委统战部报送调研文章2篇，为京口实现“加速奔跑”贡献自身力量。认真抓好自身队伍建设，进一步完善班子成员分工，加强沟通协调，做好后备干部的物色、推荐和培养、培训工作，及时把政治素质好、热心社务工作、有责任心、有奉献精神的人士充实到后备干部队伍中，建立一支高素质参政议政队伍。（陈红）

群众团体

责任编校：吴莉莉

区总工会

【概况】 京口区总工会在区委和市总工会领导下，党建带工建、产改、智慧工会等工作打响品牌，获评2021年度镇江市工会工作综合考核“四好”竞赛先进单位。 （周文娟）

【推进思想引领】 2021年，开展“新思想宣讲”“劳模工匠进校园、思政教师进企业”“双进”活动共10余次；开展“初心悦读”宣讲活动，举办“听红色故事　永远跟党走”“党建百年　心育梦想”和“节日里的党史教育”等5场读书分享会。开展“党心永恒”50年党龄党员集体生日活动，承办区“永远跟党走”党史知识竞赛。 （周文娟）

【加强产业工人队伍建设】 推荐健康路街道、新民洲港务和蓝舶科技为市产改试点单位，明确万京技术等3家单位为2021年区级产改试点单位。9月，组织产改工作专题培训。区总工会推送的《聚焦“党工共建”　聚力“三有三化”　不断提升产业工人获得感》获得江苏省“庆建党百年·推动新时代党建带工建创新发展”优秀成果奖。京口区产改办被市总工会授予工人先锋号，区产改工作获市二等奖。 （周文娟）

【深化劳动竞赛活动】 开展职工技术创新竞赛和“五小活动”，鼎胜新材、中储粮、江苏港务等企业和餐饮服务行业先后开展叉车、电工、门机和家政等技能竞赛，参与职工500多人次。开展区级十大劳动技能竞赛，评选京口技能标兵20名。开展京口区十佳技术创新成果、先进操作法和职工合理化建议评选活动，推送区级优质项目申报，3名先进个人获得市级表彰。 （周文娟）

【弘扬劳模精神】 联合区见义勇为基金会、区教育局举办“劳模、见义勇为先进事迹宣讲进校园”活动。举办“永远跟党走　劳动谱赞歌”——京口区向劳模致敬活动。举办“讲亚夫故事、学亚夫精神”专题辅导报告。建立劳模慰问关爱机制，申请政府劳模关爱专项补助48000元，拨付低收入省劳模补助金及市以上劳模荣誉津贴46039元。为京口区40名区以上在职劳动模范开展送保障——办理职工互助互济保险活动。 （周文娟）

【推进精准帮扶】 组织开展送温暖活动，解决困难职工子女就学、医疗问题，发放慰问金12.13万元；开展“工会进万家”活动，走访慰问劳动模范和五一劳动奖章获得者，以及疫情防控一线人员、困难职工、农民工等，发放慰问金6万余元。开展“清凉一夏　关爱职工”夏季送清凉、送安全、送健康活动，为在高温岗位工作的一线产业工人、“八大员”群体、环卫工人送去近600份清凉爱心礼包。开展“学史念党恩　金秋伴我行”助学活动，为17名困难职工子女发放助学金5万元。深推互助互济保障工作，2021年京口区1.3万人次职工参加互助保障，参保金额64万元，120名符合条件的会员领取约20万元保障金。（周文娟）

【牢固工会组织基础】 对各街道、园区和行、产业工会进行“三个仪式”入职入会指导，京口区“三个仪式”开展率（覆盖率）达到50%以上。新建100人以上企业工会4家，新增会员1254人。截至2021年年底，京口区会员实名制录入数据近5万人。对基层工会进行分级管理，除区总工会直管22家企业工会外，企业和社会组织类工会全部纳入“小三级”工会管理。制定《工会工作项目化管理考核细则》，3家单位获评江苏省基层工会服务职工优质项目。推进镇江市非公有制企业和社会组织工会干部资质认证与星级工会干部并轨运行工作。评定高级资质2名，中级资质12名，初级资质14名。表彰企业星级工会干部32名，优秀工会干部35名。（周文娟）

团区委

【概况】 京口团区委围绕党政工作大局，聚焦团的主责主业，推动工作落地落细。召开京口区青年工作联席会议第二次全体会议，审议通过《京口区“十四五”青年发展规划（2021—2025年）》。在学习强国、交汇点新闻网等国家和地方主流媒

体上刊发文章10余篇，承担江苏省试点工作1项。（陈文）

【承办镇江市少先队主题队会】 6月30日上午，“镇江市青少年网上党史学习教育馆”开馆仪式暨“百队颂百年 红心永向党”镇江市少先队主题队会在京口区敏成小学举办。镇江市委副书记、统战部部长巩海滨，京口区委书记徐申锋等领导出席活动。镇江市少先队辅导员代表和京口区150余名少先团员代表参加本次队会活动。（陈文）

【开展“学雷锋月”系列志愿服务】 京口团区委启动“学雷锋月”系列志愿服务，组织街道园区团工委、直属机关团组织开展各类志愿服务10余场，服务500多人次；以“保护母亲河”为主题，深化“争当河小青”工作品牌内涵，开展“争做河小青，青春助力人居环境整治”志愿服务5场，并以此为契机，以群众需求为导向，提炼打造“小红花”“乐小爱”“护河先锋”等一批示范性强、影响力大、特色鲜明的志愿服务品牌，推动学雷锋志愿服务制度化常态化。（陈文）

【强化青少年思想引领】 开展“890”青少年学习提升工程，强化青少年思想引领。用党的科学理论武装青少年，将线上“微课堂”和线下“微讲堂”有效融合，通过宣传教育、示范引领、生动实践，进行思想宣传引领教育和知识技能学习。（陈文）

【鼓励青年参政议政】 实施“青春京彩·益网格”社区治理工程，发挥共青团枢纽型、服务型组织作用，探索在青年和社区之间建立起桥梁和纽带。以网格为单位，发掘培养思想先进、热心公益、乐于奉献的青年，推动青年深度参与社会治理。通过青年社会组织开展活动，吸引社区青年参与，为青年打好思想基础，提升青年参与社区治理主动性和自觉性。（陈文）

【婚恋交友服务工程】 以服务青年婚恋交友为牵引，建立京口区青年人才联谊库，根据不同领域青年的不同需求，精品化、常态化地开展主题联谊交友活动。加强与非公有制企业团组织合作，关心辖区青年员工婚恋问题，提升企业凝聚力，增强青年人才对镇江的归属感。结合“青眼看京口”品牌建设，开辟交友论坛，并通过微信、微博等新媒体形式，为青年人提供形式多样的主题活动。（陈文）

区妇联

【概况】 京口区妇女联合会推动妇联改革，推进家庭文明建设，促进妇女创业就业，维护妇女合法权益，办好妇女儿童民生实事，打造妇女工作品牌。京口区妇联获评2020年度“江苏妇女儿童慈善·优秀组织奖”，荣获2020年“99公益日”“织爱行动”项目组织奖二等奖和第三届江苏女性融媒体创意大赛全国邀请赛优秀组织奖。（杨莹）

【三八节系列活动】 3月1日起，在“京口发布”微信公众号、“京口女性”微信公众号分别开设“京（巾）帼风采”专栏，对京口各行各业6位优秀女性的典型事迹进行展播。对抗疫一线女性医护人员、女性教职工等开展形式多样的慰问。以纪念大会形式对10个区妇女微家示范点命名授牌，发放第一批2021年“织爱行动、益童成长”项目资金；举办党史学习“京帼讲坛”。联合区民政局开展女性社会组织负责人培训活动，提升女性社会组织项目申报执行能力；在社区开展“三八维权周”活动，开展女性健康知识公益课堂和“两癌”防治知识进机关、进街道、进社区活动。（杨莹）

【党史学习教育】 5月13日，京口区妇联联合区委组织部、区委编办、区委台办和团区委共同到丹阳等地开展“学党史、强党性”活动。5月21日，参加聚力“京”彩先锋团队之庆祝中国共产党成立100周年“五新五百”系列之“培育新一代 百场红色经典进校园”活动。5月26日，参加聚力“京”彩先锋团队之“红色传承 守正远航——庆祝建党100周年党团队大手拉小手活动”。5月28日，参加聚力“京”彩先锋团队之“我为群众清洁楼道”竞赛活动。6月4日，参加聚力“京”彩先锋团队六五环境日主题广场活动。6月6日，参加聚力“京”彩先锋团队之“喜迎建党100周年大型义诊”广场活动。6月20日，组织家庭参加“文化荣光 书香传家”为主题的镇江市家庭阅读“四史”知识竞赛京口区初赛。6月28日，联合景阳山社区党委、镇江德高护理院和翠谷之星幼儿园开展“党群共建心连心 浓情七月颂党恩”党史学习教育活动。7月22日，参加聚力“京”彩先锋团队之“我为群众清洁楼道”竞赛活动。10月8日，参加聚力“京”彩先锋团队之急救培训“微课堂”。12月20日，参加聚力“京”彩先锋团队之“不忘初心担使命 ‘两在两同’建新功”学习会暨“我为群众清洁楼道”活动。（杨莹）

【妇女儿童办实事系列活动】 2月3日，区妇联联合区教育局开展“温暖‘童’行 把爱带回家”活动，向学府路小学20名品学兼优的外来务工子女和困境、留守儿童送去“心愿”礼包。3月5日，与市妇联联合开展“联线幸福家·守护她婚姻”心理大讲堂活动，邀请江苏大学刘伟为京口区70余名基层妇联主席授课。5月20日，区妇联、区文体旅局主办，区文化馆、镇江市恒顺实验小学承办的“童心向党 筑梦成长”红色观影活动在京口区文化艺术中心举行。5月28日下午，由区妇联、区委区级机关工委、团区委主办，区文明办、聚力“京”彩先锋团队承办的“织爱行动 益童成长”项目启动仪式在镇江市红旗小学举行。为京口区8个街道、园区的95名困境儿童及西藏达孜的50名困境儿童每人送去800元助学金和价值200元的爱心礼包。8月10日，慰问区卫健委一线医护人员。10月13日，在镇江市敏成小学举行“童心向党”红色书屋授牌仪式，并为学校捐赠部分图书。开展有福“童”享微心愿圆梦行动。通过前期心愿征集、网上心愿认领，为35名家庭生活困难儿童实现心愿。成功申报江苏省妇女儿

童公益社工项目“众赋她能‘镇’兴有力——镇江市京口区女性公益人才培养计划”。（杨莹）

【“三全”社区家庭教育支持行动】 区妇联开展“三全”（社区全域、父母全程、家庭全类型）社区家庭教育支持行动试点工作，确立5个试点社区，组织参加2场“三全”社区家庭教育支持行动培训会。5月，《中国妇女报》《镇江日报》等多平台报道《镇江京口：打造“三全”家庭教育幸福“样板”》。（杨莹）

【数字经济青年人才联谊交友活动】 由镇江市人才办、镇江团市委主办，京口区妇联承办的“缘聚京口 镇在等你”数字经济青年人才联谊交友活动在镇江市皇冠假日酒店举办，来自数字经济行业和机关企事业单位的50余名单身青年参加此次活动。（杨莹）

【家庭教育公益行讲座】 6月29日，邀请镇江市未成年人成长指导中心主任林霞在谏壁街道蔡家社区为未成年人家庭开展“孩子专注力的训练和培养”公益讲座。7月23日，联合象山街道孟诚社区邀请镇江市恒顺实验小学工会主席、德育副主任马剑为辖区内未成年人家长开展以“有效陪伴，默默耕耘，静待花开”为主题的亲子早教讲座。10月23日，联合四牌楼街道民主新村社区邀请镇江市家庭教育讲师团讲师、国家二级心理咨询师、家庭教育高级指导师陈静开展“做个善于管理情绪的家长——识别情绪学会好好说话”家庭教育讲座。10月24日，联合正东路街道酒海街社区邀请童乐乐青少年公益组织负责人、心理咨询师孙钰开展“养育是场温暖的修行”家庭教育讲座。11月22日，联合大市口街道古城社区邀请童乐乐青少年公益组织负责人、心理咨询师孙钰开展以“家庭、家教、家风”为主题的家庭教育讲座。（杨莹）

【女性公益人才沙龙】 9月30日，区妇联联合镇江市社会工作协会开展2021年江苏省妇女儿童社工服务项目“众赋她能‘镇’兴有力——镇江市京口区女性公益人才培养计划”暨妇女微家交流活动。（杨莹）

【岗村结对】 区妇联组织获评全国、省、市巾帼文明岗的4家单位参加“巾帼文明岗”与乡村社区结对共建活动，为谏壁街道雩山村、雩北村、东京村15户困难家庭送去3000元的慰问物品，为西街社区开展养老服务智能手机使用培训及法治进家庭反诈骗宣传活动。（杨莹）

【市妇联调研】 3月11日，市妇联副主席罗娟与“四新”领域新建妇联主席一行20余人到区锐海宏森（江苏）建设工程有限公司“美学生活”妇女微家进行参观调研。8月6日，市妇联主席杨菊兰、副主席蔡琳琳同相关部门负责人调研京口区检察院“航标灯”青少年司法保护中心和大禹山智汇科技中心。（杨莹）

区科协

【概况】 京口区科协贯彻落实省、市科协工作要求，围绕区委“四大提升行动”，助推产业强区，助力破解治理难题，抓好“四服务一加强”各项工作。举办京口区第33届科普宣传周活动，组织2021年京口区全国科普日系列主题活动。实施“基层科普行动计划”，四牌楼街道江东社区、谏壁街道蔡家社区荣获“镇江市科普益民计划示范社区”称号。区科协被中国科协评为“2021年全国科普日活动优秀组织单位”。（吴惠平）

【推进全民科学素质提升】 组织第33届科普宣传周活动，举办“慧安”科普图片展，发放家用急救科普手册，开展科普知识讲座23场次。制作危化品安全、防震减灾等科普展板到社区巡回布展，发放科普宣传资料3000余份。组织辖区居民和中小学生11批400余人次参观体验镇江科技馆。在谏壁中心小学组织开展2021年京口区全国科普日活动“科技进校园”活动启动仪式，向谏壁中心小学赠送科普宣传图书1500余册。组织开展STEM教学、3D打印、科普大篷车等科技活动。光大海绵城市发展（镇江）有限公司海绵公园展厅被镇江市科协命名为镇江市全民科学素质教育基地。组织社区科普员13人参加镇江市科协社区科普信息化培训。（吴惠平）

【推进学会学术平台提升】 开展海智引才工作，新建江苏中江材料技术研究院海智工作站1家。组织推荐申报镇江市创新争先人物1名，组织推荐申报青年科技人才托举工程项目3个。推荐申报镇江市优秀科技论文（专著）18篇。围绕协同

2021年6月10日，组织四牌楼街道江东社区居民和中小学生参观镇江科技馆
（殷云仙 摄）

创新和企业科协(工作站)建设,新成立3家企业科协(工作站)。在京口经济开发区、大禹山创意新社区举办企业科技创新服务培训,加大中国科协企业科技创新服务专利信息推广应用。 (吴惠平)

【推进助力安全生产水平提升】 组织开展企业负责人、安全员参加"慧安"大讲堂活动,推动企业生产技术科普和安全生产管理有机结合。制作危化品安全、防震减灾等内容的科普展板到社区巡回布展;联合科技局开展危化品安全知识进企业活动,走访辖区企业、学校等单位,发放危化品科普宣传资料1300余份。(吴惠平)

区侨联

【概况】 京口区侨联认真学习贯彻习近平新时代中国特色社会主义思想,坚持以人为本、为侨服务的宗旨,发挥侨联组织优势,优化服务,开创侨联工作新局面。 (秦岩)

【开展"写春联 送祝福"活动】 1月15日,镇江市侨联与京口区侨联在京口区达达艺术社区"微侨家"联合开展"写春联 送祝福"活动。(秦岩)

【启动"侨健康"项目】 5月13日,"侨健康"项目落地启动。区侨联开展"我为群众办实事"活动,与省侨联、市侨联沟通交流,协调卫健委、社区医院、江滨医院等多方医疗资源,搭建社区医院定时上门为老归侨提供医疗服务的平台,畅通老归侨在江滨医院就医就诊绿色通道。(秦岩)

【开展老归侨慰问活动】 开展慰问老归侨活动,区侨联主席王晓方带队,慰问老归侨41人,发放慰问金28000元。 (秦岩)

区工商联

【概况】 2021年,京口区工商联履行职能,营造民营经济健康发展和民营企业家健康成长的良好环境,为推动京口经济高质量发展和建设"强富美高"新京口贡献自己的力量,被评为全国"五好"县级工商联。(王晓晴)

【常态化开展"五送五助"民企服务活动】 协调解决"元致亨"商标被恶意侵占诉讼问题,以及零五一一九商贸发展有限公司与中国电信房租减免等难题。举办科技惠企政策培训会,帮助民营企业解决科技创新、高企认定、财税金融等方面的实际问题。开展"春雨润苗"三项行动,举办减税降费热点政策解析会,推进减税降费落实落地。举办民营企业专场招聘会,组织民营企业参加,采取线上和线下相结合的方式开展校园招聘活动。(王晓晴)

【举办镇江市企业家沙龙数字经济专场活动】 10月20日下午,镇江市企业家沙龙数字经济专场活动在京口区举行。镇江市委常委、市委组织部部长张娟,市政协副主席、市工商联主席卢道富,京口区领导徐申锋、陈静、林黎明、朱裕根出席活动。(王晓晴)

【与贵阳市白云区工商联缔结友好商会】 5月10—14日,组织10名企业家到贵阳市参加贵州"强省会"政策推介暨"苏商进黔"集中签约活动,与贵阳市白云区工商联方缔结为友好工商联和友好商会,实现两地优势互补,促进经济共同繁荣,共同发展。 (王晓晴)

【召开第七次会员代表大会】 12月16日下午,区工商联第七次会员代表大会召开。会议听取审议区工商联第六届执委会工作报告,选举产生区工商联第七届执行委员会。朱裕根当选主席(会长),蒋伟文等19人当选副主席、副会长,徐振平兼任秘书长。市委统战部副部长、市工商联党组书记王红卫,区领导徐申锋、施正中、刘吉顺、陈静、朱裕根出席会议。 (王晓晴)

区文联

【概况】 京口区文联坚持以习近平新时代中国特色社会主义思想为指引,发挥党委、政府联系文艺界的桥梁纽带作用,履行职能、坚定方向、坚持方针、坚守原则,在文学、书画、摄影、音舞、戏曲、篆刻、文艺志愿服务等各个艺术领域取得佳绩。 (陶宝强)

【开展庆祝中国共产党成立100周年系列活动】 举办2021年京口区"文·联万家"主题活动暨庆祝中国共产党成立100周年系列活动。区摄影家协会编印《今昔百图摄"京"彩》影集,展示京口区数十年来发生的巨变、取得的成就。区音舞协会联合有关单位开展活动,参与京口区"永远跟党走"合唱比赛、镇江·京口首届吴文化旅游节、"四百"红色系列活动等100余场。京口篆刻艺术推广协会在京江印社举办庆祝中国共产党成立100周年篆刻作品展,展出作品20余件。

(陶宝强)

【抓好京口文艺】 2021年,康盛剧社举办专场演出9场次,精品台扬剧折子戏《拾玉镯》《落陈州》《纯阳与牡丹》参与丹徒区"雅韵清风"戏剧周演出,线上观看达22万余人次。顾荣伟整理编辑的《梅兰芳曲谱》得到北京梅兰芳纪念馆专家的好评和肯定,拟收录入馆;京口区实验小学校园短剧《主角》获镇江市第七届中小学生艺术展演活动艺术表演类一等奖。4月,西津画院举办"许志荣西津渡专题摄影展";5月,市文化馆文心展厅举办"五月的鲜花"八人摄影展,武刚、倪兆顺等数十人次100余幅摄影作品入选"美丽镇江"全国影展。 (陶宝强)

【实施文化惠民】 联合区文艺志愿者协会等单位开展"同心向党、京彩有我"全民艺术普及系列活动。5月,举办第五届"最美京口文艺志愿者"评选活动、京口区全民艺术普及青少年器乐展演活动;7月,举办"学党史、强信念、跟党走"关爱困境儿童主题教育活动暨童心向党庆百年红色经典音乐会。京口书画协联合街道、老年大学送展览到社区;京口剧协在中山路小学、香江花城小学、学府路小学、江苏大学等校园中开展国学经典吟诵活动；京口区篆刻艺术推广协会在四牌楼街道所辖社区开展“学篆刻、玩篆刻、品篆刻”活动，在江一社区举办“我爱篆刻”艺术推广培训班；区音舞协组织开展舞蹈、声乐、古筝、二胡等艺术辅导210期，培养基层文化人才近1000人。（陶宝强）

【推进艺术普及】 京口剧协依托康盛剧社开办全民艺普（戏剧知识）大讲堂，吕国泰自编教材《戏剧小品的鉴赏和入门》，在四牌楼街道文体中心、镇江市第三中学、市佳佳幼儿园开办戏剧知识系列讲座14次，举办中青年骨干戏剧基本功培训班，推荐3人参加江苏省第二届主创人员培训班。区篆刻艺术推广协会联合区教育局，对辖区中小学师资情况、建设条件等进行调查摸底，建成包括桃花坞小学在内10个学生篆刻社团。（陶宝强）

【建强文艺队伍】 京口摄协以“京口摄影”微信群为平台，常态化组织会员交流、采风、参展、参赛。京口作协以“梦溪文学”微信公众号为平台，2021年共发布141期，发表作品600多篇；举办钟程发《血融大地》出版发行暨作品研讨会。京口作协会员2021年出版专著10余部，在各类媒体发表文章1000余篇，其中吴明宝在学习强国平台和《金山》《镇江日报》等媒体发表文章200余篇。（陶宝强）

区关工委

【概况】 2021年，京口区有关工委组织116个：街道、园区8个，社区61个，教育系统16个，民营系统20个，政法系统5个，农业农村局1个，其他机关系统5个。参加关心下一代工作和活动的“五老”（老干部、老战士、老专家、老教师、老模范）8710人。

2021年，区关工委联合区教育局在敏成小学开展“颂建党百年，做时代新人”主题教育观摩推进会。开展第三届“金色阳光”结对助学、第十一届“关爱朝阳”助学行动。开展“缤纷的冬日”“七彩的夏日”“我们的节日”活动，围绕“颂建党百年，做时代新人”等主题，组织大规模（50人以上参与）活动200场，参与青少年18653人次。组织“五老”参与社区矫正工作，2021年与区司法局联合召开“五老”参与社区矫正志愿服务总结表彰会议，并组织36名“五老”与36名35岁以下、刑期一年以上社区服刑人员签订矫正结对帮教协议，教育转化率100%。

2021年7月22日，区关工委常务副主任钟程发被镇江市委、市政府评为镇江市模范退役军人。9月，区关工委荣获镇江市人民政府颁发的镇江市第三届“最具影响力”慈善项目奖。10月，区关工委荣获省关工委、省文明办表彰的“江苏省关心下一代工作优秀集体”称号，钟程发荣获“优秀个人”称号。12月，区关工委荣获镇江市关工委、镇江市文明办表彰的“镇江市关心下一代工作优秀集体”称号，吉梅、刘金坤荣获“优秀个人”称号。（吉梅）

【组织观看建党百年大会直播】 7月1日上午，区关工委组织各街道、园区和部门关工委常务副主任，在镇江市桃花坞小学，与健康路街道桃花坞社区部分“五老”和桃花坞小学师生代表100余人，观看庆祝中国共产党成立100周年大会电视直播。（吉梅）

【举办老少同台文艺节目展演】 5月16日，区关工委与区文化馆在京口文化艺术中心联合举办老少同台“颂建党百年、做时代新人”主题文艺节目展演活动。（吉梅）

【“关爱朝阳”荣获镇江慈善奖】 10月28日，区关工委和区慈善总会联合打造的“关爱朝阳”助学品牌第3次荣获镇江市人民政府颁发的“最具影响力慈善项目”镇江慈善奖。在“关爱朝阳”助学品牌效应带动下，区各街道、园区和部门关工委先后创立“金秋助学”“正恺育秀”“金色阳光”“元亨助学”“圆梦助学爱国行”“益童成长”等关爱助学品牌，形成全社会关爱助学良好氛围。（吉梅）

【开办艺术培训班】 7月12日，区关工委与区文化艺术中心联合为贫困学童免费开办暑期艺术培训班。来自京口辖区贫困家庭和外来务工人员家庭的49名青少年参加了写字、儿童画、吉他（尤克里里）和拉丁舞等项目免费学习培训。（吉梅）

【第九届“书香育秀”赠书活动】 5月11日，区关工委联合区总工会、

2021年7月1日上午，区关工委组织各街道、园区和部门关工委常务副主任，在镇江市桃花坞小学与桃花坞社区部分“五老”和部分师生集中观看庆祝中国共产党成立100周年大会电视直播（吉梅 摄）

区文化体育旅游局、团区委、区妇联及梦溪书城等6家单位在区政府十楼会议室举行第九届“书香育秀”赠书活动，向象山街道桓王亭社区、四牌楼街道北固山社区、京口经济开发区上埠村等6家社区（村）校外教育辅导站赠送各类书籍40多种800余册，价值近1.8万元。（吉梅）

【开展主题教育活动】 6月22日，区关工委组织各街道、园区和部门关工委常务副主任到茅山新四军纪念馆开展“学习铁军精神，传承红色基因”主题教育活动。（吉梅）

【慰问抗疫“五老”】 8月20日，区关工委常务副主任钟程发率队前往谏壁街道月湖社区、四牌楼街道阳光世纪花园社区、象山街道桓王亭社区、健康路街道桃花坞社区、大市口街道华润社区、正东路街道贺家弄社区、京口经济开发区左湖社区和新民洲临港产业园新红旗社区，对在新冠疫情防控期间表现突出的8名“五老”志愿者进行慰问，颁发荣誉证书，赠送防疫物资和慰问金。（吉梅）

【关爱朝阳助学行动】 4月11日，区关工委联合区慈善总会在区政府十楼会议室举行京口区2021年（第十一届）“关爱朝阳助学行动”启动仪式，向京口区100名中小学生捐赠价值4万余元的书籍和学习用品。（吉梅）

【组织学习中共十九届六中全会精神】 11月12日下午，区关工委在区政府十楼大项目会议室组织各街道、园区和部门关工委常务副主任专题学习中共十九届六中全会精神和省关工委成立30周年纪念会议精神。（吉梅）

【开展“双创双评”活动】 2021年以来，区关工委按照省、市争创示范辅导站考核标准，在京口区社区（村）校外教育辅导站开展“双创双评”活动。象山街道学府路社区、健康路街道大学山社区、谏壁街道雩山村和东京村、正东路街道江科大社区、大市口街道老北门社区、京口经济开发区李华社区等7个校外教育辅导站为区级示范辅导站；健康路街道健康社区、象山街道景阳山社区、四牌楼街道阳光世纪花园社区和道署街社区、京口经济开发区上埠村等5个校外教育辅导站为区级优秀辅导站。（吉梅）

区残联

【概况】 2021年，京口区残联以服务好、管理好残疾人为落脚点，提高联系、凝聚残疾人能力，围绕中心，服务大局，扎实推进各项工作。（黄佳）

【抓实意识形态】 加强对残疾人的思想宣传工作，在学习强国等多个平台发布稿件20余篇，让公众了解残联工作动态、残疾人关注的热点问题，团结引领广大残疾人听党话、跟党走。（黄佳）

【抓实党史学习教育】 组织党员干部前往丹阳革命陈列馆和上海战役总前委旧址纪念馆等参观学习；举办党史知识竞赛，激发党员干部“赶学比超”热情。（黄佳）

【落实民生实事】 为辖区内66名低收入残疾人免费发放轮椅、助行器、拐杖等辅助器具共120件；打造象山街道残疾人之家示范点，新建辅助性厂房200平方米，聘请社会组织专业团队管理，每天约有40名残疾人进行托养和开展辅助性就业，残疾人收入达到1000元/月。（黄佳）

【开展“我为群众办实事”实践活动】 组建党员志愿先锋服务团队，结合第31个全国助残日，以购买服务的方式，组织盲人按摩人员回馈社会，服务德高护理院老年人。“七一”前夕，走访慰问困难残疾党员代表和残疾老兵。台风后，清理冲塌墙体造成的路面淤泥，方便周围群众出行。将残疾人证评定工作向基层延伸，组织评残专家上门评定4次，为23名评残对象提供上门评残服务。（黄佳）

【开展居家托养服务】 委托第三方服务机构，向58名就业年龄段的精神、智力和重度肢体残疾人提供定制化居家托养服务，改善残疾人居家生活环境。（黄佳）

【提高精准康复服务水平】 为193名0~16周岁残疾儿童免费进行抢救性康复训练。为41名贫困精神病患者提供住院救助。为377名贫困精神病患者提供免费服药服务。全面落实残疾儿童康复救助工作，做好筛查、评估、转介、救助等工作；继续做好精神病人免费服药服务，持续开展好“复明”和“健行”行动，落实家庭医生签约制度，将康复服务精准化、项目化、规范化，确保精准康复率和辅具服务率达90%以上。（黄佳）

【残疾人职业技能竞赛获佳绩】 12月2日，镇江市首届残疾人职业技能竞赛在镇江市特教中心举行。京口区代表队荣获商业摄影项目第一名、电子商务项目第一名、盲人按摩项目第三名及团体总分第一名。（黄佳）

【做好培训就业服务】 依托区残疾人就业管理中心，开展残疾人创业就业培训班；举办美甲技能培训班，邀请专业老师以“实践+理论”的方式为30余名残疾人现场教授美甲知识；依托市残联调配中心与爱心企业，在大市口、正东路、象山街道残疾人之家开展辅助性就业，带动120名残疾人就业增收。（黄佳）

【信访维权真抓实干】 答复“12345”市民服务热线来电53人次。为436名残疾人办理残疾证，为107名残疾人办理免费乘车卡。做好新版残疾人证管理系统信息录入工作，对各街道、园区残联工作者进行新系统操作方法和残疾人证办理工作流程培训，简化办事流程。为20户有改造需求的低收入重度残疾人家庭，以“一户一策”方式入户进行无障碍设施改造，并按照省、市残联要求一户一档，做好2021年无障碍改造信息采集、监督、验收工作。（黄佳）

区红十字会

【概况】 2021年，区红十字会坚持以习近平新时代中国特色社会主义思想为引领，开展党史学习教育，发挥红十字会在政府人道工作方面的助手作用，全面提升工作水平，红十字工作取得新突破。2021年，京口区红十字会被评为市红十字会应急救护培训工作年度单项工作优胜单位和基层组织建设年度单项工作优胜单位。（郭晓雯）

【“三救（应急救援、人道救助、应急救护）”多项工作取得突破】 通过筹资筹物、上级拨付及上级慰问，2021年向辖区各类弱势群体、防疫医护人员、医疗机构发放价值77万元的物资、救助金及医疗设备。在各辖市、区红十字会中率先完成“99公益捐”网络筹资任务。与区应急管理局首次签订《防灾减灾救灾联动工作机制合作协议》，首次共同建设管理备灾救灾物资仓库。组织师资到新民洲港口产业园、鼎胜新能源、江苏科技大学等相关单位开展培训。2021年，完成初级救护员培训479人，普及培训6424人。（郭晓雯）

【“三献（献血、献造血干细胞、人体器官捐献）”工作持续发力】 京口区2021年遗体器官捐献登记637例、完成遗体捐献7例，占镇江市年度遗体捐献53.8%；器官捐献1例，占镇江市年度器官捐献25%。利用红十字博爱送健康志愿服务活动和“5.8”等重要节日，联合市红会、江苏大学医学院、社区卫生服务中心等，开展无偿献血和造血干细胞宣传发动25场，2021年发放宣传手册1200份。（郭晓雯）

【组织建设工作取得新进展】 经区委提名兼职、挂职副会长和监事长，区红十字会首次提名配齐班子队伍；在区级机关部门、街道园区、社区、卫生系统、教育系统、企业事业单位和公益组织等社会各领域及基层一线，发展70余名会员，以及理事会成员、监事会成员；联合区教育局成立京口区红十字会教育志愿服务队，辖区内16所公办学校全部成立校红十字会；新建1所“博爱家园”和救护培训基地。（郭晓雯）

2021年12月22日，在公安京口分局表彰奖励见义勇为人员（汪轶超 摄）

区见义勇为基金会

【概况】 京口区见义勇为基金会2021年度总收入78.29万元，支出48.04万元，用于公益事业支出44.18万元。（汪轶超）

【奖励和慰问帮扶】 召开表彰会5场，奖励见义勇为人员8人，协助公安机关破获黄金盗窃案蒋小二、跳河救人的外来务工人员郭通受到奖励，专项奖励公安机关基层辅警和巡特勤队员52人。实施“春节送温暖”“夏季送清凉”“爱心扶困”等公益项目，向见义勇为牺牲人员家属、致伤致残和困难见义勇为人员家庭发放慰问金和补助金，2021年慰问补助141人，发放各类慰问金、补助金23.3万元，其中上报市基金会慰问见义勇为人员55人，发放慰问金11.8万元。开展帮扶关爱活动，为见义勇为人员订阅报刊，为见义勇为先进分子进行健康体检，给困难见义勇为人员购买职工互助保障。（汪轶超）

【宣传教育】 3月，与市见义勇为基金会联合在镇江烈士陵园举行祭扫致敬活动，公安民警、辅警、见义勇为人员、见义勇为志愿者代表等100余人参加活动。4月，组织见义勇为人员和志愿者到淮安市参观周恩来纪念馆和周恩来故居。组织见义勇为人员中党员代表在四牌楼街道开展“学党史、颂党恩、听党话、做贡献”主题座谈会。6月，组织受省、市表彰的见义勇为先进分子代表开展“学党史、颂党恩、听党话、跟党走”主题活动。7月，在谏壁焦湾社区警务室、中储粮镇江基地和江滨医院保卫科建立基层见义勇为工作室。8月，在京口广场建设见义勇为主题广场，传播见义勇为主题文化。9月，组织见义勇为人员、志愿者参观中储粮油镇江基地。11月，为见义勇为人员和志愿者举办反诈骗知识宣传讲座。（汪轶超）

法　治

责任编校：顾林艳

政　法

【概况】 2021年，京口区政法系统坚持党的领导，有力维护政治安全，有效化解各类矛盾风险，完成政法队伍教育整顿，深入推进平安京口建设，保障“十四五”规划顺利开好局。（张学明）

【维护社会稳定】 深化新形势下重大决策社会稳定风险评估工作，建立重大决策社会稳定风险评估机制，提高风险评估的科学化、专业化、法治化、社会化、智能化水平，从源头上预防和减少矛盾纠纷和隐患。开展社会矛盾和安全隐患大排查大整治活动，围绕重要节点排除矛盾纠纷，查找风险隐患，坚持疏导稳控与打击震慑“两手硬”，依法严厉打击各类闹访滋事行为，完成全国“两会”、中国共产党成立100周年、十九届六中全会等重要会议、重大活动安保维稳工作。（张学明）

【推进平安京口建设】 建立健全平安京口建设工作机制，构建目标明确、权责清晰、督导有力、奖惩到位的责任体系，实现街道(园区)部门全方位联动，形成齐抓共管合力。以市域社会治理现代化先进街道建设为抓手，夯实区域社会治理高水平建设的基层基础。2021年，四牌楼街道被评为镇江市市域社会治理现代化先进街道。（张学明）

【提升网格治理能力】 开展网格巡查走访服务和进网格“亮身份、优服务”等活动，发动京口区专、兼职网格员参与敲门行动、核酸检测演练等工作。开展“三官一律”集中进网格集中活动月活动，推动政法机关干部、“三官一律”担任政法网格指导员，与基础网格进行有效衔接、高度融合。举办网格员业务培训班，提升网格员的业务实操能力。加强群防群治力量，将“江东大妈”“老弗士”等社会力量充实到网格力量中，确保网格治理全覆盖。（张学明）

【政法队伍教育整顿】 京口区政法系统以习近平新时代中国特色社会主义思想为指引，坚持“五个过硬”要求、突出“四项任务”、聚焦“三个环节”，完成政法队伍教育整顿各项任务。（张学明）

法治政府建设

【概况】 2021年，京口区坚持以习近平法治思想为指导，深入贯彻落实国务院《法治政府建设实施纲要(2021—2025年)》精神，统筹推进京口区法治政府建设各项工作，着力提高规范行政权力运行、严格规范公正文明执法、化解行政争议、保障依法决策等能力，坚持为经济社会发展营造良好的法治环境。（唐敏捷　高阳）

【履行法治建设第一责任人职责】 区委书记任区委全面依法治区委员会主任，召开京口区委全面依法治区工作会议。印发《法治京口建设规划(2021—2025年)》《京口区法治社会建设实施方案(2021—2025年)》《中共京口区委全面依法治区委员会2021年工作要点》《〈法治京口建设规划(2021—2025年)〉重要举措分工方案》，细化落实规划责任，统筹谋划依法治区工作。（唐敏捷　高阳）

【严格法治政府建设督察考核】 区委、区政府将法治政府建设相关指标纳入京口区高质量发展综合考核，由区考核办牵头检查考核，通过考核促进法治政府建设工作取得实效。（唐敏捷　高阳）

【加强依法行政意识和能力】 完善政府常务会议学法用法制度，开展依法行政法律法规、法治政府建设、知识产权法、安全生产法4个专题区政府组成人员集中学法活动。开展江苏省第四届百万党员“学宪法　学党章　考法律”活动，京口区近7000名党员参加此次活动。组织京口区公务员和参公人员进行线上宪法知识考试，组织政府及其部门领导班子成员旁听刑庭庭审。组织区交通运输局、区农业农村局、区文化体育和旅游局、区应急管理局、区市场监督管理局5个单位集中线上培训，完成首批全国统一样式行政执法证换证考试。组织案卷集中交叉评查。

（唐敏捷 高阳）

【推行证明事项和涉企经营许可告知承诺制】 制定《京口区全面推行证明事项告知承诺制工作方案》，区教育局通过告知承诺制认定通过教师资格审批事项509件；区人社局即时为5家机构办理人力资源许可证；区民政局办理社会组织登记23件。区行政审批局在镇江市率先推出公共场所卫生许可证办理告知承诺制，发放卫生许可证30份。京口公证处2021年办理公证告知承诺10件。

（唐敏捷 高阳）

【完善规范性文件管理】 定期开展涉及行政处罚和长江流域保护规范性文件的清理工作，配合市政府完成《镇江市公共机构节能管理办法》《镇江市住宅物业管理条例》《镇江市节约用水条例》等文件的征求意见工作。（唐敏捷 高阳）

【健全重大行政决策程序机制】 推进完成"江科大附小校安工程"重大行政决策项目，切实履行"五大程序"（公众参与、专家论证、风险评估、合法性审查、集体讨论决定）。区政府第57次政府常务会议集中学习《关于加强新形势下重大决策社会稳定风险评估机制建设的意见》。制定《京口区人民政府合同管理办法》，全面落实重大行政合同合法性审核机制，规范合同审查程序。

（唐敏捷 高阳）

【发挥法律顾问作用】 完成第二届区委、区政府法律顾问换届聘任工作，参加座谈协调会12次，代理诉讼案件9件，审查协议合同36件，对《华为（镇江）数字创新中心合作协议》《京口区人民政府与江苏省环保集团有限公司战略合作协议》等内容进行把关，参与信访案件化解，对三河物流码头整治及强凌房地产开发有限公司破产清算等内容进行全面把关，最大限度防范法律风险。

（唐敏捷 高阳）

【落实行政执法"三项制度"】 召开争创全国法治政府示范项目推进会和行政执法"三项制度"现场推进会，以"把牢'三点'助推'三项制度'落地生效"为主题，参加全国法治政府建设示范市、县单项创建活动，入围江苏省前二十。围绕《行政执法"三项制度"理论与实践》《中华人民共和国行政处罚法》开展京口区行政执法培训230余人次；组织各司法所和街道综合行政执法局开展法制审核培训会，全面规范街道法制审核工作流程。主动接受区人大对京口区行政执法"三项制度"专题视察，到京口爱康国宾门诊部和镇江市乐英少儿英语培训中心现场查看卫生执法和教育执法工作。京口区25家行政执法部门和6个街道均编制完成本部门行政执法"三项制度"，覆盖率达100%。（唐敏捷 高阳）

【推进基层综合执法建设】 区司法局组织4家赋权部门到京口区6个街道开展"一对一"业务指导和交流，调研"三整合"工作；分2批次开展基层行政赋权专题培训，开创赋权部门"以执带教"新模式；协调参与"双随机一公开"卫生执法检查，杜绝"纸上培训"。编印《镇江市京口区综合行政执法常用文书参照格式文本》《京口区街道相对集中行政处罚自由裁量基准参考手册》，保障基层治理新格局。在京口区各执法部门和街道开展督查检查并做出通报，针对工作推进不规范的街道严格制发"行政执法建议书"。

（唐敏捷 高阳）

【加强重点领域执法监督】 制订《2021年京口区行政执法监督检查计划》，邀请区人大、政协、政法委成立检查组，共同参与以"长江生态保护""安全生产"为主题的行政执法专项督查。集合综合执法局行政执法人员全程参与区农业农村局针对禁采、禁捕等情况的日常巡航执法检查，全面了解非法捕捞和禁捕工作中存在的难点问题，重点检查水上执法协作机制、执法能力和装备建设。深入元致亨食品有限公司检查燃气设备安全，针对检查过程中发现的问题予以反馈并提出整改要求。（唐敏捷 高阳）

【落实基层法治基础建设】 促进基层自治、法治、德治"三治融合"，将开展城乡基层"援法议事"工作纳入2021年度街道（园区）法治建设考核细则。京口区开展援法议事的社区（村）数量达61个，做到"援法议事"平台建设全覆盖。四牌楼街道江滨新村第一社区"援法议事出成效 幸福和谐新江滨"被省委全面依法治省委员会办公室评为首批"江苏省城乡基层援法议事范例"。

（唐敏捷 高阳）

【政府信息公开】 依托政府门户网站和各部门网站公开信息，建立政府信息公开工作考核制度、社会评议制度及责任追究制度，按季度定期通报京口区政府网站检查情况。2021年，收到政府信息公开申请11件，办结9件，2件办理中，答复率100%。2021年，区人大代表建议111件，其中京口区承办94件，转市人大代表建议17件，全部办结，满意和基本满意率100%；区政协提案116件，全部办结，满意和基本满意率100%。（唐敏捷 高阳）

【非诉讼化解机制】 非诉讼服务中心（分中心）新聘用7名专职人民调解员，形成区、街道、村（社区）三级人民调解网络，有专、兼职人民调解员215名。2021年，京口区各级各类人民调解组织（含诉前调解）调处各类矛盾纠纷6000余件，创历史新高。（唐敏捷 高阳）

【行政调解】 2021年，京口区受理行政调解申请13284件，办结12258件。调制主要涉及劳动争议纠纷、价格纠纷等。（唐敏捷 高阳）

【行政复议体制改革】 印发《镇江市京口区人民政府关于统一行使行政复议职责有关事项的通告》《京口区行政复议体制改革实施方案》，全面落实行政复议规范化建设，基本做到机构、编制、人员、场所、经费"五个到位"。编印《京口区行政复议与应诉工作调研报告》《行政复议与应诉典型案例选编》并获批示；联合润州法院、京口法院签订《一审行政案件集中管辖司法协作协议》，深

入探索三方跨域协作经验方法，搭建交流平台，强化府院联动，推动行政案件实质性化解。（唐敏捷　高阳）

【行政争议】 2021年，收到行政复议申请14件，受理12件，办结11件。其中，1件驳回，2件维持，5件撤销，3件撤回申请，1件正在审理中；发生行政复议直接纠错案件5件，直接纠错率达45.5%；实质性化解案件3件，化解率达27.3%；制作行政复议意见书8份。行政诉讼案件26件（一审），驳回12件，准予撤诉6件。案由涉及行政处罚、行政强制、房屋征补（拆迁）和治安管理等方面。行政负责人出庭应诉率达100%，以区政府为被告的行政诉讼案件无一败诉。（唐敏捷　高阳）

公　安

【概况】 2021年，镇江市公安局京口分局把握"稳中求进"的工作总基调，以突出"五大主业"（突出对敌斗争，营造安全稳固的政治环境；突出源头化解，营造和谐稳定的社会环境；突出严打犯罪，营造平安有序的治安环境；突出风险防控，营造安全宜居的公共环境；突出惠企利民，营造优质高效的发展环境）、健全"五大体系"（情报指挥体系、联防联控体系、合成作战体系、治安防控体系、法治保障体系）、做实"五大工程"（党建引领工程、一体执纪工程、实训实战工程、暖警惠警工程、作风效能工程）为抓手，全力推动战疫情、防风险、保安全、护稳定、促发展各项工作，以实干实绩奋力谱写"强富美高"新京口建设的公安答卷。（薛路瑶）

【维护安全稳定】 开展政治安全重大风险防控整治，深化专案侦查打击，坚决遏制邪教违法犯罪和宗教非法活动，破获法轮功案件1起，捣毁涉邪窝点4处，抓获涉案人员7名；发现并取缔非法宗教活动点1处，查处网上制造传播政治谣言案件21起21人。建立健全"情指勤舆+N"（情报、指挥、勤务、舆情+具体涉及的部门）一体化机制，运用大数据和人力情报手段，强化风险评估、排查预警和应急处置，搜集上报情报线索100余条，排查管控各类重点人员112人，处置矛盾纠纷20余起，开展舆情引导30余次，完成全国"两会"、庆祝中国共产党成立100周年、十九届六中全会等系列重大安保任务，实现重要节点"零非访""零滋事"。（薛路瑶）

【打防违法犯罪】 落实扫黑除恶常态化工作要求，深挖潜藏黑恶团伙，强化重点案件攻坚，突出行业领域整治，侦破9类涉恶案件47起，抓获嫌疑人214人，打掉恶势力犯罪集团、团伙3个。打击民生犯罪，破获部督"12·01医保诈骗案"，打掉20余个医保诈骗团伙，抓获犯罪嫌疑人180名，得到国务院副总理孙春兰的批示肯定。破获"3·10"保健品诈骗案，捣毁涉案窝点2个，抓获涉案犯罪嫌疑人31名。18小时快速侦破市区"亚一金店"被盗案，追回被盗黄金首饰120余件，挽回损失80余万元。推进"雷霆""闪电"专项行动，破获盗窃电动车及电瓶案件44起，抓获犯罪嫌疑人32名，盗窃电动车及电动车电瓶案件比2020年下降69.4%；推动反诈中心实体化运作，京口区发案比2020年下降71.5%，降幅镇江市第一；破获电诈案件57起，抓获犯罪嫌疑人132人；预警劝阻潜在受害人2万余人次，直接避免群众经济损失300余万元。侦破省督"2021–23"特大非法制售"笑气"案，抓获涉毒犯罪嫌疑人11名，缴获"笑气"67箱1.6万余瓶。紧盯网络违法犯罪，破获"3·01"专案，抓获帮信犯罪嫌疑人57名。打击经济犯罪，抓获境外逃犯2人，成功破获"20210319""20210831"组织领导网络传销案，抓获犯罪嫌疑人97名，扣押赃款5000余万元。实行主城区巡逻处警一体化勤务机制，建成并投入使用大市口警务站，开展24小时"控网巡格"，辖区内抢劫、盗窃等"六类"街面刑事警情比2020年下降21.2%，群众安全感满意率达99%。（薛路瑶）

镇江市公安局京口分局"反诈超市"在四牌楼派出所辖区"老村长警务室"开业（胡荣生　摄）

【抓实安全监管】 常态推进疫情防控，牵头建立社防、涉外防控工作机制，落实数据核查、接驳转运、集中隔离、居家监测等管理措施，核查疫情数据67423人次，摸排管控境外返镇人员1397人。紧盯危险物品、群租房、重点目标等领域安全风险，开展安全生产专项整治"百日攻坚"行动，对京口区141家易制毒和易制爆使用单位排查整治实现全覆盖。查处违反易制毒、易制爆化学品管理条例单位或企业17家；成功侦办"401"危险驾驶案，抓获犯罪嫌疑人4名，查缴易制爆危化品氯酸钠14吨；捣毁1个违法存储销售汽油黑窝点，抓获嫌疑人 6 名，查扣私自改装加油车 5 台，扣押汽油 30 余吨；摸排登记群租房 52 户、流动人口 615 人，群租房二维码门牌生成率 100%；对 103 家单位开展 385 次内部安全检查，及时发现并督促整改风险因素和事故隐患。（薛路瑶）

【夯实基层基础】 开展城乡社区警务“一五一十”（五项职责：管理实有人口、掌握社情民意、组织安全防范、维护社区秩序、服务辖区群众；十场攻坚会战）行动，最大限度推动派出所工作重心向基础防范管控转移。完成派出所整合重组、管辖范围与行政区划对应调整，提升行政管理和为民办事效能。推进健康路、原九里街派出所业务执勤用房建设，推动学府路、谏壁派出所选址工作。推进“枫桥式”派出所创建和“平安前哨”工程，加强警格网格深度融合，创新打造大市口城市客厅警务室、四牌楼“五点伴”（国家禁毒示范点、反诈超市宣传点、矛盾纠纷化解点、警格网格融合点、“老村长”警民联系点、“江东大妈”伴你行）共治警务中心、健康路军警民融合发展服务站、中营融合安防阵地等一批特色亮点。做强社区警务，落实“一区一警两辅”配置要求，全面达到派出所和社区民警警力配置“两个 40% 以上”标准。推进社会治安重点地区和突出治安问题排查整治，高标准完成四牌楼公司大塘地区挂牌整治任务。（薛路瑶）

【服务发展大局】 设立“警企一警通”帮办服务示范点，开展公安政务服务进园区活动，按照“一企一策”，提供金融风险防控、公安项目审批、集中上门办证等便企服务事项，化解涉企矛盾纠纷 15 件。严厉打击涉企犯罪，成功侦办部督“鼎盛铝业工业原材料被盗案”，挽回企业经济损失 600 余万元；推进“我为群众办实事”实践活动，打造镇江市首家“平安关爱”再就业基地，妥善安置刑释解教、吸毒后续照管对象等重点人员 50 余人；在市政务服务中心设置“京口专窗”，完成 2 个派出所综合服务窗口规范化建设，优化高频服务事项“一窗办”“就近办”“简化办”；创新打造江苏大学外国留学生管理服务站，获评镇江市公安机关十佳服务效能品牌。（薛路瑶）

【推进法治公安】 推进“三项制度”品牌建设，提高依法行政、决策和管理水平，先后荣获镇江市“法治镇江先进单位”、京口区“行政执法‘三项制度’示范点”等称号。坚持科技赋能，按照“一体化、智能化、精细化、合成化”要求建成执法办案管理中心，实现对办案轨迹全流程跟踪、对执法对象全进程管控、对执法活动全过程回溯，助推公安法制向法治公安迈进。坚持实战导向，健全完善执法、学法制度，采取战训合一模式，常态化开展全警法制练兵，有 18 名民警通过司法考试、47 名民警取得高级执法资格。（薛路瑶）

【打造职业警队】 开展教育整顿、党史学习教育，强化文化育警、素质强警、从优待警。主动问责处理违纪违规民警 46 人次，查摆整改各类问题 58 条，纪律观念和规矩意识深入人心。深化“警校共建”，依托省司法警官高等职业学校实战训练基地，常态化开展全警实战大练兵，实战训练工作位列镇江市前列。深化法治公安建设，建成并投入使用执法办案中心，加强典型选树，2 名民警荣立个人二等功，16 个集体、169 名民警、辅警受到上级表彰奖励。京口分局被评为镇江市抗击新冠肺炎疫情先进集体，分局党建书记项目被评为区“十佳书记项目”，四牌楼派出所“把党小组建在网格上”获评江苏省公安机关基层创新项目“最佳项目奖”。（薛路瑶）

检 察

【概况】 2021 年，京口区人民检察院受理各类刑事案件 572 件 939 人，依法批准逮捕 99 件 154 人，提起公诉 346 件 554 人。获得“镇江市文明行业”“镇江市社科普及基地”等称号，1 项工作品牌获镇江市政法创新课题优秀研究成果二等奖，1 门课程获评江苏省检察教育培训优秀课程。（仲诚）

【加强政治建设】 推进政法队伍教育整顿和党史学习教育，开展学习教育 70 余次，中央督导组领导调研时给予肯定。及时向区委和上级检察院报告重大情况、重要事项 22 次，获区委主要领导批示 2 次。自觉落实“三个规定”报告制度，填报重大事项报告 17 条。（杨钰）

【加强队伍建设】 坚持民主决策，党组集体研究“三重一大”事项 24 次。严格执行干部选拔任用制度，选拔中层干部 4 人，队伍结构更加

2021 年 9 月 28 日，京口区检察院联合京口生态环境局、江苏正恺电子科技有限公司举行生态环境公益损害风险防控协作意见签约仪式（区检察院 供稿）

优化。实施拔尖业务人才培养规划，获得市级以上业务标兵或能手荣誉3次。（杨永兵）

【护航民企健康发展】 对26件涉企“挂案”集中监督撤案，帮助22家企业卸下诉累，相关做法被写入省人民检察院2021年工作报告。依法慎重处理企业涉税案件，对1件案件开展合规建设，在办理1起涉案金额5.2亿余元的虚开增值税专用发票案中，对部分涉案企业行为精准定性，督促公安机关撤案并移送税务机关。（彭莉）

【常态化推进扫黑除恶】 严把案件质量关，在办理市人民检察院指定管辖的王某恶势力犯罪集团案中，依法追诉1人、追捕3人，移送“保护伞”线索7条，持续跟踪该案造成9亩耕地受损情况并督促恢复。（袁明）

【普法工作】 开展多层次、有特色的“精准普法月月行”活动40余场次，服务5000余人次。紧密结合“三官一律”进网格活动，组织21名检察官下沉社区网格。打造“京小检”人物IP，借用“三国演义”“白蛇传”等具有镇江特色的文化主题，推出21期检察法治宣传产品。（倪亦孙）

【刑事检察】 2021年，立案监督31件，纠正侦查活动违法5件，纠正漏补、漏诉4人，1件案件被评为江苏省羁押必要性审查典型案例。办理江苏省首例涉“暗网”网络犯罪案、镇江市唯一1例利用境外账户洗钱案，1起盗窃窨井盖案件被评为最高检典型案例。落实少捕慎诉慎押司法政策，不捕、不诉案件数较2020年度分别上升24.5%、67.5%，案一件比、认罪认罚适用率等均稳定达标、持续优化。（许辉）

【民事行政检察】 办理民事行政检察案件23件，提出审判程序监督、执行监督等检察建议8件。加大对虚假诉讼和重大案件专项监督的力度，发现虚假诉讼线索3条，发出再审检察建议1件。针对京口辖区内部分售楼处未经同意采集人脸等生物特征数据问题，制发检察建议推动督促整改，被《工人日报》等多家媒体报道。（吴福君）

【未成年人检察】 深化“航标灯”品牌内涵，入选镇江市政法创新课题优秀研究成果，青少年司法保护中心被评为省级法治文化建设示范点。在办理1起利用网络社交平台隔空猥亵儿童案中，向某知名短视频企业发出检察建议，推动完善保护机制。对辖区621家校外培训机构全面摸底调查，向党委、政府提出参考建议。（陈舟远）

【公益诉讼检察】 办理公益诉讼案件134件，办理的系列长江非法采砂公益诉讼案件入选江苏省检察机关保护长江生态环境工作公告案例。探索开展生态环境公益损害源头风险防控工作，联合相关企业签署生态环境公益损害风险防控协作意见。（吴福君）

【全面从严治检】 召开4次党组会、办公会专题研究党风廉政建设工作，开展各类检务督察15次，结合区委巡察反馈问题制定的36条整改措施全部整改到位。以政法队伍教育整顿及党史学习教育为契机，深入开展廉政谈心谈话200余人次，及时分析和掌握本院检察队伍主要问题，适时予以廉政提醒。开展节前廉洁自律提醒教育6次，引导干警守住底线。（杨钰）

法院

【概况】 2021年，京口区人民法院聚焦“经济发展高质量、城市生活高品质、区域治理高水平”奋斗目标，聚力“产业强区、宜居城区、首善之区”发展战略，不断深化高质量司法实践，全年受理案件12853件，结案11334件，比2020年分别上升17.33%、11.92%。（曹浏）

【依法惩处刑事犯罪】 推进扫黑除恶斗争常态化，审结王震恶势力犯罪集团案。审结的陈春才偷盗窨井盖危害公共安全案入选镇江市弘扬社会主义核心价值观十大典型案例。贯彻新施行的《中华人民共和国刑法修正案(十一)》，对殴打执法民警的洪某以袭警罪处刑，维护公安机关执法权威。认真实施修改后的刑事诉讼法，加大认罪认罚从宽制度适用力度，全面贯彻宽严相济刑事政策，2021年刑事案件认罪认罚适用率92%。（曹浏）

【加强民生司法保障】 化解瑄园、柒星苑等小区逾期交房引发的群体

2021年9月2日下午，区委书记徐申锋带领区四套班子领导及“两代表一委员”代表、群众代表和媒体代表到区法院观摩指导“为民办实事”项目（区法院 供稿）

性纠纷；在汇成公司破产清算中认定318名“山泽园”小区购房人的消费者身份，协调解决产权证办理、小区通水通电通气等问题；在强凌地产破产案中协助“东方诚园”小区117名业主办妥产权证，正在为其他100余户解决土地抵押权问题，推动解决小区适龄儿童在开学季入学问题。组建物业、金融等类型化案件速裁团队，完善劳动争议案件集中审判工作机制，深化专门领域的诉调对接工作，被省高院评为“江苏省类型化纠纷诉调对接工作先进集体”。（曹浏）

【推进解决执行难】 承办京口区综合治理执行难联席会议，与正东路街道签订网格员协助执行协议，健全查人找物、拒执及虚假诉讼移送反馈机制。执行局开展集中执行行动，2021年执结案件5659件，执行到位标的额7.39亿元，执行工作核心指标排名镇江市第一方阵。解决资产处置难专项攻坚，每季度开展直播拍卖活动，直播最高峰超130万人次观看，多次跻身淘宝网法院直播英雄榜全国前三，2021年6月获法拍直播最佳创意奖，被人民网报道。（曹浏）

【优化法治化营商环境】 落实京口区“双化”专项行动工作部署，围绕“执行合同”“破产审判”等指标，强化内部统筹协调，加大工作推进力度。区财政设立50万元破产保障基金，解决部分破产案件启动难问题。2021年，审结破产案件17件，盘活一批闲置土地和工业厂房；指导区企管中心梳理下属“僵尸企业”，成功推进其中5家企业进入破产程序。“执行合同”和“破产审判”两项指标分别排名镇江市第二和第三。（曹浏）

【防范化解金融风险】 参与京口区非法金融整治活动，与区金融办、各银行、各保险公司建立金融风险防范协同联动机制，切实保障金融安全。加大对集资诈骗、非法吸收或变相吸收公众存款、传销等经济犯罪的打击力度，营造安全稳定的投融资环境，2021年审结非法集资类犯罪案件8件。贯彻执行民间借贷最新司法解释，准确把握民间借贷案件裁判尺度，严格执行借贷利率司法保护标准，依法规制高利贷、超利贷，2021年审结民间借贷案件592件，涉及金额3.39亿元。依法审查金融机构断贷、压贷、抽贷行为，对因疫情等原因资金链暂遇困难的企业加大调解力度，帮助企业渡过资金难关。金融案件中调解成功237件，涉案标的额1.24亿元。2件案例入选镇江市法院典型案例，1件入选江苏省法院典型案例。（曹浏）

【助推诚信社会建设】 坚持法律威慑与正向激励并举，对3名涉嫌虚假诉讼的当事人罚款16万元，将失信个人和企业全部纳入全国失信被执行人名单库，对有能力却不履行义务的被执行人追究刑事责任，对诚信的被执行人移出失信名单并助力修复信用，2021年协助辖区184家失信企业修复信用。（曹浏）

司法行政

【概况】 2021年，京口区司法局坚持以“党建引领五大行动”为抓手，以高质量考核为指挥棒，统筹推进司法行政各项工作。区法律援助中心一案例成功被司法部中国法律服务网（12348中国法网）采用；谏壁街道东京村顺利通过国家级民主法治示范村复评，谏壁街道蔡家社区、象山街道陈家门社区被评为省级民主法治示范社区；四牌楼街道江一社区被评为江苏省“援法议事”活动示范社区；以行政执法“三项制度”（行政执法公示制度、行政执法全过程记录制度、重大执法决定法制审核制度）为主题的法治政府建设示范创建项目入选江苏省前二十。（邹青）

【坚持创新普法】 拟定“八五”普法规划草案报区人大常委会审议，启动“八五”普法工作。落实“谁执法谁普法”普法责任制，制定等级评定工作办法，选树典型，确保普法责任制落地见效。组织社区（村）法律顾问奔赴各结对服务社区（村）开展民法典专题法治讲座，做到民法典讲座61个社区（村）全覆盖。京口区295个网格均配齐“法律明白人”，强化序时推进和督查指导。京口区有全国法治文化建设示范点1个，省级法治文化建设示范点5个；全国民主法治示范村1个，省级民主法治示范社区（村）26个，创建率42.62%。（邹青）

【优化法律服务】 京口区61个村（社区）法律顾问配备实现全覆盖，制定《京口区公共法律服务“惠民生·促发展”实施方案》，在谏壁人民法庭成立法律援助工作站，在镇

京口区司法局局长王芳与京口区法院院长刘凯为京口区法律援助中心驻谏壁人民法庭工作站揭牌 （区司法局 供稿）

江新区劳动人事仲裁院设立法律工作站。办理法律援助案件441件，常住人口受援率为万分之12.39，列镇江市第三。为企业开设法治讲座，提供“法治体检”。对企业存在的法律风险及原因进行分析并适时跟踪，开具“法律处方”4张，提出法律意见30余条，定制企业法律全生命周期产品2件。京口公证处严格落实首问负责制、一次性告知制、服务承诺制等，逐步推行“线上办”“预约办”“上门办”等便民服务，办理公证1030件，无一错证。（邹青）

【加强特殊人群管理】 召开京口区社区矫正委员会第一次全体会议，加强社区矫正对象精准管理，推进刑罚执行一体化。落实安置帮教“必接必送”制度，通报公安列管100%。升级改造远程视频会见室，提升“亲情帮教”实效。安排视频会见221起，比2020年增长64.8%。（邹青）

【夯实基层基础】 理顺司法所管理体制，结合行政复议体制改革和政法队伍教育整顿，优化局机关与司法所之间人员调配，做到上下贯通，统筹使用。完善司法所所长配备，对4个基层司法所负责人进行调整优化。6个街道的司法所负责人身份均为政法专编，符合高质量考核要求。启动正东路司法所（公共法律服务中心）规范化建设。（邹青）

京口区城市管理局

区领导慰问奋战在高温一线的环卫工人

局党委书记陆家新以“四不两直”方式实地查看恒美嘉园垃圾分类亭设施管理工作

2021年,区城管局在区委、区政府的坚强领导下，坚持以人民管理城市的理念，立足于镇江主城区的定位，强化精细管理全覆盖，城市管理水平和城市整体形象有了明显提升，为绘就新时代美丽京口画卷贡献城管力量。

坚持实现城市品质提升。高标准完成学府路环境综合整治工作；户外广告整治形成京口经验，拆除第一楼街8块楼顶违章广告，面积约1190平方米，改造出新商铺店牌店招1200平方米，渣土监管力度不断加强，高分通过全国文明城市复审迎检工作。

坚持用心办好民生实事。建成省级垃圾分类达标小区54个，分类设施投放覆盖率达100%，创建4个智能化垃圾分类示范小区以及3个“党建引领”示范小区。深入推进环卫设施提升。扎实推进公厕革命，新建柒星苑公厕，改造江月楼、永红、中营北等公厕5座。

坚持多项举措推进整治。保持违法建设高压态势，全年拆除违建1266处4.9万平方米。非机动车停放整治工作成效显著，主次干道乱停乱放现象明显改善。坚持突击整治和日常盯守相结合，巩固占道经营成果，落实长效管理。

城管行政执法人员对学府路沿街商户进行“门前五包”宣传

京美志愿者在尚友社区健康广场开展垃圾分类宣传

学府路整治

进行非机动车规范停放宣传

镇江市京口区

省高院关工委常务副主任孙鲁阳带队调研老北门社区“五老”志愿者参与社区矫正工作

市委常委、市纪委书记、市监委主任宋祥林（左三）调研米山社区廉洁文化阵地

2021年，大市口街道紧扣“三高三区”目标要求，深入推进“四大提升行动”，攻坚突破、创新发展，在经济社会各项事业上，取得一定进展。

经济实力不断提升。2021年完成一般公共预算收入1.84亿元；完成产业类投资3.81亿元；完成高技术产业投资1.02亿元；完成社会消费品零售总额114.9亿元；实现限上零售业商品销售额增幅44%，限上批发业商品销售额增幅50%。2021年上报区产业项目13个，其中，“星夜拾光特色街区”项目主体第一楼街步行街获评省级“夜间文化和旅游消费集聚区建设单位”。

街区环境有效改善。加快推进城市有机更新，完成绿竹巷拓宽改造工程；推广“134+X”红色物业模式，老北门片区获评省级“宜居示范居住区”；结合文明城市创建，加强城市管理，累计拆除违法建筑1万余平方米。

治理水平持续提升。着力提升网格化服务管理水平，开展集中网格服务活动116次，网格工作知晓率、服务满意率稳步提升；落实安全生产“三年大灶”工作部署，检查企业256家次，发现隐患411条，整改率达100%。

党建引领不断加强。扎实开展“我为群众办实事”实践活动，组建16支党员志愿服务队，领办各类民生问题30余件，解决群众“急难愁盼”问题300余件；实施“以‘融’促‘驱’助推‘两新’党建跑起来”书记项目，成功打造江苏协兴、金芙蓉2个“两新”党建样板，牵头成立八佰伴、商业城等11家企业的大市口商圈党建联盟，商圈社零增幅达20%以上。

米山社区书记盛晓芳荣获全国“七五”普法先进个人

推进“以‘融’促‘驱’ 助推‘两新’党建跑起来”书记项目

大市口街道

市司法局党组成员、副局长王卫红（右二）带队调研古城社区“援法议事”

区委常委、区纪委书记、区监委主任张旭彬（左二）带队调研米山社区

举办党史学习教育成果展

在韦岗纪念碑下重温百年党史

慰问一线环卫工人

老北门片区获评省级“宜居示范居住区”

京口区大禹山

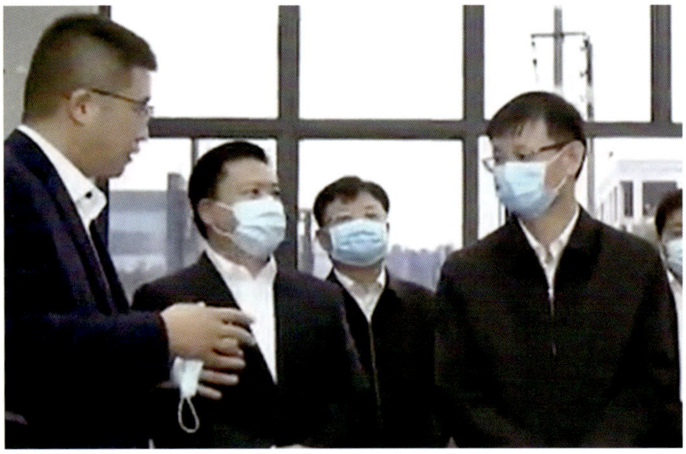

省长许昆林调研大禹山数字文创区

市委书记马明龙率队调研京口数字经济产业，与产业链龙头企业座谈交流

镇江市企业家沙龙数字经济专场在镇江数字经济创新中心举办

大禹山创意新社区是镇江市人民政府批准成立的高新技术产业园区。大禹山创意新社区通过十年砥砺奋进，成为京口区发展数字经济的主战场和新地标，社区聚焦软件信息、数字互娱、数据服务三大细分领域，产业呈现高质量蓬勃发展。2021年，市委第八次党代会提出“加快发展大禹山数字文创区”，为大禹山创意新社区指明了奋斗目标和发展方向。依托全国第一个以数字经济为主题的微软云·暨移动技术孵化计划——镇江数字经济创新中心，社区全年引进孵化动漫、工业互联网、人工智能等新业态新领域的初创团队20家，投入近800万元对企业进行技术赋能。17个市、区重点产业项目有序推进，全年签约倍赛数字AI标注研发平台、在途智汇商旅服务平台、奥拉文创平台等16个重大产业项目。获评2021—2022年度江苏省电子商务示范基地，入选2021年度省级文化产业示范园区创建单位、2021年度省级信息技术应用创新先导区储备培育对象名单。江苏省省长许昆林、省委组织部部长赵世勇亲临指导，市委书记马明龙先后三次调研工作，推进数字经济发展的先进经验被《新华日报》等媒体宣传报道。

智汇科技中心

创意新社区

微软·云暨移动技术孵化计划——镇江数字经济创新中心启动运营

在途科技数字化运营中心项目签约

倍赛数字AI标注研发平台项目签约

2022微软创新杯全球学生科技大赛镇江区域决赛

第七届“i创杯”互联网创新创业大赛巡回路演镇江站

参加2021澳门国际文化产业博览会

京口区新民洲

中国工程院院士蒋剑春率省市相关专家到新民洲调研指导

省自然资源厅副厅长、省林业局局长沈建辉到新民洲调研植物检疫工作

2021年，新民洲临港产业园在区委、区政府的正确领导下，克服疫情不利影响，坚定信心不动摇、咬定目标不放松，凝心聚力、务实苦干，有效推进各项工作。全年完成一般公共预算收入5500万，完成产业投资15.44亿元、高技术产业投资8800万元，规上工业总产值9亿元。全年列入区重点产业项目16个，年度投资11.4亿元。全年接待客商100多批次，外出小分队招商30余次，新签约落户项目9个，总投资达6.47亿元。总投资近2000万元的新民洲大道延伸段主体工程建设全面完成，园区道路体系进一步完善。开展新民洲交安设施提升工程、绿化工程等，有效提升了园区道路形象。切实落实环境保护工作，启动新一轮环评跟踪性评价编制工作。落实“河长制”，保证河岸整洁。按要求做好工地扬尘管理、秸秆禁烧、长江禁渔等工作，并采取“疏堵结合、整管并举”的原则，助力市容市貌改善。

以开展党史学习教育活动为主线，以书记项目为抓手，以党建+教育，党建+服务，党建+产业，推动党建与发展、意识形态和干事激情相融合，放大党建引领效应。以“百年风华、红心向党”为主题，精心组织庆祝建党100周年系列活动。

自办自演完成《新民洲的故事》情景话剧排练，再现＂听党话跟党走，艰苦创业、甘于奉献”的新民洲知青精神。邀请专家问诊，解决居民看病难问题，筹备中林港口“门诊部”，方便港口职工就近就诊。开展血吸虫病普查600人，免费服药治疗。推进血防工作，全年查螺1600万平方米，灭螺190万平方米，切实保障居民健康。

庆祝中国共产党成立100周年表彰大会暨“光荣在党50年”纪念章颁发仪式大会

新民洲与中国移动镇江分公司签署“党建和创”共建协议

新民洲林业植物检疫办证点挂牌成立

临港产业园

区委书记徐申锋在新民洲检查指导疫情防控工作

区长贾敬远调研推进新民洲项目重点工作

市政协委员到新民洲视察长江大保护和产业城建设，助推园区生态高质量发展

镇江“百名新青年对话百位老党员”全媒体行动启动仪式在新民洲举行落成

新民洲着力打造全国木业第一港

江苏镇江京口

时任江苏省副省长惠建林调研诺贝丽斯项目

市委书记马明龙听取诺贝丽斯中国区董事总经理、诺贝丽斯亚洲副总裁刘清汇报高端汽车铝板项目

2021年，京口经济开发区认真贯彻区委八届十次和第九次党代会精神，聚焦“三高”目标、聚力“三区”建设，在扎实抓好疫情防控工作的基础上，全面加强社会治理，筑牢安全生产防线，不断盘活闲置资产，以经济发展为中心的各项工作取得明显进步，各项建设呈现高质量发展的良好态势，荣获镇江市2021年度重大产业项目招引奖。

发展定位有了新高度。始终坚定“一核心、两基地、四重点”产业发展思路。主动谋划融入市“一体、两翼、三带、多片区”城市发展布局，注重在产业集聚、延链强链上固强补弱。主动拥抱全市开发园区整合优化提升，全力打造国内一流铝产业集群。

经济发展取得新成效。主要经济指标实现较快增长，全年完成规上工业总产值165.4亿元，增幅50.5%；工业应税销售172.4亿元，增幅49%。高技术产业投资完成6.5亿元，重大产业链项目实现突破。

营商环境有了新进步。经开区围绕搭建企业合作交流平台，成功举办首届企业家沙龙，引导成立经开区企业商会，建立21个“奔跑支部”与6个项目部。同时优化产业配套，实施道路等级提升工程和景观绿化、亮化改造工程。

整合资源提升李华社区党群服务中心服务功能

航空航天中小企业基地一期、二期效果图

经济开发区

诺贝丽斯轻量化高端汽车铝板项目落户京口经济开发区

半导体铝合金设备精密锻造项目在深圳签约

经开区“奔跑支部”誓师动员大会

第一届“企业家沙龙”成功举办

经开区高创中心

京口区司法局

区委书记徐申锋带队到区司法局调研推进政法队伍教育整顿工作

省高院关工委常务副主任孙鲁阳带队的省政法系统关工委走访组到京口开展专题走访

2021年，京口区司法局在区委、区政府的坚强领导下，坚持以“党建引领五大行动”为抓手，以高质量考核为指挥棒，统筹推进司法行政各项工作，努力为“强富美高”新京口建设提供坚强法治保障。区法律援助中心一案例被司法部中国法律服务网（12348中国法网）采用；谏壁街道东京村顺利通过国家级民主法治示范村复评，谏壁街道蔡家社区、象山街道陈家门社区被评为省级民主法治示范社区；四牌楼街道江一社区被评为全省“援法议事”活动示范社区；以行政执法“三项制度”为主题的法治政府建设示范创建项目入选全省前二十；大市口司法所获“江苏省优秀司法所”称号；公共法律服务管理科获“全省公共法律服务工作成绩突出集体”称号。

省法律援助基金会理事长魏钟林带队到京口调研法律援助工作

召开区委全面依法治区委员会办公室第三次（扩大）会议

开展法治宣传月广场活动

召开2019—2020年“五老”志愿者参与社区矫正总结大会

组织开展“学英模事迹　做英模传人”现场教学活动

京口生态环境局

区委书记徐申锋现场督查推进大气污染防治工作

区长贾敬远视察机动车尾气路检工作

2021年，京口生态环境局深入贯彻习近平生态文明思想，坚持新发展理念，以改善生态环境质量为核心，以解决群众身边突出的生态环境问题为重点，一手抓疫情管控，一手抓污防攻坚，统筹推进服务经济社会高质量发展和生态环境高水平保护，生态环境保护工作有力开展，成效明显。2021年京口区$PM_{2.5}$年均浓度为35 $\mu g/m^3$，比上年降低7.9%；优良天数比率79.4%，比上年提升1.3个百分点；国考焦山尾断面达到II类水体要求，省考三岔河断面与京口闸断面达到III类水体要求，地表水好于III类比例100%。

区人大代表视察生态环境保护工作

联合江苏省镇江环境监测中心、京口区团区委开展支部共建活动

承办镇江市2021年“六五”世界环境日主题宣传活动

组织开展“凝心聚力学党史，减污降碳强担当”主题党日活动

组织青少年儿童开展守护长江豚类“一起画”活动

镇江市京口区

区委书记徐申锋带领区四套班子领导及“两代表一委员”代表、群众代表和媒体代表到区法院观摩指导“为民办实事”项目

市中级人民法院副院长陈敏（左）与京口法院院长刘凯（右）为“劳动争议审判庭”揭牌仪式

2021年，区法院坚持以习近平新时代中国特色社会主义思想为指导，在区委坚强领导、上级法院监督指导下，认真贯彻区委八届十次和九届一次全会精神，聚焦“经济发展高质量、城市生活高品质、区域治理高水平”奋斗目标，聚力“产业强区、宜居城区、首善之区”发展战略，不断深化高质量司法实践，为推动全区向着现代化新京口的美好前景加速奔跑提供有力司法保障。

全年区法院受理案件12853件，结案11334件，比上年分别上升17.33%和11.92%。

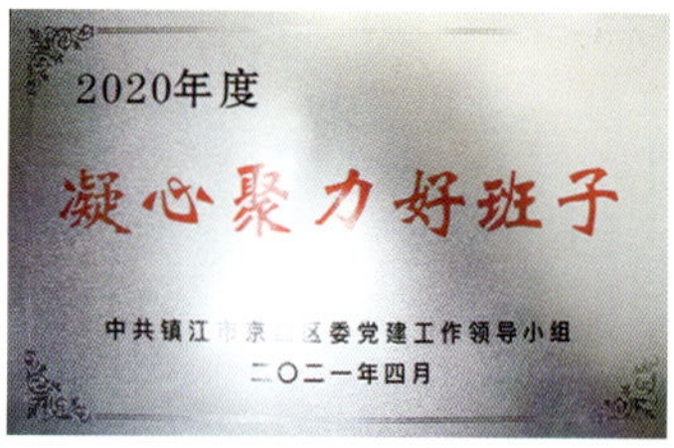

区法律援助中心驻谏壁人民法庭工作站挂牌成立

人民法院

区九届人大常委会第四十三次会议，决定由许宏亮代理京口区人民法院院长职务，新任命人员进行庄严的宪法宣誓

全区区级机关首个“机关党员培训基地”在区法院揭牌

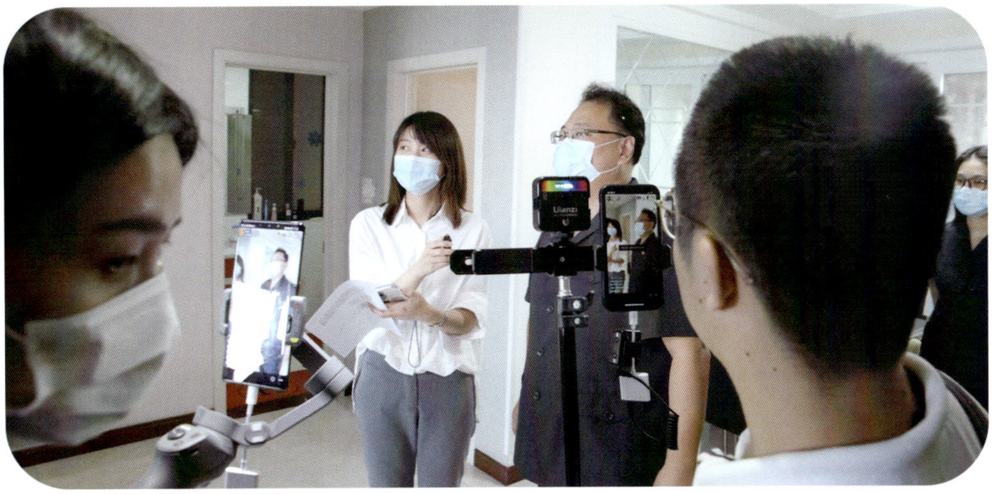

区法院常态化开展凌晨执行直播

举办“法在星中伴成长”法院开放日活动

法官送法进校园，为青少年普及民法典知识

镇江市公安局

“党史润童心，关爱助成长”党史学习教育进校园暨校警共建启动仪式

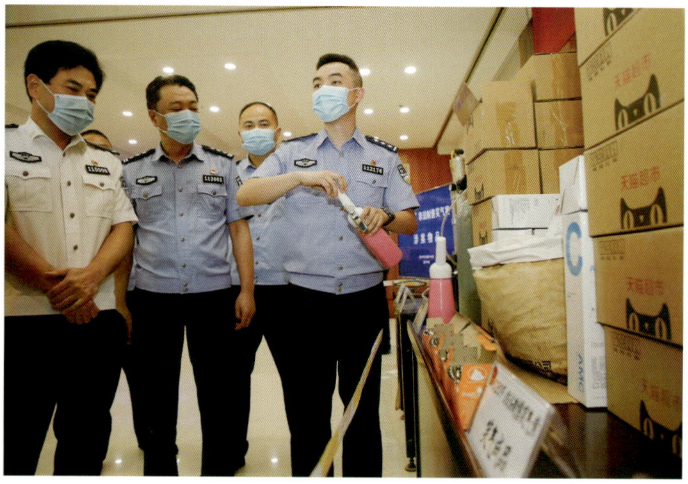

破获笑气案

2021年，京口分局把握“稳中求进”的工作总基调，以突出“五大主业”、健全“五大体系”、做实“五大工程”为抓手，全力推动战疫情、防风险、保安全、护稳定、促发展各项工作，以实干实绩奋力谱写“强富美高”新京口建设的公安答卷。

开展政治安全重大风险防控整治，深化专案侦查打击，坚决遏制邪教违法犯罪和宗教非法活动。落实扫黑除恶常态化工作要求，深挖潜藏黑恶团伙，强化重点案件攻坚，突出行业领域整治。常态推进疫情防控，牵头建立社防、涉外防控工作机制。开展城乡社区警务“一五一十”行动，最大限度推动派出所工作重心向基础防范管控转移。设立“警企一警通”帮办服务示范点，开展公安政务服务进园区活动。推进“三项制度”品牌建设，提高依法行政、决策和管理水平，先后荣获全市“法治镇江先进单位”、京口区“行政执法‘三项制度’示范点”等称号。开展教育整顿、党史学习，强化文化育警、素质强警、从优待警。

抓获保健品诈骗犯罪团伙

京口分局

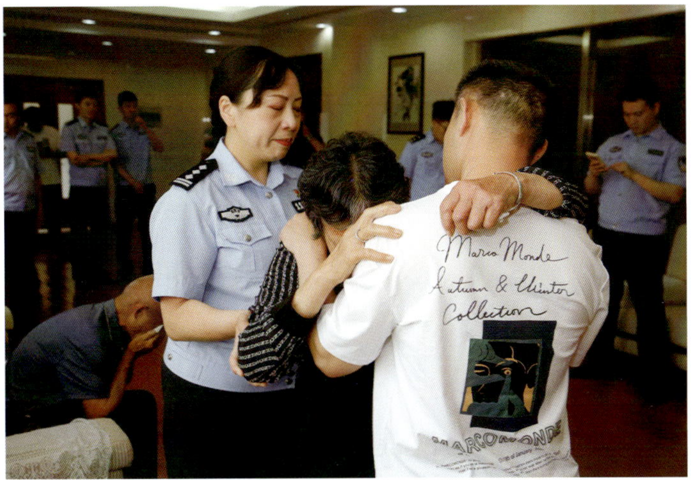

金怡为失散多年的家庭寻亲

“反诈超市”开业

举办社区反诈晚会

分局参加区疫情防控演练

民警开展警情模拟处置

萌娃进警营互动体验警务装备

京口区审计局

观看党的二十大开幕会

主题党日活动

党支部换届选举

审计现场

2021年，京口区审计局在区委、区政府和上级审计机关的正确领导下，坚持以习近平新时代中国特色社会主义思想为指导，认真贯彻落实党的十九大和二十大精神，紧扣区委、区政府重大决策部署，创新审计理念，转换思维方式，提高审计实效，依法履行好审计监督职责，发挥审计“查已病，防未病”的作用，担任好经济发展“护航员”，在推动党风廉政建设、护航全区经济发展、保障和改善民生方面持续发力。

“三八”妇女节活动

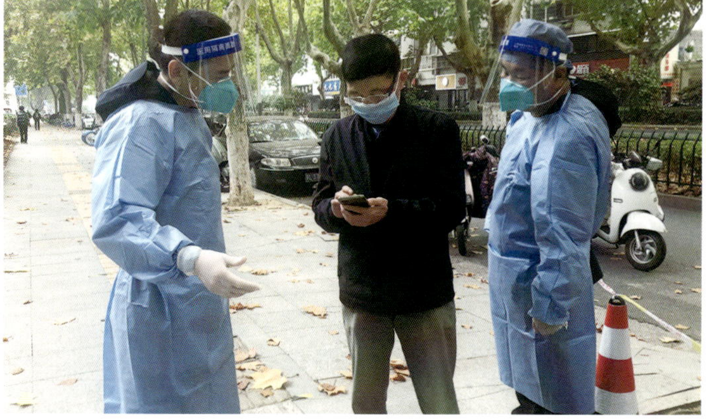

开展疫情防控

军 事

责任编校：顾林艳

综 述

【概况】 2021年，京口区人武部党委深入贯彻习近平强军思想，紧扣党史学习教育、喜迎中国共产党成立100周年主线，按照“两贯彻一规范、四强化三确保”（坚持贯彻习近平新时代中国特色社会主义思想和强军思想，贯彻新发展理念；全面规范各项秩序；强化练兵备战，强化规范化建设，强化队伍建设，强化正风肃纪，确保部队建设始终保持正确政治方向，确保有效履行职能使命，确保高度集中统一和安全稳定）的工作总思路，凝聚共识、真抓实干，武装工作呈现出良好态势。

思想政治建设。开展党史军史学习教育，贯彻军委主席负责制。贯彻信息服务机制，完成1篇学习强国平台、3篇《解放军报》、5篇《中国国防报》公众号的发稿，省军区要讯刊稿2篇。区人武部新闻报道情况排在江苏省前列。

应急应战能力。每月推进军事职业教育，保证训练任务。开展基干民兵轮训和任务行动训练，完成2021年3000余人次的基干民兵训练任务。6—7月，参加民兵“四会”教练员训练比武，选派5人参加，1人取得镇江市第三的成绩。9月，出动民兵24人参加省军区民兵应急连训练质量抽考，在个人防护装具穿戴、轻武器射击等6项科目考核中取得1个单项第一、1个单项第二、3个单项第三，首度江苏省排名第一。市委、市政府、镇江军分区联合发来贺信。

安全发展底线。突出“政治之年”抓安全的理念，开展安全警示日活动，定期剖析事故案件通报，随机搞好安全警示提醒，强化干部职工安全意识。规范“四个秩序”建设，开展“百日安全活动”。组织接种新冠疫苗，建好疫情防控“隔离墙”。深入查找安全隐患，切实防范安全问题。 （钱蕴超）

【疫情防控工作】 区人武部与地方相关部门加强联防联控联动。对上、对下，对军内、对地方做到“四方联动”。修订完善《京口区人武部疫情防控应急处置方案》，组织人员排查和防控服务，先后6次完成干部职工及部分人员家属的核酸检测工作。营门设置疫情监测区，设置扫码识别区、体温监测点和防疫废弃物专用存放桶，严格落实扫码识别、人车出入登记、测量体温、人车消杀等措施。 （钱蕴超）

【党史学习教育】 8月16日，区人武部邀请参加过抗美援朝、获得一等功、有着76年党龄的老革命前辈蔡洪亮为大家分享革命故事。开展以影视作品为课堂、以办公营区为课堂、以革命旧址为课堂的“三大课堂”系列活动。组织观看红色影片《长津湖》《守岛人》等，制作“党的光辉历程”学习展板，更换走廊宣传栏，印制“党史军史知识竞赛题库”，人手一份。 （钱蕴超）

【开展微信泄密专项整顿教育活动】 成立网络信息安全管理小组，研究制定手机使用管理措施，为作战室、保密室更换最新式的电子信号屏蔽器，备全手机存放柜。安排专人负责远程递送系统的使用管理和检查维护。对各种涉密文件、资料的收发、传递、复印、销毁等环节从严管制。

对使用手机的情况进行检查，重新登记手机型号、微信账号、QQ号码等电子设备信息。对微信工作群进行清理整治，卸载有失泄密倾向的微信群、QQ群和社交软件，从源头上消除失泄密隐患。对办公电脑、涉密U盘和移动硬盘进行检查筛查，按照密级规定存放文件，按照要求正规借、用、管、存等步骤。对办公室区域的文件柜设施进行全面检查，筑牢失泄密防线。观看《莫让微信成“危信”》警示教育片。 （钱蕴超）

国防动员

【征兵工作】 征兵领导小组和征兵办围绕“高起点筹划、高标准推进、高质量落实，确保征集质量、确保零退兵”的思路目标，紧盯“五率”（报名率、上站率、合格率、择优率、退兵率），严把“五关”（组织关、动员关、体检关、学历关、廉洁关），完成

2021 年 126 名义务兵和 2 名直招士官征集任务，大学毕业生和大学生比例分别达到 76% 和 99%，双双突破镇江市指导比例，且无一人责任退兵，量化考评镇江市第一。区人武部被省军区表彰为“征兵工作先进单位”。（钱蕴超）

【组织预定新兵役前训练】 区人武部于 9 月 12 日至 26 日在镇江市国防园组织 2021 年下半年应征适龄青年役前训练。制订役前教育训练计划，落实“一日生活”制度。训练主要以政治教育、队列训练和适应性体能训练为主。淘汰 5 名不合格人员，确保为部队输送优质兵源。（钱蕴超）

【提升民兵队伍准入门槛】 对预选入队的人员，参照征兵政治考核的方式，重点考核有无违法犯罪记录、有无违纪违规现象、有无参与邪教反动组织、有无不良政治表现和不当言行、有无失信记录、有无打架斗殴参与黄赌毒等行为、有无“翻墙”等涉网记录、有无组织或参加民族分裂和暴力恐怖以及宗教极端行为、有无加入外国国籍或持有外国永久居留证、有无个人身份信息造假等“十个方面”情况，并将京口区拟新编入队人员名册信息汇总成册，在公安网上联网筛查，政治考核合格方可正式编入民兵组织。由各编兵单位搞好全员体检，并将体检和病史调查数据归入民兵档案。组织新入队民兵进行思想政治教育和军事训练，围绕纪律条令、军事理论、队列训练等科目实训真练，政治教育和军事训练考核合格即发“入队通知书”，成绩记入民兵档案。不合格的则“回炉”补训。（钱蕴超）

【推进民兵整组工作】 按照“兵员编实、阵地建实、训练落实”的要求，抓实组织调整和结构优化。以辖区各街道和大中型企业为主，把分布于社会各方面的兵员潜力挖出来、编起来。优化编兵布局，改善兵员结构，京口区 28 支分队 1118 名基干民兵实现人员全部实编，装备基本配套。（钱蕴超）

城乡建设与管理

·综　述·

【概况】 2021年，京口区住建局紧紧围绕“四大提升行动”“十件民生实事”等工作部署，确保全年各项目标任务按时保质完成。（杨凯）

【全面深化党的建设】 开展党史学习教育，以提升组织力为重点，使党支部成为助推发展的“支点”、人才培养的“高地”、激发活力的“源泉”。开展庆祝中国共产党成立100周年系列活动，抓实基层党支部组织生活全程纪实管理工作。开展“我为群众办实事”党员示范岗活动，广大党员奋战在征收拆迁、物业管理、老小区改造、黑臭河水体整治等服务群众的主战场。实施“党建引领聚合力，老旧小区焕新颜”书记项目，《打造新时代红色物业的“京口样本”》获评全国基层党建与民生发展优秀案例。（杨凯）

·拆迁工作·

【概况】 加快拆迁扫尾。完成老丹徒医院征收拆迁、绿竹巷拓宽改造工程、新河街一期等项目。（宁杰）

【推进房屋征收拆迁】 2021年被列入市级扫尾目标任务的8个项目是：会莲庵街南一期、会莲庵街南二期、会莲庵街北地块三期（非居）、新河街一期、新河街二期、绿竹巷拓宽改造工程、老丹徒医院、学府路三期，完成2021年拆迁扫尾目标。（宁杰）

【完善房产管理】 规范房产确权管理工作，房产档案实现全面信息化，确保1万余份档案得到良好的保管及利用。2021年，提供房屋确权面积审核查档、产权查档90次。（钱滨）

·重点项目建设·

【概况】 2021年，组织实施市政基础设施建设、宜居工程建设、生态环境工程建设等三类城建重点项目24个，年度计划投资约30.05亿元，年度投资约21.82亿元。区级城建重点项目14个，计划完成总投资约2.35亿元，年度投资约1.61亿元。（陈廷震）

【改善城乡面貌】 完成老旧小区改造、索普集团职工家属区“三供一业”分离移交维修改造、谏壁工人村“三供一业”分离移交维修改造等项目。（陈廷震）

【提升城区品质】 改造老旧小区8个，面积26.5万平方米，以“红色物业”为切入点，分步实施“物业管理提升工程”三年计划。55个试点小区的物业党组织和业主自治组织组建率、市场化物业管理覆盖率、物业费收缴率、居民满意率均得到有效提升。“我家山水”等3个小区获评省级党建引领物业管理服务工作示范点。老北门片区等3个项目入选省级宜居示范居住区。（陈廷震）

【完善城市功能】 完成绿竹巷、东吴路（禹山路—滨水路）、上隍路（老镇大公路）、老山路（学府路—焦顶山路）、文华路等改造项目。对施工工地实施差别化动态监管。开展城镇污水处理提质增效“333”行动调查摸排、测绘、方案设计等前期工作。加强行业监管。对建设施工、燃气管网、城中村安全生产隐患加大排查整改力度，上报的各项隐患问题均整改到位。（陈廷震）

·物业管理·

【概况】 加强物业管理工作力度，完善物业管理工作机制，以提升物业服务质量和管理水平为核心，为人民群众办好事、办实事，解决群众难点、热点问题，为广大业主营造整洁、优美、安全、和谐的小区环境。（张明辉）

【推进物业提升工程】 推动京口区55个试点小区的物业提升工作，完成1626万元的硬件设施改造，成立33个业主自治组织，44个试点小区引进市场化物业公司进行管理。（张明辉）

【化解群众矛盾】 对市区92个市场化住宅小区、8个安置房小区、167个老旧小区开展检查，下发整改单

4276个，完成整改2749个。2021年，处理12345投诉615件，比2020年度上涨32%。完成物业管理区域备案、物业管理委员会备案等50件。　（张明辉）

·建筑业管理·

【概况】 区住建局跟踪辖区内在建建筑项目、市政项目。严抓在建建筑工地安全监管，2021年未发生较大以上安全生产事故。　（庄伟武）

【强化安全生产】 做好京口区建筑工地扬尘管控工作。严格执行市住建局《关于进一步做好建筑施工扬尘管控工作的通知》文件要求，做好施工现场的扬尘污染防治工作。严格按照“五达标、一公示”（围墙、硬化、覆盖、保洁、冲洗五项达标；所有在建工地设立扬尘防治公示牌，严控工地扬尘污染）及“六个百分百”（工地周边100%围挡、物料堆放裸地100%覆盖、出入车辆100%冲洗、施工现场地面100%硬化、拆迁工地100%湿法作业、渣土车辆100%密闭运输）工作要求。落实专人加强对工地现场道路、料场的洒水降尘管理，以及非作业区域的裸土覆盖措施管理，施工车辆出入工地冲洗措施管理，严禁带泥上路。配合市建筑工程安全监督站全面检查辖区施工企业安全生产责任落实情况，重点检查企业法人为安全生产第一责任人的意识和履职情况，及时消除安全隐患。定期和不定期组织安全生产大检查，包括“安全生产月”和重大节假日期间的领导带队检查，健全安全生产管理体系，完善安全监管台账，做到检查行动有方案，检查过程有记录，检查结果有总结。确保不发生较大以上安全生产事故。　（庄伟武）

【开展安全隐患排查】 指导街道、园区按要求开展既有建筑安全隐患排查、自然灾害综合风险普查工作，京口区街道、园区建立管理员账号8个、排查员账号152个、技术员账号9个，排查房屋5988栋，面积1215.31万平方米。　（庄伟武）

【清欠农民工工资】 对在建项目拖欠工程款和农民工工资情况进行摸排，全面掌握在建项目欠薪风险情况。联合市清欠办通过约谈、函告等方式进行预警。受理的拖欠工资投诉案件基本得到解决，未出现大规模上访及采取过激方式讨要农民工工资的现象。　（庄伟武）

城市管理与环境卫生

【概况】 2021年，京口区城市管理工作坚持以人民管理城市的理念，立足镇江主城区的定位和高度，探索城市治理模式，强化精细管理全覆盖，城市管理水平和城市整体形象明显提升，城市长效管理考核保持镇江市领先。　（陈心怡）

【城市品质提升】 学府路市容综合环境整治。完成学府路及周边各类违法违规行为综合整治，逐户发放《关于开展学府路沿线市容环境综合整治的通告》，对道路两侧店面外溢、非机动车乱停放、乱搭乱建、违规设置户外广告等行为开展集中专项治理，要求商户严格落实“门前五包”责任制，巩固文明城市创建成果。国控点周边环境综合整治。区城管局投入40余万元完成对谷阳路无人管理的预留地块环境综合整治工程，面积约2000平方米，撬动社会资金20余万元。市场化保洁常态化运转。市场化保洁公司冲洗道路约44万米，冲洗、擦拭交通护栏约31万米，清理油污约2.2万平方米，清理绿化带、花池、树池垃圾约286.95吨，清理卫生死角约4781处，清理杂物垃圾约1018.58吨，清理小广告约2.2万处。　（陈心怡）

【开展专项整治】 开展“百日攻坚”拆违专项行动，2021年拆除违建1266处，约4.9万平方米，其中新增违建321处、约1万平方米，存量违建945处、约3.9万平方米。户外广告整治。2021年对第一楼街户外广告进行集中整治，拆除8块楼顶违章广告牌，面积约1200平方米。对两栋商业楼的违规违章店牌店招进行集中拆除。改造出新商铺店牌店招1200平方米。加强渣土监管力度。出动管理人员和执法人员3800人，检查处置工地1200余次，检查渣土车500辆次，查纠违规行为140次，开具违法违章处理通知书50份，暂扣车辆行驶证30本，对各类违规行为处罚30.58万元。　（陈心怡）

【办好民生实事】 用“示范先行”创建机制推进垃圾分类见实效。完成省级垃圾分类达标小区54个，分类设施投放覆盖率达100%，推动创建“示范小区”7个，推动改造经开区、谏壁街道垃圾房215座，升级中转

2021年5月28日，京口区城管局在梦溪广场开展“京美”垃圾分类志愿宣传活动
（区城管局　供稿）

站2座。建分类亭265座，创建4个“三定一督”智能化垃圾分类示范小区、3个“党建引领”示范小区。推进环卫设施提升。推进公厕革命，新建1座柒星苑公厕，改造江月楼、永红、中营北等公厕5座，维护修复7座试点公厕投放的智能除味机，对辖区内17处公厕增设扶手84只。完成市区16条道路129只果壳箱升级更换，更新补缺毒饵站20余只，对辖区内105座公厕每周2次喷洒消杀。（陈心怡）

区人大视察生态环境保护工作　（洪启哲　摄）

生态与环境保护

【概况】 2021年，京口区坚持新发展理念，以改善生态环境质量为核心，以解决群众身边突出生态环境问题为重点，一手抓疫情管控，一手抓污防攻坚，统筹推进服务经济社会高质量发展和生态环境高水平保护。（陈允军）

【水、气、土污染防治】 水环境质量。突出源头治理，严格落实河（湖）长制，推进农村生活污水治理、入江入河排污口整治、长江沿岸绿化造林、湿地公园建设等系统工程，加强河道巡查管养，实现区域水体“长制久清”。2021年，除金山湖蓝藻事件等个别突发影响外，国考焦山尾断面达到Ⅱ类水体要求，省考三岔河断面与京口闸断面达到Ⅲ类水体要求，达标率100%，地表水断面水质个性指标列辖市区第二。

空气环境质量。借力大气走航溯源监测和专家团队综合研判，制订系统高效的综合整治方案，深入开展建筑工地、港口码头等扬尘治理，编制重污染天气应急管控方案，严格落实错峰生产要求。2021年，京口区$PM_{2.5}$年均浓度为35微克/立方米，比2020年改善7.9%；优良天数比例79.4%，比2020年提高1.3个百分点，两项指标均列市国控站点第一。

土壤环境质量。深化多部门联动监管，稳步开展工业用地土壤污染状况调查，严格建设用地准入管理，推进固体废弃物减量化、无害化、资源化处置，推进城东垃圾填埋场封场工作，消除环境风险隐患。推进土壤重点监管单位土壤、地下水自行监测及隐患排查工作，加大农村生活垃圾污染治理力度。2021年未发生重大土壤污染事件。（陈允军）

【环境宣传教育】 成功承办“因为有你，镇江更美丽”第50个世界环境日主题活动，邀请市、区领导向“低碳”优秀个人、家庭、社区颁奖，向青春“京”彩·益起来志愿服务队授旗。推荐京口区治污攻坚的典型人物和先进做法，2名人物的事迹获评省攻坚故事奖，区攻坚办获“2021年度省宣传工作先进集体”称号。（陈允军）

【环境监管】 实施生态环境监督执法正面清单制度，树立“干好干坏不一样”的鲜明导向，严厉打击环境违法行为，2021年下达“责令改正违法行为决定书”66起、行政处罚决定书36件，实施查封扣押7起，处罚金额380余万元。（陈允军）

综合经济管理

责任编校：顾　胤

自然资源与规划管理

【概况】 截至2020年年末，京口区总面积9598.13公顷，各类土地利用现状分别为：耕地1500.24公顷，其中水田838.60公顷、水浇地615.77公顷、旱地45.87公顷。种植园用地393.67公顷，其中果园43.78公顷、茶园6.32公顷、其他园地343.57公顷。林地822.97公顷，其中乔木林地453.45公顷、竹林地1.57公顷、灌木林地36.96公顷、其他林地330.99公顷。草地233.56公顷，其他草地233.56公顷。商业服务业用地191.63公顷，其中商业服务业设施用地163.94公顷、物流仓储用地27.69公顷。工矿用地1155.32公顷，其中工业用地1122.76公顷、采矿用地32.56公顷。住宅用地1598.63公顷，其中城镇住宅用地1388.98公顷、农村宅基地209.65公顷。公共管理与公共服务用地597.56公顷，其中机关团体新闻出版用地58.22公顷、科教文卫用地393.37公顷、公用设施用地79.12公顷、公园与绿地66.85公顷。特殊用地113.60公顷。交通运输用地793.34公顷，其中铁路用地64.88公顷、公路用地338.68公顷、城镇村道路用地214.83公顷、交通服务场站用地45.59公顷、农村道路98.62公顷、港口码头用地30.55公顷、管道运输用地0.19公顷。水域及水利设施用地2004.16公顷，其中河流水面1057.92公顷、湖泊水面254.47公顷、水库水面2.15公顷、坑塘水面428.78公顷、沟渠107.85公顷、水工建筑用地152.99公顷。其他土地21.01公顷，其中设施农用地21.01公顷。湿地172.44公顷，其中内陆滩涂172.44公顷。　（谌旗）

【城乡规划管理】 协助推进国土空间规划编制基础资料收集工作，多次召开分区规划对接会，协调相关部门就规划编制阶段性成果进行交流、研讨，及时汇总、反馈修改意见，为新一轮国土空间规划能够切实引导京口发展创造条件。综合考虑城市功能完善、产业结构优化和人居环境提升，快速高效完成近期实施方案编制工作。依据新《中华人民共和国土地管理法》确定可以征收的土地范围，按照轻重缓急全面梳理重大项目用地需求，明确各项目用地指标，编制完成涵盖3个片区（小朱家湾、中储粮、京口经开区）的成片开发方案。2021年5月，国土空间规划近期实施方案、土地征收成片开发方案均通过审批并投入使用。　（谌旗）

【建设用地管理】 实现建设用地规划许可证和建设用地批准书合并办理，严格审查上报建设用地报批材料。2021年共办理划拨土地1宗，面积7亩；工业用地4宗，面积267.5235亩，均统一发放建设用地规划许可证。处置批而未供土地720亩。在天海高端医疗设备及压力装备制造等主要项目现场实地规划指导，全程跟踪进行服务保障。助力江苏天海特种装备有限公司“10小时”取得建设用地规划许可证、建设工程规划许可证、不动产权证、施工许可证、审图合格证，实现镇江市首例“五证齐发”。认真做好新老征地补偿标准衔接，确保新的征地补偿标准顺利实施，2021年征收报批总面积82.4295亩，拨付各项补偿费378.684万元，安置被征地农民56人。　（谌旗）

【生态修复】 2021年，完成长江沿江绿化示范点1个，完成造林面积251.44亩。坚持自然恢复为主、与人工修复相结合的方式，完成湿地恢复面积67亩。　（谌旗）

【林业管理】 修订《京口区森林火灾应急预案》，开展“森林防火宣传月”和野外火源专项治理等活动，深入排查森林防火隐患并整改到位，对大禹山、雩山林区林下可燃物进行清理，清理面积1000亩。开展林业有害生物防控，重点防治美国白蛾及松材线虫，定期巡查、实时监测、GPS定位，生物及化学综合防治，确保森林生态安全。2021年完成3个地块林地征占用手续，涉及使用林地0.9566公顷。　（谌旗）

【耕地保护】 坚持耕地保护全覆盖，严守耕地数量和质量红线。市政府下达给京口区的耕地保有量为13000亩。依据年度调查数据，京口区耕地面积为21498亩，高于上级下达的耕地保有量指标数。没有发生一起以农业结构调整为名占用耕地的现象。加大日常巡查和违法查处力度，构建“三位一体”保护格局，严格保护耕地和永久基本农田，加强耕地占补平衡管理，辖区内耕地 21498 亩，基本农田 7745 亩保护率 100%。（谌旗）

【自然资源执法检查】 落实自然资源动态巡查，加强信息源发现机制建设，突出加大夜间巡查力度，遏制辖区违法用地和矿产盗采行为；稳妥推进卫片执法检查，2021 年自然资源部分四个季度下发京口区土地卫片监测图斑 168 个，未发现违法用地图斑。对接属地政府，全面开展存量违法用地三年整治行动（2020—2022），梳理出 16 宗存量违法用地，截至 2021 年年底整改 58.02 亩，整改率 42.2%。（谌旗）

【矿山地质环境整治】 联合辖区内各街道、园区及相关单位，全面开展“三查”工作。通过汛前排查，京口区排查出地质灾害隐患点 48 处，其中严重隐患点 22 处、一般隐患点 26 处，结合隐患点实际编制印发《镇江市京口区 2021 年度地质灾害防治方案》，层级落实责任。向街道及隐患点周边居民发放防灾明白卡、避险明白卡及应急预案，并安排群测群防员到每个隐患点，形成“区、街道、社区”三级群测群防体系，建立纵向到底、横向到边、辐射到点、全面覆盖的监测网络。协调实施谏壁街道乌龟山地质灾害隐患点治理项目。2021 年未因地质灾害发生人员伤亡事故。（谌旗）

市场监督管理

【概况】 2021 年，京口区市场主体共 6.09 万户，较 2020 年上涨 2.0%，增幅低于 2020 年同期 9.3 个百分点。注册资金 1353.25 亿元，较 2020 年增长 10.4%，增幅低于 2020 年 7 个百分点。京口区市场主体总数和注册资金均呈上升趋势。按市场主体类型分析，截至年末，京口区实有企业 1.72 万家，较 2020 年增长 3%。京口区实有个体工商户 4.37 万家，较 2020 年增长 1.9%。（张田禾）

【事中事后监管】 牵头推进京口区“证照联动”（证照管理部门将市场主体营业执照及相关行政许可审批、监管信息，通过证照联动监管平台共享并依法实施监管的工作机制）监管，通过市场监管信息平台，归集行政处罚 123 件、抽查检查 2334 件，为京口区信用联合惩戒和协同监管提供支撑。做好 2020 年度年报公示，开展宣传普及、咨询解答、操作指导，完成年报企业 13697 家，年报率达 96.3%，高于国家总局下达的企业年报率不低于 90% 的刚性目标。推进“双随机、一公开”（在监管过程中随机抽取检查对象，随机选派执法检查人员，抽查情况及查处结果及时向社会公开）监管，完成上级下达“双随机”任务 109 件，完成率达 100%。落实经营异常名录和“黑名单”管理制度，实施信用约束与惩戒，将 700 家企业列入经营异常名录，企业主动整改问题后申请移出经营异常名录 274 家。做好“僵尸企业”清理，企业补报年报 46 家、吊销执照 442 家。（张田禾）

【市场秩序整治】 重点领域市场监管执法。查处一批商标侵权、不符合特种设备安全标准的特种设备、销售不合格商品和不符合食品安全标准的食品等案件，查处各类行政违法案件 145 起，涉案货值金额 87.89 万元。网络监管。推进“一中心”（江苏省网络交易监测中心系统）执法应用，开展网络交易平台、重点网站风险监测。开展新冠疫情防疫广告、长江流域非法捕捞渔获物广告、违法违规商业营销宣传等内容广告、知名医院被冒牌问题广告等一系列违法广告专项监测工作，发现相关涉嫌违法违规线索 8 条，立案查处 1 件，违法线索移交 1 件，责令整改 6 件。知识产权保护。落实“双打”（打击侵犯知识产权和制售假冒伪劣商品）任务，先后组织开展春季地理标志专项整治、专利联合执法等专项集中执法行动。京口区查处商标违法案件 16 件，罚没款 5.4 万元，假冒专利案件立案 1 件；办理专利纠纷裁决案件 3 件。长江渔获物禁售工作专项行动。深入开展“长江禁捕、打非断链”专项行动，确保生产企业无加工，线上线下无销售，餐饮单位无供应，所有环节无广告。（张田禾）

【食品药品安全监管】 贯彻落实食品安全“四个最严”（最严谨的标准、最严格的监管、最严厉的处罚、最严肃的问责）工作要求，加强食品安全全过程、全链条监管，提升食品安全治理能力和保障水平。2021 年度完成食品安全监督抽检 3260 批次，合格率 97.64%，任务完成率、抽检结果信息公示率、不合格食品核查处置完成率均达 100%。完成食品安全快速抽检 12018 批次，完成目标任务 150.2%。推动食品小作坊升级改造、品质提升，京口区小作坊登记建档率、办证率达 100%，抽检覆盖率达 60% 以上，培育省级“名特优”食品小作坊 1 家。严惩重治违法犯罪，查处食品案件 91 件，违法案件查办率达 100%。12 家食用农产品集中交易市场快检室高标准完成提档升级。开展食品安全进校园、进社区、进市场等活动 16 次、“情系民生　你点我检”活动 6 次。建立进口冷链食品生产经营单位“一户一档”和公示栏制度，实施动态监管。全面推进食品安全示范区创建，在镇江市率先开展食品安全网格化监管试点工作，全面打造“多网合一，一网运行”的新型食品安全监管体系。实施校园食品安全守护行动，建立食堂经营管理者准入和退出机制，不断提升“阳光食堂”平台运行质量。开展农村假冒伪劣食品专项执法行动，严厉打击农村制售“三无食品”“劣质食品”“过期食品”等违法犯罪行为。深入推进保健食品行业专项清理整治行动。严防严控药品、医疗器械质量安全风险，做好“四类药品”销售的信息上报，全面落实督查排查。加强新冠病毒检测试剂监督和疫苗监管力度，确保疫苗质量安全。做好药械流通环节专项检查，促进京口区药品流通行业健康有序发展。（张田禾）

【特种设备安全监管】 以安全生产

三年专项整治工作为主线，开展驻镇高校和科研机构实验室特种设备安全隐患排查治理、全国“两会”期间特种设备安全工作、液化石油气瓶充装单位专项整治、起重机械隐患排查治理、电梯鼓式制动器专项排查治理、快开门式压力容器专项隐患排查治理“回头看”、市场监管领域安全大排查大整治工作，以及庆祝中国共产党成立100周年期间安全生产工作、“安心乘梯守护行动”、叉车安全专项整治行动等多个专项整治活动。出动执法检查人员343人次，检查特种设备使用单位、气瓶充装单位及电梯维保单位149家次，发现并及时督促整改各类特种设备隐患216条，依法下达特种设备安全监察指令书55份，立案查处13家特种设备使用单位，罚没款144万元。处理群众特种设备投诉举报48起。2021年辖区范围内未发生特种设备安全责任事故。（张田禾）

【消费环境】开展“放心消费”创建，构建“政府主导、企业主体、行业自律、群众参与、社会监督”消费维权社会共治良好格局。受理投诉举报5609件，满意率达95%以上。推行线下实体店无理由退货制度，新授牌江大东风步行街、凤凰广场2家消费维权服务站。322家实体店承诺“七天无理由退货”，办理线下无理由退货260件，退货金额10.2万元。（张田禾）

【营商环境】2021年，专利授权总量1346件，其中发明专利授权127件，比2020年增长4.96%。商标申请量1146件，商标注册量916件。京口区万企有效注册商标企业数568家，比2020年年底增长9.86%；万人发明专利拥有量达185.86件（包含江大、江科大数据），位列镇江市前列。推进企业知识产权管理规范化建设，组织申报“贯标”备案企业12家，2家通过省级绩效评价。江苏鼎胜新能源材料股份有限公司、江苏省电力公司镇江供电公司等2家企业2件专利获得2021年度第二十二届中国专利优秀奖。搭建知识产权融资平台，扎实推进银企对接工作，帮助辖区企业利用知识产权质押融资3950万元。组织江苏索普集团和江苏鼎胜新能源材料股份有限公司进行“江苏精品”认证申报。动员江苏鼎胜新能源材料股份有限公司申报省长质量奖，鼓励镇江飞驰汽车集团有限责任公司申报市长质量奖。组织江苏大学、江苏索普、江苏鼎胜、中船动力等4家企业申报江苏省标准创新贡献奖的组织奖、项目奖。（张田禾）

应急管理

【概况】2021年，在区委、区政府坚强领导下，京口区应急管理局认真学习贯彻习近平总书记关于安全生产的重要论述和重要指示批示精神，坚决落实中共中央、国务院，省委、省政府，市委、市政府关于安全生产工作的决策部署，更高站位统筹发展与安全、更高标准持续深化安全生产专项整治，紧紧围绕“三年大灶”工作部署要求，巩固成果，持续攻坚。2021年京口区发生生产安全事故2起，死亡2人。（姜振华）

【安全发展理念全面加强】始终把安全生产摆在更加突出的位置，坚守安全生产红线、底线、生命线，推动高质量发展与高水平安全良性互动。集中观看《生命重于泰山——学习习近平总书记关于安全生产重要论述》电视专题片。先后召开8次区委常委会议、9次区政府常务会议及多次安委会会议，专题研究部署安全生产工作。将新《安全生产法》学习纳入四季度政府组成人员集中学法活动，进一步贯彻安全发展理念。（姜振华）

【安全生产责任压紧压实】制定“区委常委会成员、区政府领导班子成员2021年安全生产重点工作清单”《京口区安全生产警示提示制度》，推动“三管三必须”落到实处。深化落实企业主体责任重点事项清单20条，全面推进安责险制度，应续保20家企业全部按期续保，新增投保企业25家，新增保费101万元。（姜振华）

【安全生产氛围持续浓厚】在京口发布和京口门户网站设立“三年大灶看京口”专栏，发布工作动态、应急知识、经验做法等专题信息25期。全面开展“安全生产月”“百团进百万企业千万员工”“街道园区书记主任说安全”、安全生产宣传“五进”“全国防灾减灾日”等宣讲活动，强化安全生产和防灾减灾宣传教育，大力营造全民学安全、重安全、懂安全的良好氛围。（姜振华）

【专项整治行动成效显著】紧紧扭住“务必整出成效”和“两个不放松”目标要求，持续深化安全生产专

2021年4月29日，区委书记徐申锋在国电江苏谏壁发电有限公司检查安全生产工作

项整治。制定《京口区工业企业分层分级监管暂行办法》，鼓励街道（园区）安监部门提供线索，构建安全生产分层分级监管机制，进一步消除监管盲区和死角。2021年，各街道园区、各行业部门排查问题隐患2623条，整改2564条，整改率97.75%；安全生产事前立案61起，事前处罚5万元以上案件8起，罚款119万元。诺贝丽斯铝业（镇江）有限公司《积极构建安全生产过程控制体系》的经验做法得到省安委办认可并报至国务院安委办。（姜振华）

【重点任务推进有力有序】 推动京口区68家规上工业企业和599家规下工业企业完成风险报告，并组织线上线下核查；扎实开展危化品使用安全专项治理行动，信息系统录入使用单位1307家，各使用单位排查登记风险点3692个，全面完成市第五专项巡察组反馈的9条问题和78条隐患整改任务；制定《京口区推进城市安全高质量发展的实施意见》，通过横幅、海报、电子显示屏、大型公益广告牌等形式，全面营造安全发展示范城市创建浓厚氛围。（姜振华）

审计管理

【概况】 2021年，京口区开展审计项目14个，其中财政审计3个，经济责任审计5个，固定资产投资审计4个，上级审计机关组织授权项目2个。审计金额124.25亿元，查出问题34个，涉及管理不规范资金10.81亿元，被采纳审计建议18条。（范俊）

【预算执行和其他财政财务收支审计】 2021年度京口区本级预算执行及其他财政收支审计，重点关注预算编制与调整、预算收支执行情况、专项资金管理、政府债券转贷使用等方面，首次对区级专项资金进行全覆盖延伸审计，发现问题7个，提出针对性审计建议5条，并就审计过程中发现的政府债券使用、政府采购、专项资金等方面存在的相关问题撰写审计专报5份，得到区领导的批示和认可，被评为镇江市优秀项目。（张雪君）

【经济责任审计】 开展领导干部经济责任审计5个，查出问题28个，管理不规范资金28684.67万元，提出审计建议8条，移交线索2条。（王佳）

【重大政策落实情况跟踪审计】 服务京口区发展，围绕京口区经济发展，开展楼宇经济、科技政策兑现奖励等专项资金审计调查，促进京口区经济发展，专项资金提质增效。保障改善民生，对金山英才、卫生健康、新增财政直达资金惠企利民等民生资金进行专项审计，让更多改革红利、发展福利惠及民生。试点开展新民洲临港产业园领导干部自然资源资产审计，重点审计水、土地等自然资源和相关生态环境保护事项，对重要事项进行必要的延伸和追溯。（许璐）

【基础建设】 创新组织方式方法，坚持全局“一盘棋”，完善综合考核办法，打破科室界限，统筹整合审计力量，组建审计团队，形成“设擂台比业绩”团队协作模式，大幅度提升审计项目质效。深化审计项目质量互评工作，参加镇江市审计质量互评，获得二等奖的好成绩。倾力打造优秀项目，2021年，1个项目获市优秀大数据审计项目，实现优秀审计项目零的突破。立足长效抓好整改，2021年3月颁发《京口区进一步加强审计整改工作的实施方案》，并将整改完成情况纳入京口区部门年终考核。（范俊）

统计管理

【概况】 2021年，京口区实现地区生产总值509.3亿元，比2020年增长10.8%，一、二、三产业比例为0.2∶25.8∶74。社会消费品零售总额285.7亿元。城镇居民人均可支配收入59510元，增长8.4%。（郭宇轩）

【机构变更】 8月11日，京口区委机构编制委员会发文对京口区统计局党组关于调整机构设置的请示进行批复，同意在区统计局内设机构“综合科”增挂“统计执法监督科”牌子。同时，同意区统计局下属正股级事业单位“区统计咨询服务部”名称变更为“区统计局普查中心”，增挂“区社情民意调查中心”牌子，主要承担各项普查任务。（胡涛）

【日常统计监测】 完成京口区400余家“四上”企业监测工作，聚焦能源“双控”等新形势，开展能源季度核算测算工作，9月27—30日，对江苏索普化工股份有限公司、江苏鸿泰钢铁有限公司、江苏鼎胜新能源材料股份有限公司等6家重点耗能企业进行实地调研，指导能源统计数据填报。开展230余家“四下”单位抽样调查，逐户上门进行业务指导，制作颁发“调查单位”铜牌，增强样本单位为国调查的荣誉感。（胡涛）

【京口区第七次全国人口普查】 5月11日，区人普办组织区、街道两级人普办集中收看国务院新闻办公室举行的第七次全国人口普查主要数据结果新闻发布会现场直播。5月28日，区人普办发布《京口区第七次全国人口普查公报》，并通过区政府官方网站及微信公众号向社会公开，完成人口普查综合技术总结和专题技术总结6篇。开展国家、省、市级先进评选工作，象山街道办事处和王玉萍分别获评国家级先进集体、先进个人；区统计局等3家单位获评省级工作成绩显著集体，杨国平等58人获评省级工作成绩显著个人；大市口街道办事处获评市级工作成绩显著集体，郭宇轩等62名个人获评市级工作成绩显著个人。6月22日，浙江省湖州市人普办一行到京口区交流第七次全国人口普查工作，区人普办、象山街道和健康路街道分别介绍人口普查组织领导、经费保障、“两员”选聘及普查登记等方面的经验做法。8月中旬，区人普办根据第七次全国人口普查登记的百岁老人信息，组织专门力量对百岁老人进行逐户逐人核实梳理，并与民政部门的数据进行核对。

9月2日，区人普办抽取部分百岁老人进行上门拜访，了解他们的生活起居和身体情况，并发放慰问品。12月15日，第七次全国人口普查国家级先进集体授牌仪式在京口区象山街道举行，市统计局总统计师王军为第七次全国人口普查国家级先进集体象山街道办事处授牌，并为大禹山管委会主任耿亮颁发第七次全国人口普查先进个人荣誉证书。

（胡涛）

【统计服务】 聚焦事前服务，做好预测预警。以高质量考核和GDP核算指标为龙头，紧盯主要经济指标运行情况，加强与市局沟通对接、与区级部门联动，定期研判变化趋势，确保区委、区政府及时全面掌握重点考核指标完成情况。加强对重点领域、重点行业、重点企业的监测预警，密切部门沟通衔接，及时反馈补短。狠抓过程服务，突出精准指导。加强对各部门和街道（园区）统计工作的指导力度，对于投资种类、工资口径、新单位入库列统等重难点问题开展专题辅导和上门指导，为准确高效抓好指标，有的放矢做好企业培扶入库奠定坚实的基础。配合区考核办做好高质量发展绩效指标考核通报。6月30日，联合区考核办、区经发局等部门开展京口区年度综合考核业务专题培训，为各项指标提升出主意、找路径。聚力长效服务，发挥"智库"作用。围绕区委、区政府重点工作部署，加强实时、动态研判服务，形成常态化分析研究机制。撰写分析报告26篇，编印《统计分析资料》合集2期、统计专报4期，其中《"四上"企业新增情况分析》获区主要领导批示。

（胡涛）

【统计调查】 按季度召开城乡一体化住户调查工作会议4场。9月17日，联合区人社局组织召开2021年京口区住户调查记账户联谊会，邀请中国建设银行镇江分行专业理财师进行理财专题讲座，京口区50名记账户、10名辅调员参加活动。

1月18日至22日，到5个住户调查样本点开展新一轮记账户入户走访慰问工作。1月28日，对民主新村社区、东吴新村社区和谏电社区5户困难记账户入户开展节前走访慰问。6月28日，与国家统计局镇江调查队有关业务人员一道到谏电社区走访记账户进行业务指导。7月13日至28日，联合区人社局对谏电社区、焦山社区调查点记账户的记账质量开展入户走访调研。12月13日，国家统计局镇江调查队副队长黄璐率劳动力调查处一行到阳光世纪花园社区调研月度劳动力调查工作。1月中旬，组织开展消费新模式新业态发展情况、县乡消费潜力挖掘快速问卷调查，选择住户调查样本中的电子记账户，利用手机、电脑在线电子问卷，调查对象为18~70岁的常住居民。3月24日至30日，组织开展基层养老问卷调查工作，随机抽取京口区3个养老机构和10名65岁以上的居民，采用纸质填写问卷的方式开展调查。4月1日至4月15日，组织开展服务零售结构调查工作，选择京口区交通运输、仓储和邮政业及信息传输、软件和信息技术服务业中的5家样本企业，调查内容主要包括企业属性指标、从业人员等基本情况，营业收入、增值税开票收入构成结构等经营情况。10—12月，组织开展2021年度人口变动抽样调查，抽中样本框涉及6个街道19个社区92个调查小区，选聘"两员"88人，其中指导员14人、调查员20人、引导员（协助住房核查）54人，统筹安排调查经费65000元。10月10日至25日，开展住房核查，确认建筑物694个，住房单元11966个；11月1日，召开工作部署暨业务培训会议，并与11月1—15日对抽中的924个住房单元进行入户登记，登记户数945户；11月16日，召开登记阶段质量验收工作会议。2021年还组织劳动力、劳动工资、网购用户、居民出游情况等各类专项抽样调查10余次。（胡涛）

【统计执法和普法宣传】 10月25日和10月27日，区政府第63次政府常务会和区委常委会召开，听取区统计局专题汇报，集中学习习近平总书记关于统计工作重要讲话指示批示精神，以及《关于深化统计管理体制改革　提高统计数据真实性的意见》《统计违纪违法责任人处分处理建议办法》《防范和惩治统计造假、弄虚作假督察工作规定》和国家统计局关于2021年上半年13起重大统计违法案件的通报，审议通过《京口区党政领导干部防范和惩治统计造假弄虚作假责任制实施办法》。6月16日，市统计局局长林海率镇江市第1调研组到京口区督查调研省统计督察迎检准备工作。京口区委常委、常务副区长杨国平参加调研汇报。10月22日至25日，省统计局第1督察组对京口区开展统计延伸督察，期间"双随机"抽取30家企业进行执法检查，总差错率仅0.13%，数据质量得到督察组的充分肯定。4月28日至30日、7月26日至29日，区统计局分两批对30家企业开展"双随机"统计执法检查；9月3日至27日，在京口区范围内开展贸易统计数据质量自查工作。9月18日、12月8日举办统计法治主题广场宣传活动2场，与群众就统计法律法规相关知识进行面对面交流互动，发放依法统计宣传资料、宣传品5000余份。拍摄2条短视频、1则普法动漫视频，制作1幅法治海报进行广泛宣传。11月2日，扬州市邗江区统计局总统计师柳孝南、广陵区统计局副局长周玉军等到京口区交流学习统计法治工作。11月26日，京口区江苏鼎胜新能源材料股份有限公司被认定为2021年江苏省统计信用红名单企业。（胡涛）

【统计基层基础】 落实"三位一体"工作法，以深入基层一线调研为基础，提升数据监测和分析研究能力。各专业开展调研活动16次，走访企业30余家。4月20日，省统计局投资处到京口区召开建筑业企业统计工作座谈会，镇江市排水管理处、江苏省交通工程集团有限公司等4家京口区、丹徒区所属企业代表参会。9月24日，国家统计局工业司副司长杨玉民一行到京口区江苏鼎胜新能源材料股份有限公司调研工业企业生产运营情况，参观企业铝合金板、带、箔材及其深加工制品展示厅，以及企业特聘日本专家的研发中心。建立健全社区统计协管员责任清单，明确工作职责，保障工作补贴。加强企业统计电子台账建设，举办3场网络直播培训授课，为企业统计人员提供“不见面”在线培训服务。强化业务培训，组织4次面向基层统计人员的专题业务培训班、1次强基强企村级统计协管员培训班、3次统计系统业务技能培训及测试，举办4期“好‘统’学”课堂，不断提升基层统计人员综合素质。在镇江市统计业务技能竞赛中获得三等奖和优秀奖各一项。2月8日，镇江市统计局总统计师王军率贸外处、人口社科处相关负责人走访京口经济开发区与谏壁街道，开展春节基层调研暨慰问基层统计人员活动。8月27日，市统计局副局长卞茜率市局基础工作处走访象山街道和谏壁街道，检查乡镇统计规范化管理工作，现场核查街道统计规范化建设奖补专项资金、统计协管员补贴等台账、收据、支付凭证等相关材料，并对随机抽取的“一套表”单位和“准四上”单位的情况进行走访核实。（胡涛）

商贸工作

【全面推进消费升级】 建立完善新增限上企业名录库，京口区入库企业达180家。持续开展“苏新消费”“京喜大市口”消费节活动。发放政府专项消费券、企业专用消费券1700万元。引导八佰伴、苏宁广场、苏宁易购等重点企业，以高质量供给打造新型消费中心。镇江华诚后勤服务有限公司受到省厅奖励、尚友社区创成省级数字商务社区。

（董泽建）

【完善市场升级改造】 遵循统筹推进、分类施策，能改则改、应改尽改，模式创新、长效管理原则，“三新四统一”模式得到进一步普及推广。2021年，完成花山湾、南门、四牌楼3家菜市场升级改造，热成像测温、智能溯源监控、中央空调等首次投入使用，菜市场标准化水平大幅提升，群众满意度、获得感进一步提升。（董泽建）

【突出行业监管】 2021年，受理“12345”消费者投诉800余件，办结率和群众满意率95%以上；会同京口公安分局成功抓获5人涉嫌成品油危险作业；建立危险化学品餐饮燃气使用安全联动机制，完成780家餐饮单位报警装置安装，省危化信息平台录入餐饮单位1111家。

（董泽建）

【落实防疫责任】 南京、扬州等周边地区新冠疫情陆续暴发后，牵头涉外口岸防疫和生活物资保障。重点对京口区4家口岸码头进行动态跟踪，落实企业主体责任和个人防护责任。组织以自查、辖市区互查等形式开展防疫检查15次，协调整改口岸单位各类防疫问题43条，并组织4批次、300余品类、100余万元的生活物资，通过水路输送至新民洲。同时，积极组织参加各类疫情防控演练，提高防控保供应急能力。（董泽建）

企业改革管理

【概况】 京口区企业改革管理服务中心坚持以习近平新时代中国特色社会主义思想为指导，以党史学习教育为切入口，不断推进中心整体工作有序开展。坚决贯彻落实区委、区政府的部署，于2021年9月1日完成与京露茶业有限公司的合署办公，通过理论武装、目标引领的总思路，不断凝聚中心上下，强化融合发展，推动三大重点工作任务不断深化、队伍建设持续加强、资产管理取得突破，为京口加速奔跑贡献力量。

（朱玉诚）

【整合推进资产管理】 京口区企业改革管理服务中心直面困难，通过鼓励激励、创新合作等方式，加强清收工作，推进资产管理高效有序。深度挖潜公有住房出售，对购买需求迫切又符合购买政策的职工，做好思想工作，摸排原企业演变过程，通过多方查证资料、咨询调研、积极推进，解决了7家企业长期以来职工想办未能办的公有住房出售产权转移问题，盘活资产近30万元。明晰农行债务包清收思路，推进农行债务包清收工作，2021年内新推出2家债务上平台。探明重点债权清收路径，借助外部专业力量合作清收，对在手7家债权持续跟踪，2家重点债权积极推进；探明镇江市煤石公司债权清收路径，取得初步清收成效。查证现有办公住房权属，对现有办公住房权属进行全面查证，明晰3处出租房屋权属，化解30余年房屋产权矛盾，回收租金1.8万余元，确保国有资产不流失。（朱玉诚）

【化解信访矛盾纠纷】 京口区企业改革管理服务中心始终坚持立足自身化解矛盾的理念，遵循尊重历史、面对现实、有情操作的主要原则，妥善处理好政策的刚性与惠民的柔性，发挥中心力量做好信访维稳，努力化解历史遗留矛盾，处理职工信访难题，解决群众最急最忧最盼问题。2021年度接待职工信访80人次，办结12345热线受理和交办信访案件36件，化解历史遗留问题5个，帮助不在岗职工查找档案15人次，自筹资金帮助6名不在岗职工办理退休手续，兑付6名退休职工独生子女奖励金，协助原镇江市皮革制品厂、原镇江鞋厂2名不在岗职工解决补缴养老医疗保险和补发退休金诉求，帮助职工谋取合法权益。针对原江苏置业集团总公司下属单位1名军转干部提前退休诉求，与退役军人事务局、人社局、财政局等相关部门多次沟通会商，依法依规协助办理调档等各项事宜，确保多年信访矛盾案结。根据优化市场营商环境要求全面梳理未规范注销的相关企业，协同区法院、律师事务所共同推进“僵尸企业”注销工作，为后续工作开展开辟路径。（朱玉诚）

供销合作总社

【概况】 区供销合作总社下设综合办公室和为农服务科两个职能部门，下辖两个基层社、一个商场。经营网点30个，主要分布于京口城区、象山和谏壁两个街道，以及新民洲港口产业园区，主要职能是为“三农”服务。经营门类有农业生产资料、生活资料及其他服务业。全系统职工总数为277人，其中在职26人，退休255人。2021年，全系统完成销售额1776万元，社会消费品零售总额1776万元，盈利20万元。（姜纯）

【为农服务社建设】 区供销合作总社拥有市二星级为农服务社1家、省三星级为农服务中心1家。为农服务社建设按江苏省供销社标准统一标识，按经营面积、销售品种、服务内容核定相应等级。二星级社由镇江市供销社组织验收授牌，三星级社和为民服务中心由江苏省供销社组织验收授牌。均设有《服务公约》和“常见农药配伍表”“常见农作物种植季节一览表”，另设有庄稼医院、农业科技咨询点、免费维修农具服务点，在辖区内指导农民合理使用化肥、农药，推广无害化种植蔬菜。经营品种有：农药、化肥、农膜、桐油、尼龙绳、农用五金，小型铁、木、竹农具及各类蔬菜种子等，同时还承担地方政府委托防汛救灾物资储备供应。为民服务中心建设是京口区供销合作社服务“三农”的一项重点工作。区社围绕“便民惠农”这一主题，扩大服务项目和服务范围，提升服务功能，完善管理制度。（姜纯）

【省三星级为民服务中心工作】 经营规模面积3000平方米以上，服务项目和功能基本涵盖城乡居民生产生活方方面面，有农业生产资料超市、生活资料超市、农用五金商店、医药连锁、旅馆、浴室、饮食小吃店等。（姜纯）

【基层社及商场工作】 截至2021年12月底，全系统现有2个基层社、1个商场，即镇江市象山供销合作社、镇江市京口区谏壁镇供销合作社、镇江市梦溪商场。

镇江市象山供销合作社占地面积约10000平方米，经营面积3800平方米，固定资产407万元，在职职工7人，退休135人。该社拥有的经营网点分别为：九里街象山为民服务中心、生资超市、大药房、休闲中心、旅馆、农用五金建材商店、文具店、日杂店、眼镜店、特色小吃店。2021年完成销售额369万元，盈利17.6万元。

镇江市京口区谏壁镇供销合作社占地面积1500平方米，营业面积400平方米，固定资产72万元，在职职工5人，退休54人。该社下辖5个经营网点：燕舞桥为农服务社、燕舞桥农资仓库、新街招待所、于山街一商场（蛋糕房及中国移动谏壁营业厅）、于山街二商场（床上用品、服装店、红珠鸡店）。值得一提的是该社在优化提升社有资产方面取得较好业绩，2013年该社对原燕舞桥农资仓库（原有房产面积460平方米）进行扩建改造，新增面积600平方米，使社有资产得到保值增值。2021年完成销售额496万元，社会消费品零售总额496万元，盈利2.4万元。上述两家基层社经营均采用企业内部职工承包和对外租赁方式经营。

镇江市梦溪商场位于梦溪路12号，占地面积475平方米，经营面积433平方米，固定资产53万元，在职职工9人，退休59人。该商场经营方式主要以对外租赁经营为主，年租金收入57万元。（姜纯）

【建立健全监事会监督检查制度】 建立制度规范加强基层管理，为保证监事会监管工作常态化、制度化，京口区供销合作总社2021年成立资产管理委员会，制定《京口区供销合作总社监事会监督检查制度》，对社有资产组织一次专项清查，落细落实常态化管理措施。监事会对监督检查权限和内容进行明确，对监督检查工作明确要求。（姜纯）

【认真贯彻落实党史学习教育】 认真贯彻落实新时代党的建设总要求，注重开展党史学习教育，组织宣讲会、专题党课、组织生活会、祭扫烈士陵园重温入党誓词、参观红色教育基地、观看革命题材影片等形式多样的活动，并引领党员干部积极参与党史知识竞赛、党史学习教育征文等各项活动。参与组织居民群众和服务对象的座谈会，以“群众希望供销社提供怎样的服务”为主题广泛收集意见，开展“比学赶超、做优创特”系列活动和“学亚夫、做亚夫”党员先锋队为民服务等活动。

为农服务社分布情况一览表

表2

名称	所属基层社	地址	等级
象山为民服务中心	象山供销社	东吴路九里街	省三星级
燕舞桥为农服务社	谏壁供销社	谏壁街道燕舞桥南	市二星级

结合党史学习教育组织开展“一人一重点、领办解难题”等系列活动，充分发挥党组织的战斗堡垒作用和党员的先锋模范作用，秉承人民至上的宗旨意识，调研基层单位和职工切实存在的老大难问题，以党员干部领办的形式，实际解决2件民生难题，进一步提升为民服务水平。（姜纯）

【抗击疫情体现供销社干部群众担当】 主动与结对社区联系对接，区社全员全力参与疫情防控工作。疫情防控期间区社同志主动放弃周末休息时间，进驻社区做志愿者，协助社区工作人员进行测温，完成小区业主的行程摸排登记300多份，并发放有关告知书近500份。同时还向社区捐赠消毒水、洗手液、方便面等爱心防疫物资和慰问品，取得良好社会效果。（姜纯）

交通工作

【概况】 2021年是“十四五”规划的开局之年，区交通运输局坚持以高质量考核为指挥棒，认真贯彻落实省、市决策部署，统筹疫情防控和经济社会发展，深入实施“四大行动计划”，继续加强党的建设、公路养管、交通运输管理工作，完成市局及区政府交办的各项工作任务，被市委、市政府评为“2018—2020年市级文明行业”。（金玉）

【基础设施建设】 镇瑞线雩龙路道口平改立工程。2021年，项目建设驶入快车道，基坑开挖、箱涵预制、辅道建设相继完成。4月10日，主体箱涵经过48小时顶进完成，镇瑞铁路恢复正常运行。5月，项目进入引道及附属设施施工阶段，先后完成铁路南北两侧520米钢筋砼挡墙施工、倒虹吸施工、通站道路路面浇筑等，四电杆线迁改结合铁路施工进度也在有条不紊地进行中。预计2022年春节前完成主体通车。（金玉）

【行业管理】 疫情防控。7月，按照区政府部署，区交通运输局负责疫情防控专项运输车辆调度协调工作。区局结合自身工作实际，制定人员专项运输值班表，明确值班时间和注意事项，主要领导冲锋在前，其他人员各司其职；投入管控力量120余人次，坚决守牢辖区进出口防线，为京口疫情防控做出积极贡献。

11月17日，区水路口岸疫情防控由区商务局牵头转为由区交通运输局牵头。区局牵头制定《京口区水路口岸“外防输入”疫情联防联控工作方案》，成立京口区水路口岸“外防输入”疫情防控协调组，落实每周督查、驻点办公，认真抓好“六个规范”（规范工作流程、规范专班人员管理、规范“三区两通道”、规范垃圾管理、规范个人防扩、规范台账整理）并建立水路口岸每日自查、每周督查、每月核查的三级风险点排查机制，企业每日自查上报外籍船舶靠港及疫情防控情况，区水路口岸疫情联防联控工作督查组每周对辖区内涉外码头开展一次联合督查，并形成督查工作周报，及时上报给市水路口岸疫情联防联控工作组，针对督查中发现的问题，即知即改。严格做到“五个强化”（强化工作全力、强化巡查频率、强化信息共享、强化培训、强化值班值守）。

治超治限。为维护道路货物运输市场秩序，保障人民群众生命财产安全，区交通运输局按照省、市治超治限规定及《镇江市治理车辆超限超载工作领导小组办公室关于开展货物装载源头排查的通知》的文件要求，对辖区企业进行排查，2021年6月15日，在京口区人民政府网站上公示12家重点货运源头单位，称重和视频监控均已安装并接入平台。牵头其他部门源头巡查324次，出动执法人员700余人次，查处货车超载188起、非法改装31起，对治超工作做到“一扣四罚”。

码头监管工作。根据省交通运输厅、省生态环境厅《关于进一步推动江苏省内河港口码头环保问题整改的通知》文件要求，区政府主要领导、分管领导先后3次召开专题会议，提出相关要求并形成会议纪要。月发运输装卸有限公司、瑞爱斯建材厂2家码头通过省环保专家的核查，符合环保整治要求，报至区环委会备案。镇江超荣建材有限公司码头无法完善资规、水利、岸线、环保等相关手续，硬件设施设备未能达到环保要求，现列入拆除范围。（金玉）

【交通惠民】 解决中储粮停车场道路开口问题，方便企业车辆停放。区交通运输局牵头与市交通运输局、市交警支队、市公路发展中心，对开口方案进行研讨协商，并帮助企业办理相关许可手续，解决企业货运车辆停车难的问题。

鼎胜铝业门口脏乱差，区交通运输局根据市委书记马明龙的要求，主动和市交通运输局对接，对企业门口道路进行美化出新。

在未增加区财政预算的情况下，对上争取资金30余万元，对谏壁法庭新址门前道路进行拓宽改造。

针对谏壁雩北村邓家缺蔬菜基地沙石道路的现状，区交通运输局筹资5万余元浇砌混凝土路面，村民高度赞扬并自发赠送锦旗。（金玉）

【安全生产】 以国务院督导为契机，强势推进安全生产专项整治工作，加大隐患排查整治力度，坚决杜绝重特大事故。制定2个专项整治方案。聘请华东安科院作为安全生产检查专业机构深入企业检查，对发现的隐患跟踪督查，确保整治到位。（金玉）

【党风廉政】 围绕交通重大工程、重大专项行动及党建工作难题，积极推动开展党建活动，以有力举措有序推进全局党建工作走深走实。

紧扣党史学习教育。紧扣党史学习教育要求开展“加速奔跑，京口交通在行动”主题活动、“学党史、立规矩、正风气、促和谐”主题实践活动、“讲党史故事，话身边典型”等专题活动，转变你讲我听的授课模式，积极推进党史学习教育。同时，认真贯彻落实“我为群众办实事”工作要求，着力推进解决居民群众关注的“急难愁盼”等问题，践行为民服务的宗旨，将实事办到人心群众的心坎处。

紧扣“党建+”。区交通运输局围绕五结合（结合党员思想、结合中心工作、结合机关效能、结合党风廉政、结合工作积极性调动）开展工作。结合党员思想：落实在职党员到社区报到、定期与社区交流共建，全力帮助社区开展各项工作，真正让党员得到锻炼、受到熏陶。结合中心工作：针对谏壁道路破损严重、群众诉求强烈的问题，每月开展2次以上超限超载源头巡查，筹集资金抓好零龙路、谏辛路破损路面整修，保障群众出行安全。结合党风廉政：每个部门制定“党风廉政风险防控责任清单”，“春节”“五一”“十一”等节假日进行廉洁教育，观看警示教育片，营造以廉为荣、以贪为耻的廉政氛围。结合机效效能：制定区交通运输局加强作风效能建设的实施意见，全面推进交通运输事业加速奔跑。结合工作积极性调动：大力开展“谈心谈话”活动，对表现优秀的给予表扬，大力进行宣传，并将表现与个人的成长进步及年度的评先评优挂钩，全面提高党员干部的工作积极性。（金玉）

开放型经济

【外资外贸稳中有升】 2021年，京口区外向型经济总体规模稳中有升。2021年，京口区实际利用外资2668万美元，比2020年增长34%；进出口总额94.5亿元，比2020年增长6.8%。诺贝丽斯汽车板冷轧铝卷制造项目签约落户，总投资3.75亿美元，被省发改委列入年度省级重大项目，为外资外贸稳定发展提供了有力支撑。（陈雨婷）

【服务外包连续进位】 2021年，京口区实现离岸服务外包执行额3.57亿美元，占镇江市总份额的30.6%，比2020年增长11.9%，持续高位增长态势。（陈雨婷）

【项目招引成效初显】 2021年，京口区商务局牵头招引的密尔克卫物流科技项目成功签约，总投资1000万美元，首笔500万美元顺利到位。（陈雨婷）

【区位优越　交通便捷】 镇江地处长江和京杭大运河"十字黄金水道"交汇处，区位优势独特。

铁：有京沪铁路、京沪高铁、沪宁城际、宁杭高铁和连淮扬镇铁路5条铁路线。

公：辖区内网布沪蓉高速、沿江高速、扬溧高速、宁杭高速等高速公路，京口作为沟通江苏南北的交通枢纽地位日益增强。

水：镇江港作为中国主枢纽港，有1万吨级以上泊位36个，与世界70多个国家和地区的近300个港口直接通航，年吞吐量超3亿吨。京口新民洲港为一类对外通商口岸，拥有6个5万吨级兼靠7万吨级泊位。京杭大运河京口段通航条件达三级航道标准，常年可通行1000吨级船队。

空：周边有上海浦东、虹桥机场，南京禄口机场、无锡硕放机场、常州奔牛机场、扬州扬泰机场等6座机场。距离南京禄口机场90千米、上海虹桥机场240千米。（陈雨婷）

【产业发达　经济繁荣】 康熙《江南通志》中写道："京口为舟车络绎之冲，四方商贾群萃而错处，转移百物，以通有无。"如今的京口更是经济繁荣、百姓富裕之地。京口区坐拥镇江市核心商圈，是镇江高端商贸服务、金融与文化中心。

2021年，京口区地区生产总值509.3亿元，三次产业比重为0.2∶25.8∶74，成功跻身全国"高质量发展百强区""投资潜力百强区""科技创新百强区""营商环境百强区"。（陈雨婷）

投资京口

【产业发展方向】 京口区坚持产业强区"一号战略"，重点发展"1+4"产业，即楼宇经济（现代服务业）和新材料及加工制造、木业精深加工、高端装备制造、数字经济五大方向。（陈雨婷）

【构建"一带三片多点"产业空间布局】 一带：依托长江沿线及滨江区域，打造沿江生态保护和高质量转型发展带。

三片：西部主城片区，打造以产城融合为特色的服务业集聚区。东部工业片区，打造以先进制造业为主的新型工业基地。北部临港片区，利用港口腹地资源打造港产城融合发展的"港口特色镇、生态木业城"。

多点：大禹山数字文创区、市重点发展片区，建设以新一代信息技术为主导，以数字互娱、数字服务、数字智能制造为支撑的高新技术产业集聚区。大市口中央商务区，发展楼宇经济，形成商务、金融、地区总部等业态集聚，建设综合性商业功能区。高性能材料产业园，打造以新材料产业为特色的高端制造业基地。滨江金融商务区，打造金融业集聚、金融创新活力强的镇江市金融商务中心。粮油加工特色产业园，建设华东最大粮油综合产业基地、全国最大储备基地和检测中心。木业精深加工集聚区，打造国家级木业精深加工示范区。（陈雨婷）

【楼宇经济——现代服务业】 重点发展现代金融、商务服务、科技研发等生产性服务业。2021年，营业收入超1亿元的服务业企业17家，苏宁广场成为镇江城市新地标，八佰伴、滨江科技大厦、财富广场等一批特色楼宇正快速发展。（陈雨婷）

【新材料及加工制造产业】 重点发展航空航天铝合金新材料、铝板带箔材、铝合金车身板材等高强度、高性能新型材料产业及核防护材料等，集聚爱励铝业（诺贝丽斯镇江工厂）、鼎胜新材、海龙核科等龙头企业。

诺贝丽斯是全球领先的铝压延产品制造商，爱励铝业（诺贝丽斯镇江工厂）是亚太地区唯一获得波音、空客、庞巴迪认可的航材供应商，也是国产C919大飞机航材的供应商，正在建设总投资3.75亿美元的汽车板冷轧铝卷制造项目，为特斯拉、蔚来等新能源汽车提供轻量化高端铝板材。

鼎胜新材于2018年在上交所上市，中国民营企业制造业500强之一，年销售规模超100亿元，空调箔、动力电池箔等市场占有率均为全国第一，是中国铝箔材“十强”企业第一名、中国铝板带箔十大“匠心品牌”之一、中国制造业单项冠军示范企业。

海龙核科是全国核防护材料领军企业、中国核能行业协会常务理事单位、国内主要核电站重点供货商之一，生产的硼铝中子吸收板填补了国内空白。（陈雨婷）

【木业精深加工产业】 重点发展定制家居、地板、乐器、木结构等产业，并向木业产业链高端延伸。新民洲港2021年进口木材320万立方米，跻身全国同行业单体港口前列。总投资150亿元的中林（镇江）生态产业城项目，木材初加工区一期、二期占地约1000亩，全面建成投产；木业先进制造区规划建设5000亩，其中一期1098亩建设标准化厂房29幢，总面积约32万平方米，建设烘干窑120座。木材烘干配套项目天然气分布式能源项目投入运行。（陈雨婷）

【高端装备制造产业】 重点发展海工装备、汽车零部件和精密电子设备等产业。集聚天海装备、飞驰汽车、宝华半挂、鼎盛重工、中船辅机等一批重点企业。其中，天海装备是中国消防设施类压力容器制造行业排头兵企业，鼎盛重工的海上浮式多功能过驳转载平台蜚声中外。（陈雨婷）

【数字经济产业】 依托主城区和高校集中区优势，重点发展软件信息、数字互娱、数字服务、数字智能制造等产业。建成京口高创中心、互联网创新中心等1个国家级、2个省级科技企业孵化器，云时代中心等特色载体投入运营，大禹山创意新社区创成江苏省首批“众创社区”，智汇科技中心建成镇江市唯一的省级电子商务示范基地，微软（镇江）数字经济创新中心、华为（镇江）数字创新中心签约落户。（陈雨婷）

农 业

【概况】 加强重要农产品稳产保供，2021年京口区粮食总产0.97万吨，粮食面积2.3万亩，其中水稻播种面积0.91万亩，小麦播种面积0.855万亩，玉米等播种面积0.39万亩。蔬菜播种面积4065亩，产量8621吨。水产品养殖面积1300亩，产量683吨。坚持最严格耕地保护制度，防止耕地"非粮化"，开展两次"大棚房"问题"回头看"工作。开展高素质农民培训，完成50人培训任务。提升数字农业与农机装备发展水平，特色农业机械化发展水平达57%，益农信息社开展便民服务3000次，苏菜直通车县域新增数据2000条，规模设施农业物联网推广应用占比25%。加强新型农业经营主体培育，新增6家家庭农场，其中区级示范家庭农场1家，总数达到12家。清理"空壳"农民合作社，销户17家；县级以上农民专业示范社4家，占比12.12%。加强农产品质量安全监管，开展农产品生产主体入网102家，监督巡查入网主体100%，入网主体合格证打印使用100%，抽检率100%；速测农产品600批次，合格率100%。加强农村重大项目建设，2021年完成农业重大项目7个，总投资7.126亿元。（丁志国）

【清理"空壳"农民合作社】 京口区原有农民专业合作社50家，2021年销户17家。县级以上农民专业示范社4家，占比12.12%；省级以上农民专业示范社1家，占比25%，均完成市级任务。（丁志国）

【农业危化品安全使用整治排查】 制定《京口区种植业（农药肥料管理）危化品安全使用整治排查阶段实施方案》，采取"自查+核查"方式，对硝酸钾、硝酸铵、敌百虫等原料开展督查，未发现硝酸钾、硝酸铵、敌百虫等原料存在或使用。（丁志国）

【长江十年禁渔】 联合开展执法整治行动16次，渔政执法艇巡航140次，出动执法人员602人次，办理涉渔案件14起，其中非法捕捞案件2起、违规垂钓案件10起，移交公安机关刑事立案2起，追究刑事责任4人。（丁志国）

水 利

【概况】 京口辖区内水资源丰富，长江、运河流经境内。长江岸线32千米（含7千米左右市管岸线，从平政桥至焦南坝段）。京口区现有长江二级堤防22.752千米，其中市管堤防8.092千米（京口闸至焦南坝），区管堤防14.66千米（北岸9.08千米，南岸5.58千米）；无堤高地12.35千米。京口区水域面积2986.5公顷，其中长江水面1200公顷。排涝泵站16座，装机4191千瓦，总流量64.58立方米/秒；灌溉泵站8座，总流量3.9立方米/秒。（黄海霞）

【雨情】 2021年梅雨期特点：入梅偏早，出梅正常，梅雨期偏长；雨量总体偏少，空间分布不均。

6月13日入梅，较常年（6月18日）偏早5天；7月11日出梅，较常年（7月12日）偏晚1天。梅雨期29天，较常年（24天）偏长5天，较常年偏长。

镇江市面平均梅雨量148.2毫米，较多年平均梅雨量（264.8毫米）减少近四成半（−44.0%）；其中秦淮河水系106.3毫米、湖西水系136.2毫米、沿江水系180.4毫米；最大点梅雨量346.5毫米（句容站），最小点梅雨量89.5毫米（丁卯站）。

梅雨期内出现4个集中降水时段，分别在6月14—18日、6月25—27日、7月2—4日、7月7—10日，过程雨量占梅雨总量的九成。

（黄海霞）

【水情】 长江水情。大通站：2021年长江大通站汛期平均流量44040立方米/秒，较多年平均流量（41200立方米/秒）偏多近一成（+6.9%）。大通站5月28日出现汛期最大流量61100立方米/秒、最高水位13.36米；5月10日出现汛期最小流量31300立方米/秒；5月9日出现汛期最低水位9.07米。

镇江（二）站（镇扬汽渡）：镇江（二）站汛期平均潮位5.77米，较多年平均潮位（5.48米）偏高0.29米。

7月28日出现汛期最高潮位7.77米。2021年汛期，镇江（二）站高潮位超警戒（7.00米）天数总计为14天。

内河湖水情。受长江高水位影响，梅雨期主要内河湖洪水外排困难，沿江闸站及时开启抽排，提前预降运河水位，减轻降雨形成内涝的影响。（黄海霞）

【防汛组织】 组建4支队伍共100名街道（园区）防汛抢险人员。京口区及沿江企业组织防汛物资储备情况：草包1.1万只，编织袋2.2万只，木材2.5立方米，土工布4300平方米。台风“烟花”过境产生大面积强降雨造成京口区部分区域受淹，京口区完成102.73公顷农田排水，15处险情处置，转移群众103人。（黄海霞）

【水资源管理】 2021年，京口区用水总量目标任务为13.4亿立方米，实际使用12.997亿立方米（折算口径）。按照上级要求推行电子证照，实行取水许可“一网通办、信息共享”，对取水户取用水行为严格监管，将京口区所有重点取水单位纳入水资源信息管理系统，实现电子证照100%转换，保证用水单位在线率100%，实现所有取水许可实行网上运行及监管。2021年，京口区重点水功能区水质达标率100%，水资源费全部按时足额收取到位，水资源管理年度考核重点目标任务全部完成。（黄海霞）

【节约用水工作】 完成京口区“十四五”节约用水规划编制工作（2020—2025），完成孟家湾湖、北洲主排河2个河湖生态状况评价，成功创建省级节水型学校1所（恒顺实小）、市级节水型企业1家（江苏鸿泰钢铁有限公司）、市级节水学校3所（敏成小学、八叉巷小学、中山路小学大禹山校区），京口区工业、农业等用水统计工作有序开展。建成京口区首家节水教育科普馆。2021年9月，京口区首家节水教育基地——节水科普馆在镇江市江滨实验小学（润阳校区）建成并投入使用。节水科普馆由市、区水利局与江滨实验小学共同投资兴建，展馆总面积245平方米，居镇江市前列。展馆设8个主题分区，参观者可以感受水之美、水之秘、水之危，学习了解节水、护水、治水之策，亲身体验科学的奇妙之处，可在激发科技创作兴趣的同时，掌握节水知识，享受科学乐趣，并进行创造性活动。（黄海霞）

【水土保持】 2021年对19处生产建设项目疑似扰动核查，完成8处生产建设项目现场信息核查及系统信息录入工作，完成8家生产建设单位水土保持方案专家审查及水行政许可审批，做好事前、事中、事后监管。（黄海霞）

【水生态文明建设】 完成京口经济开发区上隍村河塘清淤及绿化工程，启动新民洲水利基础设施及防汛物资仓库项目和玉带河、一夜河水质提升及水环境整治项目建设。（黄海霞）

【河长制工作】 2021年，京口区各级河长履职3426人次，其中区级河长湖长履职67人次，街道（园区）级河长湖长履职944人次，社区（村）级河长湖长履职2415人次。建成虹桥港、镇北河2处河长制主题公园。（黄海霞）

农业产业园

【概况】 2021年，京口区农业龙头企业6家，省级农业龙头企业3家，市级农业龙头企业3家。2021年，完成销售收入101.25亿元；净利润8207.61万元；上缴利税9249.12万元；带动农户10600户。（孙爱莉）

【中储粮镇江粮油有限公司】 中储粮镇江公司隶属中储粮油脂有限公司，为国有大型企业，公司位于镇江市京口区谏壁镇，成立于2007年4月，2007年8月收购中盛粮油工业（镇江）有限公司资产。经过十年艰苦努力，公司产业链条建设基本完成，涵盖收储、压榨、精炼、小包装到未来销售终端整个产业链条，并通过2个码头与物流体系建设使整个产业形成一个有机整体。镇江公司发展成为集仓储、物流、加工、贸易、科研为一体的综合性油脂油料产业基地。2013年公司获评省级农业产业化龙头企业，2014年获得省级农产品加工集中区授牌，2018年再次获评省级农业产业化龙头企业。

公司拥有现代化装、卸船设备，全封闭输粮（油）通道，通过采用新仓型、新技术、新材料、新设备，全面实现散储、散运、散装、散卸“四散化”作业要求。粮食卸船速度平均可达1.6万吨/天，卸油速度达2万吨/天。目前，镇江公司集仓储、物流、加工、贸易与研发为一体的综合性的协同效应，正随着产业链条的逐步完善，开始显现与发挥重要意义和作用。

公司在市场化业务探索上一直走在中储粮集团前列，事实上也承担先行先试的责任。目前，镇江公司拥有油脂中转罐容21万吨、粮食中转筒仓33万吨、加工配套仓容8万吨。油脂油料年加工能力402万吨，其中大豆加工能力270万吨、油脂加工能力102万吨、油脂灌装能力30万吨。拥有长江深水岸线720米，7万吨级粮油码头泊位2个，年吞吐能力800万吨。2021年，企业销售收入达98.47亿元。镇江公司发展成为油脂油料行业的一支新生力量，具备一定市场影响力和竞争力，成为油脂公司产业布局中长三角产业圈核心企业，成为中国储备粮管理集团的一张名片。（孙爱莉）

【镇江市恒伟物流有限公司】 镇江市恒伟物流有限公司创建于1998年，现坐落于镇江市谏辛公路京口工业园区。历经十多年发展，公司成为华东地区乃至全国知名冷链物流、仓储、运输农业产业化龙头基地。

公司现有职工200多人，企业总资产31588万元，银行信誉等级为AAA级。公司主要致力于拓展中国市场冷链物流业务，带动镇江周边地区农户和农业合作社发展，2021年公司销售收入达1.07亿元。

公司主要为企业提供农产品原材料、农产品冷链配送及货物仓储物流服务。公司主要业务分三大块，农业种植、物流运输服务与仓储冷藏服务。公司自有冷库面积超过100000平方米，与百事食品、百胜食品、麦肯食品、皇冠制罐、中粮食品、通用磨坊、蓝威斯顿、奥瑞金等著名企业建立了稳定良好的合作关系，客户满意度较高，率先通过ISO质量管理体系、环境安全管理体系、职业健康管理体系认证。公司先后被授予“工信部物流信息化动态监测定点联系企业”“国家发改委第八批税收试点物流企业”“江苏省农业产业化龙头企业”“江苏省重点物流企业”“江苏省物流企业技术中心”“镇江市农业产业化重点龙头企业”称号并获得中国物流与采购联合会物流科技进步二等奖。（孙爱莉）

【江苏新禾润世家食品有限公司】
江苏新禾润世家食品有限公司于2018年被评为省级农业龙头企业。公司成立于2007年，注册资本60万元，是集产品设计开发、生产加工和销售为一体的农副产品生产经营企业，主营五谷杂粮、南北干货、中式点心等系列农产品，拥有“禾润世家”“苏丰农庄”等品牌。2021年公司销售收入1.2亿元，实现利润352万元，带动农户200多户。

公司针对目前良好的发展形势，接轨“互联网+”新思维模式，准备引进新型加工设备，对农产品进行全新的包装设计制作与开发，开创禾润世家企业级移动营销平台，拟采用F2C+O2O+会员制全新营销模式，将产品从厂家直接送到消费者手里，实现线上购物线下体验新型消费模式。（孙爱莉）

【镇江兴农有机肥有限公司】 镇江兴农有机肥有限公司为镇江市级农业龙头企业，成立于1993年，注册资金1000万元。公司现有生产、科研、原料三大开发基地，占地150多亩，拥有生产车间3000平方米、避雨发酵房1000平方米，是国内较早应用生物技术净化处理和循环利用秸秆、醋糟、菇渣等固体有机废弃物，合成农用有机肥及无土栽培基质系列产品的新型环保企业，也是集生产、经营、研发于一体的民营农业科技企业。

2021年，企业实现销售收入1345.69万元，带动农户100多户。公司生产的有机肥、蔬果基质、水稻育秧基质及盖籽土等系列产品近20个，年产50多立方米，本地市场占有率10%左右。产品畅销周边省区和云、贵、川及新疆等省区，在大、中城市设有产品经销代理商。

公司有授权发明专利8件，授权实用新型专利2件，水稻育秧盖籽土等发明专利申请22件，注册商标1件。公司研发的“水稻机插育秧新型基质及生产工艺”成果经专家鉴定认为处于国内领先水平。

（王璐璐）

【江苏培蕾基质科技发展有限公司】
江苏培蕾基质科技发展有限公司是一家专门从事蔬菜、花卉、水稻、食用菌等基质生产和研发的国家级高新技术企业，坐落在交通便捷的沿江公路边。公司工农业固体废弃物的净化处理与开发利用技术处于国内领先水平，先后处理醋渣、中药渣、造纸芦苇渣、酒精渣、食用菌渣、农作物秸秆等十多种有机废弃物，公司承担的“工业有机废渣净化处理技术及资源再生利用”“设施农业中新型基质材料的研发”“利用作物秸秆合成环保型基质技术研究与产业化开发”等多个项目均获得农业或者科技管理部门立项，取得一系列研发成果，曾受邀在中日农业论坛专业会议上发表专题论文并做经验交流。

2021年，企业实现销售收入2294.62万元，带动农户16户。公司拥有自主知识产权专利13件，并与南京农业大学、扬州大学、华中农业大学、江苏省农科院等高等院校和科研院所建立长期稳定合作关系，2013年公司被评为“镇江市产学研协同创新示范单位”。（王璐璐）

【镇江市皇中皇生态科技蜜蜂园】
皇中皇生态科技蜜蜂园为镇江市级农业龙头企业，是一家集养蜂、种蜂培育、蜂产品加工、销售、科研为一体的综合性企业。2021年，企业实现销售收入1359.5万元，带动农户就业100户。

该园位于京口区西山水库内，占地12.8亩，总资产1200多万元，拥有现代化标准厂房3500平方米，建有蜂蜜浓缩设备2条、花粉烘干破壁设备1条，新建蜜蜂饲料生产线1条，流动资产1100万元。企业在发展过程中加大与科研院所的合作，提高农产品及其加工品的科技含量，打造企业核心竞争力。该园在全国拥有蜂场300余组，蜂群3万多群及加盟蜂场群1万余群，年培育种蜂王500余只，年产蜂蜜3000余吨、蜂王浆60余吨、蜂花粉50余吨。企业与南昌龙莱福生生物技术有限公司合作，开发蜂胶超临界CO_2萃取技术，该技术在全国处于领先地位；其独家拥有的生物和物理破壁花粉工艺，破壁率高达97.3%，极大地提高了花粉核酸、SOD、花粉磷脂维生素E、维生素的吸收率。公司生产的超临界蜂胶、破壁花粉等产品受到消费者青睐。公司2011年新增新型蜜蜂饲料生产线1条，年产蜜蜂饲料2500余吨，大大降低了周边蜂农的饲养成本，为蜂农增收做出了有力贡献。（王璐璐）

财政工作

【概况】 2021年，宏观经济下行、实体经济不振、减税降费压力巨大，京口区财政局通过优化目标分解、强化税源管控、协调税收征管、规范非税征缴等一系列举措，推动京口区财政收入总量不断攀升、收入结构日趋优化，2021年完成一般公共预算收入22.35亿元，比上年增长3%，为京口区委、区政府做好“六稳”（稳就业、稳金融、稳外贸、稳外资、稳投资、稳预期）工作、落实“六保”（保居民就业、保基本民生、保市场主体、保粮食能源安全、保产业链供应链稳定、保基层运转）任务、统筹推进疫情防控与经济社会发展提供坚实财政保障。 （孙恺）

【预算国库管理】 压缩一般性运转支出，保障“三保”（保基本民生、保工资、保运转）支出，加大预算编制支出控制力度，确定预算编制定额，预算编制进一步趋向精细化。优化财政支出结构，积极保障民生领域支出需求，2021年京口区民生支出占财政一般公共预算支出比例保持在70%以上。安排教育支出50029万元，优先保障教育发展，持续改善办学条件，支持校安工程建设，推动优质教育均衡布局；安排社会保障支出27235万元，落实社保政策性提标，实施困难群众专项补贴，社会保障体系不断完善；安排卫生健康支出10988万元，提高城乡居民基本医疗补贴标准，居民医疗保障水平持续提升；落实中央直达资金预算管理要求，及时拨付直达资金4000余万元，推动直达资金直接惠企利民。强化政府预决算信息公开，及时、准确、规范公开地方政府财政预决算和部门预决算信息，广泛接受社会监督。扎实开展预算管理一体化改革，优化预算管理流程，“标准科学、规范透明、约束有力”的现代预算管理制度加快形成；实施预算审查、决算核查，规范财务核算，提高预算单位财务信息质量；强化项目资金监管，提高财政资金分配效率和使用效益。 （李姝）

【非税征收与财政票据监管】 完善非税收入征管，对接银行与执收单位，做好国库集中支付系统衔接，保障非税收入收缴渠道畅通。落实国家降费政策，清理已取消和停征收费项目，公开收费目录清单，严控涉农涉企收费2021年实现非税缴库39020万元。财政票据管理，规范票据使用范围，防范违规使用票据和违规收费现象。推进非税收缴电子化改革，提高收缴效率和监管效能。 （李莉）

【农业农村资金与基层财政管理】 加强农林水项目资金立项申报、进度督查、竣工验收等环节管理。2021年审核拨付农林水项目资金2240万元支持乡村振兴，2021年审核发放各类惠农补贴317万元，支持农业增产、农民增收。完成农业保险接续工作，确保应保尽保；灾情查勘定损，农业保险财政补贴，保障农民权益，2021年政策性农业保险保费收入74万元，财政配套66万元，审核支付理赔金92.68万元。 （李莉）

【社会保障管理】 落实城乡居民合作医疗保险财政补贴提标政策，补贴标准由每人580元提高到680元；合作医疗保险配套财政资金3296万元；2021年公共卫生事业投入2601万元；防疫资金投入1.34亿元。2021年发放低保户补助1691万元；发放残疾人生活与护理补贴871万元。优抚安置工作投入3046万元。调度财政资金7803万元确保机关事业养老金及时发放；2021年养老助老事业配套区级财政资金1406万元。 （李莉）

【国有资产管理】 开展京口区120家行政事业单位国有资产清查工作。贯彻落实新发布《行政性事业性国有资产管理条例》并开展业务培训，上线江苏省统一的“资产云”管理系统，强化各类国有资产购买、出租、处置全流程监管，规范日常审批管理，实现国有资产保值增值。 （张惠云）

【债务管理】 依托平台、系统，实施债务数据动态监测，京口区成为镇江市唯一实现债务率降等辖区。落实债务成本“削峰”计划，加强融资成本管控，京口区顺利完成债务成

本压降目标，综合融资成本保持在镇江市较低水平。（张惠云）

【政府采购】 区级政府采购服务及监督管理纳入政府采购预算和计划采购项目依法规范组织实施。推进京口区重点采购项目招投标工作，支持疫情防控期间卫生防疫部门急需设备和物资采购，完成30余个区级重点项目招标，2021年采购总额8378万元，其中：货物类2715万元、工程类513万元、服务类5150万元，采购资金节约率9.6%。（秦寅生）

【国库集中支付和财务集中核算】 为51家区级单位提供财务集中核算；为京口区144家部门预算单位4000余名在职及离退休人员做好工资统发。配合国资部门“资产云”系统上线，为代账单位“资产云”录入工作提供数据支撑；加大对部门预算单位业务指导力度，推进财政性资金集中支付工作规范高效运行。（赵建华）

【会计管理】 组织辖区内会计人员参加继续教育。组织京口区121家行政事业单位编制2020年度内部控制报告。完成37家代理记账机构年审报备工作，依法审批新设立代理记账机构5家，累计设立代理记账机构46家。开展代理记账检查，落实“谁执法、谁普法”责任制，宣传《中华人民共和国会计法》《代理记账管理办法》等法律法规，推动代理记账机构依法合规经营。（仇明星）

【综合治税】 每月分行业、分税种对京口区范围内企业销售收入与税收情况进行全面比对分析。对京口区重点税源企业跟踪及了解企业税情动态，守护本区税源不流失。2021年落实各项优惠政策减免和退税约9.97亿元。（洪高平）

【金融办工作】 2021年帮助265家企业通过平台获取融资13.21亿元；开展“金融助力双循环”活动，为金融服务实体经济搭建“连心桥”，缓解企业发展资金短缺瓶颈制约。开展防范和打击非法集资宣传、排查活动，通过设置咨询台、宣传展板、悬挂宣传横幅、张贴宣传海报、发放宣传资料、播放宣传视频等多种方式加大宣传力度，会同公安、市场监管等部门开展摸底排查、专项检查及非法金融活动广告集中清理，净化区域金融环境，积极防范和化解财政金融风险。（林波）

税务工作

【概况】 2021年，京口区局始终坚持政治统领、党建引航，以“提振精气神，提升执行力”主题行动为抓手，攻坚克难，开拓进取，各项工作扎实开展、成效显著，拉开“十四五”精彩序幕。（韩青秀）

【聚焦党史学习教育】 积极探索构建新“纵合横通强党建”机制，打造“1+N”党建共同体。深入开展“我为纳税人缴费人办实事暨便民办税春风行动”，以深化“五抓五促”专项行动为抓手，把“我为群众办实事”实践活动贯穿党史学习教育始终。（韩青秀）

【聚焦“两在两同”建新功】 开展“大调研、大走访、大交流”，走访多家重点企业，召开纳税人座谈会，了解基层需求，解决发现问题，确保“两在两同”建新功行动在区局持续深化。（韩青秀）

【持续优化营商环境】 推行“简事快办”服务，常见简易事项“免排队、免等待、免取号”，即时办结。自推行以来，办税高峰期排队人数减少20%以上，叫号间隔时间缩短2分钟，纳税人缴费人“等候感”大大减轻，满意度得到极大提升。（韩青秀）

【税费收入稳步增长】 依法依规组织收入，建立收入质量评价和监控机制，2021年1—12月完成全口径税收收入58.92亿元，比上年增长11.45%，完成京口区级公共预算收入18.46亿元，比上年增长2.53%，有力保障国家财力。（韩青秀）

【以税资政促发展】 做好税收经济分析工作，发挥税务职能，优化税收营商环境，挖掘税收大数据优势，发挥以税咨政作用，2021年获京口区委领导批示3篇次。（韩青秀）

【改革推进行动快】 制定落实改革要求路线图、时间表、工作台账，完成14项改革任务。制定《先行先试工作实施方案》，建立风险管理、跨税费种联动监管、税收数据分析支持团队，建立与京口区财政、自规局等部门协作共治机制。（韩青秀）

【积极推动税务组织文化建设】 深入开展“提振精气神，提升执行力”主题行动，通过组织人文关怀，凝心聚力，使干部的个人成长、个人发展与组织的工作目标、工作绩效统一起来，营造“争先创优、勇于担当”的工作氛围。（韩青秀）

综 述

【概况】 2021年，京口区教育局紧紧围绕“凝聚人心、完善人格、开发人力、培育人才、造福人民”新时代教育工作目标，全面贯彻落实“双减”政策方针，不断深化教育内涵建设，大力推进惠民工程，助力京口教育事业高质量发展。在最新公布的2021年省教育现代化监测数据中，京口区综合得分92.57分，位居江苏省前列。 （邱鹏）

【党建工作】 推进党建“一校一品”（一所学校创建一个属于自己的党建文化品牌）建设，镇江市中山路小学党支部“打造仁章党建，铸就时代先锋”京口区实验小学党支部“五微一体，擦亮党徽”获评省第三批中小学“一校一品”党建文化品牌项目。开展“两在两同”建新功行动，实施“4+4”行动方案，乡科级领导主动领办9个实事项目，全系统党员干部结对困难学生（教师）500余人，参与调研课题40余个，建立43支党员志愿服务队，开展140余场次志愿服务，解决关键事、困难事、关心事90余件。 （邱鹏）

【青少年学党史】 以“六专题一实践一特色”为突破口，全系统开展党史学习教育，重点突出青少年学党史，确立“从小学党史，永远跟党走”工作主题，制定“643”行动计划，编写特色读本《10句名言 10个十年见证党史100年》，成立京口区党史学习教育展陈中心暨青少年学习体验中心，形成“四牵手”（校际联动学党史、家校联动学党史、两地联动学党史、大中小学联动学党史）特色做法，开展各级各类宣讲600余场、“红色寻访研学”活动近200场。寻访赵亚夫、李元喜、谢东等英雄楷模、先锋模范500余人次。 （邱鹏）

【内涵发展】 新增一所省优质幼儿园，优质园占比98%，位列大市第一。推动“五级三段”（五级成长通道：学校培塑、集团互助、区域提升、市级厚植、省级创建 三段管理：对储备项目进行立项调研，开项论证；对实施项目进行规范视导、阶段评估；对结题项目进行反思提升，辐射推广）管理模式，建立“学校培塑、集团互助、区域提升、市级厚植、省级创建”成长通道，通过“学校立项、集团助力、区域统筹”助推内涵建设。2021年新增省级课程基地与学校建设项目1个；2个项目获省中小学生品格工程“精品”项目，占镇江市精品项目的50%。 （邱鹏）

【教师队伍】 以“种子工程、培塑工程、卓越工程”三大工程建设为路径，构建多元化干部培训体系，组织开展第三批京口区“名校长（园长）”评选，推荐优秀人才参加“省教育家型教师创新培育计划”“长三角中小学名校长高级研究班”“省卓越教师创新培育计划”“省乡村优秀青年教师培养奖励计划成员高级研修班”“省乡村义务教育领军教师培养百人计划”等各类高端培训。更新教育系统干部储备人才库，举办京口教育系统干部储备人选培训和党务工作者培训，建设一支对党忠诚、能担重任、作风优良的干部储备人才队伍。2021年，1所学校获评江苏省教育工作先进集体；3人获评市十佳教师；11人被评为市优秀教育工作者；5人被评为市师德先进个人；31人成功入选镇江“金山英才”高层次领军人才培养计划（第六期“169工程”）。省市教学竞赛中，7人获省一、二等奖；20人次获得市级一等奖，19人次获得市级二等奖。 （邱鹏）

【办学条件】 大力推进校安、装饰工程，江科大附小二期校安工程和中建大观幼儿园二期装饰工程竣工，秋学期投入使用；全面推动教育信息化建设，引进社会资金帮扶第十中学、江滨实验小学、香江花城小学和学府路小学创建“智慧化校园”；完成江科大附小、市实验小学、恒顺实验小学、学府路小学、香江花城小学、谏壁小学6所学校照明改造提升工作和北固湾配套幼儿园移交工作。 （邱鹏）

【“双减”工作】 全面推动“双减”工作，以“坚持质量提升、做实延时服务、严格作业控制、规范校外培训”为工作重点，从“小切口”推动“大改革”，发挥学校教育主阵地作用，制定京口区“五项管理”细则，抓实作业管理、教学质量、延时服务，切实减轻学生过重作业负担。实施校外培训机构规范管理专项行动，完善配套审核制度，构建共治机制，加强校外培训机构规范管理，切实减轻学生校外培训负担。京口区课后延时服务实现全覆盖，参加课后服务的教师1392名，占教师总数的93.3%，参加课后服务的学生15051名，占学生总数的68.3%；64家学科类校外培训机构通过转型或停办学科培训，全部退出学科培训市场，压减率达100%。（邱鹏）

2021年2月，镇江市副市长殷敏（右一）莅临中山路中心幼儿园检查开学工作
（王舒　摄）

学前教育

【镇江市中山路中心幼儿园】 镇江市中山路中心幼儿园位于仁章路，1950年建园，至今有70多年的办园历史，是镇江市首批省级示范性实验幼儿园，京口区教育局直属公办园，京口区8所公办园之中心园。

在京口区教育局扩增优质普惠的学前教育资源的政策下，2021年9月1日，镇江市中山路中心幼儿园中建园开园。有着近70年办园历史的谏壁小学附属幼儿园也划归镇江市中山路中心幼儿园。幼儿园成为一所拥有仁章园、月湖园、中建园、越河园4个园区的集团化幼儿园。

新建成的中建园位于学府路繁华路段，占地面积9.6亩，建筑面积约4800平方米，户外场地约4300平方米。是京口区公办园占地面积最大的幼儿园。越河园位于谏壁镇越河街，占地面积2050平方米，经过改造，园所环境、软硬件设施设备都上一个新台阶。

坚持“康身心，乐成长”的办园目标，始终秉持“为幼儿奠定幸福生活的根基”的理念，以构建“康乐生活课程”为路径，以培养“和天地，健身心，慧生活，合知行”的未来小公民为教育目标。70年的发展历程，研磨出“在生活中，向未来去”特有的中幼园所文化。全园有33个班级，995名幼儿，123名教职工，其中市学科带头人1人，市骨干教师3人，区骨干教师9人。3人获得镇江市“金山英才”高层次领军人才培养计划（第六期“169工程”）学术技术新秀，1人获评镇江市第一期幼儿园内涵提升项目领衔人。73位专任教师中，高级教师3人、一级教师23人、二级教师28人，本年度晋升一级教师2人、二级教师4人。教师撰写的论文、案例在省、市级比赛中有200人次获奖，省级刊物发表3篇，市级刊物发表1篇，教师主持参与的省、市级立项课题10个。2021年，幼儿园先后被评为全国足球特色幼儿园示范园、江苏省体育特色快乐体操培育基地、镇江市五星平安校园、镇江市少儿体适能特色幼儿园，区安全先进集体、区托幼机构卫生保健工作先进集体、京口区宣传先进集体、宣传优秀校园公众号等。先后承办市、区级各类各项活动30余次。

积极实践“康乐”生活课程，以常规生活和个性生活相结合，构建“健体、健智、健美、健心”四大课程，各园区结合自身园情，架构富有个性的生活课程，满足幼儿活动的需要，实现课程园本化。同时逐步拓展到家庭和社会，发现更多教育契机。

重新审视、规划、改造4个园区的户外游戏场，因地制宜创设充足的、不同主题的区域空间。将4个园区的室内外努力打造成温暖的生活场、润泽的艺术场、自由的运动场。仁章园积极开展小型多样的户外体育活动；中建园将体适能运动科学纳入一日活动中；月湖园将快乐体操、足球运动等纳入康乐生活课程体系；越河园全面改造户外游戏场地，给幼儿更多的探索契机。

注重教师的培养及团队的建设，青年教师通过师徒结对、评比展示等活动，促进专业成长；成熟型教师通过培训、项目活动等，提升专业素养；骨干教师通过参加研修合作小组，在自身成长的同时发挥辐射引领作用。幼儿园形成三级教研网络，即年级组、教研组、园区集中教研，三个层次同步进行，4个园区线上线下研训结合，逐步形成生活课程研究的能量场，促进每位教师课程研究实施能力的提升。

在镇江市区域推进课程游戏化背景下，幼儿园成立京口区“幼教微家”名师工作室；月湖园迎接镇江市区域推进课程游戏化项目组的视导；中建园作为研讨现场面向京口区同行展示提升保教质量的教研活动；幼儿园接受“长三角挂职管理干部项目”，安徽蚌埠教师来园跟岗挂职学习一学期。在践行课程游戏化的实践中，幼儿园教师创作园歌《康乐娃》，将中幼文化和“康乐”精神不断发扬。（陶铵　蒋卉）

【镇江市实验幼儿园】 镇江市实验幼儿园位于巷陌深处的笪家山旁，迄今有88年历史，是一所老百姓

2021 年 9 月，京口区政府民生工程项目中山路中心幼儿园重建园区顺利开园
（王呈　摄）

家门口的幼儿园。香江分园成立于2006 年，是一所小区配套幼儿园。一园两区整合课程，创办同一山体文化背景下各具特色的幼儿园。有教职工 84 名，专任教师队伍中高级教师 2 名，市骨干教师 2 人，区学科带头人 4 人，区骨干教师 5 人。幼儿园注重文化建设，在“以爱为本、和谐成长”的核心理念下，以“绘多彩童年、育和谐儿童”为目标，培养优雅自信的和谐儿童以及智慧阳光的和谐师者。

幼儿园利用巷口到园门口的墙面，精心绘制以“居巷陌・行天下”为主题的文化长廊，向大众展现园所发展历程及核心文化。同时注重通过环境的教育功能，依托笪家山自然资源为幼儿打造多样化的户外自主活动区域：生活、角色、创造、探索。以幼儿园为中心，在幼儿脚程半径内创建园外教育基地。

2021 年被授予“镇江市融合教育基地校”“镇江市五星平安校园”“京口区文明单位”，并与新疆生产建设兵团可克达拉市幼儿园签订结对帮扶协议，开展镇江园与援疆园的对口帮扶，实现在教育教学管理师资队伍建设等方面的共进共赢。

幼儿园以省课程区域推进为契机，在教研活动中更新教师理念，注重环境、资源、课程建设，逐步形成具有幼儿园特色的“微、精、灵”的园所格局。依托园本课程，《爱在“达学园”：幼儿园外场课程的探究与实践》一书融入真趣文化的元素，创办系列特色节日：真趣阅读节、自然创意节、山林音乐节以及趣味运动节。

该园是镇江市首批“融合教育基地校”，在教职员工中普及融合教育基础概念，多次组织教师参加市区各级融合教育培训。重视在语言发展、动作协调等方面给予弱势儿童指导与帮助，创建“融合教室”，充分发挥各种教具和专业器械的作用。

牢固树立“立德树人”的教育思想，加强师德师风建设，尝试“三层四进”培养模式，在尊重教师个体发展差异的前提下，面向三个层级的教师实施四项推进，激发教师内需，促进教师队伍的整体发展、和谐成长。

提供载体，打造自主发展的“教师共同体”。基于愿景管理的视角，为其搭建层级式平台支架，最大化加强教师团体内的交流。同时打破园区的限制，鼓励教师进行跨园区的合作交流与资源共享研究。

系统思考，构建培育核心团队模式。立足园所发展和教师专业需求，以集中研训、合作学习、个别指导为培育路径，建构培育核心团队模式，通过内需推进、目标推进、平台推进、策略推进等方式，以集中研训、合作学习、个别指导为路径，为每一位教师创设多元发展的环境与个性成长的通道。

同年，有 8 篇文章在省、市杂志报纸发表，160 余篇论文在省、市、区级竞赛中获奖，教师个人获奖达39 人次、公开展示达 16 人次。

建立安全网络责任制，严格管理、明确职责。行政人员和安全管理员定期对幼儿园的活动室、午睡室、食堂等重点场所进行检查巡视

2021 年 9 月 10 日，京口区委书记徐申锋（右一）到实验幼儿园香江分园教师节慰问
（李军　摄）

和记录，排查隐患，确保每位幼儿健康快乐地成长是我们的职责和义务。2021年，幼儿园进行多次实景化的安全演练：食物中毒演练、地震疏散演练、防暴防恐演练、消防演练，让所有教职员工和幼儿在实际场景中亲身体验，提高应急能力和安全意识。

为有效应对新冠疫情，制定疫情防控方案机制和应急流程，积极开展新冠疫情宣教活动，通过微信公众号、QQ群、LED大屏、宣教栏向家长进行宣传，做到疫情防控期间戴口罩、不聚集、勤洗手，保证自身和家人的健康安全。同时动员教师和幼儿进行疫苗接种，该园教职员工第一针接种率达到100%，幼儿接种比例也得到明显提升。疫情防控期间，幼儿园开展4次防疫演练，老师在演练中通过实际操作、亲身体验并学习如何应对突如其来的疫情，熟知流程，提高疫情处理和应急能力。幼儿园积极做好做实后勤保障工作，在物资库配备足够的口罩、呕吐包、防护服等防疫物资，保证疫情防控的物资储备。同时还配备环境消杀车，由专人管理、专人指导，保证空气和环境的卫生和安全。在幼儿园的各个角落，随处可见的洗手机器人，让幼儿在游戏中和游戏后都能进行洗手和消毒，保证幼儿手部的清洁和卫生。幼儿园封闭管理，非必要不进园，进园必登记。幼儿早晨入园和下午离园安排错峰，并在园门口设置单行线，避免人员聚集的可能性。（金微）

2021年9月30日，解放路幼儿园举行"欢庆国庆、童心飞扬"民族大联欢活动

（许同庆　摄）

【镇江市解放路幼儿园】 镇江市解放路幼儿园位于镇江道署街，创建于1921年，是京口区教育局直属园。幼儿园占地面积3000多平方米，建筑面积1900多平方米。幼儿园有教师23人，其中高级教师3人，专科学历以上教师比例达100%，本科以上学历教师比例达90.9%。

从课程环境优化入手，打造适宜园情、支持课程的班级及园所环境，以课程环境打造和资源开发为工作重点，利用楼顶空置区域打造楼顶花园和小菜园，丰富户外种植区种植体验内容创设与课程联结的校园环境；幼儿园结合园情和培养目标，通过课程审议、集中教研、搭建项目组、评比、展示等多种方式探索适宜的园本课程；幼儿园发掘活动文化内涵，结合课程建设和幼儿发展需要，关注传统节日、节气的教育意义，由公众号负责人定期组织编辑学习借鉴优秀公众号，关注宣传质量提升。幼儿园注重队伍建设。2021年，幼儿园有市骨干教师1名，区学科带头人2名，区骨干教师9名，骨干教师结合自身专业特长和幼儿园教研工作重点，定期组织教研活动，不断提升保教质量。（王莹莹　谢熠）

2021年4月，江滨幼儿园第一届春播节闭幕式（新港农业科技园）（胡荣生　摄）

【镇江市江滨幼儿园】 镇江市江滨幼儿园始建于1987年，是镇江市首批省级示范性幼儿园。2019年10月启动校园安全改扩建工程，2020年8月完工。幼儿园先后被授予江苏省首批"幼小衔接"结对试点园、镇江市第五批《幼儿园工作指南》实验园、镇江市五星平安校园、京口区文明单位、京口区保健工作先进单位。

江滨幼儿园占地面积4238平方米，建筑面积3238平方米，现有班级11个，在校幼儿370余名，教职员工49名，其中市级骨干教师1人，区级学科带头人2人，区级骨干教师5人。

践行“本真、探究、融合、视野”的办园理念，重行在“尊重儿童”，着力于“乐真游戏”，放眼向“逐梦未来”，开展以节气为切入点的“春播、夏长、秋收、冬藏”特色活动，形成具有节气特征的“春播节”“秋收节”，书写属于孩子们的春日梦想，秋日收获。

“以游戏为基本活动”，建立共同信念与尊重游戏的幼儿园文化，充分满足幼儿自由、自主的游戏需要，把游戏精神渗透到幼儿园一日环节中，着力开展“户外活动2小时，体育运动1小时”的有效融合，创设贴近真实生活、自然生态、探索空间无限的环境，不断丰富、拓展多元、低结构的各类游戏材料，全方位开展“乐游戏，真运动”项目活动，放手游戏，发现儿童个性，培养创新精神。

重视教师队伍建设。陈淑等多名教师荣获“镇江市优秀班主任”“京口区优秀教育工作者”“京口区优秀教学能手”等称号。梁彦、马燕等多名教师撰写的专业文章在省级刊物发表，45篇教师论文在省、市级论文评比中获奖。柏天培等教师在各级各类基本功大赛及教学活动评比中分获一、二等奖。幼儿园人人参与课题研究的氛围已然形成，全园有市级课题6个，其中市级课题“基于儿童科学精神的乐真课程的实践研究”顺利结题，并获得专家一致好评。（徐莉）

【桃花坞幼儿园】 镇江市桃花坞幼儿园下设两个园区，总园位于镇江市京口区桃花坞八区21号，米山雅居分园位于京口区象山街道米山雅居小区14号。总园和分园有教职工58名，专任教师中大专以上学历比例100%，本科以上学历比例80%，中学高级教师2名，市骨干教师1名、区级学科带头人3名、区骨干教师3名。2021年总园和分园共有13个班级，383名幼儿。

花坞幼儿园和米山雅居分园认真贯彻《3~6岁儿童学习与发展指南》精神，紧紧围绕“快乐童年、幸福一生”的办园理念，“以幼儿发展为本”的原则，聚焦幼儿园内涵发展，不断提升幼儿园办园质量。桃花坞幼儿园被评为安全工作先进单位；两园均被评为幼儿园优秀自制玩教具先进单位；李莹获得“镇江市第八批中青年骨干教师”称号，先后有7位教师分别获得“镇江市优秀教育工作者”“京口区优秀班主任”“京口区师德标兵”“京口区优秀教学能手”等称号。

该园秉承“立陶于艺，雕琢绚丽童心；寓教于情，塑造百态童趣”的理念，以“喜爱陶泥，学做陶艺；拓宽视野，乐意表达；萌发想象，提升创造”为目标，在感知—体验—研讨—辐射—发展中多年坚持陶艺教学研究与发展，逐步形成园本特色，拥有一支相对成熟的教师团队，成立京口区“太平泥叫叫”非遗艺术工作室，1名教师成为京口区非物质文化遗产泥塑代表性传承人，2名教师成为江苏省非物质文化遗产泥塑代表性传承人周宝康的徒弟，多篇陶艺相关文章发表和获奖。

张汉镇在镇江市中小学、幼儿园智慧课堂教学技能大赛暨“领航杯”信息化教学能手大赛中获得二等奖，在镇江市小青蛙讲故事比赛中获得教师组一等奖；周伟聪、赵腾龙等5位教师在镇江市第十一届“小青蛙”讲故事比赛中荣获教师组三等奖；徐莹、何佳等6位教师在镇江市自制教（学、玩）具评选活动中分获一、三等奖；汤源等9位老师在京口区中小学、幼儿园自制教（学、玩）具评选活动中获得一等奖；李莹、唐颖两位教师在镇江市“蓝天杯”教师发展、课堂展评活动中获得学前教育学科二等奖；张汉镇、孙虎辰在2021年京口区新进编教师考核暨素养大比武活动中，分别荣获特等奖和一等奖；张汉镇在“2021年江苏省基础教育青年教师教学基本功大赛”京口区选拔赛中，荣获一等奖；张汉镇等3位新进编教师在“领航杯”信息化教学能手大赛京口区选拔赛中分获一、二等奖；杨莉莉等三位教师在京口区幼儿园师徒结对说课中比赛获得二等奖；孙虎辰、张汉镇两位教师在京口区第四届足球特色幼儿园“童趣足球”教学评比中获得二等奖；7个班集体在2021年“99公益”活动中被评为“爱心班级”；全园有40余篇（项）教师论文、活动设计省级获奖，其中省级二等奖9篇，省级三等奖14篇，区级一等奖4篇，区级二等奖13篇。

（汤源）

【镇江市京河路幼儿园】 镇江市京河路幼儿园创建于1997年8月，至2021年年底，建有京河总园和京岘山庄、京岘家园2个分园。三个园区有29个班级900多名幼儿，100多名教职员工。2021年，京河总园、京岘山庄分园、京岘家园分园三园秉持“相遇童年，乐学尚美”办园理

2021年6月1日，市委书记马明龙到京河路幼儿园京岘分园看望节日中的孩子们

（史楠 摄）

念在追梦、圆梦的路上，始终努力奔跑，每一次的参与、每一次的坚守，都是植根于国情、立足于园情、坚持以美育人终身发展理念的努力践行。

坚持党建引领，教育宣传跟进。在公办园联合支部的引领下，立足党建与育人工作融合、与教学工作融合、与园所改革发展融合，努力打造京幼党小组品牌，不断扩大“党员示范岗”榜样辐射面和影响力。师德师风满意率测评优秀率达95%，1名园负责人光荣地成为中国共产党预备党员。

坚持人本管理，团队力量凝聚。多平台助力教师争当“四有”教师，多渠道激励教师磨砺专业素质，立目标，择路径，出举措，勤实践，善反思，不断提高教学技能和教育艺术。多名教师分获“市十佳教师”“区优秀教育管理干部”“区教学能手”“市教师技能大赛一等奖”“区新进编教师特等奖”“区名师工作室领衔人”等荣誉。获省教学基本功竞赛二等奖1人，市教师技能大赛一等奖1人，区新进编教师特等奖1人、一等奖4人等，1人被评为京口区名师工作室领衔人。

坚持课程游戏化，共性个性兼容。推进总园和分园既有共性又凸显个性特色的课程游戏化进程，持续优化童话、童趣的校园环境，探索建构园本“悦读”课程，提升办园品质和文化内涵。暑期期间总园完成园舍外立面整体改造和星月楼活动室结构调整，彻底消除校园安全隐患；山庄、家园两个分园建设的童话美、自然美、运动美的环境，成为儿童的童话园、成长园、特色园、美好园。家园分园高分被评定为江苏省优质幼儿园；山庄分园被评定为全国足球特色示范园；京河路三园获“京口区文明单位”称号。

坚持安保无虞，疫情防控到位。安全卫生保健工作有序、科学地开展，为幼儿提供健康成长的环境。细化制度落地，提高管理力度。2021年年初与每个教职工依据自身的工作签订安全目标责任书，做到人人有责，一线保障。细化举措落地，规范保育程序。幼儿在园一日生活各环节的管理细则，包括对教师的具体工作、对保育员的具体要求、对食堂工作人员的要求，严格按规执行，照章办事。细化防疫落地，确保疫情可控。制定新冠疫情防控预案、肺结核防控应急预案、水痘应急处置预案等，并定期进行相关演练。及时核查、补充疫情防控公共物资，严格执行出入园门制度，保持环境卫生常规。

在交流学习中不断成长。市委书记马明龙到京岘山庄分园与孩子们共庆“六一”；京岘家园分园接待河南省驻马店市政协一行参观调研；三园分别接待连云港市、镇江新区及润州区等兄弟市、区幼教代表团到访及同行视导与专项调研。

（朱晓云　徐斌）

【镇江市京口区贺家弄幼儿园】 镇江市京口区贺家弄幼儿园位于市南门大街。现有班级15个，在园幼儿519人。

以落实“立德树人”的根本任务为指导，提炼名师经验，培养青年教师成长，以专业引领为切入口，以自主研修为基础，以提升管理水平、丰富自身内涵为主线，通过理论探讨与实践研究，以课题研究为切入口，以教研活动为平台，充分发挥青年教师之间的团结合作精神，促进学校的可持续发展。教师先后在省市级期刊发表论文9篇，在省、市、区级获奖86篇，7人次获评市区先进个人，200多人次幼儿获奖。2个市级结题2个，实施课题省级2个，市级6个。

2021年7月，贺家弄幼儿园参加江苏省第六届少年体操节获得少儿快乐体操比赛金奖（蒋婷　摄）

幼儿园先后荣获市文明单位、市少儿体适能特色幼儿园、区宣传工作先进单位、区优秀校园公众号等荣誉。（吴悦）

【镇江市市级机关中心幼儿园】 镇江市市级机关中心幼儿园原隶属于镇江市行政事务管理局，有两个园区，分别位于水陆寺巷和火坛楼巷。其中，水幼园区始建于1950年，曾用名“镇江地区机关幼儿园”，占地1893平方米，建筑面积2272.26平方米，设有6个班级，有200多名幼儿；火幼园区创建于1977年，占地2408.91平方米，建筑面积2289.3平方米，设有12个班级，有400多名幼儿。2004年两园合并，更名为“镇江市市级机关中心幼儿园”。2018年8月，幼儿园整建制移交给京口区人民政府，隶属于京口区教育局。

两园区设班级18个，幼儿在园人数近600余人，教职员工84人。专任教师队伍中，大专以上学历占比98%，本科以上学历占比70.5%，高级教师1人，一级教师15人，市骨干教师1人，区骨干教师2人。

以“为生命奠基，为美好起航”为办园宗旨，以“三色生活，缤纷成长”为办园理念，紧紧围绕“文化知情，探索智行，健康知行，关爱知心”的培养目标，共同描绘“以红色传承为本，启绿色探索之门，让生命缤纷成长”的园所愿景。幼儿园先后获得江苏省示范性实验幼儿园、江苏省文明单位、镇江市绿色幼儿园、镇江市教育现代先进校、托幼机构卫生保健工作先进单位等荣誉，连续十年获得镇江市市级机关“先进集体”、市级机关工委“先进支部”的称号，是镇江市首家“乒乓球幼苗培训基地”。2021年7月，幼儿园获得“京口区先进基层党组织”及“京口区文明单位”称号；2021年8月，水陆寺巷园区成功创建成为“镇江市足球特色幼儿园”。

整修和完善两个园区的户外环境维修基础设施、出新幼儿活动室、修缮户外活动区、增添教玩具设备，为儿童的发展提供适宜的、丰富的

2021年9月8日，京口区副区长顾洪涛（右一）视察机关中心幼儿园

环境和材料，确保儿童充分活动的需要，为儿童的学习和发展提供充分的可能性。在江苏省课程游戏化项目实施过程中，幼儿园不断加强教师队伍建设，通过多种途径促进教师专业理念与师德、专业知识与专业能力的提升。幼儿园教师获奖论文100篇，其中省级一等奖3篇，二等奖19篇，三等奖53篇；市级二等奖6篇，三等奖2篇；区级一等奖8篇，二等奖9篇；省级刊物发表论文4篇，市级刊物发表论文14篇；在市、区级基本功大赛等各类竞赛获奖55人次；教师辅导幼儿参加绘画比赛获得省级奖项200余项；同年，潘珺入选镇江“金山英才”高层次领军人才培养计划，宋莺燕被评为“市师德先进个人”，金亚军等8位教职工获得区级表彰；一项市级课题立项。两园区多批次接受外省、市、区园长、教师团体观摩交流。

重视党建工作，以“党性铸师魂，爱心育幼苗”的党建品牌为引领，将党建工作与幼儿园“三色生活，缤纷成长”的办园理念相融合，成立“阳光幼教服务队”和“后勤保障服务队”，发挥党员先锋作用，辐射带动教师学习，坚定职业信仰。

关注幼儿需求，注重家园共育、社区共建。抓住教育契机、拓展教育资源，开展“青青秧苗，伴我成长”“学走长征路，童心永向党”等活动，并多次在电视、报纸、网络上报道。

疫情防控期间，完善疫情防控“三案九制”，规范管理隔离观察区，持续增补疫情防控物资，消毒工作责任到人，实行幼儿入、离园错峰管理，全面实行科学防疫，保障全体师生的身体健康和生命安全。（刘剑羽）

义务教育

【镇江市京口中学】 镇江市京口中学现有班级24个，在校生926人，在编在岗教职工101人，其中专任教师99人，市“十佳教师”5人，研究生学历12人，中学高级教师63人，占比63.6%；镇江市骨干教师9人，京口区学科带头人16人，京口区骨干教师32人。学校获评镇江市2018—2020年度市级文明校园、镇江市“研学课堂”实验校、镇江市五星平安校园、京口区“四星”先进党支部、京口区安全工作先进单位等荣誉。

坚持党旗引领，深入开展青少年党史学习教育。党支部牢记初心使命，坚持党旗引领，以党建带团建砥砺前行，知责于心、担责于身、履责于行，全体师生深入学习党史，在实践中坚定“四个自信”，做到“两个维护”，以实际行动献礼党的百年华诞。学校紧扣立德树人目标，全面落实“五成”（即成人、成才、成事、成群、成功）教育理念，具体表现为“诚实守信、品德高尚”“汲取知识、才智兼备”“融入社会、合作共享”“有为担当、奋发上进”“健康自信、超越自我”五个外在标志，全面朝着“为未来育人，育未来之全人”的教育梦奋进。

关注学生身心健康发展，严格落实“双减”政策。重视学生体质健康，坚持开展阳光大课间活动，确保学生“每天一小时”活动时间，先后接受京口区、镇江市阳光大课间评

2021年12月28日，省教育厅副巡视员步锦昆（中）带队到校督导评估学校体育工作 （刘晨 摄）

比，获区一等奖、市二等奖，在市第16届中学生田径运动会中获团体总分第三名，为校历史最好成绩。学校严格落实“双减”政策，积极推进“自主作业＋学业辅导＋社团活动＋心育课程”课后延时服务模式，形式上全面覆盖、内容上推陈出新、服务上保质保量、资源上开拓发展，家长学生认同度高。

美丽校园，品牌彰显。承办镇江市乡村教师初中道法骨干教师培育站集中研修活动、镇江市教育学会年会、镇江市青少年党史学习教育动员大会、镇江市心理健康教育“两档案”信息化三级建设与管理培训会、京口区“双减”工作推进会等多项市、区级活动，一方面对外展示学校品牌建设和教育教学成果，另一方面通过活动育人，全面促进学生素养的提升，逐渐成为城市东部教育发展的新“名片”。

质量立校，跨越发展。2021年中考再创佳绩，热点高中统招录取人数51人，超额完成热点高中指标分配录取数，普高录取率继续提高，社会美誉度显著提升，在践行“五成教育”中实现学校的高质量发展。

（凌正兵）

【镇江市第十中学】 镇江市第十中学有班级18个，在校生596人，教职工84人。学校实施江苏省内涵发展项目建设、师德师风提升、学生核心素养提升、质量提升、足球项目、生本教育、后勤安全保障、疫情防控、智慧化校园建设等九大工程，发展学生，发展教师，发展学校。

完成开放式化学实验室建设，打造化学实验室墙壁文化，通过省内涵建设项目考核。依托江苏省智慧化校园建设，实现校园无线网全覆盖，解决操场广播音响系统问题，成功创建成“镇江市五好乡村教工之家”。添置直饮机，保证师生饮水健康。

完善拔尖人才、疫情防控和开放式化学实验室等制度建设，采用年级部分层管理模式，强化质量目标意识，量化考核，促进各项工作及时有效开展。举办包饺子、掼蛋比赛、重阳节等活动，安排教师体检，体现人文关怀。

落实党史学习教育活动，组织党员教师前往宝堰新四军纪念馆，开展参观一个红色场馆、读一封红色家书、讲一个红色故事、唱一首红色歌曲的“四个一”党史学习教育活动。举办青少年学党史教育启动仪式，并被市电视台报道。组织学生开展“我唱队歌给党听”和“寻访我身边的共产党员”活动，邀请2位老党员到校为学生作报告。

开展在职教师有偿补课专项整治活动，规范教育教学行为，推动“双减”工作落地，开展延时服务活动，组织教师进行集体宣誓、签名承诺、义务献血、慈善捐款和“爱到家了”集体家访等活动，加强师德师风建设，弘扬奉献精神，提升教师职业道德水准。

组织力量开发校本课程，开展校本课程与综合实践活动的整合工作，落实“习近平新时代中国特色社会主义思想”课程的落地工作。参与集团化办学，搭建平台开展岗位练兵活动，夯实教师基本功，提升教师专业水平。推荐优秀教师，培养拔尖人才，打造“四有好教师”团队。该校现有市学科带头人2人，市级骨干教师5人，区级学科带头人、骨干教师26人。

开展“21天劳动教育”（让学生具有持续劳动经验，养成劳动习惯，落实劳动教育，在实践中培养学生的劳动技能，让学生学习劳动，爱上劳动，提升劳动素养，真正懂得用自己双手创造美好生活），评选并表彰“最美值日生”。推进核心素养培养，加强核心素养校本化、班级文化课程化研究。开展青春仪式、清明祭扫、疏散演练、防控演练、社团、第八届“雩山杯”校园足球联赛、第22届校园文化艺术节、学雷锋、亚夫水稻收割、社会实践等活动，丰富德育内容，提升德育实效。借助家长会、家长学校、“校园开放日”活动、家委会成立和各年级家访活动，密切家校联系，该校被评为“全国家校合育数字化实验校”。（周剑　李明伟）

【镇江市中山路小学】 镇江市中山路小学创建于1950年，是原苏南镇江区干部子女学校。仁章校区有东园、西园，占地33.7亩，现有51个教学班级；大禹山校区占地30亩，有30个教学班级。学校现有在编在岗教职工161人，在校学生3675人，其中仁章校区2357人，大禹山校区1381人。

德育部门每月开展一次班主任工作坊沙龙活动（班级管理、学生习惯养成等），定时、定点、定主题。多名教师在省、市级班主任基本功大赛、班会活动赛课中分获一、二等奖。6名教师获得“镇江市优秀班主任”“京口区优秀少先队辅导员”等称号，3个中队获评“镇江市优秀少先队中队”“京口区优秀少先队中队”。开展“劳动教育周”活动，组织学生从学校到百草园采摘中草药，到京口区特教中心参加志愿服务，组织各年级开展“我劳动，我快乐——劳动技能大比拼”趣味竞赛活动。围绕党史学习教育，聚焦亲子居家共学模式，设计假期党史学习清单。京口区党史学习教育展陈中心暨青少年学习体验中心落户该校。辅导员、队员开展“不忘初心，‘船’递梦想”党史学习，在国家、省、市等各级各类媒体报道，迎接省委党史学习教育第三巡回指导组一行的调研。12月，该校师生、家长参与省政法委、省教育厅联合江苏城市频道共同推出的“法治第二课堂”活动，现场直播收看观众达26万多人。

邀请成尚荣、杨九俊、陆志平、丁昌桂、张俊平等学者授课，邀请李亮、薛法根、孙双金、张晨晖等教育专家到校指导各学科的课题研讨、课堂教学。低年段（小学一至二年级）继续推行“乐考”（以情境游戏考查学生的文化科目学习及行为习惯养成情况）。依据《镇江市中小学“大阅读”工程实施方案》，建立多种形式的阅读档案记录。通过阅读“量”与阅读“质”相结合的评价方式，评选“仁章阅读星”（关于学生阅读情况的学期单项评价）。聚焦“双减”，建构“$1+x+1$”的课后服务体系，以“四研”（一研“学习单或预习单的设计”、二研“单元分层作业设计”、三研“课堂重难点的突破”、四研“课时作业设计”），构筑“一课一研”闭环。两校区教师在课改中国行公益师训会、江苏省小学英语写作教学观摩研讨、苏锡常镇宁五城区会课等各级各类赛课中获得奖项。仁章校区马玮玮在江苏省小学语文优课评选中获特等奖，王晓璀参加镇江市小学数学青年教师优质课评比获一等奖，大禹山校区张时尘参加京口区新进编教师考核大比武获特等奖。

2021年，迎接市区级疫情防控检查10次。两校区建立与公安、社区定期联系机制。针对校门外安全管理，大禹山校区总务部门与派出所、市110报警中心保持密切联系，每月测试学校110一键报警系统。上半年，大禹山校区对3号楼进行改造，新增教室、实验室、教师办公室。下半年，仁章校区东园（原第四中学校舍）启用，东园所有教室配齐鸿合一体机、数字广播、智慧班牌、护眼灯。四、五年级更换可调节课桌椅。直饮水系统全覆盖。

2021年，该校承办教育教学活动7次，其中国家级1次，省、市级6次。接待青海、湖南等地教育同仁考察、学习4次。多个省级部门就“党史学习教育”“双减”等热点重点工作莅临我校指导4次。2021年在区级以上各类媒体发声亮点623次，国家级10次、省级65次。学校党支部被列为镇江市“五星”党支部，第三批江苏省中小学校“一校一品”党建文化品牌项目获批，全国文明校园复评通过，江苏省前瞻性项目结项。学校获得镇江抗击新冠肺炎疫情先进集体、镇江市少先队工作先进集体、镇江市社科普及先进单位等荣誉。 （唐明）

2021年1月21日，省品格提升项目工程“至善明节：涵育大美儿童的新美育在场行动”开项论证 （袁鸣 摄）

【镇江市实验小学】 坐落于胜利路160号，学校占地20998平方米，拥有16432平方米校舍建筑，绿化面积2234平方米。2021年，全校有63个教学班，2936名学生，教职工162人。学校坚持以“立德树人，五育融合”为导向，以集团化办学为契机，聚焦“双减”多措并举，全力打造品牌特色。

组建“家校合伙人”（发挥家委会功能组建家长团队）规范办学，开展家校合育活动、创新家校合育平台共谋学生发展；立足“校园场境”“新美育课程”“新美育庭堂”“研创之旅”四板块，开展“多维评价”提升学生品格；利用国旗下讲话、班主任培训、自愿服务等缤纷课程，提升核心素养。学校获“江苏省文明校园”称号。

根据各年段学生特点，结合本校特色，多措并举丰富课后服务，设计“1+N”课程（“1”是指指导学生完成作业，“N”是指开展多样兴趣课程）让“双减”工作落到实处；作为镇江市实验小学教育集团牵头校，秉持“全覆盖、全方面、全卷入”理念，沿袭“实践—反思—提高—再实践”的思路，开展主题教学研究，实现优质资源共享；落实人才培养有梯队，现有市学科带头人2人，市级骨干教师12人，区级学科带头11人，区级骨干教师11人。袁萃、郑金坤选入第六期169工程镇江金山英才高层次领军人才培养计划。

2021年6月24日，省政法队伍教育整顿驻镇江指导组副组长、省法院副院长刘嫒珍（左五）等一行人员莅临指导校园安全 （袁鸣 摄）

检修更换楼层、楼梯的顶灯，增加校门口的照明亮度，保障学生延时放学安全；购置体育器材，为延时服务趣味运动助力；根据时间节点，安排防灾演练，防患未然；落

实疫情防控管理，接受各级疾控和传染病防治单位的检查，守护校园安全。（陶欣慧）

【镇江市京口区实验小学】 镇江市京口区实验小学位于花山之麓、长江之滨的“晋陵城”内。始建于1965年，占地约9200平方米。学校现有36个班级，1750名学生。教师91名，其中小学高级教师12人，市区骨干教师28人，达30%以上。

进一步明确“和美”校训的内涵，以“和美人生从这里起步”为办学理念。和，即和而不同，行于和而达于美。美，即大美无言，行于美而至于和。尊重个性差异，提倡兼容并蓄，追求共同发展，重视多维浸润，打造多彩校园。以“尊重差异，优教乐群”为教风，以“广学博览，融会贯通”为学风，培养“求真、向善、修能、尽美”的学生。

第四轮三年发展规划启动。学校坚持走特色创新之路，“童心京韵——京剧特色课程建设”项目通过省基础内涵建设项目中期评估。将传统文化中的优秀精神内核与学校“和美”特色相结合。从校园环境创建入手，以课堂课程融合为主，多样活动辅助，构建多元育人体系。不断传承、积淀，让京剧艺术成为学校特色品牌，提升办学品质。

面对新冠疫情，结合防控要求，建立“校长—分管行政—校医—班主任”的层级管理模式，健全“校园突发疫情应急处置流程”，以班级为单位宣传、监测和反馈，做到科学、及时应对。确保疫情防控“零”风险。以京口区中小学文明礼仪养成教育单项实施活动为德育切入口，开展“每月养成一个好习惯”的德育养成活动，与“红领巾齐来助力，防控疫情我参与”主题活动结合，校际互动，家校互动，落实疫情下的行为习惯教育。

重视“双减”工作落实。通过“每日一课”，加强课堂教学过程性管理。参加全国“和美联盟”、镇江市九校“江畔联盟”课堂观摩、红旗集团特色教学节，举办第12届“和美”教学节。通过听课、评课，提供研讨平台，提高课堂质量。严格控制作业量，采用作业分层布置方式，调控作业时间。建立以年级组为核心的延时服务安全保障机制，明确责任到人。根据各年段学生年龄特征和课程特点，安排多样化课程。纵向钻研探究深度，横向拓展知识广度。

学校开展“五微一体，擦亮党徽”（五微是指微阵地、微心愿、微岗位、微帮扶、微积分），党建工作重视微小细节，见微知著，推动工作实质发展。成功入选江苏省中小学“一校一品”党建品牌项目、督导案例获得京口区督导案例特等奖。京剧戏曲《主角》获得镇江市中小学第七届艺术展演一等奖、创作奖。舞蹈及合唱获区一等奖。舞蹈《少年志》参加镇江市百年党史文艺汇演活动展演。学生身体素质调研取得大市小学第一名。1位艺术体操队员通过国家二级运动员认定。

2021年3月30日，京口实验小学少先队员在“庆祝中国共产党建党100周年红色宝贝展”倾听老红军讲述革命故事（张志霞　摄）

2021年，1个省级课题通过中期评估，2个市级课题开题。在各级各类教育教学竞赛中，1名教师获得江苏省优质课评比二等奖，市区级奖项98次；教师文章发表获奖84篇。各类活动、文章8次入选“学习强国”平台。

学校先后获得“镇江市文明校园”“京口区体育工作先进单位”“镇江市优秀社团建设学校”等称号；取得镇江市第二届“书香校园”优秀组织奖和“京口区阳光大课间比赛”一等奖。（徐琳琳）

【镇江市江滨实验小学】 镇江市江滨实验小学位于北固山下、长江之滨，创建于1987年，目前有江滨和润阳两个校区，校园内活动场馆丰富，活动面积17967平方米，绿化面积5446平方米。学校秉承“向上·致远”的校训，践行“点生命之光·启成长之旅”的办学理念，于2021年荣获全国青少年禁毒知识竞赛活动先进集体、江苏省文明校园、江苏省中小学校统战与群团工作“同心育人”行动计划优秀项目、江苏省校园足球工作先进集体、镇江市五星党支部、镇江市社会科学普及基地、镇江市科学教育中心。

深入学习贯彻落实习近平总书记关于党史学习教育的重要指示精神，3月24日支部召开动员会，王芳率先上党课“红旗渠精神”，开启党史学习教育热潮，并被《京口先锋》《镇江先锋》报道。围绕“六专题一实践一特色”，一步一个脚印，2021年研读指定书目4本，多次专题学习七一讲话及十九届六中全会精神。多次接受区市党史学习教育活动指导组督查，均获高度评价，代表区局接受市意识形态专项督查与师德师风督查，收获满满。一年来，支部13篇文章被登载于学习强国平台，10余篇文章被《京口先锋》《镇江先锋》《镇江日报》等多家市级以上媒体作了宣传推介；张薇《铃声响起来，喝彩新时代》在市微宣讲决赛中获第二名。

2021 年 9 月，成功申报《“江水文化”综合实践活动课程基地建设》项目。学校以该项目为切入口，构建“江水文化”综合实践活动课程体系，开展以“江水与人文”“江水与生活”“江水与科学”“江水与生态”为项目主题的综合实践月活动，开展“品焦山秋韵 育江水江情”探究活动，组织“探寻家长文化 厚植江水乡情”的探访活动，培养学生善于学习，敢于实践创新的品格特质。9 月 23 日，镇江市京口区首家节水教育基地科普馆在学校（润阳校区）建成并投入运行。该科普馆由市、区水利局与学校共同投资兴建，展馆设 8 个主题分区：水韵走廊、水文化、水的奥秘、生命之源、汲水之危、护水之邦、节水之策、节水小课堂。科普馆以运用学生喜闻乐见的声光电科技及互动展陈形式，让学生全面了解长江相关知识与文化。

德育依托特色项目，借力生命教育、心理健康教育，开展“学党史、感党恩、跟党走”亲子健康运动会，“江花朵朵心向党·童声琅琅颂祖国”合唱节，“六一”义卖等活动助力学生品格提升。4 月 28 日，江滨实小的省品格提升项目“构建敞亮向上的家校共育生态园”顺利结项，并被评为江苏省品格提升工程精品项目。荣获京口区“一校一案”落实《中小学德育工作指南》典型案例评选一等奖。

尊重每一位教师的专业智慧与教育主张，支撑每一个教师专业提升、自觉向上。以“四有教师”（有理想信念、有道德情操、有扎实学识、有仁爱之心）为目标，分级培养“明师”、发展“敏师”、打造“名师”。学校作为集团质量提升项目领衔学校，12 月 18 日开展“合作研修 把准脉 践行‘双减’提质效”专题论坛，钱君作题为“‘双减’背景下英语学科的备教研”的专题发言，并被推荐参加京口区“双减”工作校本化实施专项研讨会，作“融通与分层：结构化作业的设计”专题汇报。2021 年，学校 40 多人次获得各级各类荣誉或表彰，100 多人次在各类赛课、评课活动中获奖，51 人次在省、市、区级论文评比中获奖，指导学生在各类竞赛中获奖 70 人次，新增 3 个市级课题立项。 （陈茹颖）

2021 年 4 月 28 日，江滨实小的省品格提升项目“构建敞亮向上的家校共育生态园”结项 （袁海芸 摄）

【镇江八叉巷小学】 镇江八叉巷小学创建于 1919 年，已逾百年历史。30 年代，省督察曾予以“成绩美备，措置咸宜”的评价；60 年代，被定为江苏省示范小学。学校是“国家级体育传统项目学校”和“全国乒乓后备人才培养基地”，是镇江乒乓城的一张亮丽名片。

2021 年 7 月，学校搬迁。将斜桥街 4 号的校区固定资产整体移交给镇江市教育局教师发展中心，学校整体搬迁到禹象路 78 号新校区办学；经区教育局统筹协商，原有五、六年级借用中山路小学仁章校区西园一幢办公室楼作为过渡办学点。学校正处于“一校两点”办学的过渡时期，分象山花园和中山路过渡点两个校区。学校现有教学班 18 个，学生 717 人，学校（新校区）占地面积 33284 平方米，学校建筑总面积 17682.58 平方米。新校区有多媒体教室 21 间，音乐室、舞蹈房、美术室、科学实验室、劳技室，微机教室等各类专用教室和办公用房 20 多间，学校功能室建设努力按《江苏省中小学教育技术装备标准》I 类来配备，每室均配备多媒体，计算机网络教室、网管中心、广播系统等各类设施齐备，满足教育教学、学生兴趣特长发展需要。食堂、厕所、饮用水等生活设施配套齐全，安全卫生。校园布局合理，坚持以习惯培养为核心，以服务师生为宗旨，打造积极向上、特色鲜明、润物无声的校园环境。

根据京口区教育局的具体要求，以新一轮《镇江市八叉巷小学三年发展规划》为契机，学校围绕“精细管理文化引领立德树人”工作主题，完成第三轮学校发展规划。合理规划新校区，配备现代化教学管理设施，实施校园文化项目建设，努力探索高效课堂，完成“智慧校园”和“节水型”学校的建设。

以精细管理为切入口，围绕学校搬迁工作，以平稳过渡为原则，提升校园管理文化内涵。全校实行行政蹲点级部管理制度，新老校区在行政上分工不分家，校级行政领导实行年级蹲点工作。学校积极推进“双减”工作，以教育科研为切入口，以集体备课为突破口，进一步完善五项管理，做好课后服务工作，解决家长的后顾之忧，切实做到减负不减效。德育处积极推进心理健康教育，为“双减”工作保驾护航。学校还开启“心理志愿者骨干队伍建设项目”，对部分青年教师和有意向的家长进行一期心理培训，重点学习

2021 年 5 月 15 日，镇江市八叉巷小学陶笛队参加 2021 年文艺“周周演”文化进万家活动（孙逊 摄）

与儿童的有效沟通方式。学校坚持“活动育人”，注重教育实效。先后举办“请党放心　强国有我”开学典礼、“童心向党，领巾飘扬”二年级队员第二批入队仪式、“金桂飘香探北固”社会实践活动、2021 年秋学季大队委竞选、“红领巾心向党，国防教育见行动”综合实践活动、慈善公益我能行、小记者探访“增华阁”作文大赛阅卷现场、持续开展“追寻红色足迹，聆听历史声音”红色故事宣讲活动、魅力乒乓娃主题活动。

针对教师群体的思想管理，以“三先”（党员率先，率师表之先；支委争先，争服务之先；学校领先，领质量之先）党建品牌建设为引领，融入日常管理，探索“三微”（微党课、微互动、微分享）宣教，以党小组为支柱，以党员帮教小组为纽带，辐射带动教师学习，坚定职业信仰。7 月，学校党支部被中共镇江市委教育工作委员会、中共镇江市教育局委员会授予“先进基层党组织”称号。

重视教师素质提升工程，有系列地开展培训计划。重视常态课的教学质量，积极推行骨干教师示范课、全体教师每人一节研究课、行政预约听课、推门听课、跟踪听课制度。以“教师成长共同体”“师徒共展示”“教师云端工作室”等形式稳定、壮大专业人才队伍，有 5 名教师（孙逊、刘锦、张莉、王长松、夏蓓）获得“镇江市骨干教师”称号，这 5 名教师在学校成立校级名师工作室，为学校教师队伍的发展起到很好的领头羊作用。论文发表省级 4 篇。2 人在市级课件制作比赛中获奖。骨干教师辐射引领，上市级展示课 8 节，市级讲座 2 次。学校努力以专业队伍稳定保证搬迁期间教学质量稳定。（李春燕）

【江苏科技大学附属小学】 江苏科技大学附属小学 2021 年 9 月完成校园改扩建工程，有 29 个班级，1057 名学生，教职员工 87 人，其中副高级职称教师 3 人，镇江市学科带头人 1 人，镇江市骨干教师 9 人，京口区学科带头人 6 人，京口区骨干教师 14 人。学校坚持把立德树人作为根本标准，基于儿童成长特点，融合阳光教育的办学理念，以“提升文化素养，唤醒创新思维，培养完整人格”为目标，建设主动探究、勇于创新、乐于分享的新生态校园文化。

镇江市委书记马明龙在教师节视察学校，寄语师生努力做一个对社会有用的人、一个经常释放爱的温度的人。四年级学生参加省级学业水平监测，在江苏省跻身前 20 名。在“双减”背景下的阳光导师制被学习强国等多家媒体报道，成为“双减”政策落地实施的亮点。“大中小学生一体化，手拉手学党史”成为京口区青少年学党史品牌项目，被中央广播电视总台、新华社等多家媒体报道。学校被命名为省优秀少年科学院、省“科普阅读推广基地”，成为镇江市教师发展示范基地校、第七批镇江市艺术教育特色学校；承办镇江市首届小学综合实践活动“研学课堂”优秀成果展评活动。

立足研学课程的开发与建设，以“传承主题，学科融合；以生为本，分段实施”为目标，将综合活动学程周从一、二、三年级推广至全校四个年级。一至三年级沿用上一届

2021 年 9 月 13 日，江苏科技大学附属小学老校长周明人（左）在学校改扩建工程竣工暨排球馆揭牌仪式上向学校捐赠排球特色资料（姜峰 摄）

主题“神奇的水”“变废为宝”“探秘秋天”，四年级开展“丰富多彩的游戏”活动。教师们摆脱课程的束缚，自由而规范地实现课程的开放和实施，形成具有江科大附小特色的综合实践课程体系。

贯彻落实“双减”要求，秉承“三同步”（与学生成长同步、与家庭需求同步、与社会发展同步）的办学理念，扎实落实课后延时服务，确保有需求学生覆盖率、学生参与服务巩固率、家长满意率3个“百分之百”。构建“分合有序、动静结合”的课后延时服务模式，做到全科作业有保障，社团活动显活力。邀请学生家长成为“阳光导师”助力延时服务课堂。确定以“学习指导→商定目标→提供资源→自主学习→总结提升→拓展延伸”为模式的阳光创意导师课程，并引导学生根据自己的兴趣选择相应的课程。同时，学校采取“饥饿选课法”，即课程定时定人数，先报先选课，未成功选课的可延期到下个周期，来增强阳光创意课堂的吸引力和影响力。

以全面育人为目标，校安改造后的校园，有别具匠心的建筑造型、舒心怡人的绿化、深蕴哲理的雕塑。发挥“环境育人”的功效，在“自然舒展”的学校育人实景中，学校风貌焕发蓬勃生机。学校成立阳光学子自主管理委员会，结合《小创客21日养正行动方案》，落实学生常规“三个一”（一个阵营、一种秩序、一种习惯）训练，塑造学校阳光学子新风貌。延续“八少年雷锋班”公益课程，开展“第二届少年军校”“悦·温暖冬日里的‘慧助’行动”，开展“请党放心，强国有我”“天裁行动——衣服巧变身”为主题的“5+2”慧生活科创节活动。“我的课间我做主”“为成长赋能——劳动周”活动等都以培育和践行社会主义核心价值观为主线，教育引导学生立志向、有理想、爱祖国，努力开创学校德育工作新局面。

学校10名学生参与排练的诗剧《长大了，做赵爷爷一样的人》先后参加镇江市、江苏省庆祝中国共产党成立100周年老少同台节目展演活动均获奖。这10名学生还给市委书记马明龙写信，表示要以实际行动向赵亚夫爷爷学习，马明龙批示给予热情鼓励。（朱新琴）

【镇江市桃花坞小学】 围绕镇江市、京口区教育局各项工作部署，以提高质量为核心，坚持内涵发展为导向，坚决执行“双减”政策，推进精细化管理，强化队伍建设，做好课后延时服务。

履行领班子、带队伍、抓党员、促发展的基层党建工作思路，把党建工作放在心上、抓在手上、落在实处。加强行风建设，引导教职员工热爱岗位、勤恳敬业、乐于奉献，抵制有偿家教等不良行为，倡导良好的师德师风，组织全体教师签订师德承诺书、安全责任书。“学深，讲好，做实”，三个关键词做好党史学习教育，创新“党史学习+”模式，让党史学习教育扎实有效；开展“日讲周讲月月讲”，让青少年党史学习落地生根；抓实“我为群众办实事”，让党史学习教育务求实效；打造“特色实践活动”，让活动深度报道营造氛围。

开学制定“双减”工作方案，重点加强作业管理及课后服务管理，确保“双减”工作的有效落实。建立作业管理长效机制，制定各学科作业设计与实施的具体方案和相关制度，成立“作业管理领导小组”。学校要求各学科备课组实行周作业总量控制、每日作业时间控制的作业管理办法，同时做到“日公示，月反馈”。结合学校“墨趣文化”特色，学校精心制定课后延时服务方案，做到一校一案。工作方案根据实施情况不断修改调整，尽量满足学生和家长的需求。学校以周为单位安排课后服务安排表，每天分为“三段式”开展服务：墨趣特色课程、快乐游戏、自主作业/分层辅导。每个年级分梯度开设书法特色课程。结合延时服务教师的自身特长，学校还在各班级开展不同学科的“墨趣”特色课程。课后服务教师充分用好课后服务时间，指导学生认真完成作业，对学习有困难的学生进行补习辅导与答疑，为学有余力的学生拓展学习空间，开展丰富多彩的科普、文体、艺术、劳动、阅读等社团活动。

定期开展中队辅导员艺术研究会、每周工作例会，细化学校少先队工作的目标和安排，明确新一阶段工作的方向。学校坚持将加强少先队员思想道德建设落到实处，鼓励学生根据自己所长积极参与学校各项活动。“心理健康”主题班队活动的开展让队员正确认识自己的心理问题，学会及时排解；“勤劳节俭”主题活动充分调动学生主人翁意识，养成懂节俭、爱劳动的传统美德意识，“国防教育”教育活动提高学生热爱祖国、努力学习的时代使命感。充分发挥校外辅导员、学校家长委员会、德育基地的作用，同时加强与社区的联系，增设学生校外活动基地。

2021年5月，桃花坞小学校长庄静涛为学生讲解邮票里的党史故事（史叶琛　摄）

建立、健全安全检查制度，落实长效管理机制，始终坚持“安全第一，预防为主”的方针。认真做好开学前全校师生健康情况统计和在外地师生信息跟踪及返镇后的管理工作；积极开展疫情防控工作全员培训和防疫知识宣传及健康教育工作；提前储备好疫情防控所需消毒物品、体温测量仪、洗涤用品、口罩等物资，做好开学前校园清洁卫生、全面消毒等工作；做好开学演练和突发事件应急演练工作；做好常态化核酸检测和师生疫苗接种工作，建立完善并落实学校疫情防控及突发公共卫生事件管理条例。

学校荣获江苏省“童声齐诵建档百年”主题征文优秀组织奖、镇江市中小学体育大课间评比一等奖、镇江市中小学课后服务优秀案例一等奖；学校被评为镇江市2018—2020年度文明校园；学校工会获得镇江市“悦职工　越精彩”建家最佳成果奖。2021年教师赛课1人获省级特等奖，1人在省级平台展示，120人次获市区级一、二等奖；12篇论文发表，省级3篇，市级9篇，48人次论文获奖。（袁敬国）

【镇江市红旗小学】 始建于1964年，迄今有58年办学历史。校区占地面积24425平方米，总建筑面积12590平方米。

学校精心谋划，科学实施，办学质量上乘，荣获“江苏省教育系统先进集体”称号。

以项目为切入口，提升德育实效。开展“热学百年党史，深传红色基因”活动，学生在系列学习教育实践活动中收获累累硕果，使党史学习教育走入家庭，迈进社区，走向社会，形成生动且富有实效的立体教育通道。省中小学生品格提升工程项目“弈棋励品，恬默至善——棋文化育人的德育实践”，实现从“特色项目—品牌工程—文化立校”的三级跨越，顺利入选全国首批“一校一案”落实《中小学德育工作指南》典型案例，上半年顺利结项并获评江苏省中小学生品格工程“精品项目”、镇江市十佳教育新人新事。学校获得家校融合先进学科和社团建设先进学校；张禹谟获得“新时代江苏好少年”称号。

以“双减”为核心，提高教学质量。继续实践优化“1+1+N”的集团教研活动模式，举办红旗集团首届“和合教育”教学节，集团所属各校共同承办，分学科、按主题、有组织地进行教学研讨。课后延时服务教师根据自己的兴趣特长，开设个人种子课47门，向学生传授阅读、文学、艺术、手工等内容。一年来，数十名教师在市、区级赛课中获得好成绩，其中省辅导员操作大赛一等奖1人，市英语新秀杯赛课第一名1人，市级赛课一等奖2人。学校“四叶草教育服务团”获镇江市“四有好教师”团队，学校获评区级教师发展示范校，在区级学科调研中成绩名列前茅。

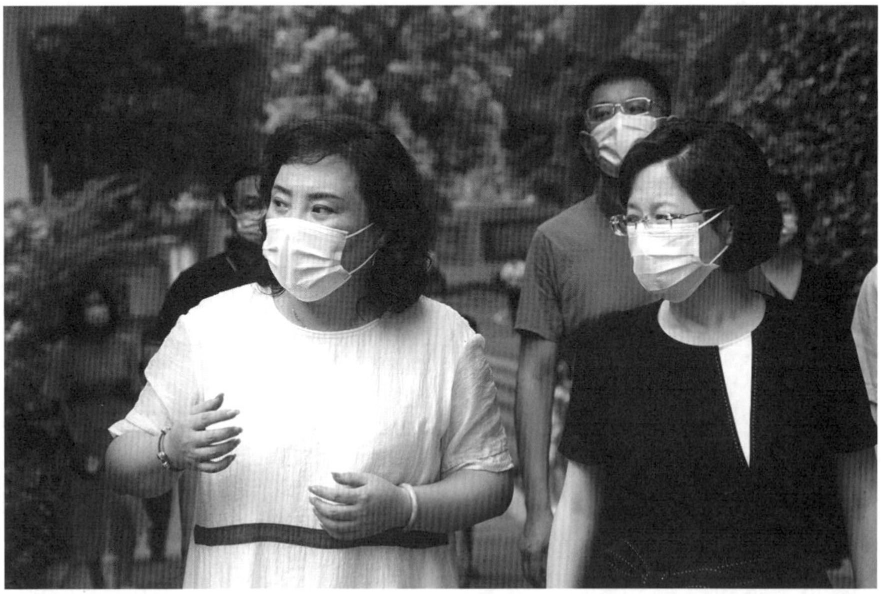

2021年8月31日，副市长莅临红旗小学检查开学准备及疫情防控工作
（盖滔　摄）

以特色为平台，丰富培养渠道。将体教融合作为全面素质教育的切入口和载体，与黑白格国际象棋俱乐部、弈智棋院签订合作办学协议，成为战略合作伙伴。组建京口区中小学生象棋队参加镇江市第十六届运动会象棋比赛，荣获2金5银2铜和团体总分第二名的优异成绩。承办镇江市第十六届运动会围棋比赛，10人荣获优胜奖。在永安校区、梦溪校区先后建成击剑馆，成为击剑市队校办项目学校、击剑后备人才培养基地。组建京口区击剑队参加市第十六届运动会，荣获儿童组女子花剑团体第二名、儿童组女子重剑团体第三名、儿童组男子重剑团体第三名的佳绩。在镇江市和京口区第七届艺术展演中，铜管乐团演奏的器乐《风河序曲》荣获市一等奖、区特等奖。班级合唱《梨花又开放》荣获市一等奖、区特等奖，舞蹈《放飞梦想》荣获区二等奖。

以服务为使命，增强后勤保障力度。建成江苏省首家5G智慧校医站。学生在校医站即可享受江苏大学附属医院互联网医院“绿色通道、远程会诊、专家咨询”三项便捷医疗服务。重视疫情防控工作，通过家校联动和联防联控，确保各项防控措施贯彻执行，在梦溪校区、永安校区均设置人脸识别远红外线测温闸机，执行每日个人健康报告制度。

集团运营平稳。集团循着培养“贤良方正、立心力行、目明心亮、自然舒展”的自信少年的目标，科学规划，精准施策，“质量提升”“内涵建设”两个项目组获优秀奖。（曹子君）

【镇江市敏成小学】 2021年，学校获“镇江市节水型学校”“京口区文明校园”“京口区安全工作先进集体”，获京口区第七届中小学生艺术展演优秀组织奖，六一中队获“镇江市红领巾奖章三星章集体”。

以创建“四星级”先进党支部

为主线，深化“勤敏”党建品牌，加强党建工作。选派老师参加陆军军事交通学院镇江校区举行的“奋斗百年路，启航新征程”庆祝中国共产党成立100周年党史知识竞赛；联合京口区党史学习教育指导组成员、中国共产党机关幼儿园党支部、江苏大学附属医院门诊党总支第三党支部，开展“支部共建学党史，庆党百年守初心”支部共建活动；和京口区教育局机关支部委员会开展“党旗团旗队旗，三旗飘扬；初心忠心爱心，心心向党”清明祭扫活动；开展“种桃种李种春风，读经读史读初心”联合党建活动。

重视思政教学，严格落实立德树人的根本任务。仪式教育伴成长。5月10日，京口区“阳光下成长”第七届中小学生艺术展演在学校举行。5月28日，学校开展“童心向党薪火相传”综合拓展活动。5月24日，以“同心向党 ‘京’彩有我”为主题的京口区2021全民艺术普及青少年（器乐）公益展演闭幕式音乐会在学校举行。京口区委常委、宣传部部长孙国林，京口区人大常委会副主任陈德福，京口区副区长马贞俊，京口区政协副主席张和松观演，并现场揭牌、颁授奖牌证书。

党史教育促成长。6月28日，京口区庆祝中国共产党成立100周年合唱比赛在学校举行，京口区委书记徐申锋、区长贾敬远等领导出席活动并为获奖单位颁奖。6月30日，“镇江市青少年网上党史学习教育馆”开馆仪式暨“百队颂百年 红心永向党”镇江市少先队主题队会在学校举办。镇江市委副书记、统战部部长巩海滨，京口区委书记徐申锋，镇江市委副秘书长、市委研究室主任胡敖成，镇江市委宣传部常务副部长张兵，镇江市教育局党委副书记、市委教育工委副书记、市青少年党史学习教育指导组组长朱定明，镇江团市委副书记杜剑，镇江团市委副书记、市青少年党史学习教育指导组副组长王思思，京口区委常委、宣传部部长孙国林，京口区委常委、组织部部长徐玉军，京口区政府副区长顾洪涛出席活动，镇江市少先队辅导员代表和150余名少先队员代表参加本次活动。

2021年5月10日下午，京口区第七届中小学生艺术展演在镇江市敏成小学举行

少先队活动增光彩。镇江图书馆在学校成立分馆，完成3万多册图书的上架、分类、排序等工作。镇江民革财经支部为学校一年级的学生捐赠300多本图书。5月29日，开展“我唱队歌给党听”快闪活动，齐唱《中国少年先锋队队歌》、重温入队誓词、表演舞蹈《红星闪闪》《再听号声起》，展现当代少年儿童饱满昂扬的精神风貌。

抓实“双减”研学，延时落地见效。打造充盈有氧校园，加强作业管理，每天公示作业，做到“量有度、质有效、时有限”，优化作业设计，划分“基础、提升、挑战”三层次，体现特色，促进学生“基础+能力+特色”发展。

“课后延时服务中小学英语阅读卡的运用研究”成功申报镇江市研学课堂专项课题。开发设置多种课后服务项目，通过“学习时刻”“自主时刻”“温馨时刻”，满足学生多样化学习需求，为孩子提供高质量的课后服务和延时托管。

课题引领研学方向。“‘美的旅行——七色光艺术剧场’特色课程基地建设方案”通过2021年镇江市基础教育内涵建设项目申报。市级课题“艺术教育特色学校艺术化教育的实践研究”结题，“在阅读中渗透中华优秀传统文化的实践研究”“陶行知教育思想背景下的家校融合研究”通过结题论证，“‘互联网+’环境下的家校融合模式研究”通过中期论证。“课后延时服务中小学英语阅读卡的运用研究”成功申报镇江市研学课堂专项课题，“艺术教育特色学校特色课程基地建设的实践研究”成功申报市级文化建设专项课题。

落实安全工作，努力构建文明和谐的教育环境。完善小剧场设施设备，添置吊麦，购置移动雨棚，满足全天候测温需求；添置篮球架、仰卧起坐仪等体育器材，整理修建校园绿化带，架设宣传栏。 （李松海）

【**镇江市香江花城小学**】 镇江市香江花城小学现有15个教学班，520余名学生，60名教职工，其中本科46人，研究生5人，一级教师46人，高级教师3人，镇江市学科带头人2名，市级骨干教师4名，京口区学科带头人5名，京口区骨干教师6名。

完成教室照明改造工程，完成“智慧校园”创建，完成“陶行知实验学校”认证，成功创建为“京口区文明校园”“镇江市文明校园”，组织学生参加“镇江市禁毒知识竞赛”获得优秀组织奖。该校持续深入开展特色教育，“泥土的诗篇”学生艺术实践工作坊，参加中小学生艺术展演，获得市特等奖、省二等奖。教育部体育卫生与艺术教育司公布的第三批全国中小学中华优秀传统文化传承学校，该校以传承泥塑项目金榜题

2021年11月12日，镇江市香江花城小学大课间评比荣获京口区一等奖，图中为全体师生参与跑操 （汤温琴 摄）

名，是京口区唯一上榜学校。

高度重视党风廉政建设工作，紧紧围绕“教师开学第一课”师德师风课程、政治学习、党建品牌内涵“和合同心，立德树人”等系列党建文化，开展师德师风教育，带领全校教职工改进工作作风，营造风清气正的育人氛围。抓实抓好党史学习教育和“不忘初心 牢记使命”教育活动。根据学校的实际情况，党支部结合主题党日活动，通过“红色乡土忆初心”实境课堂，让党员们了解镇江本地红色资源，保护好、利用好、发扬好镇江本地红色传统文化，重走红色线路、重温入党誓词、重忆入党初心，让党史学习教育“活”起来，“深”下去。自中共十九届六中全会召开以来，学校紧紧围绕“落实‘双减’有力度，‘延时服务’有温度”教育重点工作，进一步搭建平台打造学科建设高地，增强学生培养质量，优化教师队伍结构，深刻领会中共十九届六中全会的现实意义和历史意义，为实现第二个百年奋斗目标、实现中华民族伟大复兴的中国梦而不懈奋斗。

深入开展庆祝中国共产党成立100周年系列活动：隆重举行“请党放心，强国有我”开学典礼暨新生入学仪式；开展“我们爱你，中国”庆祝国庆活动；进行“外面的世界真精彩”综合实践活动；开展“垃圾分类，我们一直在行动”环保教育活动，建成环保主题宣传橱窗；积极落实“泥娃学党史，寻访家乡山水文化”校馆衔接活动等。

构建“1+X”课后延时服务模式。“1”即基础课程，立足学生在校内完成家庭作业，教师答疑辅导。“X”即拓展课程，结合教师特长开展拓展实践活动，使班班有活动课程，生生有自选项目，丰富学生的课余生活。延时服务覆盖率达到80%，满意率达到99%。

推进民主管理，组织教师为学校发展建言献策，尊重和保障教师的合法权益。关注每一个教师的个人生活，节假日及时送上祝福或慰问，让教师体会工会的温暖。关心教师健康，深入了解教师工作、学习、生活中的问题和困难，及时走访看望生病住院的教师，对生活困难的教师进行慰问。定期组织教师体检，广泛听取教师的建议，对体检项目进行适当调整，使体检项目更加全面。围绕学校中心工作，发挥工会这一群众组织的优势，组织开展文体活动，增强感情，凝聚人心，活跃校园文化，创造昂扬向上的精神风貌。

重点做好新冠疫情的预防工作，继续严格执行学校防疫“三案九制”，坚持省网“日报制”，坚持每日晨午检测温。积极组织教职员工接种新冠疫苗，接种率达到80%以上。坚持日消毒、周紫外线消毒、月全面大扫除。家校同步做好卫生宣传，及时准确地向教师、家长宣传防控防疫要求，提高师生预防意识和能力。

抓好体育特色队伍建设，“香小玫瑰”女子足球队，在京口区足球联赛中，甲、乙两组均夺得冠军。在“市长杯”足球联赛中，甲组获得季军、乙组获得第八名，学校获“公平竞赛奖”。校乒队在2021年京口区小学生乒乓球比赛中，获女子单打第二名2人次，第三名1人次，第五名1人次；在镇江市“舜昊杯”比赛（句容站）中学校获“道德风尚奖”，获女子单打第三名1人次，第五名7人次。

在大课间活动普及与创新上下功夫，师生全员参与活动，蹲点行政沉浸式驻班管理，提高监管力度，保证活动质量，获得京口区大课间评比一等奖。 （龚艳萍）

【镇江市恒顺实验小学】 镇江市恒顺实验小学现有26个教学班，在校学生1172人，教职工73人。2021年学校先后荣获江苏省节水型学校、镇江市文明校园、镇江市中小学学生社团建设优秀学校、京口区暑假阅读征文活动优秀组织奖等荣誉。

紧紧围绕“党史学习教育”的总要求，以队伍建设为根本，扎实开展以“守教育初心 担育人使命”为主题的师德教育活动10次。结合“三会一课”，组织专题学习讨论10次，观看警示教育片4次，聆听先进个人事迹报告会2次，开展“党员过政治生日”“党史知识竞赛”“书记讲党纪”等活动15余次。“同心汇智 聚力同行”获江苏省中小学统战与群团工作“同心育人”行动计划优秀项目。

以全面育人为目标，积极落实“青少年党史学习教育”，成立“恒美”党史宣讲团，精心打造“一廊一馆一天地”，即党史长廊、党史展览馆、“小小南泥湾 创意新天地”劳动实践天地。结合重大节日及纪念日，通过丰富的党史宣讲会、主题队日等形式，积极与京口路社区、市醋文化博物馆、江苏大学联动，开展“红军号出发·开启新征程”“党团队员手拉手——传承非遗文化 涵养爱党初心”“参观老物件 感悟生活巨变”“寻访身边的共产党员”等党史教育活动25余次。活动在《镇江日报》《京江晚报》等多家省市级媒体报道。

以优化管理为重点，在“双减”政策背景下，做到教学常规制度化、教学“五认真”检查常态化、巡课检查随机化、延时服务规范化。以“主题式”研讨形式，开展各项教研活动30余次；以“名师工作室”为载体，党员教师、骨干教师、青年教师展示公开课16节；在市区赛课中有6人获一、二等奖；各类论文评比中有3篇论文发表，30余篇论文获奖；“基于恒顺精神的‘童创’综合实践活动课程基地建设”入选为江苏省中小学课程基地与学校文化建设项目，另1个省级课题和3个市级课题成功立项；50余人次在国家级、市级、区级读书征文中荣获一、二、三等奖，20余位教师获读书征文指导奖。

以优质服务为宗旨，秉持“安全、节约、高效”的原则，织牢巡查工作“三结合”网络（即安全员巡查、值日行政巡查、安保人员定时巡查）。每月开展一次主题应急疏散演练，定期进行“全民国家安全主题教育”、减灾防震、预防校园欺凌、预防溺水、预防网络电信诈骗等活动。继续深化开展“反对浪费，厉行节约”的“光盘”行动，70%左右的班级实现全员光盘或接近光盘。积极践行“我为群众办实事”活动，增加停车位8个；在教学楼楼梯口、操场、校门口安装照明灯3盏，定制班级发光牌26个；每层教学楼安装直饮水供水设备10台；安装饭菜专用电梯一部。（马精君）

2021年5月31日，在恒顺实小操场举行“我唱队歌给党听 共色旗帜薪火传”活动（马剑 摄）

【镇江市学府路小学】 镇江市学府路小学创办于1921年，至2021年已有100年的历史。学校创办之初，由当时丹徒镇唐成之、黄北山、钱玉森等知名人士赞助，根据古训“童蒙养正”而取名为丹徒私立养正小学。2002年8月迁入现址，2010年更名为镇江市学府路小学。学校现占地面积10330平方米，绿化面积3520平方米。

2021年，学校有17个教学班，660名学生，在编教师51名，其中49名教师取得本科学历，市、区两级学科带头人3人，市、区两级骨干教师14人，副高级职称教师6人，正高级职称教师1人。学校有市教学研究第十二期课题3个。

学校有2篇教师的文章在省市级教育报刊、杂志发表，有25篇教师的论文、案例在省、市各级各类评比中获奖，有2人次在市级赛课中获奖，5人次在区级赛课中获奖，有10人次承担市、区级公开课展示，10人次承担市、区级讲座，7人次担任区级活动评委。李素琴获评“江苏省特级教师”，俞勤英入选11月“江苏好人榜”，有15人次获省、市、区级表彰。

学校被评为镇江市文明校园、镇江市五星平安校园、镇江市示范性劳模创新工作室、镇江市“五好乡村教工之家”，获得镇江市“颂建党百年，做时代新人”文艺展演二等奖，获评京口区优秀少先队大队、京口区“99公益”活动先进集体，获得京口区“颂建党百年，做时代新人”文艺展演一等奖、暑假读书征文优秀组织奖、京口区第七届中小学生艺术展演特等奖、京口区“一校一案”德育典型案例一等奖。承办镇江市学校食堂管理现场会及镇江市小学体育学科四区联动教研活动。

铭记百年党史，传承红色基因。学校围绕“六专题、一实践、一特色”稳步开展青少年学党史活动。利用周一全体师生的晨会、周三下午班队活动课和周五红领巾广播时间，组织学生学党史、新中国史、改革开放史、社会主义发展史传承红色基因。利用开学第一课、每周升旗主题讲话、班级文化墙展示、黑板办评比、展板宣传等途径，积极开展“请党放心、强国有我”实践活动。利用镇江丰富的党史资源，就近就便瞻仰参观革命遗址遗迹、纪念场馆。组织优秀党员代表、校“王龙中队”少先队员到烈士英雄纪念碑缅怀先烈、铭记历史等系列活动。与中国邮政集团镇江分公司结对，开展“学习”邮票里的党史活动，真正落实立德树人的根本任务。

落实“双减”政策，提升延时服务品质。学校构建“1+3+X”课程模型，完善校本课程体系，融入延时服务课程。积极推进延时服务的顶层设计，合理发掘运用家长资源，邀请家长走进课堂，将延时服务与学校特色课程劳动教育融合，激发孩子的学习兴趣，增强孩子的综合能力。积极与京口文化中心联系，邀请该中心的特色课程走进校园，开拓学生的视野，激发学生的兴趣。设立劳动日，利用周一下午的延时服务时间开展劳动活动：划分区域，明确劳动目标和责任，引导学生参与校园保洁、绿化和美化。通过认领绿植和学生自带绿植相结合的方式，积极打造“绿色教室”。积极探索校园劳动元素，逐步普及校园种植，现已建设“班级花圃”“行知种植园”，

2021 年 6 月 1 日，市委书记马明龙和学府路小学学生同庆“六一”（黎林林　摄）

并开展小型养殖，逐步建立和完善校园绿色小生态环境。组织学生观看《中华德育故事》《疫情防控专项报道》，开展党史课进校园、“童心向党”家校诵读活动、“做新时代的小雷锋”等活动，对学生进行崇尚英雄、捍卫英雄、关爱英雄的教育。积极开展整本书阅读工程、经典诵读及各项读书活动，为探索学校延时服务有效路径提供保证。评选书香班级、书香少年等，调动师生阅读兴趣，有效推进阅读活动的进行。

养正爱心驿站，义卖传递真情。学校携手镇江报业传媒集团心语心愿工作室成立“养正爱心驿站”。借助师生们的爱心，帮助更多困难弱势群体。通过小小废品回收角，架起环保爱心桥：同学们收集废弃的饮料瓶、纸张等，用“爱心碳值”换取积分。积累到一定金额，学校和镇江报业传媒集团心语心愿工作室联系，用同学们的爱心款去资助需要帮助的群体。联合《镇江日报》心语心愿工作室举行爱心义卖。善款存入“养正爱心驿站”爱心基金，精心挑选图书，开展“两地孩子共读一本书”活动，在可克达拉市金山实验学校设置心语心愿养正爱心驿站图书角，让更多新疆学子畅游书海。

（杜军）

【谏壁中心小学】 创办于 1906 年，校舍占地面积 27634 平方米，建筑面积 16759 平方米，绿化面积达 6000 多平方米。2021 年有 28 个教学班，学生 1157 人，教师 86 人，市级骨干教师 2 人，区级骨干教师 14 人。

学校特色建设新发展。以“躬勤・乐善”校园文化为主体，多方位打造校园文化，举办“慈善锡剧演出”校园文化演出，进行谏小党史微课堂系列活动，开展京口区全国科普日活动等。以生态实践基地建设为基础，结合躬勤农场、主题文化节等活动深化生态教育。依托市陶研基地、融合教育资源中心，结合班主任工作，完善家校融合机制和形式，构建“学校、社会、家庭”三结合教育网络。开发谏壁小学《礼仪伴我行》《爱满人间》《生态环保》校本教材，纳入学校课程，形成谏小特色德育课程体系。

全面推进集团化办学。根据自有教师结构，组建团队进行模块管理并组织外出学习，推动教师结合理论在教育教学实践中发展专业。

落实“立德树人”根本任务。借助党建网络平台、校企联盟、微党课等形式，组织党员开展“学陶师陶”、师德公开承诺、义务导学等活动。打造“躬勤勉志、乐育善教、笃学厚德、谦和净雅”教师团队，提升教师职业道德水准。

开展常态化疫情防控，修订“三案九制”“应急预案”和校门进出管理制度等，制定重要节假日疫情防控通知，落实有序测温、消杀通风、核酸抽测、疫苗接种等工作，各项防控措施落实到位，确保疫情防控工作的顺利进行。

学校获江苏省“五好乡村教工之家”称号，获京口区第七届中小学生艺术展演“优秀组织奖”，8 位教师获京口区表彰。1 个省级课题“基于陶行知‘教学做合一’思想的乡镇小学‘躬勤教育’研究”顺利开题，1 个省级课题“‘体测’背景下小初体育一体化教学的实践研究”和 4 个市课题“学校生态德育的实践研究”“陶行知教育思想引导下的乡村

2021 年 9 月 14 日，谏小多功能厅“科技进校园”活动（王璟　摄）

小学生合情推理能力培养的实践研究”“互联网背景下乡村小学众筹课外阅读的实践研究”“以促进村小学生习作能力为导向的主题阅读实践研究”正在研究中。（冯巧）

【京口区特殊教育中心】 京口区特殊教育中心创建于1990年，原名为“京口区培智学校”，1996年更名为“镇江市梦溪学校”，2008年定名为“镇江市京口区特殊教育中心”。学校施行九年义务教育，主要招收辖区内及外来务工人员家庭中的智障、脑瘫、孤独症等中重度残疾学生，承担他们的教育教学社会职责，现有9个班级，学生80名，教职工28人。

坚持开展“融合社团”活动，不断完善实践活动平台，形成常态化、主题化、课程化社团活动的运行机制，促进融合教育的新型合作探究，研制《普特双向融合社团课程建设纲要》，构建普特双向融合社团活动系列课程。《基于“普特双向融合社团”实践的十年探索》荣获2021年江苏省基础教育类教学成果奖二等奖。

对区域内重残儿童进行摸底调研，经过诊断评估，确定符合送教上门要求的4名儿童，推行医疗教育相结合、普校特校双合力、科学制定康复与教育相统一模式，由专业教师担任骨干，医疗专家提供服务，实施有针对性的保健康复和文化教育。

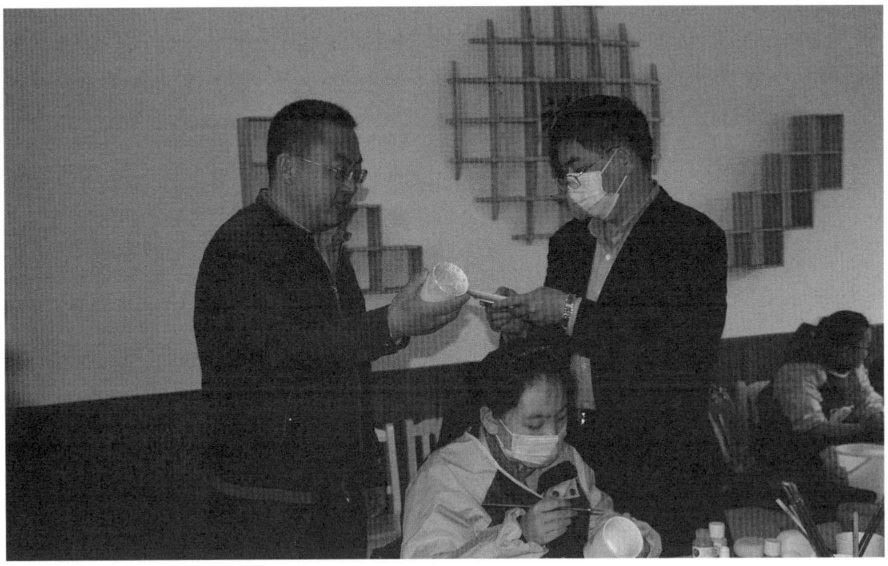

2021年3月16日，市、区两级慈善总会领导调研京口特教（刘占蓉　摄）

结合学校教育教学资源有计划地为14名孤独症儿童开展抢救性和补偿性康复训练，对儿童家长进行康复知识培训。为提高训练效果，学校向京口区慈善总会申请“99公益”特需儿童生存力培养训练基地项目，为京口区特需儿童康复提供支持和服务，获得批准，基地正在筹建中，计划2022年投入使用。

学校兼任京口区特殊教育指导中心职责，负责京口区融合教育指导工作。12月19日，学校承办区融合教育推进会，由京口区教育局牵头，成立区融合教育宣讲团；完成京口区74名特需儿童评估安置工作；深入资源中心开展巡回指导16次；组织巡回指导教师和资源教师参加各类培训10次，5名资源教师获得省级教育行政部门组织的特殊教育专业培训考核合格证；组织资源教师参加省市级论文评比、融合好课堂、融合教学设计评比等活动。不断提升融合教育资源支持与服务的能力，为京口区区融合教育发展引领航向。（刘占蓉）

科　技

责任编校：钱柯樯

综　述

【概况】 京口区科技工作在区委、区政府的正确领导下，深入贯彻落实中共十九届六中全会精神，紧紧围绕经济高质量发展目标，坚持主动作为、苦干实干，全力服务经济发展大局，展现科技发展的担当与韧劲，为推动京口区经济高质量发展做出科技贡献。2021年申报省、市科技项目32个，立项11个，高新技术企业新增6家；科技型中小企业备案数128家，镇江市排名前列；10家企业获评省“民营科技型企业”；创成3家市级科技孵化载体和1家市级新型研发机构，新增1家市级公共服务平台。（郭经涛）

区域创新能力建设

【创新型企业培育持续发力】 京口区规上工业中有研发活动的企业数达27家，京口区全社会研发投入占地区生产总值比重提高0.1个百分点。建立高新技术企业梯次培育库，促进创新活力强的科技型中小企业逐步成为高企培育入库企业。鼎胜新材荣获“中国铝箔创新奖”；江苏金亿达能、锐天信息荣获“江苏省高新技术产业开发区瞪羚企业”。（郭经涛）

【深化体制机制创新】 加大科技创新宣传力度，在鼓励招大引强、重点企业落户及产业升级等方面发布相应激励措施，参与制定《京口区数字经济产业规划》，进一步完善并落实《京口区科技创新三年行动计划（2020—2022年）》文件要求，强化科技人才对产业高质量发展的支撑作用。开展“亲商惠企”活动，及时兑现区级科技政策奖励经费400万元。完善科技金融体系，帮助企业申请“苏科贷”740万元。（郭经涛）

科技载体建设

【科创载体平台提质增效】 京口区瞄准软件信息、数字互娱、数据服务三大重点方向，围绕产业发展需求，发挥云渲染、云测试等技术支撑平台为企业服务和项目招引功能。江苏中江材料技术研究院获评2021年市级新型研发机构，获得奖补资金200万元；新成立江苏大学镇江智能柔性机械电子产业技术研究院。2021年，D33众创基地、镇江方源科技企业孵化器、云时代中心科技企业孵化器获批为市级孵化载体。（郭经涛）

【助推产业链高质量发展】 研究制定“链长制”工作方案、“五图六清单”，成立工作专班。参与市组织的海工装备产业（上海）招商会，鼎盛重工、金海星导航等5家企业与上海高校开展签约活动。持续开展“科技巡诊”等活动，鼓励鼎盛重工、海龙核科与省产业研究院达成合作，争取成立“联合创新中心”，助推海工装备产业提升创新水平。（郭经涛）

京口区科技局党支部联合江苏金海星导航科技有限公司党支部、江苏索普研究院党支部赴上海战役总前委旧址纪念馆，开展“学党史、强党性、跟党走”党史学习教育系列活动（郭经涛　摄）

文化·体育·旅游

责任编校：顾林艳

文旅建设

【概况】 2021年，京口区文体旅局以切实增强群众文化“获得感”为目标，围绕知晓度、便捷度、参与度、多样性、吸引力、满意度六大维度，从基础建设、改革创新、品牌打造等方面发力，不断丰富人民群众精神文化生活。（邵珊珊）

【文化服务设施】 完成宝塔山、酒海街、象山等社区综合性文化服务中心的提档升级，京口区24小时城市书房正式对外开放，2021年开展“魅力京口”广场文化活动53场；围绕“一十百”示范工程，制定《京口区关于开展基层公共文化设施运行管理情况排查相关工作的方案》，组织专人对京口区公共文化设施完成全面摸底调查，做好基层公共文化设施运行管理专项治理工作，实现基本公共文化服务满意度达89.1%。（邵珊珊）

【文化惠民活动】 制定《京口区“四百”文化活动方案》，2021年开展红色演出182场，红色展览117场，唱红歌艺术辅导40场，红色旅游45场，实施“村(社区)文艺播种计划”志愿辅导207场，举办全民艺术普及讲座12场，培训947场，展示活动29场；开展社教活动134场，其中“从小爱场馆”文化活动24场；落实千场文化活动进农村，开展主题文艺展演16场，戏曲演出16场，艺术普及60场，人才培训207场。人均接受文化场馆服务次数达4.47次。（邵珊珊）

【文旅产业】 推进重点文旅项目建设，京口区新建续建重点文化旅游产业项目5个，云时代中心、大禹智谷科技产业园等3个项目被列入市重点文旅产业项目。组织10家企业申报2021年省、市级文旅专项资金，其中镇江纵陌阡横信息科技有限公司、镇江大禹科技发展有限公司2家单位获得2021年度市级文化创意及数字出版产业发展引导专项资金60万元，镇江市京口区大禹山创意新社区被确定为省级文化产业园区创建单位；京口区第一楼街步行街成功入选第二批省级夜间文旅消费集聚区建设单位名单。（邵珊珊）

【文旅品牌建设】 参加江苏省第二届大运河文化旅游博览会、镇江乡村旅游大会等旅游展会节事项目，举办“樱花之约 ‘京’彩有我”汉服主题游园会、京口首届吴文化旅游节等文旅节事活动。（邵珊珊）

【文物保护】 推进王家花园文物修缮保护工作，做好国家文物保护资金管理系统该处文物的绩效及资金需求填报工作。推进考古前置工作，协助相关街道(园区)开展上市地块文物勘探工作，2021年完成7个地块，启动实施6个地块。（邵珊珊）

京口区文体旅局开展首届吴文化旅游节（王俊东 摄）

【非遗传承】 开展京口区第三批非物质文化遗产代表性项目评选工作，新认定区级非遗项目11个。举办“同心向党 献礼百年”暨第16个文化和自然遗产日活动。（邵珊珊）

【行政审批服务】 办理行政审批42件，接受各类政策咨询300余人次，服务对象满意率达到100%。制定京口区《关于进一步加强节庆论坛展会活动规范化管理的通知（草案）》，探索节庆论坛规范管理工作。（邵珊珊）

【安全生产工作】 制定《2021年京口区文化和旅游安全工作实施意见》，召开“安全生产月”暨文体旅系统“百团进百万企业千万员工”安全生产学习宣讲会，组织安全生产专题培训会，委派第三方消防机构对辖区文体旅行业安全隐患进行全面摸排检查。出动318人次对辖区网吧、娱乐场所、文保单位等开展巡查，发现隐患9处，整改率100%。（邵珊珊）

体育工作

【概况】 加快推进公共体育场地设施建设，组织群众体育赛事，推动群众体育事业的发展和竞技体育水平的提高。（戴晨 赵鹏）

【公共体育服务设施建设】 京口区各街道、园区新建和提档升级健身路径61条，安装室外乒乓球桌28张和篮球架6副。（戴晨 赵鹏）

【群众体育赛事活动】 举办江苏省健身气功“八段锦”京口区网络达标赛，开展京口区广场舞比赛、京口区“千台万人”乒乓球比赛和京口区科学健身大讲堂等全民健身活动25场，营造浓厚的全民健身氛围。（戴晨 赵鹏）

【群众体育健身指导】 举办社会体育指导员技能培训班3期、京口区广场舞推广月1次和科学健身大讲堂1期。开展全国第七次国民体质测试活动，完成1094人体质监测任务，体质合格率达93.6%。（戴晨 赵鹏）

【教体融合发展】 开展校园篮球、足球和少儿田径比赛。组队参加镇江市青少年阳光体育运动联赛，在传统体育项目上均取得优异成绩。完成足球、柔道和网球等项目运动员选苗工作。（戴晨 赵鹏）

人力资源和社会保障

责任编校：顾 胤

就业创业

【概况】 2021年，京口区实现城镇新增就业6901人，城镇失业人员再就业5778人；就业困难人员再就业2337人；支持成功自主创业2654人，其中引领大学生创业414人；城乡劳动者就业技能培训2242人，城镇登记失业率2.71%。（李璐）

【创业支持】 持续开展“创响京口”行动，激发创新创业活力。挖掘辖区创业典型，向上级部门推荐16名辖区优秀创业典型，4个大学生创业项目被省人社厅认定为省级优秀大学生创业项目。线上举办2021中国·镇江国际菁英创业大赛京口区选拔赛决赛，征集到58个海内外项目，“全球主流语种语音数据服务商”项目获得大赛一等奖。走访云时代中心，开展“送政策，送服务，送礼包”活动，听取企业意见，了解企业困难，助力企业进一步发展，推动云时代申报市级创业示范基地。开展职业技能培训，提升就业创业质量。规范创业培训机构，加强创业培训师资队伍，提升师资能力，落实开展培训。通过公开备案与3家区创业培训机构签订合作协议。深入对接江苏大学，组织毕业年度内大学生开展创业培训40期。组织有创业意愿的残疾人员开展创业培训。（李璐）

【就业服务】 搭建企业用工平台，组织开展各类招聘会。深入开展2021年“春风行动”“民营企业服务月”等专项活动，向企业推广“镇就业”“镇江人才在线”线上招聘平台，扩大招聘信息覆盖范围。深入辖区50多家企业，调研，向辖区100家企业发放招聘用工调查问卷，充分挖掘就业岗位。在红豆广场举办2021“‘就’在京口”暨重点用工企业春季专场招聘会活动，组织32家企业参加，提供就业岗位460余个。联合大市口街道、区工商联、区退役军人事务局在凤凰广场开展2021年“‘就’在京口”暨民营企业专场招聘会活动。区人社部门根据企业招聘需求，通过移动短信方式定期向失业人员推送招聘信息5000多条，提高招聘信息针对性、精准性。加强企业用工监测，提供精准就业服务。每月通过江苏省企业用工信息监测平台对京口区42家重点企业用工监测，统计企业用工需求，及时提供用工服务，帮助企业解决用工问题。上门指导诺贝丽斯、惠通集团等企业制定招聘方案，联系苏南人力资源市场开辟招聘绿色通道。拓展省外劳务基地，加大外来劳动力引进力度。组织区重点缺工企业到宁夏银川、陕西渭南、山西运城等地开展劳务对接，分别与宁夏职业技术学院、渭南职业技术学院建立劳务输出基地，长期为企业输入人员。组织区7家企业450个就业岗位在临渭区举办专场招聘会。（李璐）

社会保险

【概况】 2021年，京口区城镇职工基本养老保险基金征缴38064.2万元，工伤保险征缴1097.6万元，失业保险征缴1818.4万元。（程娟）

【社保扩面】 2021年，京口区企业职工参保缴费36001人，完成社保扩面征收6001人，超额完成市下达扩面任务。（程娟）

【企业职工养老保险实现省级统筹】 2021年，京口使用江苏省统一的企业职工基本养老保险信息平台，实行养老保险参保登记、权益记录、转移接续、待遇领取等江苏省标准统一、流程规范、异地通办。实现数据信息江苏省集中、待遇发放江苏省统一、业务经办江苏省统一，确保江苏省养老保险业务实时联网经办、基金财务实时管理监督。（程娟）

【机关事业单位养老保险】 完成2014—2020年退休“中人”待遇核定扫尾工作，核定559名“中人”，完成率达99.5%，其中3人由于特殊原因暂未能核定正式待遇。上线省系统，实现机关事业养老保险和职业年金跨统筹区转移，省内机关事业养老保险转移全部由网上经办，和参保人实现不见面办理。对机关事业保险业务权责进行细分，设立经办人，初审人，复审人，审核人四

级岗位，避免权责不清晰，提高业务经办效率。（程娟）

【城乡居民养老保险】 联合市社保中心开展居民养老保险政策宣传工作，通过设展架、拉横幅、发放宣传册和宣传纪念品、面对面咨询等方式，对城乡居民养老保险政策进行解读。根据省市部署，2021年分2次将城乡居民基础养老金最低标准由每人每月170元提高到210元，从1月开始执行，增幅达23.52%，11月底前全部补发到位。（程娟）

【退休人员审批和社会化管理服务】 坚持优化服务、坚持信息公示、坚持多层审批、坚持严格审核"四坚持"原则，切实维护职工利益和退休政策的严肃性。2021年，办理正常退休人员1217人；企业退休人员2021年度认证52688人。京口区国企退休人员数据跟进服务5405人，走访企业退休人员1800余人，帮扶困难群众1200余人，开展各类文体活动政策宣传80多场，档案接收100%。（程娟）

【社保基金监管】 贯彻落实省市社保基金管理专项整治要求，做好社保基金管理风险防控工作。开展居民养老保险风险排查，重点聚焦2019至2021年6月居民养老保险待遇发放及一次性待遇申领问题，堵塞管理漏洞，打击冒领侵占社保基金违法行为；2021年省系统上线后，开展对原始暂停发放人员清零、疑似生存状态调查、服刑人员服刑期间多领退休待遇调查，以及对居民养老保险人员死亡未及时办理注销登记且多领退休待遇进行追回处理工作，京口涉及356人，对冒领的、多领的将作追回处理，对其他险种经办也加强基金运行监控管理，确保各类社保基金运行安全。（程娟）

人力资源管理

【概况】 实施人才"镇兴"行动、大学生"聚镇"计划和"金凤凰"计划等政策，为产业强市提供强大的人才保障。政企联手组成"三招"（招才、招工、招聘）工作队，深入宁夏、陕西和山西3省6市展开精准觅才，先后走访北方民族大学、宁夏理工学院、陕西科技大学、山西运城职业技术大学等6所院校，签订校地、校企合作协议12份，召开校园招聘会2场，和北方民族大学就合办"1+4"产业定培班达成初步意向。组织企业参与大中城市联合招聘高校毕业生镇江江苏大学站巡回招聘会等招聘活动8场，其中赴外招聘活动4场。推进线上招聘活动，依托镇江人才在线、京口人才市场公众号等网络平台，先后发布2100余个岗位信息。2021年，围绕"五大产业链"引进培养大专及以上人才3287人，其中本科以上1645人，和上年同期相比增长35%。招聘事业单位人员76人，其中教育系统39人、卫生系统37人，机关事业单位编外用工35人，社工、两新组织党务工作者发布公告招聘41人。京口区劳动保障监察机构检查用人单位482家，完善用工手续1234人，补签劳动合同965份，受理群众举报投诉122起，立案查处违法案件80起。（朱贯涛）

【人才服务】 开展2021年镇江市"四群八链"重点产业紧缺人才需求征集工作，征集60家企业、506个人才需求，其中：博士2个、硕士9个、本科123个、大专及以下372个。进一步促进校企交流，江苏鼎胜新能源材料股份有限公司、镇江蓝舶科技股份有限公司、江苏索普（集团）有限公司等13家企业报名参加，提供设计工程师、工艺制作工程师、材料工程、过程装备与控制工程等岗位319个。扩大专业技术人才队伍规模，鼓励重点企业符合条件人员开展申报，2021年网上审核1012人，其中初级审核484人，中级审核406人，副高级审核113人，正高级审核9人。支持企业立足自身生产和发展需要开展各类培训，开展职业技能等级认定备案政策宣传，鼎胜新材、无锡肯德基镇江分公司、飞驰汽车集团已完成备案，京口区5家企业完成备案。全力推动企业开展自主培训认定工作，鸿泰钢铁、多游网络、鼎胜新材3家备案自主开展技能培训认定，新增初级技工484人，高级工65人，技师15人。落实激励政策，加快推进技能人才评价，2021年完成补贴性职业技能培训5070人，产生职业技能提升行动补贴830.265万元。开展各类人才项目申报，完成2020年"镇江市人才工作站"年度评估工作，4家企业（鼎胜新材、现代造船、科大汇峰、名通信息）获优秀等次；2021年新申报企业中，4家企业（金海星导航、多游网络、海龙核科、飞驰汽车）、1家园区（经开区）获批设立人才工作站。做好博士后"两项资助"申报工作，2021年新增省博士后科研资助2021年A类1人，获8万元资助。镇江市技能人才大奖，京口区1人获首席技师，新增市级技能大师工作室1个。加大政策落实力度，2021年发放高校毕业生生活补贴637人次，147.34万元；社保补贴727人次，96.54万元；租房补贴922人次，176.86万元。新建高校毕业生就业见习基地6家。发放就业见习补贴97人次，共32.40万元。（吴逸竹）

【人力资源权益保障】 构建仲裁监察联动机制，关口前移，信息共享，为当事人提供最佳维权途径和最佳解决方案。把握援企与保障职工合法权益的辩证关系，将促进企业发展与维护职工合法权益有机结合起来，在疫情常态化形势下，尽最大努力引导职工与企业共渡难关。健全学习宣传、指导服务、执法惩戒、长效管理"四项机制"，打好根治欠薪"组合拳"，全面推进保障农民工工资支付工作。2021年受理工资拖欠投诉举报案件98件，涉及职工146人，拖欠职工工资56万元，案件全部处理完毕并办结，对严重违反劳动保障法律法规行为实施行政处罚2件。劳动人事争议仲裁机构共处理劳动人事争议624件，结案率达100%。其中立案100件，调解处理524件，为职工追回经济损失573万余元。继京口区经济开发区和谐劳动关系工作站、苏宁广场楼宇和谐劳动关系服务站之后，成立八佰伴和谐劳动关系服务站，初步构建大市口和谐劳动关系商圈。（朱贯涛）

民政工作

【社会事务】 根据《市政府办公室关于印发完善困难残疾人生活补贴和重度残疾人护理补贴制度实施办法的通知》等文件，发放残疾人“两项补贴”（生活补贴、护理补贴），2021 年为 1323 名困难残疾人发放生活补贴，支出补贴 831.352 万元，为 1673 名重度残疾人发放护理补贴，支出补贴 259.485 万元。（衡佳）

【特困人员供养】 根据《关于进一步完善特困人员救助供养工作的通知》文件，发放城市特困人员基本生活补助，2021 年为 85 名城市分散供养特困人员发放基本生活补助 171.9925 万元，为 13 名农村特困供养人员发放基本生活补助 15.35 万元。（衡佳）

【困境儿童救助】 根据《省民政厅关于落实困境儿童分类保障制度有关问题的补充意见》《关于进一步落实困境儿童分类保障制度的实施意见》等文件，发放困境儿童基本生活补助，2021 年为 4 名社会散居孤儿发放基本生活补助 9.3528 万元，为 69 名其他困境儿童发放基本生活补助 83.3111 万元，剩余 76 名重残困境儿童领取困难残疾人生活补贴和重度残疾人护理补贴。（衡佳）

【殡葬管理】 2021 年火化遗体 2130 具，遗体火化率达 100%。

实现“安全、文明、和谐、有序”的清明节祭扫总目标。清明节期间，祭扫群众 30602 人次、机动车辆 5034 辆，在京口区公墓、集中埋葬点等祭扫现场安排工作人员 217 人次，未发生重大安全事故。

京口区 2021 年享受惠民殡葬 2130 人，减免金额 326.6538 万元。其中，市财政减免金额 146.9942 万元，区财政减免金额 179.6596 万元。（袁丁）

【社会救助】 城乡低保按照社会救助相关政策的要求进行复核，对不符合救助条件的人员，经社区、街道（园区）两级确认后，将其退出救助范围，对因灾因病等各种原因致贫、返贫的对象及时纳入贫困户名单中，确保困难家庭“应保尽保、应退尽退”，实现社会救助的精准性和有效性。2021 年城市低保户 1696 户 2217 人，发放低保 1818.12565 万元，农村低保有 181 户 262 人，发放低保金 183.2696 万元。

临时救助针对因病、残、天灾人祸等特殊原因造成生活暂时困难的家庭，经本人提出申请并提供规定材料后，给予一次性临时生活救助，2021 年城乡困难群众临时救助 224 户 234 人次，发放救助金 30.00063 万元。

京口区 2020—2021 年老年人口基本情况对比表（户籍人口）

表 3　　（统计截止时间：2021 年 12 月 31 日）

年度	总人口数（人）	60 周岁以上		65 周岁以上		70~79 岁（人）	80~89 岁（人）	90~99 岁（人）	百岁及以上（人）
		人数（人）	占总人口（%）	人数（人）	占总人口（%）				
2020 年	313022	86419	27.61	64415	20.58	27641	12074	2454	264
2021 年	311901	87427	28.03	66321	21.26	28883	12352	2460	67

（资料来源：区民政局）

抓好低保专项整治强化对最低生活保障的动态管理，按照“镇江救助申请家庭经济状况”平台和“金民系统”严格核查申请救助家庭的财产和收入状况，严格按照《镇江市居民最低生活保障实施细则》及省、市民政部门城乡低保专项整治工作的要求，采用在街道网站上、社区公示栏内、沿街悬挂横幅、电子显示屏滚动等多种载体、多种形式宣传各项社会救助政策和低保专项治理工作；定期在京口区政府门户网站上公示应公开的京口区城乡低保在保人员名册、保障金额等信息和咨询及投诉电话，采用平台核查与人工入户调查相结合，真正做到“应保尽保、应退尽退”，提高财政低保资金使用效率。2021年城乡进低保76户104人，出低保106户166人。

根据省委办公厅、省政府办公厅《关于开展富民强村帮促行动接续推进乡村全面振兴的实施意见》和《关于改革完善社会救助制度的实施意见》等文件规定，2021年起实施低保边缘家庭和支出型困难家庭认定工作，通过申请审核、监测发现、摸底排查或直接认定等方式，分层分类实施低收入人口救助帮扶，切实保障困难群众基本生活，将符合条件的人员全部信息纳入金民工程社会救助信息系统并导入低收入人口数据库。截至2021年京口区城乡纳入低收入家庭53户80人。（程焰彬）

【老龄工作】 截至2021年年底，京口区总人口数31.1901万人。60周岁及以上8.7427万人，占总人口28.03%；80周岁及以上1.4879万人，占总人口4.77%。2021年发放尊老金1123.015万元，发放总人数15178人。

2021年，政府购买养老服务工作补助资金372.28125万元，补助人数12592人。其中，居家养老信息呼叫服务补助资金24.06万元，650人；特殊困难老人居家上门服务补助资金127.1075万元，422人；普惠老人居家上门服务补助资金219.75375万元，11517人；入住养老机构补助资金1.36万元，3人。

有标准化居家养老服务中心36家，实施特殊困难老年人居家适老化改造162户。

京口区有公办敬老院1家，民办养老机构8家。养老床位数1548张，养老机构入住率56%。（仲晓琴）

民族事务

【概况】 2021年，京口区有3个省级民族工作示范社区，分别是大市口街道千秋桥社区、四牌楼街道江滨新村第一社区、正东路街道贺家弄社区，1所民族学校为镇江市民族实验学校。清真网点1家，为镇江穆源民族饭店。（雷鹏）

【民族团结进步宣传教育和创建】 6月，围绕“民族团结一家亲，同心向党百年庆”的宣传月主题活动，开展民族团结进步宣传月活动。尊重少数民族群众饮食习惯，落实清真饮食补贴政策，发放清真饮食补贴68万余元。发挥大市口街道千秋桥社区“红石榴家园”示范带头作用，以3个民族工作示范社区、千秋桥社区清真助餐点、民族饭店等为主要宣传点，开展宣传教育活动。结合庆祝中国共产党成立100周年，全面回顾中国共产党带领各族群众团结奋斗、风雨同舟的光辉历程，深入宣传民族团结进步的先进典型和感人事迹，唱响民族大团结的时代主旋律。（雷鹏）

【“红石榴家园”创建活动】 健康路田家门社区和四牌楼街道江一社区创成省级“红石榴家园”。田家门社区以红石榴广场为平台，扩大民族同心亭，组建一批“同心”志愿服务队，壮大少数民族服务队伍，定期开展开斋节、民族服饰节、民族美食节等庆祝活动，丰富少数民族群众精神文化生活；江一社区建立“网格微家”，将支部建在网格上，“共织一张网”，以网格为单位，服务多民族，促使多民族和谐相处。利用滨江画廊、宣传栏、知识讲座等形式，加强对各族群众“四个意识”“四个自信”“两个维护”“五个认同”的教育引导。（雷鹏）

宗教事务

【概况】 2021年，京口区有3个教种，即佛教、基督教和伊斯兰教，经登记备案宗教活动场所10家，其中市直管场所2家（焦山定慧寺、古润礼拜寺），区管场所8家。区管场所中佛教场所5家（积善禅寺都天庙、龙兴禅寺、崇庆禅院、太平庵、復生律院），基督教场所3家（丹徒镇基督教堂、新民洲基督教堂、谏壁基督教活动点）。区管场所有教职人员29名，信教群众约5000人。

建立民族宗教工作“三级管理网络，两级责任制”管理模式〔区、街道（园区）、社区（村）三级民族宗教事务管理网络和街道（园区）、社区（村）两级民族宗教工作责任制〕。（雷鹏）

【政策法规学习月】 5—6月，集中开展政策法规宣传教育活动。在民宗干部中开展学习习近平民族宗教方面重要讲话活动，以此作为依法管理宗教事务的根本遵循和行动指南。发挥宗教活动场所的主体作用，调动宗教界学习宗教政策法规的积极性和主动性，指导各宗教活动场所利用展板、墙面等，学习《中华人民共和国民法典》《中华人民共和国国旗法》《中华人民共和国国家安全法》《中华人民共和国消防法》，以及《宗教事务条例》《江苏省宗教事务条例》。通过设立政策法规宣传教育专栏，悬挂宣传横幅，并要求各场所负责人结合讲经讲道，在教职人员和信教群众中营造浓厚学习氛围。（雷鹏）

【宗教场所安全专项整治三年行动】 根据上级要求部署，宗教活动场所安全专项整治转入“三年行动”，召开京口区宗教活动场所安全工作专项整治三年行动部署会，下发区委民族宗教工作领导小组《京口区宗教活动场所安全工作专项整治三年行动方案》，对京口区宗教场所安全工作专项整治明确内容和要求。通过不断开展场所自查、属地街道（园区）巡察、主管部门不定期抽查，区领导专项督查等手段，分层次开展专项整治活动。区、街道（园区）各级宗教管理机构组织6个检查组，参加人员200人次，检查宗教场所100处次，区领导带队检查3次。排查安全隐患16处，已整改16处，整改率100%。通过不断推进区宗教活动场所隐患排查整改，有效防范和遏制各类事故的发生，确保区宗教活动场所安全稳定。（雷鹏）

慈善事业

【概况】2021年募集慈善资金收入1480.44万元，实施救助资金支出984.09万元，1.98万人得到慈善救助。实现募集、救助双提升。（杨晓萍）

【慈善宣传】开展慈善宣传活动。动员更多的社会各界爱心人士参与慈善事业，区总会专题动员，“中华慈善日”和“江苏慈善周”集中宣传活动。区总会、各街道（园区）分会、社区工作站在辖区主干道、小区内挂出慈善宣传横幅，计300条。通过社区宣传栏、电子大屏幕进行集中宣传。

建立镇江市第十中学慈善文化教育基地，向京口区中小学发放《慈善读本》2426册。（杨晓萍）

【慈善募集】开展“慈善一日捐”活动。京口区共募集善款89.66万元。“99公益日”网络募集活动，在腾讯“99公益日”平台发起。谏壁街道月湖社区第一个“幸福家园”项目上线后，已募集慈善资金11万元。（杨晓萍）

“双拥”工作

【概况】2021年，京口区优抚对象人数519人，其中残疾军人279人、带病回乡退役军人4人、“三属”（烈士遗属、因公牺牲军人遗属、病故军人遗属）5人、在乡老复员军人6人、60周岁以上农村籍退役士兵90人、60周岁以上烈士子女3人，京口区采集退役军人和其他优抚对象13597人。（贾玥）

【优抚工作】全面落实各项优抚政策，保障优抚对象基本生活。动态调整抚恤补助优待水平，发放抚恤和生活补助金1118.58万元，发放“水电气”生活补贴40.7万元。投入7.758万元为258名优抚对象提供免费健康体检。组织30名重点优抚对象进行短期疗养，疗养费用8.4万元。（贾玥）

【安置工作】2021年，接收安置退役士兵85名，组织242名近3年退役的士兵参加教育培训；以镇江市上年度城镇居民人均可支配收入为参照基数，动态调整义务兵家庭优待金、大学生奖励金、立功奖励金，退役士兵一次性经济补助金。2021年度为198名义务兵发放家属优待金548.63万元、为169名应征入伍大学生发放奖励209.36万元，为69名现役军人发放立功奖励金16.96万元，为50名退役士兵发放教育培训生活补助费73.65万元。为212名下岗失业转业志愿兵（士官）发放生活困难补助177.02万元，帮助6名下岗、失业转业志愿兵（士官）再就业。完成军队转业干部、随军家属安置任务。安置符合政府安排工作条件退役士兵5名，安置转业干部3名、随军家属9名，协调现役军人子女入学入园6名。（贾玥）

2021年京口区召开军政座谈会暨省级“双拥”模范区创建迎检推进会

【“双拥”创建】镇江市京口区退役军人服务中心、象山街道退役军人服务站、谏壁街道退役军人服务站、大市口街道退役军人服务站、健康路街道退役军人服务站、正东路街道退役军人服务站、四牌楼街道退役军人服务站、京口经济开发区退役军人服务站及新民洲临港产业园退役军人服务站创成“全国示范型退役军人服务中心（站）”。京口区健康路街道退役军人服务站创成江苏省“百家红色精品”退役军人服务站，京口区健康路街道“双拥”展示馆获江苏省第二批“双拥”示范基地命名，京口区健康路街道“红星闪闪亮”志愿服务队被评为江苏省优秀退役军人志愿服务队。京口区委、区政府获镇江市第八次创建全国“双拥”模范城“优秀单位”表扬奖励。镇江市京口区退役军人事务局、健康路街道退役军人服务站被评为镇江市退役军人模范工作单位。钟程发等5人获评镇江市模范退役军人，金传华等2人获评镇江市退役军人模范工作者，张倩等3人获评镇江市首届“优秀退役军人创业之星”。推荐金钟文化传媒有限公司代表镇江市参加省级退役军人创新创业大赛（获第三名）。推荐指导中国人寿镇江分公司创成镇江市四星级“戎耀之家”、京口区市场监督管理局创成镇江市三星级“戎耀之家”。（贾玥）

【“双拥”共建】 春节、八一建军节期间，军地双方共同开展走访慰问活动10余场。开展“老兵永远跟党走”系列活动，组织慰问百名京口区模范退役军人、烈士遗属、退役军人老党员等；征集“传承红色基因、续写军旅荣光”作品，并推荐书画、文章、摄影等作品13幅。完成军地互办实事援建武警镇江执勤一大队网络设施改造；陆军军事交通学院镇江校区帮扶佴池村改建卫生室，建成后的卫生室面积达144平方米，医疗设备齐全，诊疗室、治疗室、处置室、输液室、康复室、健康教育室、药房等一应俱全。东部战区总医院镇江医疗区派出10名医护人员为市退役军人事务局工作人员做核酸检测，组织医护人员到高资镇开展义诊、赠送药品，深受群众好评。驻区部队组织慰问困难党员、结对困难学生，参与社区疫情防控，开展为辖区居民免费义诊、送医送药等活动。 (贾玥)

【“双拥”宣传】 结合庆祝中国共产党成立100周年、“9・3”抗战胜利日、“9・30”烈士纪念日等重要时间节点，开展宣传烈士、先进典型事迹等“双百四进”(走访慰问100名退役军人和烈属，宣传100名退役军人、烈士、立功受奖人员等事迹；党史学习教育和政策宣传进学校、进社区、进机关、进军营)活动，邀请老兵钟程发多次走进中山路、桃花坞小学，给孩子们进行革命传统教育，在京口区上下进一步营造拥军优属、拥政爱民的浓厚氛围。组织各责任单位在主要街道、社区，公园、广场、“双拥”阵地等处制作大型宣传广告牌6面，宣传橱窗167个，宣传栏、“双拥”电子屏等宣传阵地19个，宣传国防知识、“双拥”工作新动态、先进典型、辖区现役军人在部队的优秀表现等内容；组织参加镇江市退役军人工作模范单位和模范个人评选、“欢送新兵”仪式、“退役士兵光荣返乡暨教育培训”、退役军人专场招聘会、颁发为立功官兵家庭送喜报等活动；组织清明节、公祭日为烈士敬献花篮活动，缅怀烈士丰功伟绩；为退役军人和其他优抚对象家庭悬挂光荣牌13057块；加大各类媒体报刊“双拥”主题宣传报道力度，在镇江双拥网，心连心杂志等媒体报道38篇。 (贾玥)

卫生健康工作

【概况】 京口区有7家卫生医疗单位，其中医疗单位5所，卫生防保单位3所。有卫生专业技术人员518人，其中高级职称94人，中级213人，初级183人。本科及以上学历228人，大专学历172人，其他学历118人。 (赵伟)

【疫情防控】 指挥体系高效运转，区、街道两级指挥机构保持24小时激活状态，时刻保持信息互通、协调联动，形成防控合力。分类管理人员严格规范，细致摸排中高风险和重点地区到镇人员，均第一时间落实居家或集中医学隔离观察等管控措施，同时开展1~3轮不等的核酸检测。加强集中隔离场所从严管控，实施“1+8”工作模式，即1名正科级领导干部驻点总负责，成立医护、公安、志愿者、后勤、车辆转运、医废转运、环境消杀和督查8个组。不断提升全员核酸检测能力，京口区设立134个采样点，348个采样单元，20个流动采样点，实现区域全覆盖。开展网格化核酸检测实战演练(压力测试)，分别在京口区两个板块分别进行网格内全员核酸检测。全面推进新冠疫苗接种，京口区接种63.35万剂，接种人数31.43万人，常住人口第一剂覆盖率为82.76%；28.39万人完成全程接种，接种率为79.8%。 (赵伟)

【疾病预防】 京口区共报告重点慢性病(恶性肿瘤、心脑血管事件、慢阻肺)5108例，网络报告覆盖率100%。艾滋病防制工作深入开展，积极动员娱乐场所开展自主管理，与禁毒部门协作强化对吸毒人员干预，开展哨点监测及医疗机构HIV抗体检测工作，京口区医疗单位检测HIV抗体100177人次，占全人群的26.2%。艾滋病感染者和病人随访管理、治疗及检测均按序时进度顺利完成。按时序进度完成国家级健康素养监测项目、江苏省慢性病防控核心信息知晓率情况调查项目、江苏省居民营养健康知识知晓率调查项目、江苏省慢病监测人群信息核对与补充项目、江苏省死因漏报调查(2018—2020)项目、江苏省心理健康促进行动基线调查项目、国家级控烟机构控烟成本调查项目等各项国家、省市项目任务。完成吸虫病防治查螺面积2000万平方米，完成灭螺面积360万平方米，钉螺灭杀率达88%。完成血吸虫病查治病14473人，进一步巩固省血吸虫病消除达标考核成果。做好辖区严重精神障碍患者肇事肇祸排查管控工作，规范开展严重精神障碍患者随访工作，京口区在管患者1636人，管理率、规范管理率达95.78%。 (赵伟)

【爱国卫生】 开展爱国卫生运动，助力疫情防控工作，完成积极动员各街道、各部门开展环境卫生整治，病媒生物防治工作，消除孳生地、杀灭蚊、蝇、蟑螂、老鼠等，集中开展病媒生物灭杀活动34次、新增毒饵站163处，建成3个病媒生物防制示范小区，3个病媒生物防制农贸市场。积极开展健康社区建设，健康路石马湾社区，大市口千秋桥社区、宋官营社区，四牌楼街道新街河社区、北固山社区，正东路街道焦顶山社区、象山街道桓王亭社区、御带河社区通过省级健康社区评估；象山街道焦山社区、谏壁街道蔡家社区通过省卫生村复评。 (赵伟)

【公卫服务】 做实帮扶，精准发力，提升基层医疗服务能力。全方位多层次优化人员配置机构，努力构建高素质的全科团队。依托医疗集团，通过全—专联合门诊、康复联合病房、发挥信息化支撑作用，精准发力。推进社区医院建设。京口区建成2家社区医院，社区医院示范区建设按需推进。加强特色专科建设，稳步提升医疗服务能力。四牌楼康复医学科获评省级特色科室，象山中心口腔科获评省级特色科室建设单位。持续开展优质服务基层行活动。京口区基层医疗机构100%达到基本标准，50%达到推荐标准。加强基本公共卫生服务项目的服务质量。按照实际完成项目的数量及质量，制定出可行的绩效考核办法，建立统计报表数据溯源与追责机制，突出电子健康档案的务实应用、重点人群的健康管理、报表数据的一致性和服务真实性的考核权重。进一步做实做好家庭医生签约。以群众需求为主，立足自身技术服务能力，以重点人群为突破口，实现签约居民健康档案、电子病历、检验报告等信息共享和业务协同，常住人口签约数162368人，重点人群签约数106451人。积极推进家庭医生工作室服务模式。京口区建有12个家庭医生工作室。健康路杨凌家庭医生工作室被评为省级星级家庭医生工作室。开展基层卫生骨干人才遴选工作，2021年区遴选出22人。（赵伟）

【卫生监督】 强化日常监管，提升服务效能。办理许可36件，其中放射诊疗34件、供水机构2件。办理处罚案件32件，罚没收入57.13万元。受理各类投诉举报31件，按期办结率和群众满意率100%。依法开展医疗机构、传染病防治、放射诊疗、学校卫生等监督检查，2021年开展各级各类专项整治10余项。有力打击非法行医活动，对9家非法诊疗行为进行查处，予以取缔，处罚金额合计32.48万元，切实维护群众的健康权益。全面开展“双随机、一公开”抽查工作。全国双随机单位133家，完成133家，监督完成率100%。省双随机74家，已完成74家，监督完成率100%。检测不合格单位均移交相关街道处理或予以警告。突出企业职业卫生重点，切实加大职业卫生监管执法力度。2021年组织3场职业卫生普法培训班，130余家存在职业病危害因素的企业参加培训。对辖区内4家企业违法行为进行立案查处并责令整改，罚款11万元。（赵伟）

【妇幼健康】 健全妇幼健康服务体系建设，做好基层医疗卫生机构妇幼健康规范化门诊创建工作，京口区5家社区卫生服务中心妇儿保门诊均达到市级标准水平，1家建成省级示范门诊。实施妇幼公共卫生服务项目，2021年“两癌”筛查、补服叶酸任务完成率均超过100%。规范《出生医学证明》管理工作，于6月底前完成2650份出生医学证明档案纸质版和电子版的移交工作。积极做好儿童青少年近视防控工作，为辖区幼儿园7989名儿童进行筛查，建立儿童视力健康电子档案7989份，在园儿童眼健康电子档案覆盖率99.7%。（赵伟）

【人口监测与家庭发展】 扎实稳妥实施三孩生育政策，实施一对夫妻可以生育三个子女的生育政策。取消再生育审批制度和社会抚养费征收，加强政策衔接和工作指导，切实落实好三孩生育政策。以卫健委牵头创建的医疗机构母婴设施场所达到全面覆盖，并完成百度认证，全面上线工作。托育工作先行先试。京口区统计符合机构29家（其中幼托一体20家，社会民营托育机构9家），通过备案12家。托位数达1034个，托位数全面完成目标任务数。全面落实上级部署，建设成2家省民生实事普惠托育项目点，1家江苏省示范性托育机构。（赵伟）

【老龄健康】 开展老年人健康管理工作。扎实做好65岁以上老年人健康体检、老年健康与医养结合服务管理项目，2021年为3.3万名65岁以上老年人免费提供一次基本健康体检服务。深入开展“敬老月”系列活动，建成1家全国示范性老年友好型社区，5家医疗机构和1家护理院友善医疗机构创建任务。切实做好老年人运用智能技术专项培训工作，完成老年人运用智能技术专项培训1194人次。（赵伟）

【全面从严治党】 深入学习习近平新时代中国特色社会主义思想，全面落实意识形态工作责任制，加强网络舆情引导。印发《全面从严治党党委主体责任清单》，细化党委领导班子集体责任15项、领导班子成员个人责任5项，党委会专题研究全面从严治党4次，每季度开展行业廉情分析、报告行业党风廉政建设情况。开展警示教育片和《忏悔录汇编》等党纪法规专题学习。严格落实党员干部“八小时以外”活动情况及操办婚丧喜庆事宜的报备工作。综合运用节前教育、廉政作风短信、廉政谈话月活动等开展廉政和纠治“四风”监督提醒和自查。全力支持派驻纪检监察组依法依规履行监督责任，主动配合派驻纪监组加强信访举报、执纪审查等调查处置工作。（赵伟）

街道·场圃·工业园

责任编校：吴莉莉

象山街道

【概况】 象山街道东至江苏索普（集团）有限公司，南至古运河，西至恒运路、老山路、焦山路、东吴路（北段）一线，北至长江，现有行政区划面积26.04平方千米。2006年由象山乡、丹徒镇、汝山乡、旅游经济开发区整合成象山镇，2011年7月撤镇改街道。街道下辖15个社区（陈家门、焦山、象山、长江、红旗、宗泽路、孟诚、景阳山、学府路、东城、东风、江大、丹徒、桓王亭、御带河社区），常住人口129769人。2021年，街道荣获"第七次全国人口普查先进集体""'人民满意窗口'建设质量提升工程示范单位"和"镇江市先进基层党组织"等荣誉。景阳山社区获评镇江市抗击新冠肺炎疫情先进集体，象山社区获评江苏民主法治示范社区。大禹山创意新社区入选省级文化产业示范园区，推进数字经济发展的经验做法被《新华日报》等媒体宣传报道。（施竟成）

【党的建设】 围绕党史学习教育、中共十九届六中全会精神等重要主题，举办专题宣讲活动30余场。围绕中国共产党成立100周年主题组织系列活动，开展"我为群众办实事""学亚夫、做亚夫""我为四大行动添'京'彩"等主题实践活动。实施"'321'跑出非公有制企业加速度"书记项目，建成道路货运企业"红色方向盘"党建联盟，相关做法得到省交通厅充分肯定。成立数字经济综合党委，打造镇江市首个数字经济党群人才服务中心。发放"光荣在党50年"纪念章149枚，走访慰问困难党员、老党员43人次。（施竟成）

【经济建设】 2021年，象山街道总税收4.99亿元，其中规上企业纳税3.64亿元，比上年增长5.36%。固定资产投资38.69亿元，辖区新增法人企业603家，新增个体工商户1330家，新增规上企业14家。2021年入选"金山英才"3人，市级专精特新"小巨人"企业1家，申报省级专精特新"小巨人"企业4家。大禹山数字文创区建设起步。2021年4个主要载体数字经济企业纳税2399万元，比上年增长32%。（施竟成）

【项目建设】 2021年象山、大禹山列入市重点产业在建项目3个，区重点产业在建项目17个，总投资35.06亿元，其中6个项目属于本土企业立足科技研发或产业升级的技术改造类项目，4个项目属于新招引数字经济类项目，7个项目属于用地类项目。项目招引方面，以数字经济为主攻方向，到北京、上海、苏州开展小分队招商30余次，新签约项目16个，总投资15.7亿元，其中数字经济产业链项目11个。16个项目中，重点类项目8个，总投资12.61亿元，一般类项目6个，总投资1.9亿元，项目数量超2021年任务。（施竟成）

【城建城管】 持续开展占道经营和户外广告整治，取缔非法占道经营摊点100余处，棚亭32个，规范各类摊点200多处，发出专项执法文书70多份，收缴乱摆乱放户外广告牌110多块。对新增违法建设采取"即查即拆"的"零容忍"态度，拆除存量及新增违建90多处，约16500平方米。街道6个小区均通过垃圾分类工作省级验收。（施竟成）

【生态文明建设】 推动长江岸线综合整治工作，完成金阳色材关停工作，指导企业妥善安置职工。落实河湖长制，区域内河湖水质全部达标。管控扬尘、移动源和餐饮油烟污染，做好国控站点周边环境管控工作，$PM_{2.5}$年均浓度34.3微克/立方米，比上年下降8.8%，空气优良天数比例达79.1%。（施竟成）

【社会治理】 开展矛盾纠纷排查化解，完成"零进京"工作任务，街道被省信访局评为"人民满意窗口"建设质量提升工程示范单位。落实常态化疫情防控举措，街道社区党员干部500多人下沉抗疫一线。组建16支"学亚夫、做亚夫"先锋团队，完成基层治理项目30余件，先锋行动65场。加强网格化治理，因地制宜优化网格划分，"易安居"智慧社区平台投入使用，推动网格治理与物业服务深度融合。（施竟成）

象山街道各社区基本情况表

表 4

社区名称	办公地址	联系电话	书记	主任
陈家门社区	京口路汝山路与清河路交叉口	88815092	王　艳	孟广兴
焦山社区	东吴路 168 号中南世纪城西大门口	88855020	刘志东	刘志东
象山社区	象山花园三区 21 栋	80861908	王长发	史　勰
长江社区	京口区禹山路中冶蓝湾商业街 23 栋 3 楼	88781256	孙永婷	孔　琴
红旗社区	宗泽路 58 号	88813227	王　海	方小芹
宗泽路社区	尚海茗苑 2-105	88784008	金业兵	居茂华
孟诚社区	优山美地花园 151 栋	85575283	熊开强	杨　林
景阳山社区	恒顺翠谷幼儿园隔壁	88782323	戴　伟	朱红来
学府路社区	中建大观菜场隔壁	89886940	陈　云	陈　云
东城社区	纬八路翰林苑一期 229 幢	88887039	欧阳君	欧阳君
东风社区	云河湾 25-112	89886946	袁春生	袁春生
江大社区	学府路 301 号	88722776	王俊飞	赵　旻
丹徒社区	丹徒路 425 号	88783285	卞正祥	卞正祥
桓王亭社区	香江世纪名城 2 区 27 幢（香江不夜街最东侧）	88881077	周　娟	周　娟
御带河社区	禹山北路（胡氏光电北侧）	89886944	陈双平	姚春林

象山街道骨干企业基本情况

表 5

企业名称	销售收入（万元）	法人代表
镇江海纳川物流产业发展有限责任公司	2450851	许宝华
上药控股镇江有限公司	1198921	姚惠中
江苏索普（集团）有限公司	1058617	胡宗贵
镇江东昇化工有限公司	312240	洪　燕
镇江恒信格力空调销售有限公司	249269	毛谅宜
镇江存仁堂医药连锁有限责任公司	235603	吉　桂
赛瑞环保工程镇江有限公司	208938	陈　齐
镇江宝华物流有限公司	207328	杨晓峰
镇江盘隆建宇混凝土有限公司	193916	管春兰
江苏兴普船务股份有限公司	191718	许宝华
江苏协兴建筑安装工程有限公司	187278	戎云江
江苏大炫供应链管理有限公司	176711	邓　飚
镇江上建混凝土有限公司	171412	黄　斌
江苏长江环境科技工程有限公司	171355	谢振国
镇江蓝舶科技股份有限公司	167916	郭庆莲
镇江市恺源旅游商贸有限责任公司	162639	任满平
镇江市粮食中转库有限责任公司	108635	张建良
镇江润京电力工程有限公司	104567	童忠斌
江苏中隆运能源贸易有限公司	103813	周圣宏
镇江强灵照明有限公司	101387	朱田荣

（施竟成）

大禹山创意新社区

【概况】 大禹山创意新社区西至焦山路、航信路，南至宗泽路，东至谷阳路，北至老江堤，规划总面积3平方千米，可开发面积1平方千米。园区毗邻江苏大学、江苏科技大学，拥有锐天信息、金海星科技、江苏易乐、江苏名通等本土优质企业，集聚以数字经济为主的各类科技型企业166家。（马伟民）

【招商引资】 新签约项目12个，总投资3.045亿元，其中数字经济产业链项目6个。12个项目中，5000万元以上项目4个，分别为奥拉文创平台、在途科技数字化运营中心、通信全链路加密研发中心、数字跨境电商一站式服务平台。（马伟民）

【项目建设】 列入区重点项目7个，其中列入市重点项目3个，计划总投资15.6亿元。其中4个项目属于新招引数字经济类项目，3个项目属于用地类项目。微软·云——镇江数字经济创新平台和国泰新点江苏运营中心等项目实现当年竣工投产。（马伟民）

【科技创新】 微软全球首个以数字经济为主题的创新中心落户智汇科技中心，2021年引进、孵化企业20家，向区域内数字经济企业提供微软云服务器120余台，智能办公、研发软件860套，技术赋能金额784.3万元。举办微软"创新杯"全球大学生科技大赛、镇江市企业家座谈会等特色活动20余场。2021年培育（入库）高企3家，认定中小型科技企业36家，入选镇江市"金山英才"计划3人，获市、区两级资金支持近300万元。（马伟民）

2021年11月12日在途科技数字化运营中心项目签约（崔世林 摄）

2022微软创新杯全球学生科技大赛镇江区域决赛（艾靖 摄）

大禹山创意新社区骨干企业基本情况

表6

单位名称	营业收入（万元）	法定代表人
江苏锐天信息科技有限公司	8617.0	常　兵
江苏中科智谷人力资源有限公司	4454.5	周　静
镇江金太医学检验实验室有限公司	3011.3	李　辉
江苏金海星导航科技有限公司	2744.9	金　文
镇江傲游网络科技有限公司	2304.1	刘潇峰
二四六零（镇江）智慧社区信息服务有限公司	1988.6	宋　超
江苏怀业安全科技有限公司	1204.2	杨　剑

谏壁街道

【概况】 谏壁街道位于江苏省镇江市东郊，距市中心13千米，北依长江，南与辛丰镇接壤，东邻镇江新区，西靠象山街道，素有镇江“东大门”之称。谏壁街道行政区域面积32平方千米，耕地面积398公顷，辖区有中储粮镇江粮油有限公司和国家能源集团谏壁发电厂等部、省、市、区属企事业单位100多家。街道管辖范围有9个社区（村），分别为雩山、雩北、东京3个行政村和蔡家、月湖、粮山、焦湾、东街、西街6个社区。2021年年末，常住人口12263户24626人。天海高端医疗设备及压力装备制造项目获评镇江市2021年度“十佳项目招引奖”。雩北村入选全国村级议事协商创新实验试点，雩山村获评镇江市抗击新冠肺炎疫情先进集体。（于晓旭）

【经济发展】 2021年，地区生产总值940190万元，其中第一产业3986万元，第二产业818929万元，第三产业117275万元。一般公共预算收入年计划4.54亿元，完成6.03亿元，占年计划132.8%。固定资产投资年计划17亿元，完成17.03亿元，占年计划110.1%；制造业投资年计划6.4亿元，完成7.82亿元，占年计划122.3%；规上工业总产值年计划262.8亿元，完成258.8亿元，占年计划98.5%。新增规模以上单位数年计划8家，完成8家，占年计划100%。研发经费支出年计划2.38亿元，完成2.62亿元，占年计划110.1%。（蒋旭）

【项目招引】 2021年，外出招商35次，洽谈与推进项目120余个，完成签约项目11个，总投资额18.7亿元，其中包括余热回收及能源环保高端设备制造、光伏新能源等1亿元以上项目6个，农产品加工仓储、中储粮智能化建设提升等1亿元以下项目5个。在手在谈项目16个，成熟类项目11个，计划总投资12.06亿元。推进科技人才项目10个，市“金山英才”入选一名院士，实现京口区院士招引“零突破”，区“金凤凰”人才项目入选2人，高新技术企业总数7家。（刘栋）

【环境整治】 推进大气污染治理。严控工地、道路、码头堆场等重点区域扬尘污染，完成秸秆禁烧任务。有序推进水污染治理。小散经营户排水整治工作完成整改95家。京口区2021年农村生活污水治理项目完成16269米，完成占比89%。加强水体长效管护。持续对月湖中心沟、老鼠山河上游、镇北河等水环境治理工程进行长效管护，确保水质全部达标。加强违法建筑整治力度，整治违法用地图斑超50宗。完成工人新村、索普集团职工家属区“三供一业”维修改造工程，惠及民众700余人。（徐军）

【社会治理】 推出便民利民新举措，为辖区内65周岁以上村（社区）民办理健康长寿卡，享受2021年卫生健康服务。利用敬老院闲置资源，建设嵌入式“社区＋机构”居家养老服务中心。为民服务大厅强化“一站式”便民服务，协调营业执照办理、供水服务等进驻，打造“温情驿站”。谏壁街道慈善分会募集资金498.29万元。创建粮山社区残疾人之家。街道100人通过考核并取得“双全”社工证书，成立街道社工站，满足人民群众对专业社工服务的需求。（薛贝）

【党的建设】 街道49个党支部，1个“五星”先进党支部，12个“四星”先进党支部。9个社区（村）党组织与13个企业党支部结对共建，成立13个“奔跑支部”功能型党支部。开展“重温百年辉煌，‘谏’行初心使命”庆祝大会、“学党史、护家园、谏行动”圌山团建等活动，抓好党史学习教育，推动党员教育落实落地，助推“三生共融”新谏壁高质量发展。（王雪）

谏壁街道村（社区）基本情况一览表

表7

村（社区）名称	办公地址	联系电话	书记	主任
雩山村	谏辛路55号	83361355	邱树泉	邱树泉
雩北村	雩龙公路97号	80290620	钟文斌	钟文斌
东京村	雩龙公路97号	80290619	刘　凯	刘　凯
蔡家社区	雩山街48号	83356983	颜红生	颜红生
月湖社区	雩山街48号	83361650	徐　涛	徐　涛
焦湾社区	求索路81号	88724559	钱　慧	钱　慧
粮山社区	粮山236号	89886854	陈　平	陈　平
东街社区	谏壁北街17号	83352708	张　强	张　强
西街社区	谏壁南头巷5号	83360906	杨治国	杨治国

（于晓旭）

谏壁街道骨干企业基本情况一览表

表8

企业名称	销售收入（万元）	法人代表
中储粮镇江粮油有限公司	984715	俞金波
中央储备粮镇江直属库	268180	谢　军

续表

企业名称	销售收入(万元)	法人代表
国家能源集团谏壁发电厂	550542	黄　立
国电江苏谏壁发电有限公司	140386	黄　立
江苏鸿泰钢铁有限公司	775227	王美武
镇江市泰鑫废旧物资回收有限公司	603737	陈松鹤
镇江明兴混凝土有限公司	13027	陈航锦
镇江飞驰汽车集团有限责任公司	12944	胡建军
江苏天海特种装备有限公司	14138	叶　兴
镇江兴电实业有限公司	15090	王　军
镇江市标力紧固件有限公司	19054	任国平
南京中船绿洲机器公司镇江船舶	7647	蒋余良
镇江市镇特合金材料有限公司	7550	顾　军

(蒋旭)

大市口街道

【概况】 大市口街道位于镇江市主城区中心,东到焦山路,南临花山路接中山东路,西起双井路,北接禹山路沿东吴路至大西路,总面积约2.7平方千米,辖区常住人口16461户46969人。街道现有工作人员158人,其中街道班子成员10名,社区书记、主任8人(其中6人是书记、主任一肩挑)。街道行政编制人员14人,事业编制人员14人,非在编人员118人。下辖7个社区(宋官营社区、千秋桥社区、青云门社区、老北门社区、古城社区、华润社区、米山社区),7个社区均为党委,有69个党支部,其中五星级党支部1个,四星级党支部12个,三星级党支部49个,三星及以上占比89.9%,党员2460人。2021年,街道先后获评"第二批江苏省省级夜间文化和旅游消费聚集区建设单位""2019—2020年度省级宜居示范居住区""镇江市第七次全国人口普查工作成绩显著集体""江苏省红石榴家园""江苏省总工会优质项目三等奖""全国示范型退役军人服务中心(站)"等荣誉。(姜南)

【经济建设】 2021年街道完成一般公共预算收入1.84亿元;完成产业类投资3.81亿元;完成高技术产业投资1.02亿元;完成社会消费品零售总额114.9亿元;实现限上零售业商品销售额增幅44%,限上批发业商品销售额增幅50%;完成中小企业备案6家;新增规上企业14家。与八佰伴、第一楼街等楼宇主体开展联合招商,消化闲置楼宇5000余平方米,第一楼街步行街获评"省级夜间文化和旅游消费集聚区建设单位"。2021年申报区金凤凰人才计划2人,申报并成功入选169工程1人。(姜南)

【项目建设】 街道2021年签约项目13个,总投资3.8亿元,当年投资3.1亿元。其中,1亿元以上项目1个(创意创享文化街);5000万元以上重点项目1个(未来之星智慧教育基地);5000万元以下重点项目3个(星夜拾光二期、智慧水务、百度网络调度中心);5000万元以上一般项目1个(无线网一期增补工程建设);5000万元以下一般项目7个(聚仕人才集聚中心、拓普生物检测中心等)。实现当年项目落地率、列统率均达100%。(姜南)

【城建城管】 推进城市改造工程,完成绿竹巷拓宽改造工程;推进文昌宫片区和东吴路188、200号老小区改造,拆违5500余平方米。推广"134+X"红色物业模式,重点提升10个老旧小区物管水平,老北门片区获评省级"宜居示范居住区";解危3处D级危房。拆除违法建设327处,总计10292平方米;推广垃圾分类,覆盖率达100%;加大整治力度,解决宋官营街、千秋桥街等占道经营、乱停乱放。(姜南)

【社会事业建设】 提升网格化服务管理水平,开展集中网格服务活动116次,网格公示率、走访率、建群率均达100%,创新课题"红色物业服务品质生活"获京口区创新治理课题一等奖;开展慈善助学、温暖行动等各类救助行动,发放救助金20余万元、低保金420余万元、残疾人"两项补贴"120余万元、尊老金240余万元,新建成1家居家养老服务中心;协调开展各类文化活动200余场,公共文化服务达24.83万人次。(姜南)

【党建工作】 宣讲十九届六中全会精神、习近平总书记"七一"重要讲话等,开展街道党工委中心组学习20次。优化米山等7个线上宣讲平台,开展社区党委自主学习100余场。开展"我为群众办实事"实践活动,领办各类民生问题30余件,解决群众"急难愁盼"问题300余件;组建16支党员志愿服务队,发动200余名党员参与疫情防控、文明城市创建等活动;推选出省"百名示范"村(社区)书记、市"千名领先"村(社区)书记各1名;选派党建指导员到企业,牵头成立八佰伴、商业城等11家企业的"两新"党建联盟,助推"两新"党建。(姜南)

大市口街道社区基本情况一览表

表 9

社区名称	地址	社区党委(总支)书记
宋官营社区	斜桥街 131-7	蔡　政
千秋桥社区	中街 95-1	祝　娟
青云门社区	鼓楼岗二村 13 号	袁克新
老北门社区	老北门 17 号	吴晓琴
古城社区	花山湾三区 32 号红星修理厂	李桂花
华润社区	东吴路 76 号 21 幢北侧	赵　静
米山社区	米山人家 34 幢	盛晓芳

大市口街道骨干企业基本情况一览表

表 10

企业名称	销售收入(万元)	法人代表
镇江市八佰伴商贸有限公司	175819	杨剑霞
江苏省烟草公司镇江市公司	585160	李江苏
镇江家世界万方连锁超市有限责任公司	12890	潘培荣
江苏凤凰新华书店集团有限公司镇江分公司	10000	贺卫东
华润镇江医药有限公司	18827	周人华
天亿荣邦荣邦纸品有限公司	9278	朱红兵

(姜南)

健康路街道

【概况】 健康路街道位于镇江市经济、文化、商贸金融核心,南毗正东路,北邻中山东路,西起古运河,东至桃花山庄,总面积 6.82 平方千米,户籍人口 83539 人。2021 年 8 月,街道驻地由健康路 50 号迁移至桃花坞支路 3 号,属地由健康社区迁移至气象里社区,行政区划范围不变。街道下辖 9 个社区(健康社区、尚友社区、梦溪社区、桃花坞社区、田家门社区、气象里社区、石马湾社区、东桃社区、大学山社区),9 个社区均为党委建制,有 89 个党支部(城市社区党支部 64 个、机关和事业单位党支部 2 个,“两新”组织党支部 23 个),党员 3034 人。2021 年,街道荣获“省级第七次全国人口普查工作成绩显著集体”“2019—2021 年度江苏省文明单位”“镇江市退役军人工作模范单位”等荣誉。(杜陈)

【经济发展】 2021 年完成固定资产投资 7.18 亿元,产业类投资 4.27 亿元,较上年增长 37.3%;高技术产业投资 3.17 亿元,较上年增长 49.5%;技术合同成交额 5292 万元,完成年计划 581.5%。新增“四上”单位 14 个、高新技术企业 3 个;新签约落户项目 11 个,其中 5000 万元以上项目 2 个。嵌入式居民服务平台、康复眼科医院、星诺车安 5G 创新中心、大众书局致·享概念店等一批优质服务业项目落户,盘活京口饭店等闲置楼宇面积约 1.3 万平方米。1 人成功申报“金山英才”计划,2 人入选“金凤凰”计划,D33 众创

2021 年 6 月 20 日,健康路街道庆祝中国共产党成立 100 周年专场活动 (杜陈 摄)

基地创成2021年度镇江市级众创空间，尚友社区获评“江苏省数字商务试点社区”。（杜陈）

【社会治理】落实常态化疫情防控措施，组织发动7.6万余人次接种疫苗。开展线上“春风行动”招聘会，提供就业岗位300多个，新增城镇就业人数1207人。助力军地共荣，建成全国标杆街道退役军人服务站并入选“江苏省双拥示范基地”。推进中营片区适老化改造，引进专业养老机构，在镇江市率先实现社区居家养老服务全覆盖。定期开展专项检查，排查隐患问题398条，整改率100%。建设街道应急物资库，实现9个社区基层应急能力标准化建设全覆盖。举办“安全发展示范城市建设”文艺汇演，苏宁广场超高层建筑灭火应急疏散演练获江苏省消防救援总队好评。打造中营小区反诈宣传示范基地，电信网络诈骗发案率比上年下降7%。（杜陈）

【城市建管】实施5.5万平方米火坛楼巷老旧小区改造，完成桃香源、田家门、桃花坞五区等老旧小区物业提升改造，梦溪花苑小区10幢3单元和京口美地小区4号楼西单元的2部老旧小区电梯加装工程顺利竣工并投入使用，中营小区红色物业获评“党建引领物业管理服务工作省级示范点”。推动永安路美食街改造升级，打造安全、整洁、有序、环保，具有老镇江味道的特色街区。完成全国文明城市创建迎检任务，定人定岗定责落实公共环境长效管理。（杜陈）

【基层党建】开展党史学习教育，依托“相约广玉兰树下”、笪家山广场等载体，打造“旗帜飘扬‘红’动健康”党史学习教育品牌，相关做法被《人民网》《央视网》点赞。《“学习有约”“关怀有约”“奉献有约”》入选省基层党员冬训工作创新项目。举办“颂百年党恩，绽健康芳华”文艺汇演，颁发“光荣在党50年”纪念章443枚，获评区级以上“两优一先”9人（个）。高标准打造迁址后的街道党群服务中心，9个社区党群阵地实现“一角一点三清单（即红色便民点、初心角，办事清单、志愿服务清单和功能室使用清单）”全覆盖。打造苏宁、万和等“两新”党建样板3个，建成镇江市首批、京口区首个苏宁商圈党务工作者之家，《打造“五色商圈” 聚集红色动能》入选镇江市“两新”组织党务工作十佳案例。田家门社区民族同心广场创成省级“红石榴家园”。（杜陈）

健康路街道社区基本情况

表11

名称	办公地址	联系电话	书记	主任
健康社区	市政路29号	85371718	金　茜	金　茜
尚友社区	古更楼巷35号	86110070	常盛杰（　—2021-09） 管　茹（2021-09—　）	常盛杰
梦溪社区	中营街73-2号	86110138	沈　涛	徐秀霞
气象里社区	八角亭19号	86113105	韦银梅	韦银梅
东桃社区	桃花山庄25幢	86113111	邵国燕	邵国燕
大学山社区	花山湾新村3区10号	85380162	蒋艳美	李　艳
田家门社区	桃花坞十二区1号	85380167	时　翔	时　翔
桃花坞社区	桃花坞八区25号	86113105	张　嵩	王　雅（　—2021-11）
石马湾社区	梦溪嘉苑66幢133室	85371170	王　悦（　—2021-09） 徐秀霞（2021-09—　）	王　悦

健康路街道骨干企业基本情况

表12

企业名称	销售收入（万元）	法定代表人
中国石油化工股份有限公司江苏镇江石油分公司	490404.9	张　迎
镇江苏宁置业有限公司苏宁广场购物分公司	71293.1	刘　峰
江苏惠通集团有限责任公司	49713.5	刘正东
镇江市自来水公司	25222.4	黄　诚
江苏万和建设集团有限公司	11960.8	张文平

续表

企业名称	销售收入（万元）	法定代表人
镇江市中油石化有限责任公司	413739.8	梁　伟
镇江华星国际贸易集团有限公司	7222.8	杨　佳
江苏九跃康医疗科技有限公司	19870.4	岳海龙
江苏新龙伟业有限公司	9320.9	颜丙中
镇江苏宁置业有限公司苏宁酒店	6414.2	严　静
镇江市朝阳加油（气）站管理服务有限公司	6284.2	张　迎
镇江新世纪照明电器有限公司	6940.2	韦永峰
中林时代（镇江）林业有限公司	90242.3	柳凤柱
镇江国际饭店置业有限公司	2427.1	徐　琳
镇江市工程勘测设计研究院有限公司	4195.0	陈卫平
镇江西沙国际货运代理有限公司	4472.8	潘志成
贝壳找房（镇江）科技有限公司	22828.7	都谋富

正东路街道

【概况】 正东路街道位于镇江市东南部，正东路与学府路贯穿境内东西。东接象山街道，南沿古运河，与润州区宝塔路街道毗邻，西北与健康路街道为邻，是京口区人民政府所在地。辖区总面积5.6平方千米，下辖7个社区，户籍人口34786人。2021年，京口路社区荣获“全国先进基层党组织”称号，酒海街社区被评为全国示范性老年友好型社区。（李丹）

【经济发展】 2021年完成一般公共预算收入1.47亿元；完成社会消费品零售总额22.4亿元；完成固定资产投资6.6亿元；完成产业类投资2.32亿元；完成高技术产业类投资2.24亿元；完成房地产销售面积2.5万平方米；完成限上零售业销售额增长44%；完成限上批发业销售额增长56%；新增规上企业15家；新增市“金山英才计划”2人。2021年排定8个重点产业项目收官，项目形象进度和投资任务均完成2021年目标任务。2021年新签约项目12个，其中重大项目1个，重点项目7个。（李丹）

【城建城管】 顺利完成丹徒县医院和大禹山北片区两个地块拆迁扫尾工作。完成靳家巷、庙巷片区近10.5万平方米老旧小区改造任务，改造面积接近京口区老旧小区改造总量的一半。完成京口路88号、京口路50号二期等15个小区的改造提升，面积近40万平方米。完成南门菜场内部改造升级。严格施工工地扬尘管控和露天焚烧，在京口区率先完成所有老旧垃圾箱（房）改造提升。与移动公司合作开发智能化垃圾分类系统，在京口花园、科大一村、紫郡丽舍等地进行安装、验收和普及。（李丹）

2021年6月29日，正东路街道举办“学党史·点亮新时代正东长征路”主题活动
（陈金鑫　摄）

【社会治理】 协调办理山泽园业主房产证，处理解决专变供电、房屋漏水、争议房产等遗留问题和矛盾。2021年信访案件初访化解率达100%，关键时间节点未发生重大进京赴省上访事件。开展重点行业领域专项检查169次，检查单位247家，发现并整改隐患398条，安装瓶装燃气餐饮商户燃气报警装置97家，完成工业企业风险评估报告56家。细化落实重点人员、场所、区域常态化防控措施，组织开展敲门行动、疫苗接种等各项工作，在京口区率先开展辖区全员核酸压力测试，完成核酸采样33520人次。新建酒海街、宝塔山社区服务中心已投入使用；完成街道人大代表联络工作站、街道和京口路

社区政协“有事好商量”协商议事室市级示范点、酒海街社区市级标准化建设示范点建设。（李丹）

【党的建设】 2021年解决老百姓“急难愁盼”问题50余件。完成中央、省市区“两优一先”评选表彰，京口路社区获评镇江市唯一全国先进基层党组织。选树孟家园、卜美琴等一批知名社区书记和优秀共产党员。推动落实区委、街道党工委两级书记项目，以“一点一角三清单”为契机，打造焦顶山社区等“美丽社区”；以“奔跑支部”助力解决制约项目推进的现实难题；围绕“党建微家”，打造网格党群服务站，让城市居民生活更有“温度”。在园区和互联网企业设立党员先锋岗、组建党员志愿服务队，引导企业积极履行社会责任。组织志愿者参与社区垃圾分类，助力文明城市创建等工作。（李丹）

正东路街道社区基本情况

表13

社区名称	通讯地址	联系电话	书记	主任
京口路社区	京岘家园22栋	87053901	孟家园	赵小林
京岘山社区	京岘山38号3幢南	87053396	孙保为	孙保为
酒海街社区	南门大街178号	87053363	卜美琴	卜美琴
江科大社区	梦溪路6号	84401294	刘莎莎	刘莎莎
贺家弄社区	贺家弄150号	84496957	姚　伟	周卫荣
焦顶山社区	学府路82号	88690073	段月娥	段月娥
宝塔山社区	苗家湾路259号	89983732	陈德政	陈德政

正东路街道骨干企业基本情况

表14

企业名称	销售收入（万元）	法人代表
镇江京口锦江之星旅馆有限责任公司	427.0	昝　琳
江苏科大汇峰科技有限公司	8105.0	薛　峰
镇江来伊份食品有限公司	3456.0	林志强
镇江观海楼酒店有限公司	3005.0	闻　渊
镇江市华东碳素原料有限责任公司	15349.9	相　荣
镇江市祥云金属材料有限公司	5978.0	王　彬
镇江市船院空调有限公司	4445.3	朱建新
镇江大智化工有限责任公司	5678.9	姜立明
镇江京口润京有限公司	13833.2	黄明端
镇江观海百通酒店管理有限公司	3609.0	李学军
江苏怡通数码科技有限公司	7009.0	袁　韬
镇江华舟物业管理有限公司	9205.8	葛建华

四牌楼街道

【概况】 四牌楼街道东接象山街道，西与润州区宝塔路街道隔京杭古运河相望，北临金山湖岸线，南接大市口街道，总面积3.572平方千米。街道办事处驻北固湾路4号。街道内有北固山、长江路旅游风光带。辖区人口计32159户79818人，户籍属四牌楼派出所。下辖10个社区，其中3000户以上大型社区6个，2000~3000户中型社区4个。（顾敏）

【经济发展】 一般公共预算税收收入、产业投资等关键指标超额完成2021年目标任务；新引进高企2家、科技型中小企业9家，研发经费支出0.19亿元；推进14个重点产业项目建设，总投资3.2亿元，其中镇江腾锐网络科技有限公司等9个项目竣工运营；系统梳理街道“一港二文三地四楼”（港口集团、文广集团、文旅集团及三个地块和四栋产业楼宇）资源基础，新招引产业项目10个，随着星未来文化科技产业园等一批项目落地，“滨江现代服务业集聚示范区”加速成型。（顾敏）

【城市建管】 完成会莲庵街、新河街等片区征收扫尾工作，释放城市核心优质土地近150亩。集中对仓巷、怡馨路等重点路段开展专项治理行动。对江滨新村片区背街小巷及百余栋居民楼进行全面清洁，通过文明城市测评。持续重点实施东吴路151号、东吴路167号以及三郎庙片区，共计12幢楼的老旧小区改造工程；开展公司大塘"城中村"治安专项攻坚整治行动，优化辖区居住环境。健全河长制、林长制管理工作机制，营造良好生态环境。（顾敏）

2021年6月28日，在敏成小学举办庆祝中国共产党成立100周年合唱比赛
（崔世林 摄）

【社会治理】 打造"网格微家""警网融合"社会治理特色品牌，通过民警力量、网格资源、志愿服务"三融合"，做实"警网融合"创新模式，镇江市首家城中村"警网联动工作站"在江东社区公司大塘投入使用。完善基层法治阵地建设，深化"三官一律"进网格工作，街道荣获"市法治示范街道""市社会治理现代化先进街道"称号，江滨新村第一社区获评"江苏省城乡基层援法议事范例"。深化阳光"1+3+N"红色物业体系，打造江天物业"老兵121"服务品牌。抓好安全生产专项治理工作，围绕"安全生产月"开展安全生产"六进"活动。（顾敏）

【民生事业】 2021年，实现城镇新增就业700人，城镇居民人均可支配收入增长63877元，增长21.36%。组织"弘扬国粹度重阳"戏曲专场等文体活动百余场。发放街道临时救助81650元、慈善临时救助194300元，确保各项惠民政策落实到位。成立镇江市首家街道级"社工站"，依托益家乐社工服务中心，走访辖区困难群体2000人次。创建爱心慈善超市，建立"两个清单"，吸纳爱心慈善企业11个、志愿团队12个，为困难群体提供"一站式"服务。街道退役军人服务站创成"全国示范型退役军人服务站"，阳光世纪花园社区获评"镇江市双拥示范基地"。（顾敏）

【党的建设】 开展党史学习教育、专题党课121场，覆盖人数4550人；举办党史展、"板凳课堂"、"十个百年系列活动"等做好庆祝中国共产党成立100周年宣传工作；开展"我为群众办实事"活动92场，班子成员领办解决难题11个。抓好党员冬训活动，荣获"江苏省基层党员冬训工作示范街道"。推进街道"书记项目"，将网格党建与网格服务工作相结合，在10个社区49个网格1634个楼道，建立网格微信群49个，实现"一格一群"模式。按照"1+2+N"模式（1：1名专职网格员；2：2名兼职网格员；N：街道机关党员、"三官一律"政法网格指导员、社会组织工作人员）构成N支网格力量，"'网格微家'挺起社会治理大担当"书记项目被评为"镇江市优质书记项目"。（顾敏）

四牌楼街道社区基本情况

表15

社区	办公地址	联系电话	书记	主任
江一社区	江滨新村38–1幢	88987966	陈　琪	陈　琪
江二社区	江滨新村163幢–1	88987900	蒋兆伟	蒋兆伟
道署街社区	余福里1–11–101	85281336	虞　扬	虞　扬
阳光世纪花园社区	我家山水红雨苑18幢	83563993	吴　静	吴　静
新河街社区	上河边129号	85289959	李　菁	李　菁
民主新村社区	东吴新苑8–1号	88859982	嵇惠祥	嵇惠祥
江东社区	东吴路85号	88813179	刘崇顺	刘崇顺
香江花城社区	东吴路288号香江花城生活馆北侧	88827586	易苏川	刘　璐
江山名洲社区	江山名洲望江园20号	88771078	殷　莺	殷　莺
北固山社区	北固湾五期29–101	80961101	刘春辉	刘春辉

四牌楼街道骨干企业基本情况

表 16

单位名称	营业收入(万元)	法定代表人
镇江港务集团有限公司	124890	黄立平
江苏欣海国际物流有限公司	68343	仇燕云
镇江极富房地产开发有限公司	65113	李尚明
镇江文化广电产业集团有限公司	36111	何广林
江苏华苑环境建设有限公司	30680	陶巧金
镇江市水业总公司	12010	陈恒宝
光大海绵城市发展(镇江)有限公司	9804	许立群
镇江房地产物业管理有限责任公司	5428	朱　军
镇江福润酒店管理有限公司	4191	冼志雄
镇江恒尧城市建设发展有限公司	4177	顾国华

(顾敏)

京口经济开发区

【概况】 京口经济开发区地处长江三角洲中下游地区,2003年2月经镇江市人民政府批准设立,2006年经省政府和国家发改委批准为省级开发区,2019年12月经省政府批复,更名为“江苏镇江京口经济开发区”。一期规划面积4平方千米,2013年3月总面积增至7平方千米,经京口区委、区政府明确,代管原象山镇左湖村、上埠村,辖区总人口6056人。园区现有各类企业218家,其中规模以上工业企业19家,高新技术企业14家,外资企业4家。园区拥有鼎胜新材、诺贝丽斯、中集车辆、海龙核科等一批国内外行业龙头企业,拥有全国制造业单项冠军企业1家、省级专精特新小巨人企业3家,省级科技企业孵化器(众创空间)3家,拥有1家主板上市企业总部和生产基地。 (史安琪)

【经济发展】 产业类投资完成10.79亿元,制造业投资完成7.4亿元,高技术产业类投资7.2亿元,研发经费支出4.82亿元。制造业实际到位外资4500万美元,占全区到位数的86.5%。规上工业总产值完成165.45亿元,比上年增幅超过50%,在江苏省经济开发区高质量发展综合考核中排名第37位,较上年前进11位。

(史安琪)

2021年9月29日,江苏镇江京口经济开发区举办第一届“企业家沙龙”

(史安琪 摄)

【招商引资】 “产业链招商”“以商引商”“机构招商”等多模式并重,围绕鼎胜新材和诺贝丽斯,鼓励企业加大技术改造,有效利用闲置资源,当年实现新签约产业类项目11个(1亿元以上项目6个),总投资41.76亿元,11个项目中,重大项目1个,重点类项目6个,一般类项目4个。与江苏大学共建智柔机械电子产业技术研究院项目签约成功;围绕航二项目的开工建设与谷川联行保持持续对接,目前储备飞卓宇航、武汉中车等一大批产业链项目信息。围绕宏鑫地块,对接万马、迪马等产业集团,商谈下一步园中园的开发建设,已取得重大进展,有望2022年实现突破。 (史安琪)

【项目建设】 2021年经开区纳入区级重点产业类项目20个,其中续建12个,新建8个,总投资51.48亿元,年度计划投资11.13亿元,完成10.5亿元。年产5万吨动力电池电极用铝合金箔等7个项目分别被列为省、市级重大项目。芯航东方航空零部件及半导体设备材料精深加工项目、万京技术车辆轮端研发生项目、航空航天中小企业基地三期项目竣工投产；鼎胜新材高端彩色铝质轻合金材料智能加工工厂项目建成5条生产线并试生产；诺贝丽斯高强度铝合金航空板项目厂房竣工，部分设备正进行安装调试；经开区自建的航空航天中小企业基地二期人才公寓部分封顶，厂房部分开工建设；三期竣工后，明诚管业新型高精度车用管件智能加工制造项目开始搬迁；友穗集团完成厂房及配套设施的改造，冈山电子及无锡工厂搬迁完毕，开始试生产，该项目全面建成后，将成为经开区一个新的经济增长点。（史安琪）

【科技创新】 泊菲莱引进的中科院理化所研究员张铁锐和鼎胜新材引进日本专家川崎拓入选省“双创计划”；隆信德科技副总经理丁继成入选市“金山英才”先进制造业领军人才；鼎胜新材王昭浪，中江研究院尹盛、杨磊、元致亨、李松龄，桢元科技周兴华6人入选市“169工程”培养对象；中江材料技术研究院被评为市级新型研发机构，友穗集团的高精度长寿命灰尘传感器被镇江市认定为专精特新产品；鼎胜新材获得第22届国家专利优秀奖，市级高价值专利示范中心，获得省工程技术研究中心绩效评价优秀，公司2件产品获得中国铝箔创新奖；金亿达能入选省级智能制造车间；新申报高新技术企业7家，通过5家。（史安琪）

【基础设施建设】 投资5000万元实施高压杆线迁改，为诺贝丽斯项目提供用地保障。启动总挖方量56万立方米的场地平整工程，总造价约2400万元。航二项目倒班楼部分规划建筑面积约1.2万平方米，共两栋；厂房共规划10栋，总建筑面积约6.5万平方米，争取于2022年完成建设交付使用。航三项目于2020年下半年开工建设，建筑面积约8640平方米，2021年8月23日经住建局质监部门验收合格，10月交付入驻企业使用。（史安琪）

【社会文化事业】 注重社情民意跟踪掌握，信访事件呈逐年下降趋势，无非访和闹访事件。推动金港大道绿化用地拖欠土地流转费用等影响制约村集体发展、稳定等历史遗留问题的解决。结合文明城市创评，投入100余万元加强农村人居环境改善提档升级和长效治理工作，以孝廉文化建设为重点的乡风文明建设水平进一步提升。上埠村被命名为江苏省美丽家园省级示范点。投入40万元对原管委会办公楼进行改造，并由李华社区接管办公，李华社区被市委、市政府表彰为2021年度文明社区。（史安琪）

【生态文明】 贯彻“碳达峰、碳中和”部署要求，强化开发区企业环保和能耗“双控”，完成区下达任务。投入近1000万元，启动农村生活污水整治专项工程。全面落实河长制，老鼠山河、华村沟长效管护不断深入。巩固提升农村人居环境整治成效，上隍“水美乡村”更展风采。拓展“红色物业”内涵，华诚新村小区、航空航天中小企业基地一期、左湖高创中心“一体化物业服务”建设初显长效。（史安琪）

京口工业园区管委会社区基本情况

表17

村（社区）名称	地址	电话号码	村（社区）党总支书记	社区主任
李华社区	京口工业园区华诚新村	83357156	袁　泉	朱志刚
左湖村	京口工业园左湖村	13952856373	徐庭国	
上埠村	京口工业园上埠村	88890027	徐　猛	

京口经济开发区骨干企业情况表

表18

企业名称	销售收入（万元）	法人代表
江苏鼎胜新能源材料股份有限公司	1476656	周贤海
爱励鼎胜铝业（镇江）有限公司	82649	ROELOF IJSBRAND BAAN
江苏海龙核科技股份有限公司	6088	戴金华
镇江市宝华半挂车配件有限公司	12578	童财宝
江苏正恺电子科技有限公司	15797	徐　正
江苏金亿达能科技有限公司	16163	王保根
镇江瑞亿达金属材料有限公司	4281	虞冠值
镇江震东电光源有限公司	7487	胡建强

续表

企业名称	销售收入(万元)	法人代表
镇江恒伟供应链管理股份有限公司	8187	于　江
江苏中野交通工程有限公司	3517	孙　渊
镇江市明诚管业有限公司	3434	孙云飞
镇江元致亨食品有限公司	4244	薛永军
镇江晨光铜业有限公司	3040	吴昌帆
江苏宝京汽车部件有限公司	3545	李贵平
镇江金叶螺旋桨有限公司	3677	何峰林
镇江鼎胜后勤管理服务有限公司	5359	刘　倜
镇江金洋酒店管理有限公司	254	管秋平
镇江市凯越新材料有限公司	6862	汪祝玉
江苏瑞恒中显光电科技有限公司	8005	王保根
江苏科辰电力装备有限公司	1784	朱启亮
镇江中燃百江能源有限公司	1539	宋华斌
镇江市京口谏壁起重工具厂	3407	薛　磊
镇江厦泰电子科技有限公司	3474	夏允楠
江苏万京技术有限公司	5183	王皖峰
镇江星星阻燃剂有限公司	1815	王仲华
镇江市军粮供应中心	3892	王耀生
江苏荣丽达进出口有限公司	255482	刘　倜

新民洲临港产业园

【概况】 新民洲临港产业园位于长江北岸，是一座与镇江隔江相望的半岛型沙洲，南面靠江，东北西三面与扬州接壤，南北长5千米，东西宽4.5千米，区域面积22.5平方千米，下辖新红旗社区，户籍人口1028人。2021年获得镇江市防汛抗洪工作先进集体、全国示范型退役军人服务中心(站)等荣誉。（柏胜）

【经济发展】 2021年完成一般公共预算收入5650万元；固定资产投资15.63亿元，比上年增长28.64%；产业类投资15.63亿元，比上年增长34.63%；高新技术产业投资8000万元，比上年增长220%；规上工业总产值9亿元，比上年增长50%；研发经费支出1000万元；新增规上企业7家，新增法人企业70家，高新技术企业2家；完成科技型中小企业备案3家。（柏胜）

【基础设施和民生】 完成新民洲大道延伸段、朝阳路给水管道、新民洲交安设施提升工程(监控、信号灯、标志、标线和护栏)建设；完善二中、五中田块农田配套灌溉设施。推进安全生产专项整治，2021年安全检查51次，排查整改各类隐患373条；落实污染防治攻坚工作，保障大气、水环境质量达标。

木业先进制造区一期(1098亩)一、三标段达到交付标准，二标段加快钢结构厂房建设；赴苏州、南浔等地开展小型招引推介活动，一批木业行业规模企业落户；成立江苏省林木产业院士协同创新中心，多方融合联动，协同研究解决新民洲木业行业相关项目和企业的技术人才与创新研发需求，为企业项目创新集成提供技术支持。（柏胜）

【社会事业】 完成退役军人服务站提档升级，成功创建“全国示范型退役军人服务中心(站)”。开发公益性岗位2个，健全基本养老服务体系。组织开展“庆元旦　迎新年”掼蛋比赛、手机摄影培训，举办戏曲演出、端午节包粽子、“学党史守初心担使命——庆五一迎五四”文艺演出，丰富干部职工业余文化生活，增强集体凝聚力。挂牌成立中林港务“门诊部”，方便港口干部职工就近就诊，兑现“学史力行、解实事解难题”承诺，主动打通为企为民健康服务的“最后一千米”。举办义诊4场，

开展健康知识讲座6场，开展查螺1600万平方米，灭螺190万平方米。（柏胜）

【党的建设】 以开展党史学习教育活动为主线，以书记项目为抓手，以党建+教育，党建+服务，党建+产业，推动党建与发展、意识形态和干事激情相融合，放大党建引领效应。以“百年风华、红心向党”为主题，组织庆祝中国共产党成立100周年系列活动。成立镇江国林生态产业城有限公司党支部，完成3个基层支部换届。推进社区二支部申报四星、港务支部打造“两新”党建样板。完成新红旗社区“两委”换届、区第九次党代会党代表选举和区十届人大代表选举工作。（柏胜）

表19

新民洲临港产业园社区基本情况

社区	地址	电话	书记	主任
新红旗社区	新民洲大道9号	80875295	毛福顺	毛福顺

表20

新民洲临港产业园骨干企业基本情况

企业名称	营业收入（万元）	法人代表
江苏新民洲港务有限公司	563337	钱　兵
江苏鼎盛重工有限公司	26051	王广德
镇江国林生态产业城有限公司	210000	徐海平

附 录

责任编校：段广凤

新任京口区党政军领导人名录

张旭彬

中共京口区委常委、区纪委书记、区监委主任。1978年12月出生，浙江金华人，汉族，东北大学文法学院思想政治教育专业大学学士，1997年12月加入中国共产党，2003年8月润州区七里甸镇组织人事办工作。2004年4月润州区组织部组织科科员、副科长。2007年4月镇江市政协研究室秘书处科员、副处长、处长〔2013年11月至2015年7月京口区人民政府任副区长(挂职)〕、政协研究室任副主任、主任兼政协副秘书长、机关党组成员。2021年4月任京口区委常委、区纪委书记、区监委副主任、代理主任(保留正县级待遇)。2022年1月任京口区委常委、区纪委书记、区监委主任(保留正县级待遇)。

陈 静

中共京口区委常委、统战部部长、区政协党组副书记。1980年11月出生，江苏镇江人，汉族，省委党校世界经济专业研究生文化，2004年12月加入中国共产党，2000年2月任丹徒区大路镇会计管理站出纳会计、大路镇团委书记、招商办副主任。2003年11月任丹徒区辛丰镇团委书记、党委宣传(统战)委员。2008年11月任丹徒区谷阳镇党委副书记。2009年12月任丹徒区上党镇党委副书记、镇长。2013年5月任丹徒区江心洲生态农业园区党工委书记。2017年12月任丹徒区人民政府副区长。2021年4月任京口区常委、统战部部长。2021年5月任京口区委常委、统战部部长、区政协党组副书记。

周永祥

中共京口区委常委、组织部部长、区委党校校长、区行政学校校长。1975年11月出生，江苏兴化人，汉族，中央党校经济管理专业研究生文化，2000年3月加入中国共产党，1996年8月任镇江市第二十中学教师。2002年7月任镇江市文化局新闻出版处科员、副主任科员、派驻市行政服务中心窗口负责人。2005年4月任镇江市委组织部组织处副科级组织员，任市委组织部干部监督处副处长、主任科员，市委组织部青年干部处副处长、主任科员、处长，任镇江市党建办副主任、市委组织部综合干部处处长。2021年7月任京口区委常委、组织部部长、区委党校校长、区行政学校校长。

褚小明

京口区人民政府党组成员、副区长。1983年1月出生，江苏邳州人，汉族，南京农业大学产业经济学专业研究生文化，2007年10月任句容市农开局办公室科员、科教科副科长、农委农业资源开发科副科长、妇委会主任。2012年2月任句容市白兔镇党委组织委员、副镇长、党委委员、副镇长、江苏省句容现代农业产业园区管委会副主任。2015年9月任句容市郭庄镇党委副书记、镇长。2017年12月任句容市农委党委书记、主任、镇江国家农业科技园区党工委书记。2019年2月任句容市农业农村局党委书记、局长、镇江国家农业科技园区党工委书记。2019年8月任江苏省句容茅山湖旅游度假区管理办公室主任。2021年12月任京口区人民政府党组成员、副区长。

钱小兵

京口区人大常委会副主任、财政局党组书记、局长。1969年9月出生，江苏泰兴人，汉族，西北政法大学法律硕士专业研究生文化，2000年4月加入中国共产党，1990

年7月任镇江信息记录纸厂技术员、助理工程师。1995年1月任京口区人民法院书记员、助理审判员、审判员、政治处主任助理、办公室副主任、研究室副主任、主任、政治处副主任、审判管理办公室主任、党组成员、政治处主任、副院长。2014年5月任京口区委政法委副书记、综治办主任。2015年10月任京口区四牌楼街道党工委书记。2019年2月任京口财政局党组书记、局长。2021年1月任京口区人大常委会副主任、财政局党组书记、局长。

宋小燕

京口区人民政府副区长、民建镇江市委副主委。1974年2月出生，江苏扬州人，汉族，中央党校函授学院法律专业大学文化，2003年10月加入中国民主建国会。1995年8月任镇江市旅游开发区办公室、后勤中心副经理、招商中心副主任（主持工作）。2004年1月任京口区象山乡招商中心负责人、主任、象山镇招商中心主任。2007年11月任京口区谏壁镇副镇长、谏壁街道办事处副主任。2013年1月任京口区招商服务中心主任、谏壁街道办事处主任科员。2017年1月任京口区政协副主席、京口区招商服务中心主任、区市场监督管理局局长、区食品药品监督管理局局长（兼）。2019年2月任京口区政协副主席、民建镇江市委副主委。2022年1月任京口区人民政府副区长、民建镇江市委副主委。

宜建美

京口区政协副主席、区文化体育和旅游局局长。1972年6月出生，江苏镇江人，汉族，省委党校世界经济专业研究生文化，2013年10月加入中国致公党，1991年8月任京口区四牌楼街道办事处计生助理、计生办副主任、团工委书记、社区办、妇联主席、计生办主任。2002年8月京口区计划生育局局长助理。2003年5月任京口区科技局副局长。2013年1月任京口区象山街道办事处副主任。2015年4月任京口区监察局副局长。2017年12月任京口区文体局局长、区旅游局局长（兼）。2019年2月任区文化体育和旅游局局长。2022年1月任京口区政协副主席、区文化体育和旅游局局长。

京口区组织机构及领导人名录

中共镇江市京口区委员会

书　记
　　徐申锋
副书记
　　贾敬远
　　徐玉军（2021-07—　）
常　委
　　倪新明
　　孙国林
　　杨国平
　　徐玉军（　—2021-01）
　　郑兆巍
　　张旭彬（2021-04—　）
　　周永祥（2021-01—　）
　　陈　静（2021-04—　）

京口区人大常委会

主　任
　　施正中
副主任
　　陈德福
　　杜承华
　　赵晓文
党组书记
　　施正中
党组副书记

京口区人民政府

区　长
　　贾敬远
副区长
　　杨国平
　　林黎明
　　杨　彬
　　赵　鹏
　　顾洪涛（2021-05—　）
　　闵　佳（　—2021-12）
　　褚小明（女）（2021-12—　）
党组书记
　　贾敬远
党组副书记
　　杨国平

政协京口区委员会

主　席
　　刘吉顺
副主席
　　朱裕根
　　盛　杰
　　张和松
　　宋小燕（女）
　　王壮保（2021-01—　）
党组书记
　　刘吉顺
党组副书记
　　徐玉军（　—2021-05）
　　陈　静（女）（2021-05—　）

党委工作部门

区纪律检查委员会（区监察委员会、区纪委监委派驻纪检监察组）

纪委书记
　　汤　杲（　—2021-04）
　　张旭彬（2021-04—　）
纪委副书记
　　刘　松
　　王　明
纪委常委
　　丁方品

张　羿
监委主任
汤　杲（　—2021-04）
张旭彬（2021-04—　）
监委副主任
刘　松
王　明
监委委员
芮建芬（女）
区纪委监委党风政风监督室主任
芮建芬（女）（　—2021-05）
罗　甜（女）（2021-05—　）
区纪委监委纪检监察干部管理监督室主任
朱亚露（女）（　—2021-12）
王俊爽（2021-12—　）
区纪委监委信访室主任
丁　丽（女）
区纪委监委案件审理室主任
谭成骏（2021-05—　）
区纪委监委案件监督管理室主任
张　寅
区纪委监委第一审查调查室主任
张仁传
区纪委监委第二审查调查室主任
韩　伟（　—2021-05）
区纪委监委第三审查调查室主任
陆　燕（女）
区纪委第四监督检查室主任
毛幼平（　—2021-05）
区纪委第五监督检查室主任
区纪委第六监督检查室主任
区监委第一派出监察员办公室主任(兼)
盛　华
区监委第二派出监察员办公室主任(兼)
彭中南
派驻纪检监察组
区委办纪检监察组组长
刘　倩（　—2021-05）
周成干（2021-05—　）
区委政法委纪检监察组组长
陈　涛
区政府办纪检监察组组长
熊劲松
区经济发展局纪检监察组组长
徐　劲（女）
区教育局纪检监察组组长
马伟民
区纪检监察综合保障中心主任
张　琦（女）

区委办公室
（区委机要局、区国家保密局、区国家密码管理局、区档案局、区合作交流中心）

主　任
黄贤宇
副主任
夏　鹏（　—2021-04）
孙沛晖(女)(兼)
区委机要保密局局长
金晓秋
区合作交流中心主任
孙沛晖（女）

区委组织部
（区委非公有制企业和社会组织工作委员会、区委党建工作领导小组办公室、区公务员局、区党员干部现代远程教育中心、区高层次人才引进服务中心）

部　长
徐玉军（　—2021-07）
周永祥（2021-07—　）
常务副部长
赵晓文（　—2021-04）
高翠兰（女）（2021-04—　）
副部长
高翠兰（女）
成　华（女）
夏　鹏（2021-04—　）
陈国兴（兼）
丁永忠（兼）
王　勇（兼）（2021-05—　）
区委非公有制企业和社会组织工作委员会、区委“两新”工委
书　记
夏　鹏（兼）（2021-04—　）
区公务员局局长
成　华（女）（兼）
党员干部现代远程教育中心主任
杨　松

区高层次人才引进服务中心

主　任
黄　玥（女）
区委党建办副主任
唐辛鑫

区委宣传部
（区精神文明建设指导委员会办公室、区政府新闻办公室、区新闻出版局[区版权局]、区委网络安全和信息化委员会办公室）

部　长
孙国林
常务副部长
李　军
副部长
吕小康（　—2021-05）
包迎辉
巫长龙（2021-05—　）
文明办主任
包迎辉（兼）
文明办副主任
陶宝强
区新闻出版局（版权局）局长
李　军（兼）
区委网信办主任
吕小康（兼）（　—2021-05）
巫长龙（兼）（2021-05—　）
副主任
丁　剑（2021-05—　）

区委统战部
（区民族宗教事务局、区政府侨务办公室）

部　长
徐玉军（　—2021-05）
陈　静（女）（2021-04—　）
常务副部长
朱家巍（女）（　—2021-05）
吴伟良（2021-05—　）
副部长
蒋伟文
马志良（2021-12—　）

区民族宗教事务局

局　长
朱家巍(女)(兼)(　—2021-05)
吴伟良（兼）（2021-05—　）

区委政法委

书　记
郑兆巍
常务副书记
郭　健

副书记
赵　鹏（兼）
张经阁
杨团伟

区社会治安综合治理委员会办公室

主　任
高　瑛

区委研究室（区全面深化改革领导委员会办公室）

主　任
李海洪
副主任
何　建（　—2021–12）
蔡　宸（2021–05—　）
卞贵健（2021–12—　）

区委机构编制委员会办公室（事业单位登记管理局）

主　任
高翠兰（女）（　—2021–05）
王　勇（2021–05—　）
副主任
刘明军
戴佳容（女）

区委台湾工作办公室（区政府台湾事务办公室）

主　任
王　立
副主任
郭晓雯（女）（　—2021–05）

区级机关工委

书　记
满子琴（女）（　—2021–05）
叶　晶（女）（2021–05—　）
副书记
李跃华

区委巡察工作办公室

区委巡察办主任
丁方品
副主任
冯忠洁（女）
丁自筱（女）
区委巡察组组长
陈　坚（　—2021–05）
刘　倩（2021–05—　）
王珺晨（女）
区委巡察组副组长
蔡重武（　—2021–05）
孙　昊
殷　红（　—2021–05）
张　弦

区委老干部局（区委离休干部工作委员会）

局　长
丁永忠
副局长
王胜云

区委直属事业单位

区委党校

校　长
徐玉军（　—2021–07）
周永祥（2021–07—　）
常务副校长
于咏梅（女）
副校长
刘昌平
徐　波（　—2021–05）

区行政学校

校　长
徐玉军（　—2021–07）
周永祥（2021–07—　）
副校长
于咏梅（女）（兼）

区史志办公室（区档案馆）

主　任
顾　胤
副主任
顾林艳（女）
区档案馆馆长
顾　胤（兼）
党组书记
顾　胤

群　团

区总工会

主　席
谭雪峰
副主席
叶　晶（女）（　—2021–05）
李燕敏（女）（2021–05—　）

共青团京口区委

书　记
谭　捷（　—2021–12）
王　雪（女）（2021–12—　）

区妇女联合会（区妇女儿童工作委员会办公室）

主　席
马宇茜（女）
副主度
朱丽雯（2021–12—　）
妇儿工委办公室主任
薛　妍（女）
党组书记
马宇茜（女）

区工商业联合会（区商会）

会　长
朱裕根
副会长
徐振平
党组书记
蒋伟文

区残疾人联合会执行理事会

理事长
王正辉（　—2021–05）
周　震（2021–05—　）
副理事长
贡银锁
党组书记
王正辉（　—2021–05）
周　震（2021–05—　）

区文学艺术界联合会

主　席
巫长龙（　—2021–05）
副主席
张昌俊

区科学技术协会

主　席
吴惠平
副主席
殷云仙（女）

区归侨侨眷联合会

主　席
　王晓方
副主席
　吴新华

区红十字会

会　长
　郑兆巍（　—2021-04）
　顾洪涛（2021-04—　）
常务副会长
　郭晓雯（女）（2021-05—　）
专职副会长
　高桂蓉（女）

区人大、政协委办

人大办公室

主　任
　张晨阳
副主任
　王凤花（女）（2021-05—　）
机关党组书记
　王大伟

监察和司法工作委员会

主　任
　谢根龙
副主任
　刘　勉（女）

财经工作委员会

主　任
　张亚南（女）
副主任
　张　伟

教育科学文化卫生工作委员会

主　任
　张立明
副主任
　王　华

人事代表联络工作委员会

主　任
　王大伟
副主任
　经　晶（女）

环境资源城乡建设工作委员会

主　任
　王德标
副主任
　李　尧（2021-05—　）

政协办公室

主　任
　曹明军
机关党组书记
　曹明军

提案委员会

主　任
　王　忠
副主任
　殷　红（2021-05—　）

学习和法制委员会（文史资料委员会）

主　任
　陈　林（　—2021-05）
　朱家巍（女）（2021-05—　）

经济和科技委员会

主　任
　钟志敏

社会管理和社会事业委员会

主　任
　许琛雨（女）

“法检”两院

区人民法院（执行局）

院　长
　刘　凯（　—2021-12）
　许宏亮（2021-12—　）
副院长
　喻　石
　邱　凯
　吴　震
　施正星（2021-05—　）
党组书记
　刘　凯（　—2021-12）
　许宏亮（2021-12—　）
党组副书记
　喻　石
政治处主任
　李　俊
审判委员会专职委员
　宦宇新
　施正星（　—2021-05）
执行局局长
　徐立强

区人民检察院

检察长
　陈东旭（　—2021-12）
　黄　洁（女）（2021-12—　）
副检察长
　贾永平
　陈　东
　靳　明（　—2021-04）
　杨　宇（2021-04—　）
党组书记
　陈东旭（　—2021-12）
　黄　洁（女）（2021-12—　）
党组副书记
　杨　宇（2021-05—　）
政治处主任
　杨　钰
检察委员会专职委员
　许　辉
　李　凌

政府工作部门

区政府办公室（区外事办公室、区大数据管理局）

主　任
　陈　西（　—2021-05）
　陆光金（2021-05—　）
副主任
　孙沛晖(女)(兼)
　包文波（兼）（　—2021-05）
　邹辉明
　潘　昶
　吴　成
　施　晶
　史哲峰
　朱龚平（2021-04—　）
　朱文军（兼）（2021-05—）
党组书记
　陈　西（　—2021-05）
　陆光金（2021-05—　）
外事办主任
　陈　西（兼）（　—2021-06）
　陆光金（兼）（2021-06—　）

区经济发展改革局

局　长
　王壮保（　—2021-04）
　刘运遥（2021-04—　）

副局长
　　殷　明
　　董　巍
　　王幼林
党组书记
　　王壮保（　—2021–04）
　　刘运遥（2021–04—　）

区教育局
（区委教育工作委员会）

局　长
　　郭先武（　—2021–11）
　　仲　伟（2021–11—　）
副局长
　　黄　涛（女）
　　蒋　剑
　　于德青
党委书记
　　郭先武（　—2021–11）
　　仲　伟（2021–11—　）
党委副书记
　　黄　涛（女）
区委教育工作委员会书记
　　郭先武（兼）（　—2021–11）
　　仲　伟（兼）（2021–11—　）

区政府教育督导室

主　任
　　郭先武（兼）（　—2021–11）
　　仲　伟（兼）（2021–11—　）
市京口中学校长
　　钱　亮
党支部书记
　　左云鹏（　—2021–05）
　　钱　亮（2021–05—　）
市中山路小学校长
　　陶　静（女）
党支部书记
　　陶　静（女）
市实验小学校长
　　袁　萃（女）
党支部书记
　　袁　萃（女）

市级机关中心幼儿园

副园长
　　龚雯蕾（女）
　　耿　焱（女）

区科学技术局

局　长
　　严　波
副局长
　　孙文吉（　—2021–12）
　　许红兵
　　奚俊燕（女）
党组书记
　　严　波

区民政局

局　长
　　王　勇（　—2021–05）
　　吕小康（2021–05—　）
副局长
　　吴时斌
　　朱建军
　　陈祥富
党组书记
　　王　勇（　—2021–05）
　　吕小康（2021–05—　）

区司法局
（区委全面依法治区委员会办公室）

局　长
　　王　芳（女）
副局长
　　李　震（　—2021–05）
　　吴玉才（2021–05—　）
　　许竹春（女）（2021–05—　）
党组书记
　　王　芳（女）
区委全面依法治区委员会办公室副主任
　　许竹春（女）

区财政局
（区国有资产监督管理办公室、政府金融工作办公室）

局　长
　　钱小兵
副局长
　　徐兰芳（女）
　　宋　扬
　　谭志江
党组书记
　　钱小兵
国资办主任
　　宋　扬
区机关财务结算中心（区国库集中支付中心）主任
　　沈　妍（女）
谏壁街道分局局长
　　朱康顺（　—2021–12）
象山街道分局局长
　　樊　潇

区人力资源和社会保障局

局　长
　　陈国兴
副局长
　　王兴国
　　华舒仪（女）
　　顾金东
党组书记
　　陈国兴
社会保险管理中心主任
　　陈珑境
劳动就业管理中心主任
　　庄　严
人才服务中心（京口人才市场、区到村任职毕业生服务中心、区人力资源市场管理办公室）主任
　　胡　蓉（女）

区住房和城乡建设局

局　长
　　程　鹏
副局长
　　陶　群
　　陈　阳
　　史宇清（2021–05—　）
党委书记
　　程　鹏
党委副书记
　　陶　群
村镇办主任
　　夏　热

区城市管理局
（区综合行政执法局、区环境卫生管理所、城市管理行政执法大队）

局　长
　　陆家新
副局长
　　汤　际
　　郭建成
　　殷晓蕾（女）（　—2021–05）
　　纪静静（女）（2021–05—　）
党委书记
　　陆家新
党委副书记
　　汤　际
环卫所所长
　　张建玲（女）

区城市管理行政执法大队
大队长
　　潘海涌
区城市管理行政执法大队
副大队长
　　丁太平
　　方小平

区交通运输局

局　长
　　周祥华
副局长
　　刘宏利
　　吴玉才（　—2021–05）
　　陆昌明
党组书记
　　周祥华

区农业农村局（区委农村工作领导小组办公室、区水利局、区政府扶贫工作办公室）

主　任
　　夏　雷
副主任
　　李　尧（　—2021–05）
　　陈晓君
　　秦前池
党组书记
　　夏　雷

区水利局

局　长
　　夏　雷

区商务局

局　长
　　杨　旻
副局长
　　丰　富
　　赵　骥
党组书记
　　杨　旻

区文化体育和旅游局

局　长
　　宜建美（女）
副局长
　　刘　蓉（女）
　　闵　俊（2021–12—　）
党组书记
　　李　瞰

京口文化艺术中心（区文化站、区图书馆）

主　任
　　蒋　丽（女）

区卫生健康委员会

主　任
　　金凡舒（女）
副主任
　　朱　静（女）
　　钱俊华
　　陈　刚
党委书记
　　金凡舒
党委副书记
　　朱　静（女）

健康路社区卫生服务中心

主　任
　　朱琛平
党支部书记
　　朱琛平

区退役军人事务局

局　长
　　朱伟广
副局长
　　胡德林
　　金传华
党组书记
　　朱伟广

区应急管理局（区安全生产委员会办公室）

局　长
　　葛冬军（　—2021–05）
　　王正辉（2021–05—　）
副局长
　　陈文华
　　周来东
区安全生产委员会办公室副主任
　　邵顺江
党组书记
　　葛冬军（　—2021–05）
　　王正辉（2021–05—　）

区审计局（区委审计委员会办公室）

局　长
　　王荣兵
副局长
　　李镇生
　　杭军花（女）
党组书记
　　王荣兵

区行政审批局（区政务服务管理办公室）

局　长
　　吴伟良（　—2021–05）
　　满子琴（女）（2021–05—　）
副局长
　　吴志辉
　　顾红云（女）
　　封孝华
党组书记
　　吴伟良（　—2021–05）
　　满子琴（女）（2021–05—　）
e办事服务中心主任
　　王　伟

市场监督管理局（知识产权局）

局　长
　　张　竞
副局长
　　周国豹（　—2021–05）
　　简夕武
　　汤智慧
　　许海凌
党委书记
　　张　竞
象山分局局长
　　许付余
谏壁分局局长
　　蒋正刚
健康路分局局长
　　陈　龙
大市口分局局长
　　史宝云
四牌楼分局局长
　　纪静静（女）（　—2021–05）
　　翟雅婕（女）（2021–05—　）
正东路分局局长
　　杨　昀
区市场监督管理稽查大队大队长
　　周卫东

区统计局

局　长
　　王玉萍（女）

副局长
郭宇轩（2021-05— ）
党组书记
赵正军

区委信访局

局 长
包文波（ —2021-05）
朱文军（2021-05— ）
副局长
柳如永
徐黄育
党组书记
包文波（ —2021-05）
朱文军（2021-05— ）

政府直属企事业单位

区机关事务服务中心

主 任
孙沛晖（女）
副主任
章 晨
乐 观
赵 琴（女）
董冯云
党组书记
孙沛晖（女）
纪检组长
朱粪平（ —2021-04）
梅康凯（2021-05— ）

区招商服务中心

主 任
杨 帆
副主任
严 涵（女）
张 珀
姚凤忠
党组书记
陈 峰
纪检组长
孙毅泓（女）

区新闻中心

主 任
凌 颖（女）

区企业改革管理服务中心

主 任
袁在森
副主任
徐 军
卞贵健（ —2021-12）
王凡业
姚能武（2021-12— ）
党工委书记
袁在森
纪工委书记
瞿 峰
财务总监
周 玲（女）

区供销合作总社

理事会主任
许文兰（女）
理事会副主任
江 俊
党组书记
许文兰（女）

京露茶场

副场长
褚 磊（ —2021-04）
林 飞

江苏北固产业投资有限公司

董事长
谢秀英（女）
总经理
苏安平
副总经理
王 勖
张逸飞
朱赞弘（女）
张 兴
党组书记
谢秀英（女）
党组副书记
苏安平
纪检组长
丁晓云（女）

街道（园区）

象山街道

党工委书记
顾洪涛（ —2021-05）
陈 西（2021-05— ）
人大工委主任
徐彩华（ —2021-05）
办事处主任
仲 伟（ —2021-11）
党工委副书记
仲 伟（ —2021-11）
胡 飞（2021-05— ）
党工委组织委员
殷 粲
党工委统战委员
殷 粲
党工委宣传委员
梅 昆（女）
纪工委书记
曹 钢
党工委政法委员
黄旻奇（ —2021-05）
胡 飞（2021-05— ）
党工委委员、办事处副主任
周 震（ —2021-05）
袁 珊（女）（ —2021-05）
张 骄（2021-12— ）
叶 林
杨寅涛（ —2021-11）
黄旻奇（2021-05— ）
高 升（2021-05— ）
党工委委员
耿 亮
人武部部长
周 震（ —2021-05）
黄旻奇（2021-05— ）

区大禹山创意新社区

党工委书记
顾洪涛（ —2021-05）
陈 西（2021-05— ）
管委会主任
耿 亮
党工委副书记
顾 颖（女）
党工委委员、副主任
张 骄（ —2021-12）
朱亚露（2021-12— ）

谏壁街道

党工委书记
贺国强
党工委人大工委主任
陈 俊
党工委副书记
姚 斌
张枝荣（ —2021-12）
蒋 超（2021-12— ）
党工委委员、纪工委书记
戚志栋

政法委员
金　鑫（　—2021-05）
蒋　超（2021-05—　）
组织委员
丁　杨（女）（　—2021-05）
王　琰（女）（2021-05—　）
宣传委员
顾爱芳（女）
党工委委员
史宇清（　—2021-05）
吕　伟
施宇飞
金　鑫（2021-05—　）
办事处主任
姚　斌
办事处副主任
史宇清（　—2021-05）
吕　伟
施宇飞
解　颖（女）
金　鑫（2021-05—　）
人武部部长
金　鑫（2021-05—　）

健康路街道

党工委书记
王志斌
党工委副书记
夏正东
荆　钟
纪工委书记
朱丽雯（女）（　—2021-12）
武希林（2021-12—　）
组织、统战、宣传委员
钱寿云（女）
党工委委员
熊劲松（　—2021-12）
郭　庆
朱丽雯（女）（　—2021-12）
董泽建
鲍玲智（女）
何江慧（2021-05—　）
人大工委委员会主任
郭　庆
办事处主任
夏正东
办事处副主任
董泽建
鲍玲智（女）
廖晓军
人武部部长
郭　庆

大市口街道

党工委书记
崔　悦（女）
党工委副书记
陆光金（　—2021-05）
朱文军（　—2021-05）
包文波（2021-05—　）
袁　珊（女）（2021-05—　）
纪工委书记
周成干（　—2021-05）
毛幼平（2021-05—　）
政法委员
朱文军（　—2021-05）
袁　珊（女）（2021-05—　）
组织、统战、宣传委员
夏玉芳（女）
人大工委主任
刁华伟
办事处主任
陆光金（　—2021-05）
包文波（2021-05—　）
办事处副主任
张丽君
王　炳
李　鲁
马一飞
人武部部长
李　鲁

正东路街道

党工委书记
曹　蕾（女）（　—2021-05）
姚奇峰（2021-05—　）
党工委副书记
姚奇峰（　—2021-05）
丁　杨（女）（2021-05—　）
赵晓云（女）
纪工委书记
施光华
党工委委员
唐卫忠
王　军
张小蓓
施光华
陈　浩
组织、宣传委员
朱亚苏
办事处主任
姚奇峰（　—2021-05）
丁　杨（女）（2021-05—　）
办事处副主任
王　军
张小蓓（女）
陈　浩
褚　磊（2021-04—　）
人武部部长
唐卫忠

四牌楼街道

党工委书记
刘远遥（　—2021-05）
李德升（2021-05—　）
党工委副书记
李德升（　—2021-05）
葛冬军（2021-05—　）
张恒可
纪工委书记
李燕敏（女）（　—2021-05）
王　峥（女）（2021-05—　）
组织、统战委员
王立玲（女）
宣传委员
蒋　威（女）
党工委委员
许华耕
胡　珏（女）
巫宣东
施浩明
王发龙
王　峥（女）（2021-05—　）
人大工委主任
许华耕
办事处主任
李德升（　—2021-05）
葛冬军（2021-05—　）
办事处副主任
胡　珏（女）
巫宣东
施洁明
王发龙
人武部部长
巫宣东

江苏镇江京口经济开发区

园区党工委书记
许俊超
魏晓曦
园区党工委副书记
房林虹（女）
吴艳媚（女）
纪工委书记
杨　凯
党工委委员
董荣骏

胡 涛
马志良（ —2021-12）
杨 凯
谭 捷（2021-12— ）
园区管委会主任
房林虹（女）
园区管委会副主任
董荣骏
胡 涛
马志良（ —2021-12）
谭 捷（2021-12— ）
经济发展部部长
孙俊鹏
人武部部长
王建华
社会事业部部长
王 琰（女）（ —2021-05）
党政综合办公室主任
凌 昕（2021-12— ）
王建华

镇江新民洲临港产业园（省共青团农场合署）

党工委书记
张 伟
党工委副书记
张玉金
徐 海
纪工委书记
吴建平
党工委委员
周云鸿
徐强胜
刘爱兰（女）
黄文超
吴建平
管委会主任
张玉金
副主任
周云鸿（2021-12— ）
张骁劼（2021-12— ）
徐强胜（2021-04— ）
省共青团农场副场长
徐强胜（ —2021-04）
刘爱兰（女）
黄文超

双重管理单位

镇江市京口生态环境局

局 长
邵 峰（ —2021-12）
李 远（2021-12— ）
副局长
刘 玲（女）
陈 铮
党组书记
邵 峰（ —2021-12）
李 远（2021-12— ）
纪检组长
孔晓颖（女）

镇江市公安局京口分局

局 长
赵 鹏
政 委
吴晨牧
副局长
张许镇
钱兴东（ —2021-04）
吴玉琢（ —2021-04）
丁 翔（ —2021-04）
马元元
李锦虎（2021-04— ）
胡 凯（2021-04— ）
倪 峰（2021-04— ）
党委书记
赵 鹏
党委副书记
吴晨牧
纪委书记
陈卫东
政治处主任
赵庆世

镇江市京口区税务局

局 长
胡运贵（ —2021-12）
袁 镇（2021-12— ）
副局长
沈纪新
徐永明
郑海庆
姚红梅（女）
党委书记
胡运贵（ —2021-12）
袁 镇（2021-12— ）
纪检组长
余 雷

镇江市自然资源和规划局京口分局

局 长
梅 亮（女）
副局长
葛耀武
祝再军
书 记
葛耀武

（区委组织部干部科）

文 件 题 录

中共京口区委 2021 年重要文件选录

表 21

序号	文件名	文件号（镇京发）
1	关于印发中共镇江市京口区区委常委会 2021 年工作要点的通知	1
2	2020 年京口区乡村振兴战略实施进展情况报告	3
3	关于实施“建强‘奔跑支部’，点燃产业强区新引擎”的意见	9
4	关于实施党建引领“美丽社区”建设的意见	10
5	关于表彰 2020 年高质量发展综合考核先进单位、先进个人的决定	12
6	关于表彰京口区优秀共产党员、优秀党务工作者和先进基层党组织的决定	16
7	关于《京口区法治社会建设实施方案（2021—2025）》的通知	19
8	关于《京口区法治京口建设规划（2021—2025）》的通知	20

京口区人民政府 2021 年重要文件选录

表 22

序号	文件名	文件号（镇京政发）
1	关于印发《京口区人民政府 2021 年度“十项民生实事”任务分解表》的通知	7
2	关于印发《2021 年度区政府重点任务分解方案》的通知	8
3	关于印发《京口区政府投资管理办法》的通知	9
4	关于印发《镇江市京口区突发事件总体应急预案》的通知	10
5	关于印发《镇江市京口区国民经济和社会发展第十四个五年规划和二〇三五年远景目标纲要》的通知	16

书 刊 题 录

2021 年京口区作者著作书目

表 23

书名	编著者	出版者	出版年月	字数（千字）
京口年鉴（2021）	史志办公室	江苏人民出版社	2021-12	505
岁月芳华	王娟瑢	团结出版社	2021-12	1340
幼儿园绘本阅读资源教师用书（小班上）	施维平	南京师范大学出版社	2021-06	5.2
校园足球可持续发展研究——基于实践的研究	徐兴国	江苏大学出版社	2021-03	365

2021 年京口区部分作者发表国家级报刊题录

表 24

标题	作者	报刊名称	发表日期（期次）
“12345”工作机制构建家校共育和谐生态园	王　芳	中国家庭报	2021-06
小学英语教育中赏识性评价的运用分析	夏　蓓	教育学文摘	2021-06

2021 年京口区部分作者发表省级报刊题录

表 25

标题	作者	报刊名称	发表日期（期次）
基于核心素养的小学数学课堂教学实践	贾颖来	教师教育论坛	2021-04
开发和利用课程资源，让小学数学课堂多姿多彩	贾颖来	读写算	2021-08
拼布艺术走向幼儿园生活	陶　铵 朱爱军	早期教育	2021-01
盛夏如花，向阳不变	王玲玲	江苏教工	2021-03
变革家长会，上好幼儿园“成人班”的第一课	蒋　卉	好家长　幼教新天地	2021-04
拼布艺术走向幼儿生活	朱爱军	早期教育	2021-01
笪家山上的虫虫探险家	胡　蓉	考试报——教研博览	2021-03
生活环节自主化管理的实践	董　玮	好家长·幼教新天地	2021-12
基于问题解决的幼儿数学教育生活化实践研究	邹　艳	考试报——教研博览	2021-12
非洲鼓在幼儿园音乐教学中的应用	陆沈爱	新课程	2021-11
“大空间里的小空间”——幼儿户外私密空间创设的观察与思考	王　蓓	广西教育	2021-03
已督为本　已导为重——浅谈课程游戏化进程中户外体育活动督导	王　蓓	幼教新天地	2021-11
课程游戏背景下的幼儿园课程环境重塑	王　欢	家教世界	2021-02
浅谈幼儿户外探究活动的组织策略——以中班挖坑活动为例	章　欣	好家长·幼教新天地	2021-10
信息化背景下幼儿教育的创新实践	唐倩芸	好家长·幼教新天地	2021-12
阅读中的又一扇窗——绘本阅读	薛　静	家教世界现代幼教	2021-04
遇见“你”便如影随形——中班项目课程（一场光与影的探索之旅）	郁　静	家教世界	2021-01
游戏课程化理念下户外学习活动的推进策略	邹　吉	好家长·幼教新天地	2021-12
春暖花开燕归来	梁　彦 马　燕	山西教育	2021-01
巧思于室，玩转空间	刘剑羽	山西教育	2021-04
幼儿智慧学习的转变与重塑	耿　焱	山西教育	2021-05

续表

标题	作者	报刊名称	发表日期（期次）
生命意识教育	龚雯蕾	山西教育	2021-06
融合社区资源　丰富幼儿体育活动	郭又榕	山西教育	2021-07
初中语文数字作业资源应用系统开发的实践研究	解宏燕	教育科学	2021-11
浅析初中英语教学中的学生心理健康教育	怀　宇	教育学文摘	2021-10
学生心理危机预防和干预工作——初中教师辅导典型案例	怀　宇	安家 - 校外教育	2021-03
初中英语作业多样化设计浅析	怀　宇	英语画刊	2021-05
合唱教学在中学常态音乐课堂的有效渗透	杨　艳	考试与评价	2021-03
基于 MOOC 的混合教学模式探究	王　琴	科技信息	2021-09
小学语文单元整体教学的有效策略研究	刘培培	读写算	2021-04
懂得自律　方能自由	蒋　瑾	小学生教学实践	2021-03
依托已有经验　理解新的概念	姜　嵘	小学数学教育	2021-03
镇江市中山路小学——敬仁行章　教韵流芳	中山路小学	江苏教育	2021-05
敬仁行章：滋养教师优雅成长	陶　静	江苏教育	2021-05
选择直面挑战　彰显优雅魅力	姜　嵘	江苏教育	2021-05
感恩　成长	刘珊珊	江苏教育	2021-05
在师生共读中拔节生长	刘　卉	江苏教育	2021-05
如何写好考场作文	丁梅红	七彩语文习作	2021-12
小学语文教学中单元整合・群文阅读教学策略分析	蒋榕君	好日子	2021- 第 15 期
儿童文化回归　改善师生对话关系	花　蕾	文理导航	2021-02
基于测试分析的跟进式教学改革研究	花　蕾	小学科学	2021-01
我的问题箱和课题袋	花　蕾	全国优秀作文选：写作阅读与研究	2021-02
部编教材小学道德与法治活动实践策略研究	陶欣慧	科学咨询	2021-06
在 Scratch 编程教学中培养学生计算思维	费爱萍	小学科学	2021-06
步入童话的世界　感受童话的魔力	郭　颖	学科教研	2021-09
两类文体“快速阅读”的指导策略研究	杨　星	教育界	2021-03
以兴趣为先导　促学习之进步	蒋小平	教育界	2021-04
运用对比策略提升学生思维品质	杨　波	小学英语教与学	2021- 第 1 期

续表

标题	作者	报刊名称	发表日期（期次）
让每一个孩子散发独特的生命光芒	王　芳	江苏教育	2021-06
“朵朵与果果的世界”给予生命关照理念下的学生自主劳动实践	王　芳	中小学教育	2021-07
想象画面朗读　联系生活仿写——儿童诗《吹气球》教学设计	颜翠凤	写作与阅读教学研究	2021-02
构建“敞亮向上”的学校共育生态园的思考与实践	王　芳	江苏教育报	2021-01
点生命之光　启成长之旅	王　芳	语文周报	2021-09
小屋大义　承志弘扬——红领巾研学活动案例	吴　霖	少先队活动	2021-06
以“五大课型”为抓手，让青少年党史学习落地生根	王　芳	学习强国江苏平台	2021-04
构建“敞亮向上”的学校共育生态园的思考与实践	王　芳	学习强国江苏平台	2021-03
“候鸟”的春节记忆	李智勇	学习强国江苏平台	2021-02
过年	刘爱华	学习强国江苏平台	2021-02
以微及大，多维度关注学生发展——小学数学“微课堂”的实践探索	庄　玲	2021 年教育创新网络研讨会	2021-04
着眼数学核心素养　培养合情推理能力	刘　锦	小学数学教育	2021-08
浅谈“儿童化视角的数学”的探寻	张　莉	新课程导学	2021-03
小学语文作文教学中的“小练笔”设计	李春燕	小学生作文辅导	2021-12
关于合情推理能力培养的几点思考	侯晓蕾 夏　薇	教育视界	2021-10
核心素养理念下小学生数学合情推理能力的提升	夏　薇 金彤玲	新课程	2021-12
小析如何在小学道德与法治课堂培养学生思辨能力	蔡妙妙	新课程	2021-12
核心素养视野下 Graphic Organizer 在小学英语阅读活动中的应用	凌　燕	教育界	2021- 第 462 期
小学高年级数学解决问题有效教学策略研究	朱亚飞	新课程	2021- 第 588 期
交互式电子白板在数字课堂中的运用	侯　毅	教研博览	2021- 第 36 期
小学数学计算教学与珠心算融合	汪　正	试题研究	2021-12
让传统文化之美渗透语文教学中	徐文娟	小学生作文辅导	2021-08
小学音乐课堂合唱教学的实践性	刘　甜	儿童绘本	2021-04
光的行进教学设计	丁　超	教育界	2021-06-25
小学绘本教学中多模态策略的应用	左莉莉	时代英语报教学研究月刊	2021-06-30
培智语文生活化教学的开展思考	朱洁然	中学生学习报·教研周刊	2021-05-14

2021年京口区部分作者发表市级报刊题录

表26

标题	作者	报刊名称	发表日期（期次）
学亚夫当先锋服务三农	刘利群	镇江日报	2021-06-07
当“萌娃”遇见二胡	张乐扬	镇江教育	2021-02
“学习强国”助力成长	龚雯蕾	镇江日报	2021-05-21
学走长征路，童心永向党	朱　颖 倪雅婷	镇江日报	2021-10-21
幼儿智慧学习的转变与重塑	耿　焱	镇江教育	2021-04
浅谈二孩时代“大宝”心理发展指导策略	龚雯蕾	镇江教育	2021-04
生活教育下的自主游戏	顾倬菁	镇江教育	2021-04
幼儿园饭后集体散步中活动琐思	刘剑羽	镇江教育	2021-04
“一日生活皆课程”对幼儿的教育意义	李　艳	镇江教育	2021-04
如何有效解决区域游戏中存在的问题	林晨曦	镇江教育	2021-04
疫情期间幼儿园线上教学策略之初探	潘　珺	镇江教育	2021-04
找谈生活与教学中的幼儿教育	陆　婷	镇江教育	2021-04
沙盘游戏在幼儿教育中的应用与分析	罗泽杨	镇江教育	2021-04
幼儿“告状”行为成因及对策的研究	倪雅婷	镇江教育	2021-05
陪伴成长且行且思	刘剑羽	镇江教育	2021-05
幼儿早期阅读指导之我见	王玉玲	镇江教育	2021-05
试谈如何有效组织幼儿园区域活动	吕　琳	镇江教育	2021-05
如何让自然角“活起来”	朱　颖	镇江教育	2021-05
唱响四先锋　谱写爱党曲	杨　星 赵玉英	党建之窗	2021-第9期
点生命之光　启成长之旅	王　芳	镇江教育	2021-03
引领生本自主探究　构建高效智慧课堂	糜晓俊	镇江教育	2021-03
一次考场作文引发的思考	高蓉蓉	镇江教育	2021-03
在家庭生活中培养孩子解决问题的能力	颜翠凤	镇江教育	2021-03
爱的密码	王荣慧	镇江教育	2021-03
倾听绘画语言　了解儿童心理	袁海芸	镇江教育	2021-03
以德之名　暖汝之心	吴　霖	镇江教育	2021-03
诗意镇江吟诵行动研究的实践与探索	刘爱华	镇江教育	2021-04

续表

标题	作者	报刊名称	发表日期（期次）
浅谈如何有效“重组”小学数学教材	李　叶	镇江教育	2021–04
疫情下自主学习心理调适的策略	俞　馨	镇江教育	2021–04
增强小学体育教学的趣味性	李　正	镇江教育	2021–04
作好家访五部曲	陈茹颖	镇江教育	2021–04
直路便于行　曲径亦通幽	张　薇	镇江教育	2021–04
铃声想起来　喝彩新时代	李智勇	党建之窗	2021–01
过年——年货	吴美玲	今日镇江	2021–02
一直存在的友谊	李智勇	京江晚报	2021–11–14
小学低年级科学课教学之浅谈	袁敬国	镇江教育	2021–第 170 期
上短下长的字	樊　霞	镇江教育	2021–第 170 期
让书法润泽孩子心灵	樊　霞	镇江教育	2021–第 170 期
多横的字	朱雪梅	镇江教育	2021–第 170 期
山字的变化	陈祥芳	镇江教育	2021–第 170 期
儿童视野下的小学墨趣文化	庄静涛 朱亚飞	镇江教育	2021–第 170 期
小学语文教学中革命传统教育的思考	陈明媚	镇江教育	2021–第 173 期
树之歌教学评析	侯柏英	镇江教育	2021–03
两岸情	王娟瑢	北固楼杂志	2021–第 1 期
台湾姑娘	王娟瑢	吕城杂志	2021–第 1 期
菲律宾长滩岛散记	王娟瑢	玉泉杂志	2021–第 1 期
老漂族的悲喜剧	王娟瑢	玉泉杂志	2021–第 2 期
特级女理发师	王娟瑢	北固楼杂志	2021–第 2 期
土豆开花别样美	王娟瑢	京江晚报	2021–07–15
在土豆开花的日子	王娟瑢	镇江壹周	2021–第 34 期
讨厌的弟弟	王娟瑢	玉泉杂志	2021–第 3 期
潮州灯光秀和牌访步行街	王娟瑢	北固楼杂志	2021–第 3 期
潮州灯光秀和牌访步行街	王娟瑢	玉泉杂志	2021–第 4 期
土豆开花	王娟瑢	北固楼杂志	2021–第 4 期

京口区 2021 年获国家、省、市表彰的先进集体、先进个人表

京口区 2021 年获国家表彰的先进集体一览表

表 27

单位名称	获得称号	授予单位	授予时间
京口区正东路街道京口路社区	全国先进基层党组织	中共中央	2021–06
京口区象山街道办事处	第七次全国人口普查先进集体	国务院第七次人口普查领导小组	2021–09
镇江市香江花城小学	第三批全国中小学中华优秀传统文化传承学校	教育部体育卫生与艺术教育司	2021–11
京口区人力资源和社会保障局	全国人力资源社会保障系统优质服务窗口	人力资源和社会保障部	2021–12
镇江市中山路中心幼儿园	全国足球特色幼儿园示范园	全国青少年校园足球领导工作办公室	2021–12

京口区 2021 年获省表彰的先进集体一览表

表 28

单位名称	获得称号	授予单位	授予时间
京口区市场监督管理局食品药械监管科	省市场监管系统先进集体	省人社厅、省市场监管局	2021–01
京口区象山街道办事处	“人民满意窗口”建设质量提升工程示范单位	省政府信访局	2021–02
镇江市中山路中心幼儿园	2021 年度省快乐体操培育基地	省体育局青少年训练与反兴奋剂管理中心	2021–03
京口区象山街道办事处	省五四红旗团委（团支部）	共青团江苏省委	2021–05
镇江市江滨幼儿园	首批江苏省幼小衔接结对试点园	省教育厅	2021–06
镇江市京口区实验小学	省中小学学校一校一品党建文化 品牌项目	中共省委教育工委	2021–06
镇江市红旗小学	江苏省第三批品格工程精品项目	省教育科学研究院	2021–07
镇江市中山路中心幼儿园	2021 年度省快乐体操培育基地	省体操运动协会	2021–09
镇江市京口区实验小学	江苏省点校首届夏季云端运动会优秀组织奖	省学生体质健康促进研究中心	2021–09
镇江市京口区实验小学	江苏省点校首届夏季云端运动会小学组团体总分一等奖	省学生体质健康促进研究中心	2021–09
镇江市红旗小学	江苏省教育系统先进集体	省人力资源和社会保障厅、省教育厅	2021–09
镇江市京河路幼儿园京岘家园分园	省优质幼儿园	省教育厅	2021–10

续表

单位名称	获得称号	授予单位	授予时间
镇江市江滨实验小学	江苏省校园足球工作先进学校	省教育厅	2021-12
镇江市谏壁中心小学	五好乡村教工之家	省教育厅、省教育科技工会委员会	2021-12
区委区级机关工委	2021年度江苏省机关党建信息工作优秀单位	省委省级机关工委	2022-01
京口区市场监督管理局象山分局	2019—2021年度省文明单位	省精神文明建设指导委员会	2022-01
自然资源与规划管理局京口分局	2019—2021年度省文明单位	省精神文明建设指导委员会	2022-01

京口区2021年获市表彰的先进集体一览表

表29

单位名称	获得称号	授予单位	授予时间
京口区象山街道办事处景阳山社区	镇江市抗击新冠肺炎疫情先进集体	市委、市政府	2021-04
京口区教育局	法治镇江先进单位	市委、市政府	2021-04
市公安局京口分局	法治镇江先进单位	市委、市政府	2021-04
京口正东路街道办事处	全国文明城市创建先进集体嘉奖	市委、市政府	2021-04
京口健康路街道办事处	全国文明城市创建先进集体嘉奖	市委、市政府	2021-04
京口区城管局	全国文明城市创建先进集体嘉奖	市委、市政府	2021-04
京口区教育局	全国文明城市创建先进集体嘉奖	市委、市政府	2021-04
京口区宣传部文明办	全国文明城市创建先进集体三等功	市委、市政府	2021-04
京口区象山街道办事处象山社区	镇江市先进基层党组织	中共镇江市委	2021-06
京口区史志办公室	2018—2020年度镇江市文明单位	市委、市政府	2021-12
京口区市场监督管理局象山分局	2018—2020年度镇江市文明单位	市委、市政府	2021-12
京口区市场监督管理局健康路分局	2018—2020年度镇江市文明单位	市委、市政府	2021-12
京口区市场监督管理局谏壁分局	2018—2020年度镇江市文明单位	市委、市政府	2021-12
京口区税务局	2018—2020年度镇江市文明单位	市委、市政府	2021-12

续表

单位名称	获得称号	授予单位	授予时间
市公安局京口分局谏壁派出所	2018—2020年度镇江市文明单位	市委、市政府	2021-12
京口区人民法院	2018—2020年度镇江市文明单位	市委、市政府	2021-12
市公安局京口分局健康路派出所	2018—2020年度镇江市文明单位	市委、市政府	2021-12
市公安局京口分局学府路派出所	2018—2020年度镇江市文明单位	市委、市政府	2021-12
市公安局京口分局四牌楼派出所	2018—2020年度镇江市文明单位	市委、市政府	2021-12
京口区健康社区卫生服务中心	2018—2020年度镇江市文明单位	市委、市政府	2021-12
京口区大市口社区卫生服务中心	2018—2020年度镇江市文明单位	市委、市政府	2021-12
京口区四牌楼社区卫生服务中心	2018—2020年度镇江市文明单位	市委、市政府	2021-12
京口区象山社区卫生服务中心	2018—2020年度镇江市文明单位	市委、市政府	2021-12
京口区谏壁社区卫生服务中心	2018—2020年度镇江市文明单位	市委、市政府	2021-12
京口区疾病预防控制中心	2018—2020年度镇江市文明单位	市委、市政府	2021-12
京口区环境卫生管理所	2018—2020年度镇江市文明单位	市委、市政府	2021-12
京口区关心下一代工作委员会	2018—2020年度镇江市文明单位	市委、市政府	2021-12
市实验幼儿园	2018—2020年度镇江市文明单位	市委、市政府	2021-12
京口区贺家弄幼儿园	2018—2020年度镇江市文明单位	市委、市政府	2021-12
京口区机关事务服务中心	2018—2020年度镇江市文明单位	市委、市政府	2021-12
自然资源与规划管理局京口分局	2018—2020年度镇江市文明单位	市委、市政府	2021-12
京口区行政审批局	2018—2020年度镇江市文明单位	市委、市政府	2021-12
市级机关中心幼儿园	2018—2020年度镇江市文明单位	市委、市政府	2021-12
京口区卫生监督所	2018—2020年度镇江市文明单位	市委、市政府	2021-12
京口区正东路街道办事处	2018—2020年度镇江市文明单位	市委、市政府	2021-12
京口区四牌楼街道办事处	2018—2020年度镇江市文明单位	市委、市政府	2021-12

续表

单位名称	获得称号	授予单位	授予时间
京口区大市口街道办事处	2018—2020 年度镇江市文明单位	市委、市政府	2021-12
京口区健康路街道办事处	2018—2020 年度镇江市文明单位	市委、市政府	2021-12
京口生态环境系统	2018—2020 年度镇江市文明行业	市委、市政府	2021-12
京口区卫生健康系统	2018—2020 年度镇江市文明行业	市委、市政府	2021-12
京口区自然资源和规划系统	2018—2020 年度镇江市文明行业	市委、市政府	2021-12
京口区交通运输系统	2018—2020 年度镇江市文明行业	市委、市政府	2021-12
京口区人力资源和社会保障系统	2018—2020 年度镇江市文明行业	市委、市政府	2021-12
京口区大市口街道古城社区	2018—2020 年度镇江市文明社区	市委、市政府	2021-12
京口区大市口街道青云门社区	2018—2020 年度镇江市文明社区	市委、市政府	2021-12
京口区大市口街道华润社区	2018—2020 年度镇江市文明社区	市委、市政府	2021-12
京口区大市口街道老北门社区	2018—2020 年度镇江市文明社区	市委、市政府	2021-12
京口区大市口街道米山社区	2018—2020 年度镇江市文明社区	市委、市政府	2021-12
京口区大市口街道宋官营社区 京口区大市口街道千秋桥社区	2018—2020 年度镇江市文明社区	市委、市政府	2021-12
京口区健康路街道梦溪社区	2018—2020 年度镇江市文明社区	市委、市政府	2021-12
京口区健康路街道健康社区	2018—2020 年度镇江市文明社区	市委、市政府	2021-12
京口区健康路街道桃花坞社区	2018—2020 年度镇江市文明社区	市委、市政府	2021-12
京口区健康路街道大学山社区	2018—2020 年度镇江市文明社区	市委、市政府	2021-12
京口区健康路街道尚友社区	2018—2020 年度镇江市文明社区	市委、市政府	2021-12
京口区健康路街道东桃社区	2018—2020 年度镇江市文明社区	市委、市政府	2021-12
京口区健康路街道田家门社区	2018—2020 年度镇江市文明社区	市委、市政府	2021-12
京口区健康路街道气象里社区	2018—2020 年度镇江市文明社区	市委、市政府	2021-12
京口区正东路街道焦顶山社区	2018—2020 年度镇江市文明社区	市委、市政府	2021-12

续表

单位名称	获得称号	授予单位	授予时间
京口区正东路街道贺家弄社区	2018—2020年度镇江市文明社区	市委、市政府	2021-12
京口区正东路街道酒海街社区	2018—2020年度镇江市文明社区	市委、市政府	2021-12
京口区正东路街道宝塔山社区	2018—2020年度镇江市文明社区	市委、市政府	2021-12
京口区正东路街道江科大社区	2018—2020年度镇江市文明社区	市委、市政府	2021-12
京口区正东路街道京岘山社区	2018—2020年度镇江市文明社区	市委、市政府	2021-12
京口区正东路街道京口路社区	2018—2020年度镇江市文明社区	市委、市政府	2021-12
京口区四牌楼街道江滨新村第一社区	2018—2020年度镇江市文明社区	市委、市政府	2021-12
京口区四牌楼街道江滨新村第二社区	2018—2020年度镇江市文明社区	市委、市政府	2021-12
京口区四牌楼街道阳光世纪花园社区	2018—2020年度镇江市文明社区	市委、市政府	2021-12
京口区四牌楼街道香江花城社区	2018—2020年度镇江市文明社区	市委、市政府	2021-12
京口区四牌楼街道民主新村社区	2018—2020年度镇江市文明社区	市委、市政府	2021-12
镇江市中山路小学	镇江市抗击新冠肺炎疫情先进集体	市政府	2021-04
镇江市实验小学	2018—2020年度镇江市文明校园	市委、市政府	2021-12
镇江市京口中学	2018—2020年度镇江市文明校园	市委、市政府	2021-12
镇江市八叉巷小学	2018—2020年度镇江市文明校园	市委、市政府	2021-12
镇江市桃花坞小学	2018—2020年度镇江市文明校园	市委、市政府	2021-12
镇江市恒顺实验小学	2018—2020年度镇江市文明校园	市委、市政府	2021-12
镇江市学府路小学	2018—2020年度镇江市文明校园	市委、市政府	2021-12

京口区 2021 年获国家表彰的先进个人一览表

表 30

姓名	性别	工作单位	获得称号	授予单位	授予时间
凌　赟	女	镇江市红旗小学	全国奉献奖铜奖	国家卫生健康委、中国红十字总会、中央军委后勤保障部卫生局	2021-04

京口区 2021 年获省表彰的先进个人一览表

表 31

姓名	性别	工作单位	获得称号	授予单位	授予时间
许付余	男	京口区市场监督管理局	江苏省市场监管系统先进工作者	省人社厅、省市场监管局	2021-01
陶　岚	女	镇江市八叉巷小学	“我是美丽江苏小主人”主题教育活动辅导奖	省教育厅	2021-03
陆侠伟	男	学府路社区	第七次全国人口普查工作成绩显著	省第七次全国人口普查领导小组办公室、省统计局	2021-11
俞勤英	女	镇江市学府路小学	入选 11 月“江苏好人榜”	省文明办	2021-11
陈　婕	女	镇江市红旗小学	江苏省少先队宣讲类一等奖	省少工委	2021-12
李素琴	女	镇江市学府路小学	江苏省特级教师	省人民政府	2021-12

京口区 2021 年获市表彰的先进个人一览表

表 32

姓名	性别	工作单位	获得称号	授予单位	授予时间
张建平	男	京口区市场监督管理局	全国文明城市创建先进个人嘉奖	市委、市政府	2021-04
梅　昆	女	京口区象山街道办事处	全国文明城市创建先进个人嘉奖	市委、市政府	2021-04
张建敏	男	京口区卫生监督所	全国文明城市创建先进个人嘉奖	市委、市政府	2021-04
王立玲	女	京口四牌楼办事处	全国文明城市创建先进个人二等功	市委、市政府	2021-04
凌　颖	女	京口区新闻中心	全国文明城市创建先进个人记功	市委、市政府	2021-04
蓝同滨	男	京口区市场监督管理局	法治镇江先进个人	市委、市政府	2021-04
胡绪美	男	京口区法院	法治镇江先进个人	市委、市政府	2021-04

续表

姓名	性别	工作单位	获得称号	授予单位	授予时间
陈国兴	男	京口区组织部、人力资源和社会保障局	法治镇江先进个人	市委、市政府	2021-04
杨文静	女	京口区公安分局	法治镇江先进个人	市委、市政府	2021-04
彭　莉	女	京口区检察院	法治镇江先进个人	市委、市政府	2021-04
徐　玥	女	京口区市场监督管理局	镇江市抗击新冠肺炎疫情先进个人	市委、市政府	2021-04
朱梦琦	女	京口区市场监督管理局	市优秀党务工作者	市委	2021-04
孙永婷	女	京口区象山街道办事处长江社区	市优秀共产党员	市委	2021-06
王　柱	男	镇江市京口中学	市十佳教师	市政府	2021-09
王　宇	女	镇江市京口区实验小学	市十佳教师	市政府	2021-09

2021年京口区获副高级以上专业技术资格人员情况表

表33

姓名	性别	工作单位	从事专业	资格名称
郁　静	女	镇江市解放路幼儿园	学前教育	高级教师
方　兵	男	镇江市京口中学	历史教学	中小学高级教师
李广辉	男	镇江市第十中学	物理教学	高级教师
吴　松	男	镇江市第十中学	化学教学	高级教师
夏　蓓	女	镇江市实验小学	英语	中小学高级教师
费爱萍	女	镇江市实验小学	信息技术	中小学高级教师
夏　薇	女	江苏科技大学附属小学	小学数学	中小学高级教师
江　苏	女	镇江市恒顺实验小学	语文	高级教师
蒋礼明	男	镇江市学府路小学	英语	副高级教师
仇　程	男	镇江市中山路小学	小学数学	中小学高级教师

统 计 资 料

综合核算

表 34

指标	实绩（亿元）	比重（%）
2021 年地区生产总值	509.20	100.0
第一产业	0.8	0.2
第二产业	131.8	25.9
第三产业	376.6	74.0

人　　口

表 35

指标	计量单位	2021 年
2021 年年末常住人口	万人	35.59
出生率	‰	4.21
死亡率	‰	6.18
自然增长率	‰	–1.97
城镇人口	万人	35.01
城镇化率	%	98.37
年龄结构		
0~14 岁	万人	3.85
15~64 岁	万人	25.39
65 岁以上	万人	6.35

农　　业

表 36

指标	2021 年（吨）	增幅（%）
粮 食	9732	2.4
油 料	842	14.7
蔬 菜	8047	–6.7

规模以上工业

表 37

指标	资产总计		主营业务收入		利润总额		平均职工人数	
	实绩（万元）	增幅（%）	实绩（万元）	增幅（%）	实绩（万元）	增幅（%）	实绩（人）	增幅（%）
京口区	3863581	16.1	5291692	34.7	351646	129.2	13089	0.2
按控股情况分								
国有	992540	0.0	1730779	19.2	16424	-82.6	3608	-5.0
三资	329469	8.7	109999	-4.1	-3084	401.6	1142	-5.7
其他	2541571	25.1	3450915	46.1	338306	464.7	8339	3.6
按行业分								
农副食品加工业	207062	2.6	985538	18.4	12610	-48.5	367	-10.0
食品制造业	3941	2.3	4244	8.3	91	-68.1	46	-8.0
纺织业	5631	-9.4	4563	-13.8	-60	-129.2	156	-4.9
纺织服装、服饰业	25000	3.0	9321	26.6	2612	82.4	621	-0.3
木材加工和木、竹、藤、棕、草制品业	28862	9.7	38237	0.3	-3032	0.8	110	4.8
印刷和记录媒介复制业	3331	5.7	2914	-3.5	71	-53.4	68	-8.1
石油、煤炭及其他燃料加工业	414	-43.4	567	-84.9	17	-66.7	9	-10.0
化学原料和化学制品制造业	721562	74.0	811272	90.5	288696	617.0	1513	2.1
橡胶和塑料制品业	21270	2.7	31940	-9.9	430	-76.3	563	-2.4
非金属矿物制品业	83108	7.7	77813	-2.6	140	-88.1	437	3.8
黑色金属冶炼和压延加工业	167069	0.0	775228	28.8	12189	84.4	951	10.3
有色金属冶炼和压延加工业	1190064	15.7	1487246	56.6	32880	207.4	2125	4.7
金属制品业	111606	17.8	37405	1.3	874	-182.3	589	4.2
通用设备制造业	82672	15.3	62888	-3.4	748	-41.9	489	-4.1
专用设备制造业	13083	42.1	9130	1.9	3465	196.6	119	0.0
汽车制造业	108232	-1.8	37657	-25.1	-5639	-28.8	699	-6.7
铁路、船舶、航空航天和其他运输设备制造业	309458	9.0	89843	-3.7	-2679	65.0	608	-7.0
电气机械和器材制造业	14650	-0.4	10961	18.9	119	50.0	235	-2.9
计算机、通信和其他电子设备制造业	74233	4.6	98774	12.6	3440	10.1	1176	5.9
电力、热力生产和供应业	491605	-2.8	690929	22.1	4007	-94.6	1848	-4.7
水的生产和供应业	200726	4.6	25222	5.6	667	230.4	360	-1.6

资质以上建筑业

表 38

指标	单位数（个）	建筑业总产值（万元）
京口区	78	367168
按企业控股情况分		
国有控股	4	15531
集体控股	2	5566
私人控股	72	346072
港澳台商控股		
按建筑业资质等级分		
施工总承包	40	274168
施工总承包一级	2	69491
施工总承包二级	11	104126
施工总承包三级	27	100551
专业承包序列	38	93000
专业承包一级	4	44012
专业承包二级	14	15271
专业承包三级	18	31730
其他	2	1986
按地区分		
京口区	78	367168
正东路街道	11	83943
健康路街道	18	43263
大市口街道	14	14121
四牌楼街道	9	16602
象山街道	13	162166
谏壁街道	8	44011
工业园	5	3062
产业园		
其他		

房地产开发业

表 39

项目	项目数（个）	年投资（万元）	房屋施工面积（平方米）	房屋竣工面积（平方米）	商品房销售面积（平方米）	商品房销售额（万元）	待售面积（平方米）
京口区	36	478946	2241164	442960	657365	565638	167850
按登记类型分							
内资企业	32	470353	2070656	399277	597599	502378	162441
港、澳、台商投资企业	3	8593	170508	43683	25973	23673	5409
外商投资企业	1	0	0	0	33793	39587	0
按控股情况分							
国有控股	13	172670	807169	194648	240089	161443	124420
私人控股	17	267172	1025925	143981	317303	297925	37787
港澳台商控股	2	2143	52684	14486	8235	7833	844
外商控股	2	6450	117824	29197	51531	55427	4565
其他	2	30511	237562	60648	40207	43010	234
按地区分							
正东路街道	2	38385	271358	76175	25188	26015	5097
健康路街道	1	0	0	0	4545	6262	0
大市口街道	2	13027	114814	0	27114	16825	0
四牌楼街道	4	67372	153329	0	60291	89205	68051
象山街道	26	309695	1527138	366785	483727	393921	94702
谏壁街道	1	50467	174525	0	56500	33410	0
工业园							
产业园							
其他							

规模以上服务业

表 40

指标	单位数（个）	营业收入		营业利润	
		2021 年（万元）	增幅（%）	2021 年（万元）	增幅（%）
京口区	100	1839682	19.7	76141	94.2
按地区分					
正东路街道	19	90127	30.0	14055	738.4
健康路街道	15	100178	61.6	6177	-3020.4
大市口街道	15	46674	2.8	2317	-11.5
四牌楼街道	15	303409	26.0	11913	382.5
象山街道	21	365741	18.4	7959	-36.5
谏壁街道	8	293951	23.6	25101	79.6
工业园	2	17138	2.7	636	-36.9
产业园	4	622464	11.9	7983	55.4
按行业分					
交通运输、仓储业	20	1418083	18.6	51956	58.8
信息传输、软件和信息技术服务业	9	43103	-2.9	12632	111.2
互联网和相关服务业	3	12927	9.9	283	-81.5
软件和信息技术服务业	6	30176	-7.5	12350	177.6
物业管理业	13	80785	27.9	5717	-18.1
商务服务业	22	98903	28.8	5548	-1150.6
旅行社及相关服务业	3	3358	-41.9	-300	-28.5
科学研究和技术服务业	21	80186	41.7	6011	37.5
水利、环境和公共设施管理业	2	42691	17.4	-8134	48.8
居民服务业	1	2303	-14.0	279	460.8
教育	4	20248	5.5	858	-58.7
卫生	3	7036	9.2	-628	62.2
文化、体育和娱乐业	5	46345	29.2	1902	-128.9

城镇常住居民主要收支情况

表 41

指标	2021 年（元）	增幅（%）
人均可支配收入	59510	8.4
工资性收入	34596	8.1
经营净收入	6867	7.3
财产净收入	7167	11.8
转移净收入	10880	7.9
人均消费支出	36256	19.7
食品烟酒	10043	15.1
衣着	2492	22.5
居住	7510	12.8
生活用品及服务	1945	22.8
交通通信	5998	23.7
教育文化娱乐	5745	33.1
医疗保健	1575	24.2
其他用品和服务	948	10.9

2021 年京口区主要指标完成情况

表 42

指标	单位	实绩	增幅（%）
一、常住人口	万人	35.59	0.0
户籍人口	万人	31.22	–0.3
城镇化率	%	98.37	
二、地区生产总值	亿元	509.30	10.8
第一产业	亿元	0.83	–6.5
第二产业	亿元	131.83	10.3
工业	亿元	114.83	12.1
第三产业	亿元	376.64	11.0
人均 GDP	元	143130	17.6
第三产业占比	%	73.95	
三、农业总产值	亿元	1.57	–0.5
农业	亿元	1.21	0.7
林业	亿元	0.03	–28.2

续表

指标	单位	实绩	增幅（%）
畜牧业	亿元	0.00	0.0
渔业	亿元	0.10	9.5
农林牧渔服务业	亿元	0.23	1.3
粮食产量	万吨	0.97	2.4
油料产量	万吨	0.08	5.9
四、定报工业产值	亿元	512.15	43.1
定报工业增加值	亿元	109.34	18.0
定报工业利税	亿元	42.86	98.1
定报工业利润	亿元	35.16	129.2
高新技术产业产值占工业产值比重	%	31.90	
五、固定资产投资	亿元	116.31	6.4
工业投资	亿元	39.46	30.2
服务业投资	亿元	76.85	–3.9
房地产投资	亿元	47.89	–0.8
商品房施工面积	万平方米	224.11	–32.2
商品房销售面积	万平方米	65.73	16.1
商品房销售额	亿元	56.56	6.8
商品房待售面积	万平方米	16.79	
六、社会消费品零售总额	亿元	285.70	20.0
七、实际到位外资	万美元	2668	34.5
进出口总额	亿元	94.5	6.8
进口	亿元	24.3	–36.2
出口	亿元	70.3	39.2
八、财政总收入	亿元		
一般公共预算收入	亿元	22.30	3.0
一般公共预算支出	亿元	26.95	40.6
九、规模以上服务业营业收入	亿元	183.97	19.7
十、资质以上建筑业产值	亿元	36.71	8.6
十一、城镇居民人均可支配收入	元	59510	8.4
十二、城镇常住居民人均消费支出	元	36256	19.7

（以上为京口区统计局　供稿）

索 引

索引采用主题方法编制，按标引词第一字汉语拼音字母顺序排列，第一字相同，按第二字排列，以此类推；同音字按笔画顺序排列，相同的，按起笔笔形横、直、撇、点、折顺序排列。标引词后的阿拉伯数字表示内容所在页码，数字后的英文字母(a、b、c)表示左栏、中栏、右栏。彩色画页未编索引。

A

B

C

D

E

F

G

H

J

K

L

M

N

P

Q

R

S

T

W

X

Y

Z

国家税务总局镇江市京口区税务局

开展优化营商环境活动

开展"学党史、知党恩、保主体、助发展"主题党日活动

2021年，京口区税务局始终坚持党建引领、"双提"赋能、勠力同心、砥砺奋进，聚焦主责主业，深耕融合发展，深化征管改革，取得了可喜的成绩：税务局获得"江苏省文明单位""镇江市文明单位"荣誉，纳税服务股获得"镇江市青年文明号"称号，办税厅获得"镇江市五一文明班组"称号，法制股获得"镇江市五一巾帼标兵岗"称号……同时，江苏税务App推广、现金税费专项整治、所得税"核改查"、落实疫情防控、欠税追征、大征期错峰保障等工作也交出精彩答卷。

联合举办红色初心亭主题党日活动

青年志愿者学雷锋、普税法

拓宽税收宣传渠道

开展"99公益日"慈善募捐活动

京口区农业农村局

市河长办到京口区开展妨碍行洪突出问题现场核查

组织开展“十年禁渔”党员先行志愿服务活动

2021年，京口区“三农”工作坚持“守底线、抓发展、美环境、促振兴”工作思路，持续推进乡村全面振兴。

守牢粮食底线不松懈。全市下达京口粮食生产面积目标任务2.35万亩，实际播种面积2.37万亩，夏粮产量2940吨，秋粮产量7508吨。新民洲两家稻米生产单位申报绿色大米4500亩。

大力实施乡村建设行动。实施一夜河水系和玉带河小流域水质提升及环境治理工程。为玉带河、孟家湾湖生态补水，提升了周边河湖水质；实施新民洲水利基础设施建设及防汛物资仓库建设；推进谏壁街道雩山村小微水体整治及周边绿化工作；推进京口国家级节水示范达标县创建工作，已通过省水利厅验收。

加强农业重大项目建设和产业招引。2021年上报农业农村重大项目7个，招引项目协议资金6.46亿元，完成率646%；完成全市云招商签约项目3个，即42万吨浅圆仓建设项目、绿色植物照明研发制造项目及农产品加工仓储项目，总投资11.66亿元。

扎实推进“富民强村”帮促行动。成立区领导挂帅的区富民强村帮促工作领导小组，统筹推进帮促工作的落实。邀请市农业农村局乡村振兴处负责同志到京开区解读帮促资金使用政策，区农业农村局党支部结对京开区，采用领办难题方式，积极对接上埠村、左湖村，解决实际困难。

京口一夜河水质提升及环境治理工程

新民洲东排站泵站工程项目

抓实长效管理，提升农村人居环境整治成效

新民洲小麦喜获丰收

综合整治后的孟家湾湖

京口区象山社区卫生服务中心

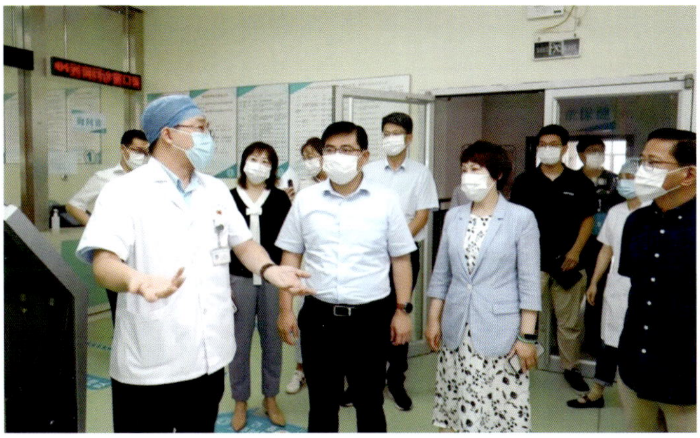

区领导调研新冠疫苗接种情况

区卫健委领导慰问中心员工

上级部门检查疫情防控物资储备保障情况

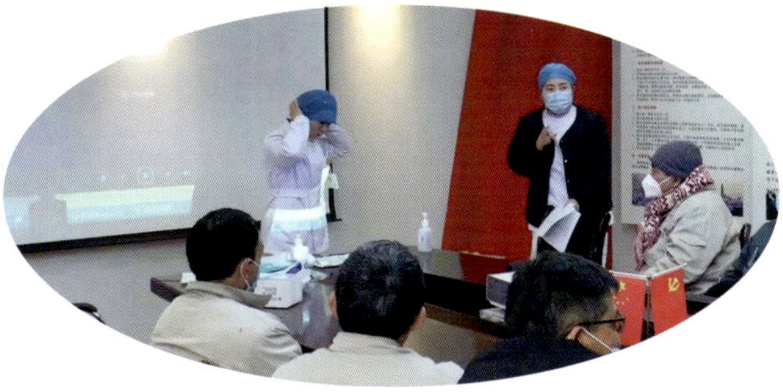

中心医务人员为辖区内企业开展新冠防控知识培训

京口区象山社区卫生服务中心位于谷阳北路217号（学府路派出所南50米），为江苏省城市示范社区卫生服务中心，2017年建成省级健康单位，2020年建成省级健康促进医院。中心内设综合办公室、预防保健部、医疗康复部、后勤保障部，科室设置规范、服务流程合理。中心配备有盆底康复治疗仪、200MADR数字摄片机、全自动生化分析仪、全自动血球计数仪、尿液分析仪、全数字B超机、全自动12导心电图机、心电监护仪、全自动洗胃机、脑血管彩色经颅多普勒检查仪、韦伟视力筛查仪、智能测试仪等先进的医疗设备，为居民提供优质、便捷、价廉、安全的社区卫生服务，深受广大社区居民的欢迎。

新冠疫情防控工作是2021年度的重点工作。自疫情发生以来，中心在第一时间研究制订疫情防控方案，成立以中心主任为组长的新冠疫情防控工作领导小组，统一指挥疫情防控工作，明确责任，落实各项疫情防控措施。所有员工连续奋战在防控一线，充分发挥基层网底作用，为辖区人民群众筑起一道坚固的健康安全防线。中心员工用自己的实际行动诠释着肩上的责任和心中的信仰。

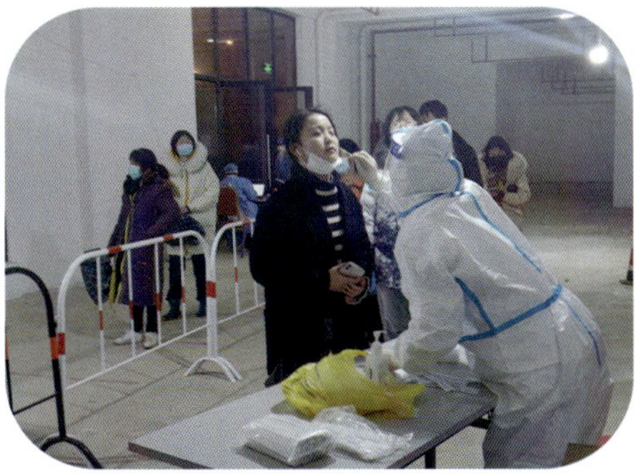

为居民开展核酸采样检测

为辖区内幼儿园开展核酸采样检测

取得荣誉

中国农业银行
AGRICULTURAL BANK OF CHINA

开展“共产党员政治生日”主题活动

为江苏金亿达能股份有限公司提供金融服务

2021年，农行镇江京口支行坚持以习近平新时代中国特色社会主义思想为指导，弘扬伟大建党精神，认真贯彻落实上级行部署，奋勇前行，推动各项经营业务高质量发展。

一、有效投放更进一竿。年末，各项货款余额79.15亿元，比年初增加8.98亿元；小微贷款余额5.41亿元，比年初增加2.59亿元。

二、新兴业务发展方兴未艾。与农银金融租赁有限公司就镇江市水业总公司融资租赁业务签订合作协议，协议融资总规模2亿元，被评为总行优秀行司联动项目。成功办理全市首笔E账通保理融资4400万元，成功取得全省第一份通过“互联网+不动产抵押登记”系统办理的抵押登记证明。金融市场交易类业务量10.7亿元，居全市系统第一。

三、重点业务转型稳扎稳打。在全市系统内第一个与区教育局签订“智慧校园”建设项目合作协议；将“智慧政务”服务功能引入网点并投运全市首台政务服务自助机；优化升级法院诉讼费“一案一账号”系统，在全市系统首家上线运行扫码缴费功能。

四、“双基”管理步步为营。支行荣获2019—2021年度江苏省文明单位、2021年度镇江市放心消费创建先进单位称号和江苏省总工会“基层工会服务职工优秀项目”三等奖。

向客户介绍农行掌上银行，并指导客户参与特色优惠活动

组织青年骨干集中观看十九届六中全会新闻发布会

支行党员到德高护理院为老年人发送宣传折页、金融消费者权益保护手册、防范诈骗要点等宣传资料

镇江京口支行

“党的光辉暖我心”助残日主题活动

邀请专家开展党史学习教育专题辅导讲座

“红色基因代代传”主题党日活动

学百年党史悟精神　观红色基地坚使命

“百年辉煌　我心向党”庆祝建党百年表彰大会暨文艺演出

江苏银行镇江京口支行

2021年，江苏银行镇江京口支行立足本地宗旨，将助力地方经济、服务地方居民贯穿始终，用“金融为民”初心，显示金融服务魅力。

京口支行作为老城区所属地，充分挖掘城区行客户资源特色，辖内5家营业网点与23个社区及多家单位开展共建，大力推进与客户的互动、宣传、营销，以金融力量将银政、银企、银行与群众的黏合度持续加深。

公司赋能提升份额贡献。2021年，京口支行围绕KPI和EVA水平的提升做文章，提高公司业务贡献率。支行对公资产规模持续增长，大公司实贷新增实绩达1.35亿元，民营新增2.02亿元。同时深挖市场，根据客户特点研讨国家政策，紧跟行内市场导向，紧盯城市更新、乡村振兴业务增长时机，先后落地6亿元城市更新银团贷款及1.17亿元老旧小区项目。

党建引领推进“党史”学习。2021年，京口支行坚持党建引领，全面加强与共建单位合作，以党建共建为切入点，开展多样化共建活动，全面推进“党史”学习教育：携手港发集团开展“学党史 踏红色之旅”参观扬中渡江文化园共建实境学习；联合镇江东港港务公司进行“学党史 读书分享”交流；走进烈士陵园开展“学党史知识、讲党史故事”慰问烈士家属活动。

联学联做互助共创未来。与全市唯一荣获“全国先进基层党组织”称号的京口路社区，集中学习十九届六中全会精神，以全会精神鼓舞干劲、推动工作，通过把十九届六中全会精神吃透，统一思想，为今后工作明确努力方向，鼓舞干劲打好基础。

举办“学党史”读书分享会 传递红色正能量

开展“踏访红色之旅 重温革命记忆”党史教育活动

交流互鉴 齐学共悟——深入学习贯彻中共十九届六中全会精神

联合社区开展“走访慰问困难户送温暖”活动

联合社区警务开展防诈骗宣传

镇江市江南学校

副市长殷敏调研江南学校开学及疫情防控工作

举行2021届初中生毕业典礼

江南学校创办于1998年4月，是镇江市教育局直属的公立全日制初级中学。学校占地面积为54400余平方米，建筑面积约为40000平方米。现有38个教学班级，在籍学生近1800人，教职员工151人。近年来，学校秉持“从自主教育出发，为生命成长奠基”的办学理念，注重内涵发展和特色建设，倾力打造以“四有”为特质的优秀教师群体，积极开展教育教学改革，坚持“五育并举”，努力培养全面发展的现代中学生。在积累办学经验的同时，综合实力和办学品位不断提升，取得较为显著的办学成果和良好的社会声誉。

在“双减”政策的背景下，学校以“科学发展观”为统领，以镇江市教育局工作要点为指针，认真贯彻落实省市教育工作会议，坚持“优先发展、育人为本、改革创新、促进公平、提高质量”的方针，以全面提高教育质量为核心，以教育均衡、协调、健康发展为主线，以“打造江南品牌”为着力点，以构建研学课堂为突破口，推进教育改革创新，优化教育结构，提升教育质量，努力办好人民满意教育。

优秀课堂

江南学校男足蝉联“局长杯”冠军

青春永不散场　拼搏永不停歇
——第十八届运动会

校园一角

美丽校园

镇江市江滨实验小学

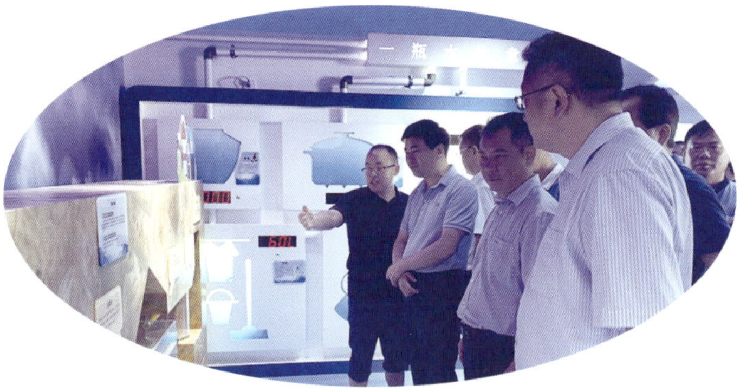

市、区领导到校视察京口区首家节水教育科普馆

市委宣传部一行到校进行专项调研

镇江市江滨实验小学位于北固山下、长江之滨，是古城镇江的一颗教育明珠。学校创建于1987年，目前有江滨和润阳两个校区。校园内活动场馆丰富，有生命教育体验馆、京口区融合教育资源中心、京口区节水教育科普馆、笼式足球场、“如蓝”书院……为每个孩子的多元发展提供无限可能。

学校在“点生命之光·启成长之旅”的生命教育理念的指引下，积极开展“双减”行动。学校以学生为主体、课程为载体、课堂为阵地，打出提质增效“组合拳”：善做加法，提升学校教学质量；敢做减法，优化学生作业管理；巧做乘法，丰富生命课程资源；勇做除法，实施多元评价方式。通过“加减乘除”努力提升育人水平，促进学生身心健康发展，解锁生命生长精彩方程式。

近年来，学校秉承“向上·致远”的校训，取得较好的办学成果，赢得较高的社会赞誉。学校先后取得全国心理健康教育特色学校、全国青少年校园足球特色学校、全国学校体育工作示范校、全国119消防先进集体、江苏省文明校园、江苏省健康促进金牌学校、江苏省节水型先进学校、江苏省优秀少先队集体、江苏省优秀家长学校、江苏省科学教育综合示范校、江苏省足球后备人才示范校等众多荣誉，并连续五年被评为五星党支部。

江苏省中小学生品格提升工程精品项目结项

“庆国庆”合唱节

从细从实抓体质管理

作业“J”计划在行动

多元服务“K”出精彩

镇江市京口区实验小学

市委书记马明龙到校参加镇江市少先队“喜迎党的二十大　永远跟党走”主题队日活动并寄语全市少先队员

区领导到校检查指导文明城市创建工作

镇江市京口区实验小学位于人文荟萃的“晋陵城”内，学校坚持“和而不同，大美无言”的育人观，在交流与融合、传承与创新中发展。

培根铸魂“强基础”。学校将全面从严治党主体责任与师德建设同抓、共进，创办“和美”微讲坛，开设的“师德锤炼实境课堂”连续获得江苏省中小学“一校一品”党建文化品牌项目等称号。固本培优“强素能”。学校以“全面、精细、可持续发展”为质量管理观，搭建比武平台、构筑“青蓝结对”工程、实施“前辈问诊课堂”计划，全力培养高素质教师队伍，创成全国教科研先进单位。开拓创新“强品牌”。学校以“童心京韵”和艺术体操为闪亮名片，成立“镇江少儿京剧馆”和“小杜鹃艺术团”，积极建设江苏省京剧特色课程项目。京剧节目登上央视《金螺号》和戏曲频道，5次登上学习强国。艺术体操多次参加省市比赛并获奖。学校先后获评全国“首批京剧进课堂试点学校”、江苏省文明单位、江苏省文化内涵项目建设学校、江苏省青少年科技教育先进学校、江苏省现代教育技术实验学校。

区人大常委会党组书记、主任施正中到校调研“双减”工作

走进社区开展“庆建党百年，看红色宝贝”活动

“喜迎党的二十大　‘京’颂开启新征程”开学典礼，党员教师集体宣誓活动

“点一盏‘京’灯，照亮前行路”师德表彰活动

小杜鹃艺术团小演员参加中央电视台“大手拉小手”活动

“童心京韵–京剧特色课程建设”项目汇报活动

镇江市京河路幼儿园

镇江市京河路幼儿园创建于1997年8月，至2021年年底，建有京河本部和京岘山庄、京岘家园两个分部。三个园区共有29个班级900多名幼儿，100多名教职员工，分别以童话园、生态园、健康园建设为主题。三园分别荣获江苏省示范性实验幼儿园、江苏省优质幼儿园、全国足球特色学校、江苏省绿色学校、镇江市指南实验园、镇江市数字化校园、镇江市五星平安校园、镇江市陶行知研究会实验学校、镇江市家校合作共育试点校、镇江市语言文字示范校等称号。

三个园区的69名专任教师中，市学科带头人1名，市骨干教师1名，区学科带头人4名，区骨干教师4名，数名教师获“市十佳教师”“市优秀教育工作者”，以及区“优秀教育工作者”“优秀教学能手”“师德标兵”“优秀班主任”等称号。

在20多年的办园历史中，京河路三园积淀了“相遇童年，乐学尚美”的办园理念。教师在和幼儿一起感受美、探索美、创造美，在推进课程游戏化的实践过程中，共同展开童年最真、最美的画卷。

市领导“六一”儿童节看望节日中的孩子们

社区老红军爷爷给孩子们讲红色故事

“童心学军　强国有我”萌娃学军展风采

“一碗羊肉汤温暖你我他”孩子们给环卫工人献爱心

童眼看家乡　走进西津古渡

“珍爱生命防溺水”安全教育实践活动

端午节展国潮，扬中华之美游园会

泡泡飞舞的快乐童年

镇江市市级机关中心幼儿园

区长贾敬远、副区长宋小燕“六一”慰问

区领导视察学校安全工作

镇江市市级机关中心幼儿园始建于1950年，曾用名“镇江地区机关幼儿园”，隶属于镇江市行政事务管理局。2018年，幼儿园整建制归属京口区教育局下辖管理，目前有两个园区，分别为火坛楼巷园区和水陆寺巷园区。

幼儿园以“为生命奠基，为美好起航”为办园宗旨，以“三色生活，缤纷成长”为办园理念，紧紧围绕“文化知情，探索智行，健康知行，关爱知心”的培养目标，共同描绘“以红色传承为本，启绿色探索之门，让生命缤纷成长”的园所愿景。

幼儿园先后获得江苏省示范性实验幼儿园、江苏省文明单位、镇江市文明单位、镇江市绿色幼儿园、镇江市教育现代化先进校、镇江市智慧幼儿园、足球校园、镇江市乒乓球幼苗培育基地等称号，曾连续十年获得镇江市市级机关“先进集体”、市级机关工委“四星先进支部”称号，近年来，又陆续获得京口区阳光党支部、京口区优秀基层党组织等称号。

方志馆中学党史

“砥砺十年，奠基未来”启动仪式

“建党百年”画展

端午与“粽”同乐

民间艺人进校园

青青秧苗，伴我成长

镇江市中山路中心幼儿园

副市长殷敏到校检查疫情防控和开学准备工作

区长贾敬远慰问中建园职工

镇江市中山路中心幼儿园是镇江市京口区教育局直属的公办幼儿园，创办于1950年10月，有着72年的办园历史，是镇江市第一批省级示范性实验幼儿园，江苏省第三批教师发展基地示范校、江苏省课程游戏化项目园。

幼儿园优质教育资源广覆盖，形成了城乡、大小多样态的一园四区新格局。2021年，京口区政府重点民生工程项目中山路中心幼儿园中建分园建成并顺利开园，幼儿园占地面积约6400平方米。同年，经过京口区教育的统筹规划，原谏壁小学附属幼儿园正式更名为中山路中心幼儿园越河园区。

中山路中心幼儿园在园幼儿1100余人，教职工135人，专任教师82人，其中3人具有学前教育研究生学历，镇江市区级拔尖人才共15人。幼儿园坚持走内涵发展之路，勇于探索创新，秉承“在生活中，向未来去”的发展愿景，坚持“生活即教育”，让幼儿在生活中自然生长！

在镇江市区域推进课程游戏化背景下，幼儿园成立了京口区“幼教微家”名师工作室；月湖园迎接了镇江市区域推进课程游戏化项目组的视导；中建园作为研讨现场面向全区同行展示了提升保教质量的教研活动。

市级推进课程游戏化项目视导

9月开学典礼

中建园区

越河园区

小亭子里好凉快！我们可以编织，还可以做纸浆（仁章园区）

撑“船”过河（月湖园区）

京口区特殊教育中心

民进省委会领导到校调研

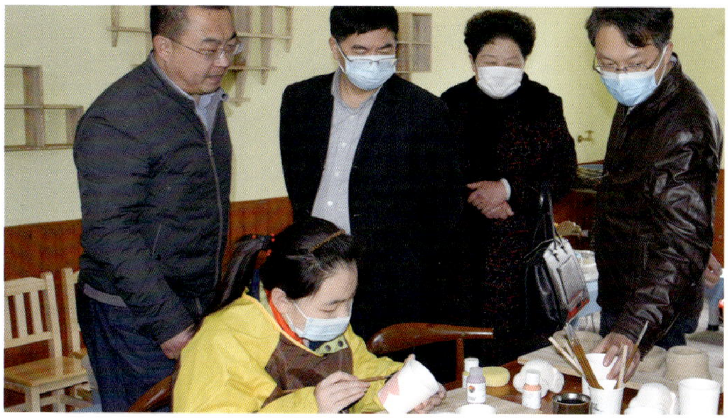

市、区慈善总会领导到校调研指导

京口区特殊教育中心，是以培养智障孩子为主的特殊教育学校。现有9个班级，学生80名，教职工28人。学校在省、市区政府和社会各界的关心支持下，秉承“学会做人、学会生活、融入社会、回归主流”的办学思想，一切为了特殊学生，满足每一位特殊学生需求，办学质量和水平明显提高。

中心结合学校教育教学资源有计划地为孤独症儿童开展抢救性和补偿性康复训练，为提高训练效果，向京口区慈善总会申请99公益“特需儿童生存力培养训练基地”项目获得批准。对区域内重残儿童进行摸底调研，推行医疗教育相结合、普校特校双合力、康复与教育相统一模式，由专业教师担任骨干，医疗专家提供服务，科学制定实施有针对性的保健康复和文化教育方针。学校坚持开展“融合社团”活动，不断完善实践活动平台，形成常态化、主题化、课程化社团活动的运行机制，促进融合教育的新型合作探究。学校承担京口区特殊教育指导中心职责，指导全区融合教育工作，完成全区特需儿量评估安置工作。12月19日，学校承办区融合教育推进会，由京口区教育局牵头，成立区融合教育宣讲团，不断提升各融合教育资源点支持与服务特需学生的能力，为京口区融合教育的发展引领航向。

周艺公益“冬暖特教　清爽夏童”项目捐赠暨基地揭牌仪式在京口区特殊教育中心举行

京口区融合教育工作推进会在京口特教中心举行

“追寻红色足迹，践行崇高志向”庆祝中国共产党成立100周年主题活动

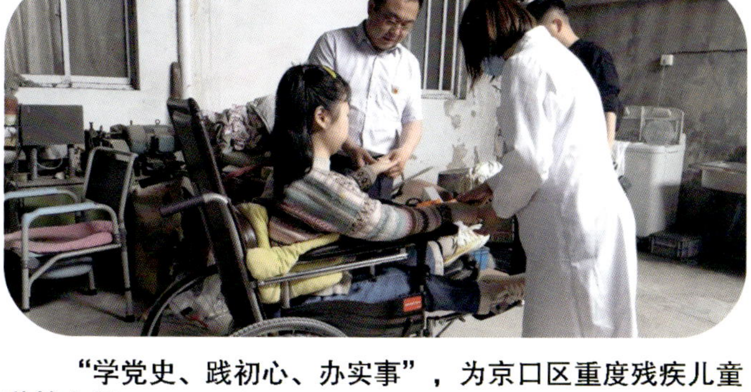

“学党史、践初心、办实事”，为京口区重度残疾儿童送教上门

京口区健康路社区卫生服务中心

护士节慰问医务人员

京口360大健康管理中心

镇江市京口区健康路社区卫生服务中心位于中山东路239号，下设江滨新村、花山湾、贺家弄三个社区卫生服务站。2021年年底职工总数为188人，其中卫技人员160人，中、高级职称96人。中心门诊科室设置齐全，设有康复病区和综合病区，开放床位50张。常规医疗设备齐全，为社区居民提供优质便捷的医疗服务和基本公共卫生服务。

2021年，中心在抓好常态化疫情防控的基础上，重点开展新冠疫苗接种工作，全年为群众接种新冠疫苗接49849人、90620针次，无一例接种安全事故，有力地保障了人民群众的生命健康安全。中心以开展“优质服务基层行”活动为契机，从基础管理入手，严格落实诊疗护理常规和操作规程，严格环节质量管理，提升医疗服务质量，中医馆被市卫健委授予“全市基层医疗卫生机构四级中医馆”称号。中心于2021年7月建成全区360大健康管理中心，该中心在对健康管理人群大数据分析的基础上，为全人群全方位全生命周期进行精准的健康管理，实现健康服务零距离。

最美社区医生杨凌被授予“江苏省优秀共产党员”称号；党员朱琛平、于华分别被授予“镇江市优秀党务工作者”和“京口区优秀共产党员”称号。中心被授予“2018—2020年度市、区两级文明单位”称号。

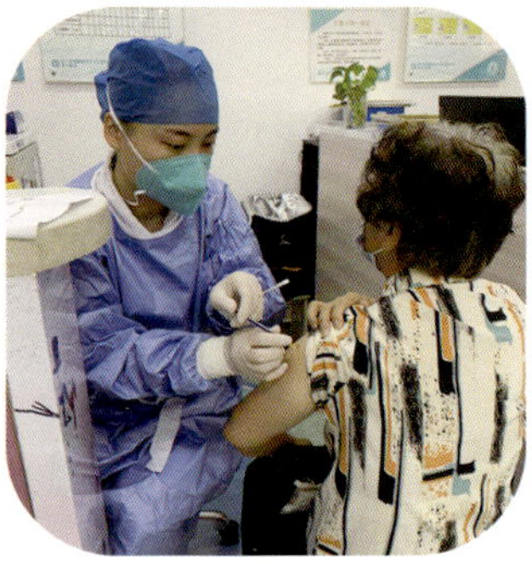

医务人员为群众接种新冠疫苗

党员志愿者在江滨新村广场为群众开展大型义诊活动

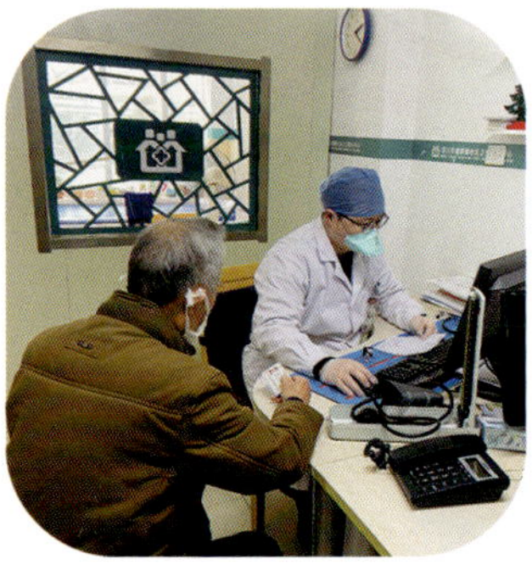

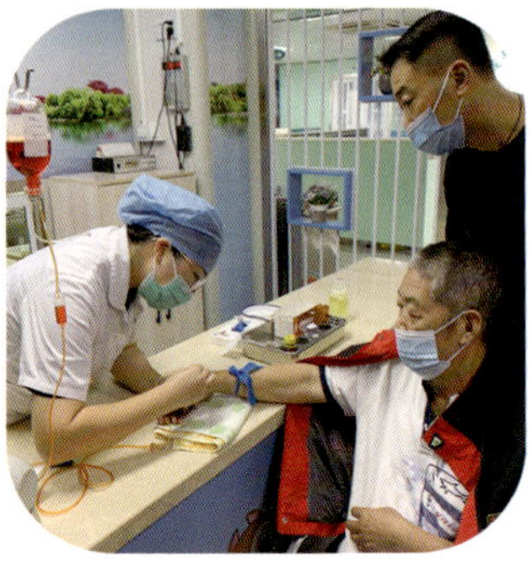

医务人员为患者精心诊疗

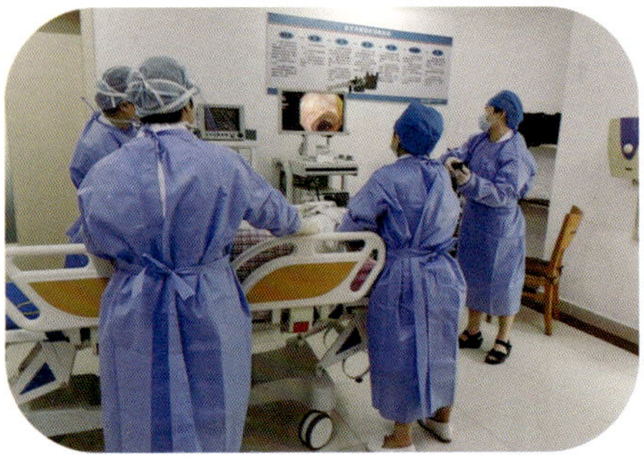

消化科医生为患者做内镜检查

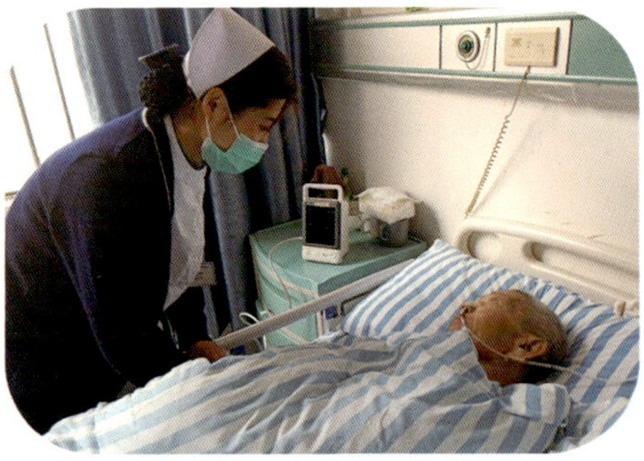

护士关爱住院老人

医务人员为群众采核酸